Spielleidenschaft und Strafrecht

Europäische Hochschulschriften

Publications Universitaires Européennes
European University Studies

Reihe II
Rechtswissenschaft

Série II Series II
Droit
Law

Bd./Vol. 3759

PETER LANG
Frankfurt am Main · Berlin · Bern · Bruxelles · New York · Oxford · Wien

Harald Brandl

Spielleidenschaft und Strafrecht

Eine Betrachtung zu den Glücksspieltatbeständen der §§ 284 ff. StGB

PETER LANG
Europäischer Verlag der Wissenschaften

Bibliografische Information Der Deutschen Bibliothek
Die Deutsche Bibliothek verzeichnet diese Publikation in der Deutschen Nationalbibliografie; detaillierte bibliografische Daten sind im Internet über <http://dnb.ddb.de> abrufbar.

Zugl.: Augsburg, Univ., Diss., 2003

D 384
ISSN 0531-7312
ISBN 3-631-51025-X

www.peterlang.de

Meiner Familie

Vorwort

Die vorliegende Untersuchung, die Ende Juli 2002 bei der Juristischen Fakultät der Universität Augsburg eingereicht wurde, ist im Wintersemester 2002/2003 als Dissertation angenommen worden. Veröffentlichungen aus Rechtsprechung und Literatur, die bis einschließlich April 2003 zum Thema erschienen sind, wurden noch eingearbeitet, ohne dass sich dabei etwas an der Struktur und den Kernaussagen der Arbeit verändert hat.

Ganz herzlich danken möchte ich an dieser Stelle Herrn Rektor Professor Dr. Wilfried Bottke, der trotz seiner vielfältigen Verpflichtungen diese Arbeit hervorragend betreut hat. Darüber hinaus danke ich auch meinem Zweitgutachter, Herrn Professor Dr. Jörg Tenckhoff, für die hilfreichen Anregungen und Hinweise.

Nicht zuletzt möchte ich meiner Frau Iva sowie meinen Eltern Walter und Margot Brandl meinen besonderen Dank für ihre großartige Unterstützung aussprechen, ohne die die Fertigstellung dieser Dissertation nicht möglich gewesen wäre.

Augsburg, im Mai 2003

Harald Brandl

Inhaltsverzeichnis

Spielleidenschaft und Strafrecht - eine Betrachtung zu den Glücksspieltatbeständen der §§ 284 ff. StGB

Abkürzungsverzeichnis

aA bzw. AA	= andere Ansicht
aaO.	= am angegebenen Ort
ABl.	= Amtsblatt
abl.	= ablehnend
Abs.	= Absatz
a.E.	= am Ende
a.F.	= alte Fassung
AfP	= Archiv für Presserecht, Zeitschrift für Medien- und Kommunikationsrecht
AG	= Amtsgericht
AK	= Alternativ-Kommentar zum StGB, 1990 (zitiert: AK-Bearbeiter)
allg. M.	= allgemeine Meinung
ALR	= Allgemeines Landrecht für die Preußischen Staaten von 1794
Alt.	= Alternative
Anl.	= Anlage
Anm.	= Anmerkung
AO	= Abgabenordnung
APA	= (engl.) American Psychiatric Association
ARD	= Arbeitsgemeinschaft der öffentlich-rechtlichen Rundfunkanstalten der Bundesrepublik Deutschland (Erstes Deutsches Fernsehen)
AT	= Allgemeiner Teil
Aufl.	= Auflage
BayLotterieVO	= Bayerische Verordnung über die Genehmigung öffentlicher Lotterien und Ausspielungen (BayRS 2187-3-I)
BayLottG	= Bayerisches Gesetz über das Lotteriespiel (BayRS 2187-2-F)
BayObLG	= Bayerisches Oberstes Landesgericht
BayObLGSt	= Entscheidungen des Bayerischen Obersten Landesgerichts in Strafsachen (amtliche Sammlung)
BayRS	= Bayerische Rechtssammlung
BaySpielbG	= Bayerisches Spielbankengesetz (BayRS 2187-1-I)
BayStaatslotterieG	= Gesetz über die vom Freistaat Bayern veranstalteten Lotterien und Wetten (BayRS 640-4-F)
BayVBl.	= Bayerische Verwaltungsblätter (Zeitschrift)
BB	= Betriebsberater (Zeitschrift)
Bd.	= Band
BFH	= Bundesfinanzhof
BGB	= Bürgerliches Gesetzbuch
BGBl.	= Bundesgesetzblatt
BGH	= Bundesgerichtshof
BGHSt	= Entscheidungen des Bundesgerichtshofs in Strafsachen (amtliche Sammlung)

BGHZ	= Entscheidungen des Bundesgerichtshofs in Zivilsachen (amtliche Sammlung)
BKA	= Bundeskriminalamt
BRD	= Bundesrepublik Deutschland
BR-Drs.	= Drucksache des Deutschen Bundesrates
BSHG	= Bundessozialhilfegesetz
BT	= Besonderer Teil
BT-Drs.	= Drucksache des Deutschen Bundestages
BtMG	= Betäubungsmittelgesetz
BVerfG	= Bundesverfassungsgericht
BVerfGE	= Entscheidungen des Bundesverfassungsgerichts (amtliche Sammlung)
BVerfGG	= Bundesverfassungsgerichtsgesetz
BVerwG	= Bundesverwaltungsgericht
BVerwGE	= Entscheidungen des Bundesverwaltungsgerichts (amtliche Sammlung)
bzw.	= beziehungsweise
ca.	= circa
CHF	= Schweizer Franken
c.p.	= codice penale Italiano
CR	= Computer und Recht (Zeitschrift)
dav.	= davon
DB	= Der Betrieb (Zeitschrift)
DDR	= Deutsche Demokratische Republik
ders.	= derselbe
d.h.	= das heißt
dies.	= dieselbe
Diss.	= Dissertation
DM	= Deutsche Mark (1 DM = 0,51129 €)
DJT	= Deutscher Juristentag
DJZ	= Deutsche Juristenzeitung
DÖV	= Die öffentliche Verwaltung (Zeitschrift)
DSM	= (engl.) Diagnostic and Statistical Manual for Mental Disorders
DStRE	= Deutsches Steuerrecht Entscheidungsdienst (Zeitschrift)
DVBl.	= Deutsches Verwaltungsblatt (Zeitschrift)
€	= Euro (1 € = 1,95583 DM)
EDV	= Elektronische Datenverarbeitung
EG	= Vertrag zur Gründung der Europäischen Gemeinschaft (EG-Vertrag)
EGStGB	= Einführungsgesetz zum Strafgesetzbuch
Einf	= Einführung
Einl.	= Einleitung
engl.	= englisch
etc.	= et cetera

EU	= Europäische Union
EuGH	= Europäischer Gerichtshof
EV	= Einigungsvertrag
e.V.	= eingetragener Verein
EWiR	= Entscheidungen zum Wirtschaftsrecht (Zeitschrift)
f.	= folgende
FAZ	= Frankfurter Allgemeine Zeitung
ff.	= fortfolgende
Fn.	= Fußnote
FS	= Festschrift
G	= Gesetz
GA	= Goltdammers Archiv für Strafrecht (Zeitschrift)
GBl.	= Gesetzblatt
gem.	= gemäß
GewArch	= Gewerbearchiv (Zeitschrift)
GewO	= Gewerbeordnung
GG	= Grundgesetz der Bundesrepublik Deutschland
ggf.	= gegebenenfalls
GjSM	= Gesetz über die Verbreitung jugendgefährdender Schriften und Medieninhalte
GmbH	= Gesellschaft mit beschränkter Haftung
GRUR	= Gewerblicher Rechtschutz und Urheberrecht (Zeitschrift)
GS	= Gedächtnisschrift
GVBl.	= Gesetz- und Verordnungsblatt
GWB	= Gesetz gegen Wettbewerbsbeschränkungen
hess.	= hessisch
h.M.	= herrschende Meinung
Hrsg.	= Herausgeber
i.d.F.	= in der Fassung
i.e.S.	= im engeren Sinne
i.S.v.	= im Sinne von
i.w.S.	= im weiteren Sinne
JA	= Juristische Arbeitsblätter (Zeitschrift)
JMBl.NW	= Justizministerialblatt für das Land Nordrhein-Westfalen
JÖSchG	= Gesetz zum Schutze der Jugend in der Öffentlichkeit (Jugendschutzgesetz)
JR	= Juristische Rundschau (Zeitschrift)
Jura	= Juristische Ausbildung (Zeitschrift)
JuS	= Juristische Schulung (Zeitschrift)
JW	= Juristische Wochenschrift (Zeitschrift)
JZ	= Juristenzeitung (Zeitschrift)

Kap.	= Kapitel
KG	= Kammergericht (in Berlin)
KR	= Kriminalistik (Zeitschrift)
lat.	= lateinisch
LG	= Landgericht
lit.	= litera (lat.: der Buchstabe)
LK	= Leipziger Kommentar zum Strafgesetzbuch
M	= Mark
MDR	= Monatsschrift für Deutsches Recht (Zeitschrift)
m.E.	= meines Erachtens
Mio.	= Million(en)
MMR	= Multimedia und Recht (Zeitschrift)
Mrd.	= Milliarde(n)
m.w.N.	= mit weiteren Nachweisen
nds.	= niedersächsisch
n.F.	= neue Fassung
NGISC	= (engl.) National Gambling Impact Study Commission
NJW	= Neue Juristische Wochenschrift (Zeitschrift)
NJW-RR	= NJW Rechtsprechungsreport Zivilrecht (Zeitschrift)
NKL	= Nordwestdeutsche Klassenlotterie
NLottG	= Niedersächsisches Lotteriegesetz
Nr.	= Nummer
NRW	= Nordrhein-Westfalen
NStZ	= Neue Zeitschrift für Strafrecht
NStZ-RR	= Neue Zeitschrift für Strafrecht - Rechtsprechungsreport
n.v.	= nicht veröffentlicht
o.ä.	= oder ähnlich
öBGBl.	= österreichisches Bundesgesetzblatt
ÖJZ	= Österreichische Juristenzeitung (Zeitschrift)
öStÄG	= österreichisches Strafrechtsänderungsgesetz
öStGB	= österreichisches Strafgesetzbuch
o.g.	= oben genannte
OHG	= Offene Handelsgesellschaft
OK	= Organisierte Kriminalität
OLG	= Oberlandesgericht
OrgKG	= Gesetz zur Bekämpfung der organisierten Kriminalität
OVG	= Oberverwaltungsgericht
OWiG	= Gesetz über Ordnungswidrigkeiten
plc.	= (engl.) public limited company
PlPr.	= Plenarprotokoll
PTB	= Physikalisch-Technische Bundesanstalt

rd.	= rund
Rdn.	= Randnummer
RG	= Reichsgericht
RGBl.	= Reichsgesetzblatt
RGSt	= Entscheidungen des Reichsgerichtes in Strafsachen (amtliche Sammlung)
RGZ	= Entscheidungen des Reichsgerichtes in Zivilsachen (amtliche Sammlung)
RiStBV	= Richtlinien für das Strafverfahren und das Bußgeldverfahren
RLottVO	= Reichsverordnung über die Genehmigung öffentlicher Lotterien und Ausspielungen vom 06.03.1937
Rspr.	= Rechtsprechung
RStGB	= Reichsstrafgesetzbuch
RWLG	= Rennwett- und Lotteriegesetz
S.	= Seite
Sächs.	= sächsisch
Sch/Sch	= Schönke, Horst / Schröder, Adolf: Strafgesetz buch, Kommentar, 26. Auflage, 2001 (zitiert: Sch/Sch-Bearbeiter)
sec.	= (engl.) section
SGB	= Bundesgesetz über Glücksspiele und Spielbanken der Schweiz
SK	= Systematischer Kommentar zum Strafgesetzbuch
SKL	= Süddeutsche Klassenlotterie
sog.	= sogenannt
SpielV	= Verordnung über Spielgeräte und andere Spiele mit Gewinnmöglichkeit (Spielverordnung)
StA	= Staatsanwaltschaft
StGB	= Strafgesetzbuch
StPO	= Strafprozessordnung
StrRG	= Strafrechtsreformgesetz
StV	= Strafverteidiger (Zeitschrift)
StVG	= Straßenverkehrsgesetz
StVO	= Straßenverkehrsordnung
StVZO	= Straßenverkehrszulassungsordnung
SZ	= Süddeutsche Zeitung
TagBer.	= Tagungsberichte
TDG	= Gesetz über die Nutzung von Telediensten (Teledienstegesetz)
ThürOVG	= Oberverwaltungsgericht des Freistaats Thüringen
u.a.	= unter anderem
UnbBeschErtV	= Verordnung über das Verfahren bei der Erteilung von Unbedenklichkeitsbescheinigungen für andere Spiele im Sinne des § 33d Abs. 1 der Gewerbeordnung

U.S.C.A.	= (engl.) United States Criminal Act
UStG	= Umsatzsteuergesetz
usw.	= und so weiter
u.U.	= unter Umständen
UWG	= Gesetz gegen den unlauteren Wettbewerb
v. Chr.	= vor Christi Geburt
VerwArch	= Verwaltungsarchiv (Zeitschrift)
VG	= Verwaltungsgericht
VGH	= Verwaltungsgerichtshof
vgl.	= vergleiche
VO	= Verordnung
Vol.	= (engl.) Volume
Vorbem.	= Vorbemerkung
VwVfG	= Verwaltungsverfahrensgesetz
WiKG	= Gesetz zur Bekämpfung der Wirtschaftskriminalität
wistra	= Zeitschrift für Wirtschafts- und Steuerstrafrecht
WiVerw	= Wirtschaft und Verwaltung (Zeitschrift), Beilage zum GewArch
WM	= Wertpapiermitteilungen, Zeitschrift für Wirtschafts- und Bankrecht
WRP	= Wettbewerb in Recht und Praxis (Zeitschrift)
www	= (engl.) world wide web
z.B.	= zum Beispiel
ZDF	= Zweites Deutsches Fernsehen
ZBB	= Zeitung für Bankrecht und Bankwirtschaft
ZRP	= Zeitschrift für Rechtspolitik
ZStW	= Zeitschrift für die gesamte Strafrechtswissenschaft

A. Hinführung zum Thema

I. Einleitung

Viele Menschen träumen davon, ohne Arbeit schnell reich zu werden. Sie suchen deshalb ihr Glück im Spiel - vor allem im Lotto, dem Volkssport unter den Glücksspielen.[1] Gegen einen niedrigen Einsatz besteht hier die - wenn auch geringe[2] - Chance auf einen Millionengewinn. Eine ähnliche Motivationslage besteht bei denjenigen, die sich an anderen Lotterien (z.B. Klassenlotterien, Losbrieflotterien oder Rubbellotterien), einem Kettenbriefsystem oder einem progressiven Gewinnsystem beteiligen. Für andere wiederum bedeutet es Unterhaltung und einen gewissen Nervenkitzel[3], in einer Spielbank oder einer Spielhalle einen Geldeinsatz zu riskieren. Dabei kann es in Extremfällen dazu kommen, dass die Spielleidenschaft in eine Spielsucht[4] mit krankhaften Zügen umschlägt, bei der für den Spieler nicht mehr der Geldgewinn, sondern die zwanghafte Teilnahme am Spielgeschehen im Vordergrund steht.

Auch die Veranstalter des illegalen Glücksspiels wollen schnell reich werden, und zwar auf Kosten der Spieler, deren Spielleidenschaft sie für eigene Gewinnzwecke ausbeuten wollen. Dabei dringen sie in einen Markt ein, der in Deutschland den - zumeist im unmittelbaren oder mittelbaren Staatsbesitz befindlichen - legalen Glücksspielanbietern, insbesondere den staatlich konzessionierten Spielbanken und Lotterieunternehmen, vorbehalten ist.

Der Staat selbst - genauer gesagt die Bundesländer, bei denen die Glücksspielhoheit liegt - wird reicher durch die Spielleidenschaft seiner Bürger. Zum einen durch die von den Staatsunternehmen[5] erzielten Erträge aus der Veranstaltung von Glücksspielen und Lotterien, zum anderen aufgrund von Steuereinnahmen in Form der Lotteriesteuer und der Spielbankabgabe.[6] Ihm wird deshalb vorgeworfen, er benutze die Verbots- und Erlaubnisregeln des Straf-

---

[1] *Ohlmann*, WRP 1998, 1043, spricht unter Hinweis auf einen entsprechenden Artikel in der *FAZ* vom 28.1.1991, S. 28, sogar davon, dass die Ziehung der Lottozahlen im Fernsehen inzwischen zur „nationalen Kulthandlung" geworden sei.

[2] Die Chancen auf einen Hauptgewinn in der Gewinnklasse I (sechs Richtige mit Superzahl) betragen beim Lotto bei einem Normaltipp ca. 1 : 140 Millionen, die Gewinnchancen für einen „normalen Sechser" in der Gewinnklasse II betragen ca. 1 : 15,5 Millionen. Vgl. z.B. *Süddeutsche Zeitung*, 27./28.8.1994, S. 12: „Im Land der eingebildeten Lotto-Könige" mit dem Untertitel „Millionen Deutsche setzen wieder auf die 140-Millionstel-Chance, Multimillionär zu werden", *Adams/Tolkemitt*, ZBB 2002, 170, 173 (1 : 139.838.160 für Gewinnklasse I bzw. 1 : 15.537.573 für Gewinnklasse II) sowie die Internet-Seite „www.lotto-bayern.de" der Staatlichen Lotterieverwaltung des Freistaats Bayern.

[3] Zur Lust am Risiko und an der Spannung, die neben dem primär angestrebten mühelosen Gelderwerb die Hauptmotivation für eine Teilnahme am Glücksspiel sind, vgl. *Mergen*, Spiel mit dem Glück, 1976, S. 36 ff. m.w.N..

[4] „Nach Schätzungen sind rund 120000 Menschen in Deutschland spielsüchtig. In den Beratungsstellen tauchen Leute aller sozialen Schichten auf, auffallend oft junge Männer und Schichtarbeiter, die in den Spielbanken ihre Tagesfreizeit verbringen." berichtet die *Neue Zürcher Zeitung* am 14.7.2000 unter der Überschrift „Das große Geschäft mit dem Glück".

[5] Hierzu zählen insbesondere die im Deutschen Lotto-Toto-Block zusammengeschlossenen Lotterieunternehmen, die Betreiber der legalen Spielcasinos sowie die beiden Klassenlotterieveranstalter. Näheres zur Veranstaltung von legalen Glücksspielen und Lotterien durch Staatsunternehmen siehe unten B.II.2.1.c.bb. bzw. B.II.4.1.a.dd..

[6] Steuereinnahmen aus dem legalen Glücksspiel fließen dem Staat vor allem in Form der Spielbankabgabe in

und Verwaltungsrechts nur dazu, sich per legem lästige private Konkurrenz vom Hals zu schaffen.[7]

Das Ziel dieser Arbeit ist es, vor dem Hintergrund der soeben dargestellten Gemengelage die strafrechtlichen Auswirkungen der Betätigung und vor allem der Ausbeutung der Spielleidenschaft de lege lata systematisch aufzuzeigen und auf der Basis dieser Analyse des geltenden Rechts gleichzeitig einen Beitrag zur Reform des Glücksspielstrafrechts zu leisten. Dabei stehen naturgemäß die Glücksspieltatbestände der §§ 284 ff. StGB im Mittelpunkt der Untersuchung; es werden aber auch die strafrechtlichen Konsequenzen einer zur krankhaften Spielsucht gesteigerten Spielleidenschaft erörtert. Als Spielleidenschaft wird nachfolgend - entsprechend der Rechtsprechung des BVerfG[8] - der jedem Menschen innewohnende „natürliche Spieltrieb"[9] verstanden,[10] der nicht nur beim Glücksspiel, sondern bei allen Arten von Spielen[11] zum Vorschein kommt. Bevor jedoch näher auf den Gegenstand (unten III.) und den Verlauf der Untersuchung (unten IV.) eingegangen wird, wird nachfolgend die Berichterstattung über das legale und das illegale Glücksspiel in den Medien (unten II.) beleuchtet, die vor allem die gesellschaftspolitische Relevanz des Glücksspiels widerspiegelt.

II. Die Berichterstattung über das legale und das illegale Glücksspiel in den Medien

Das legale und das illegale Glücksspiel liefern immer wieder Schlagzeilen. Im Zusammenhang mit dem illegalen Glücksspiel informiert die überregionale und vor allem die lokale Presse[12] tagesaktuell insbesondere über Polizeiaktionen gegen illegale Spielklubs und über Gerichtsverhandlungen gegen Glücksspielveranstalter und ihre Helfer. So berichtete die

---

Höhe von bis zu 80-90% des Bruttospielertrags (= täglicher Saldo aus den Einsätzen und den Gewinnen der Spieler) aufgrund der jeweiligen Spielbankengesetze der Länder und als Lotteriesteuer gem. § 17 des Rennwett- und Lotteriegesetzes (RWLG) i.H.v. 16 2/3% des Verkaufspreises der Lose zu.

[7] So ausdrücklich *Wrage*, ZRP 1998, 426, 428.

[8] BVerfGE 28, 119, 148.

[9] Dieser natürliche Spieltrieb ist kein Spezifikum des Glücksspiels, sondern knüpft an den hiervon abweichenden (vgl. *Mergen*, Spiel mit dem Glück, 1976, S. 35 ff., 39) Begriff des Spiels an. Der umfassendere Begriff „Spiel" kann in Anlehnung an *Mergen*, aaO., S. 34 f., als freiwillige Betätigung, bei der - im Gegensatz zur Arbeit - kein wirtschaftlicher Erfolg angestrebt wird und die ihren Zweck in sich selbst findet, definiert werden.

[10] Es wird somit nicht der Aspekt der „Leidenschaft" betont, die als nachhaltige Antriebsbindung an einen bestimmten Inhalt zu verstehen ist, da es nicht erforderlich ist, dass aus Leidenschaft gespielt wird, um einen der Straftatbestände der §§ 284 ff. StGB zu erfüllen (vgl. *Belz*, S.40).

[11] *Callois*, S. 19, zufolge können die Spiele in vier Hauptrubriken eingeteilt werden, je nachdem ob innerhalb des jeweiligen Spieles das Moment des Wettstreits (Agon), des Zufalls (Alea), der Maskierung (Mimikry) oder des Rausches (Illinx) vorherrscht. Den vorgenannten Rubriken entsprechen dabei folgende Verhaltensweisen (vgl. *Callois*, S. 53): Der Ehrgeiz, lediglich aufgrund eigenen Verdienstes in einem geregelten Wettkampf zu siegen (Agon), die Ausschaltung des Willens zugunsten einer ängstlichen und passiven Erwartung des Schicksalsspruchs (Alea), die Neigung, in eine fremde Persönlichkeit hineinzuschlüpfen (Mimikry) und schließlich das Streben nach Rausch (Illinx).
Die Teilnahme am strafrechtlich allein relevanten Glücksspiel lässt sich im Regelfall in die Kategorie „Alea" einordnen, bei einzelnen - insbesondere spielsüchtigen - Spielern kann aber auch „Illinx" vorliegen.

[12] Aktuelle Presseartikel aus dem deutschsprachigen Raum zum Thema Glücksspiel lassen sich z.B. der Rubrik „Aktuell" der Website „www.gluecksspielsucht.de" des Fachverbandes Glücksspielsucht e.V. (fags) entnehmen.

Augsburger Allgemeine in den letzten Jahren z.B. über

- eine nächtliche Polizeirazzia, bei der 20 „Zocker" im Keller eines Wohnhauses bei verbotenem Poker auf frischer Tat ertappt wurden.[13]
- Kurze Zeit später durchsuchten 180 Polizisten bei einer 36 Stunden dauernden Razzia gegen die örtliche „Glücksspiel-Mafia", die mutmaßlich ihre Millionengewinne aus illegalem Glücksspiel mit Hilfe legaler Gewerbeunternehmen wie Gaststätten und Videotheken gewaschen hat, 30 Objekte und nahmen sieben Männer fest.[14]
- Bei einer weiteren nächtlichen Aktion stürmten 150 Polizeibeamte zeitgleich drei Lokale - eine vorwiegend von Männern aus Ex-Jugoslawien besuchte Kneipe, ein türkisches Lokal und eine griechische Gaststätte. Es wird jeweils illegales Karten- bzw. Würfelspiel festgestellt. 15 von 82 überprüften Personen wurden festgenommen.[15]
- Ferner wurden von der Polizei die Eröffnungsparty eines festungsartig ausgebauten illegalen Spielklubs gestürmt[16] und nach einer Durchsuchungsaktion zwei illegale Fußball-Wettbüros geschlossen.[17]

Aus der Sparte Gerichtsreport kann folgendes Beispiel angeführt werden:

- Der „König des Roulettes" Franz R., der in den Jahren 1987 und 1988 acht illegale Spielcasinos in Süddeutschland betrieb und dabei rund 1,2 Mio. DM an Einnahmen erzielte, wurde vom LG Augsburg zu dreieinhalb Jahren Haft wegen Veranstaltung eines illegalen Glücksspiels, Betrugs und Steuerhinterziehung verurteilt.[18]

Auch die Berichte über progressive Vertriebs- und Gewinnsysteme mit glücksspielartigem Charakter stehen durchweg im Zusammenhang mit dem Tätigwerden der Strafverfolgungsbehörden. Zum Gewinnspiel „Titan" vermeldete etwa das Magazin Focus unter der Schlagzeile „Endstation Karibik?", dass der „Titan-Pate in zwei Jahren über 60 Millionen Mark kassiert habe und jetzt von der Polizei gejagt werde.[19] Vorher waren bereits die progressiven Gewinnsysteme „Life" und „Jump" ins öffentliche Zwielicht bzw. ins Visier der Staatsanwaltschaft geraten.[20]

---

[13] *Augsburger Allgemeine*, 13.9.1994, S. 28, „Kripo ertappt 20 Zocker bei verbotenem Poker".

[14] *Augsburger Allgemeine*, 19.2.1995, S. 28, „Schlag gegen Glücksspiel-Mafia".

[15] *Augsburger Allgemeine*, 12.2.1996, S. 25, „Polizeirazzia läßt Zocker erstarren"; dabei werden u.a. auch gezinkte magnetisierte Würfel und ein als Kugelschreiber getarntes Stilett sichergestellt.

[16] *Augsburger Allgemeine*, 18.12.1996, S. 32, „Spielklub: Polizei stürmt Eröffnungsparty".

[17] *Augsburger Allgemeine*, 5.1.2002, S.41, „Polizei schließt Fußball-Wettbüros".

[18] *Augsburger Allgemeine*, 27.9.1995, S.36, „Roulette: Dreieinhalb Jahre Haft".

[19] *Focus*, 16/1997, S. 58, „Nichts geht mehr".

[20] *Augsburger Allgemeine*, 14.4.1994, S. 3, „Böses Erwachen aus dem Traum vom raschen Reichtum"; *Augsburger Allgemeine*, 23.9.1994, S. 8, „Betreiber von Life muß vor Gericht".

Ganz anderer Natur ist hingegen die Medienpräsenz des legalen Glücksspiels. Hier stehen vor allem hohe Einzelgewinne,[21] die Rekordhöhe von Lotto-Jackpots[22] und neue Glücksspielangebote[23] im Mittelpunkt des Interesses. Seltener wird über die Marktsituation auf dem Glücksspielmarkt, über den Spielbetrieb als solchen,[24] über gewerbliche Spielvermittler wie den Bochumer Unternehmer Faber[25] oder die Rekordgewinne der staatlichen Glücksspielunternehmen[26] berichtet. Zur Marktsituation bei den deutschen Spielbanken stellte der Focus bereits im Frühjahr 1997 einen gewissen Sättigungsgrad fest, da immer mehr Casinos in Deutschland um Kunden pokern und prophezeite, dass einige Spielbanken den Kampf um den Kunden nicht überleben würden.[27] Dies bewahrheitete sich bereits kurze Zeit später im Jahr 1999 mit der Schließung des sog. „großen Spiels"[28] in den Spielbanken in Leipzig und Dresden, die 1997 einen Verlust in Höhe von 6,3 Mio. DM erwirtschaftet hatten.[29]

Die Eigenpräsentation der - sich zumeist im staatlichen Mehrheitsbesitz befindlichen - Spielbankbetreiber und Lotterieunternehmen findet auf mehreren Wegen statt. Am eingängigsten für den Verbraucher sind die Werbebotschaften der legalen Glücksspielanbieter. Werbung wird dabei in den Printmedien, auf dem Postweg,[30] durch den eigenen Internet-Auftritt[31], auf Plakatwänden und sonstigen Werbeflächen[32] sowie in Radio- und Fernsehspots betrieben. Seit einiger Zeit werden sogar TV-Shows, in denen die Kandidaten Geld- und Sachpreise

---

[21] So berichtet z.B. die *Passauer Neue Presse* am 10.1.2001, dass die bayerischen Lotto-Spitzengewinne im Jahr 2000 alle nach Schwaben gingen: „9 Millionen Mark bekam ein Mann aus Neu-Ulm, eine Schwäbin gewann 7,78 Millionen, 5,66 Millionen wurden nach Augsburg überwiesen."

[22] *Augsburger Allgemeine*, 29.8.1994, S. 6: „Deutschland im Lotto-Rausch"; *Augsburger Allgemeine*, 6.9.1994, S.1: „Lotto: Jetzt winken 42 Millionen"; *Augsburger Allgemeine*, 30.1.1996, S. 6: „Lotto-Fieber sorgt sogar für Touristen".

[23] Vgl. z.B. *Süddeutsche Zeitung*, 26.8.1998: „Bayern hat drei neue Spielbanken"; *Die Welt*, 15.2.1999: „Online-Glücksspiel setzt Kasino-Aktien unter Druck"; *Neue Zürcher Zeitung*, 14.7.2000: „Das große Geschäft mit dem Glück. Bayern baut sein Angebot an Lotterien und Spielbanken stetig aus.".

[24] *Garmisch-Partenkirchener Tagblatt*, 12.8.1998: „Dem Lockruf des Geldes erlegen".

[25] *Wirtschaftswoche*, 22.4.1999: „Grundrecht auf Lotto. Hessen und Bayern führen einen Kreuzzug gegen gewerbliche Spielgemeinschaften - bislang erfolglos".

[26] Unter der Überschrift „Die Bayern sind dem Glücksspiel verfallen" berichtet z.B. die *Augsburger Allgemeine* vom 10.1.2001, dass die Bayerische Lotterieverwaltung im Jahr 2000 einen Rekordumsatz von 2,49 Mrd. DM erzielt habe.

[27] *Focus*, 10/1997, S. 236: „Der Spieltrieb der Deutschen läßt nach. Immer weniger zieht es zu Roulette und Poker. Die Einsätze sinken. Gleichzeitig eröffnen die Bundesländer ständig neue Lasterhöhlen, um ihre Etats aufzubessern."

[28] Dazu zählen die klassischen Casinospiele Roulette, Black Jack und Baccara. Das sog. „Kleine Spiel" in den profitableren staatlichen Automatensälen in Dresden, Leipzig, Görlitz und Plauen wurde hingegen aufrechterhalten.

[29] *Frankfurter Allgemeine Zeitung*, 23.12.1998: „Sachsens Spielbanken hat das Glück verlassen".

[30] Vor allem die Werbung der Lotterieeinnehmer der staatlichen Klassenlotterien kommt per Brief ins Haus.

[31] Der Internet-Auftritt der staatlichen Glücksspielanbieter dient aber nicht nur Werbezwecken. Mittlerweile kann z.B. innerhalb bestimmter Einsatzlimits auch die Teilnahme an der Oddset-Sportwette online erfolgen. Vgl. hierzu den Artikel „Oddset online wetten." in der Kundenzeitschrift „*Spiel Mit*" der Bayerischen Lotterieverwaltung vom 3.7.2000 bzw. die Webseite „www.oddset.de".

[32] Z.B. auf öffentlichen Verkehrsmitteln.

von erheblichem Wert gewinnen können, von den Lotterieunternehmen veranstaltet, um ihr Produkt noch bekannter zu machen.[33] Ferner informieren die meisten legalen Glücksspielanbieter regelmäßig in jährlichen Pressemitteilungen über ihre Vorjahresergebnisse.

Spielsucht wird von den Medien zumeist dann thematisiert, wenn sie im Zusammenhang mit spektakulären Straftaten steht:

- So wurde z.B. über den Mordprozess gegen die mehrfach verwitwete 66jährige Elfriede B. im niederösterreichischen Krems berichtet, die ihren letzten Lebensgefährten zu Tode „gepflegt" habe, um an das Erbe des 77jährigen zu kommen und ihrer Spielleidenschaft frönen zu können. Die Frau, die nach ihrer Verhaftung fünf Morde an meist älteren Männern gestanden, aber das Geständnis später widerrufen hatte, wurde schließlich zu lebenslanger Haft verurteilt.[34]
- Über einen 40jährigen Prüfbeamten der Landesversicherungsanstalt Rheinland wurde berichtet, er sei vom LG Düsseldorf zu fünf Jahren Haft verurteilt worden, weil er insgesamt 10,8 Millionen DM über verdeckte Konten und fingierte Rechnungen veruntreut und anschließend verspielt habe. Dabei hielt ihn das Gericht für vermindert schuldfähig, nachdem ein Sachverständiger seine Spielsucht für krankhaft erklärt hatte.[35]
- Ein 39jähriger Hauptkommissar, der zuvor große Summen an Spielautomaten verloren hatte, hat drei Banküberfälle auf Banken in Berlin gestanden. Er wurde in einem Spielkasino festgenommen.[36]

Aber auch im Zusammenhang mit dem legalen Glücksspiel wird Spielsucht zuweilen thematisiert, so z.B. wenn eine Rekordsumme von 42 Millionen Mark im Lotto-Jackpot eine regelrechte Lotto-Hysterie auslöst.[37]

Aus der veröffentlichten Meinung können unterschiedliche Folgerungen gezogen werden:

Die Verfechter einer Öffnung bzw. Freigabe des einträglichen Glücksspielmarktes für private Anbieter und Gegner eines faktischen staatlichen Glücksspielmonopols können darauf verweisen, dass die staatlichen Glücksspielanbieter ihr heftig beworbenes Angebot ständig ausweiten, und letztlich dadurch die Spielleidenschaft eher anheizen anstatt sie zu begrenzen. Die Befürworter von weitgehenden staatlichen Restriktions- und Kontrollmechanismen für das Glücksspiel können hingegen vor allem auf die Kriminogenität des illegalen Glücksspiels und den offensichtlichen Zusammenhang zwischen Spielsucht und Beschaffungskriminalität verweisen. Im Folgenden wird deshalb auch zu untersuchen sein, ob die weitgehende staatliche Kontrolle des Glücksspielmarkts in Deutschland in der bisherigen Form, deren Grundla-

---

[33] Vgl. z.B. *Der Spiegel*, 18.5.1998: „Gipfel des Glücks. In neuen Fernseh-Shows werden Kandidaten öffentlich zu Lotto-Millionären gemacht." *Die Woche*, 23.5.1998: „Das Millionenspiel - Die Klassenlotterien setzen im Fernsehen neue Maßstäbe: Zum ersten Mal wird der Kandidat einer Spielshow 1 Million Mark gewinnen"; *Süddeutsche Zeitung*, 25.5.1998: „Porsche für die Oma".

[34] *Augsburger Allgemeine*, 11.2.1997, S. 6 bzw. 8.3.1997, S. 8, „Lebenslang für Schwarze Witwe".

[35] *Süddeutsche Zeitung*, 30.1.1997, S. 13; *Augsburger Allgemeine*, 30.1.1997, S. 6.

[36] *Augsburger Allgemeine*, 8.3.1995, S. 6, „Kommissar raubte drei Banken aus".

[37] In der *Augsburger Allgemeine* vom 8.9.1994 wird auf S. 1 unter der Schlagzeile „Experte: Das Lotto-Fieber kann spielsüchtig machen" der Bremer Psychologe *Gerhard Meyer* wie folgt zitiert: „Der Staat beutet die Spielleidenschaft der Deutschen aus."

ge letztlich die Strafbestimmungen gegen das illegale Glücksspiel sind, noch gerechtfertigt ist.

III. Untersuchungsgegenstand

Den Untersuchungsgegenstand dieser Arbeit bilden die strafrechtlichen Aspekte des Glücksspielwesens in Deutschland. Hierbei wird nicht nur die seit Juristengenerationen umstrittene Frage nach dem durch das Glücksspielstrafrecht geschützten Rechtsgut thematisiert. Vielmehr wird untersucht, welche strafrechtlichen Auswirkungen die Betätigung und vor allem die Ausbeutung der Spielleidenschaft de lege lata haben bzw. de lege ferenda haben sollten. Dies umfasst sowohl eine Auseinandersetzung mit den Strafnormen der §§ 284 ff. StGB als auch die Erörterung der Frage nach einer etwaigen strafmildernden oder sogar strafausschließenden Wirkung einer zur krankhaften Spielsucht gesteigerten Spielleidenschaft gem. §§ 20, 21 StGB.

Das Glücksspielrecht ist eine Materie, die neben strafrechtlichen, vor allem auch vielfältige zivilrechtliche, verwaltungsrechtliche, verfassungsrechtliche und gemeinschaftsrechtliche Bezüge aufweist.

Die Schnittstelle zum Zivilrecht stellen dabei die spielvertraglichen Normen in den §§ 762 ff. BGB[38] dar.

Insbesondere die Verwaltungsakzessorietät der Glücksspielstrafnormen - deren Erfüllung im Einzelfall zwingend davon abhängt, ob eine wirksame behördliche Glücksspielerlaubnis gegeben ist - bringt es mit sich, dass im Folgenden an manchen Stellen auf verwaltungsrechtliche Bestimmungen, z.B. auf Regelungen in den Spielbanken- und Lotteriegesetzen der Länder oder auf die Normen des in §§ 33c GewO geregelten gewerblichen Spielrechts, einzugehen ist.

Im verfassungsrechtlichen Kontext ist vor dem Hintergrund, dass auf dem deutschen Glücksspielmarkt de facto fast von einem Staatsmonopol zugunsten der Länder gesprochen werden kann, vor allem das Grundrecht potentieller privater Wettbewerber auf Gewerbefreiheit gem. Art. 12 I GG von Bedeutung.

Gemeinschaftsrechtlich ist für die grenzüberschreitende Veranstaltung von Glücksspielen im Europäischen Binnenmarkt,[39] der bisher aus einem Nebeneinander nicht liberalisierter nationaler Glücksspielmärkte besteht, in erster Linie relevant, in welchem Verhältnis die nationalstaatlichen Glücksspielverbote zur EG-vertraglichen Dienstleistungs- bzw. Niederlassungsfreiheit stehen.

Derartige außerstrafrechtliche Bezüge - ohne deren Kenntnis das Verständnis für das Glücksspielstrafrecht erschwert wäre - werden im Rahmen dieser Arbeit zwar immer wieder

[38] Einen Überblick über diese Normen enthält z.B. das *Deutsche Rechts-Lexikon*, 3. Aufl. 2001, S. 3921 f., Stichwort „Spiel- und Wettschuld".

[39] Vgl. hierzu insbesondere die gleichnamige Themenarbeit von *Sura*, Diss. Saarbrücken, 1994.

hergestellt, sie stehen jedoch nicht im Mittelpunkt der Untersuchung. Deshalb werden außerstrafrechtliche Probleme nur dort vertieft erörtert, wo sie unmittelbare Bezüge zum Glücksspielstrafrecht aufweisen. Auch Ordnungswidrigkeitensanktionen, die sich z.B. in § 144 I Nr.1 lit.d GewO, in § 7 RWLG oder in einzelnen glücksspielrechtlichen Ländergesetzen (vgl. z.B. Art. 1 ff. des Bayerischen Gesetzes über das Lotteriespiel[40] oder § 11 des Lotteriegesetzes von Baden-Württemberg[41]) finden, sind nicht der eigentliche Gegenstand dieser Untersuchung.

IV. Verlauf der Untersuchung

Der folgende **Hauptteil B.** setzt sich mit den strafrechtlichen Konsequenzen der Betätigung und der Ausbeutung der Spielleidenschaft gemäß §§ 284 ff. StGB de lege lata und de lege ferenda auseinander. Nach einem kurzen Streifzug durch die Geschichte des Glücksspiel- und Lotteriestrafrechts (B.I.) wird die höchst umstrittene Frage nach dem Rechtsgut der Glücksspieltatbestände erörtert (B.II.1.), die von entscheidender Bedeutung für die nachfolgende Analyse des geltenden Rechts der §§ 284 ff. StGB ist. Im Rahmen der systematischen Analyse der aktuellen Problemfelder der §§ 284 (B.II.2.), 285 (B.II.3.) und 287 (B.II.4.) StGB nimmt vor allem die abgrenzende Konkretisierung des ungeschriebenen Glücksspielbegriffs (B.II.2.1.a.), der das zentrale Tatbestandsmerkmal dieser Deliktsgruppe ist, breiten Raum ein. Als Sonderproblem wird ferner anhand verschiedener Fallgruppen erörtert, inwieweit nach geltendem Recht eine Strafbarkeit von progressiven Vertriebsformen bzw. Gewinnerwartungssystemen mit aleatorischem Charakter besteht (B.II.5.), was auch Fragestellungen des § 6c UWG impliziert. Ausgehend von der Bestandsaufnahme des geltenden Glücksspielstrafrechts werden anschließend - unter Einbeziehung rechtspolitischer Forderungen in der Literatur nach einer Entkriminalisierung der Glücksspieltatbestände - Reformüberlegungen zu den Glücksspieltatbeständen angestellt (B.III.).

Im **Hauptteil C.** wird der Frage nachgegangen, ob und ggf. inwieweit eine zur krankhaften „Spielsucht" gesteigerte Spielleidenschaft als strafausschließender oder strafmildernder Umstand i.S.d. §§ 20, 21 StGB wirken kann.

Im abschließenden **Teil D.** wird das wesentliche Gesamtergebnis der Arbeit kurz zusammengefasst.

---

[40] Gesetz über das Lotteriespiel vom 31. Juli 1970 (BayRS 2187-2-F), geändert durch das Staatslotteriegesetz vom 29. April 1999 (GVBl. S. 226).

[41] Gesetz über Lotterien und Ausspielungen (Lotteriegesetz - LoG) vom 4. Mai 1982 (GBl. S. 139), geändert durch Gesetz vom 15. 12.1992 (GBl. S. 798). Weitere landesrechtliche Ordnungswidrigkeitentatbestände enthalten z.B. § 1 f. Hessisches Gesetz über Ordnungswidrigkeiten im Lotteriewesen, § 11 SächsLottG und § 17 Niedersächsisches LotterieG. Einen Überblick über weitere derartige Normen gibt die Auflistung der Straf- und Bußgeldvorschriften in den Spielbankengesetzen und Lotteriegesetzen der Länder bei Erbs/Kohlhaas-*Göhler*, Strafrechtliche Nebengesetze, Registerband, L 515 (Lotterien) bzw. S 775 (Spielbanken).

B. „Strafbares Ausbeuten der Spielleidenschaft" gem. §§ 284 ff. StGB

Im folgenden Hauptteil B. wird - nach einem kurzen Streifzug durch die Geschichte des Glücksspiel- und Lotteriestrafrechts (unten B.I.) - analysiert, welche strafrechtlichen Konsequenzen die Betätigung und die Ausbeutung der Spielleidenschaft gemäß §§ 284 ff. StGB derzeit de lege lata haben (unten B.II.) bzw. künftig de lege ferenda haben sollten (B. III.).

I. Ein kurzer Überblick über die Geschichte des Glücksspielstrafrechts

Das Glücksspiel in all seinen Variationen ist uralt. In der Bibel wird überliefert, dass bereits die Soldaten unter dem Kreuz Christi um die Kleider gewürfelt haben.[1] Im Laufe der Jahrhunderte ist das Glücksspiel immer wieder in irgendeiner Form aufgetaucht. Aus der Antike können als Beispiel das Würfelspiel der Römer und der Germanen sowie die mit Figuren bemalten Täfelchen aus Holz oder Elfenbein genannt werden, die die Chinesen und Japaner längst hatten, ehe das Kartenspiel bei uns bekannt war.[2] Dabei wechselten Perioden absoluter bzw. relativer Spielfreiheit sich mit Zeiträumen ab, in denen Spielverbote oder zumindest eine starke staatliche Reglementierung der Glücksspiele bestand. Im Laufe der durch ein ständiges Hin und Her gekennzeichneten Historie wurden Verbote insbesondere verhängt, wenn es zuvor zu Auswüchsen der Spielleidenschaft gekommen war. Erlaubnisse wurden vor allem dann erteilt, wenn die Kassen von Staat und Kirche leer waren.[3]

Das Spiel an sich galt nach Anschauung der Römer keineswegs, selbst wenn um Geld gespielt wurde, als unsittlich und verwerflich. Vielmehr weisen zahlreiche Stellen bei den römischen Schriftstellern darauf hin, dass das Spiel im alten Rom als ein speziell dem Greisenalter angemessener Zeitvertreib angesehen wurde.[4] Jedoch spricht das Eingreifen der Strafgesetzgebung bereits zur Zeit der Republik dafür, dass das Spiel schon frühzeitig die Schranken des maßvollen Betriebes überschritt und zu gefährlichem Hasardspiel ausartete.[5] Um 200 v. Chr. wurde das Glücksspiel aufgrund einer lex alearia als strafbare Handlung angesehen, wobei das öffentliche Glücksspiel als besonders strafwürdig galt.[6] Zulässig war der Einsatz bei Kampfspielen; im Übrigen war das Spielen mit Einsatz verboten. Durch ein Edikt des Prätors wurde allerdings das Spielen um die Zeche bei einem Gastmahl von der Strafbarkeit

---

[1] Vgl. *Astl/Rathleff*, Das Glücksspiel, 1965, Vorwort.

[2] *Rebmann*, Das Glücksspiel im geltenden Strafrecht, Diss. Köln, 1929, S. 1.

[3] *Deselaers*, in: Pfister (Hrsg.), Rechtsprobleme der Sportwette, S. 15, 17 f.; *Roth*, Das große Los, 1965, S. 17, 19, 42 f., 48, 52, 61, 64, 68, 84, 88, unter Hinweis auf u.a. Papst Clemens XII., König Max II. von Bayern, die französische Revolution und die sozialistischen Länder des ehemaligen Ostblocks als prominente Beispiele für die Zulassung von Glücksspielen allein wegen Geldmangels.

[4] *Ziemer*, Der juristische Unterschied zwischen Spiel und Glücksspiel in Geschichte, Theorie und Praxis, Diss. Greifswald, 1922, S. 10.

[5] *Sabath*, Das Glücksspiel, Seine strafrechtliche Bedeutung, Diss. Berlin, 1906, S. 1 m.w.N..

[6] *Rebmann*, aaO., S. 3.; auch *Mommsen*, Römisches Strafrecht, 1899, S. 860, ist der Meinung, dass Mitte des 6. Jahrhunderts der Stadtgeschichte Roms (also gerechnet seit dessen Gründung im Jahr 753 v.Chr.) bereits ein republikanisches Gesetz gegen das Glücksspiel in Kraft war.

ausgenommen.[7] In der letzten republikanischen Zeit hat wahrscheinlich ein zur Verbannung führendes Strafverfahren wegen verbotenen Spielens bestanden. Aus der Kaiserzeit findet sich auf derartige Kriminalstrafen - außer für Geistliche - kein sicherer Beleg.[8] Zur Zeit Justinians erfuhr das römische Glücksspielstrafrecht eine durchgreifende Änderung. Glücksspiele galten zwar immer noch als unerlaubt,[9] bei einer Übertretung dieses Verbots sollte aber keine strafrechtliche Verurteilung erfolgen. Justinian versuchte, den Kampf gegen das Glücksspiel zivilrechtlich zu führen, indem er dem Verlierer einen Rückforderungsanspruch für die bereits geleistete Spielschuld für die Dauer von 50 Jahren einräumte. Der Geistlichkeit war jedoch nach wie vor jedes Spiel, sogar das Zuschauen bei einem Spiel bei dreijähriger Suspension[10] und Freiheitsstrafe (Anhaltung in einem Kloster) verboten.[11] Eine ähnliche Bestimmung wurde später in das Decretum Gratiani (c 1 Dist. 35) übernommen.[12]

In Europa blieb das Würfelspiel bis zum Ende des 14. Jahrhunderts das verbreitetste Glücksspiel, bis es in Form der Spielkarten Konkurrenz bekam. Als erstes Kartenspiel tauchte ein Vorläufer des Tarocks im 14. Jahrhundert in der Lombardei auf.[13]

In Deutschland herrschte vielerorts bis weit ins Mittelalter hinein Spielfreiheit. Gegen Ende des Mittelalters zogen Vaganten durchs Land und lebten außer vom Betteln auch vom Glücksspiel. Auch die übrige Bevölkerung ergriff eine ungeheure Spielleidenschaft. Mit dem Aufkommen der Spielkarten entstand geradezu ein Gewerbe des Spielhalters, der von Ort zu Ort zog, um diese dem Volk innewohnende Spielleidenschaft auszubeuten.[14] Die Verbreitung des Münzgeldes führte zu einer Vielzahl von gewerbsmäßigen Spielern, Falschspielern und Betrügern, was auch zu Tumulten und Gewalttätigkeiten führte.[15] Daraufhin war zunächst ein zivilrechtliches und später ein schärfer werdendes strafrechtliches Einschreiten gegen das Glücksspiel zu beobachten.[16] Dabei oblag ein Einschreiten den einzelnen Staatsgebilden.[17] Beim zivilrechtlichen Kampf wurde der römisch-rechtliche Weg eingeschlagen, nämlich den Spielschulden die Klagbarkeit entzogen, teilweise sogar mit der Maßgabe, dass das auf eine Spielschuld Geleistete der Rückforderung als ungerechtfertigte Bereicherung unterlag.[18] Seit dem 13. Jahrhundert finden sich Strafdrohungen gegen falsches Spiel.[19] Zahl-

---

[7] *Rebmann*, aaO., S.3 m.w.N..

[8] *Mommsen*, aaO., S. 861.

[9] Nach *Ziemer*, aaO., S. 12 f., wurden in den Digesten Justinians im tit. de aleatoribus 11,5 eine lex Titia, Publicia und Cornelia aus republikanischer Zeit erwähnt, nach denen alle Spiele um Geld oder Geldeswert verboten sind, es sei denn, dass die Gewinne als Preise für die Sieger in körperlichen Wettkämpfen ausgesetzt wurden. Hier wird zum ersten Mal in der juristischen Literatur das Geschicklichkeitsspiel als Gegensatz zum Glücksspiel erwähnt.

[10] *Ziemer*, aaO., S. 15.

[11] *Rebmann*, aaO., S.4; *Seelig*, Das Glücksspielstrafrecht, S. 7 ff..

[12] *Epple*, Das strafbare Glücksspiel, Diss. Tübingen, 1932, S. 16.

[13] *Willenberg*, Das große Spiel, 1977, S. 23.

[14] So *Epple*, aaO., S. 3.

[15] *Lampe*, JuS 1994, 737, 738.

[16] *Ziemer*, aaO., S. 17.

[17] *Sabath*, aaO., S. 8.

[18] *Ziemer*, aaO., S. 18.

reiche deutsche Staaten verboten in Gesetzen zunächst das Spielen auf Kredit[20] und setzten Höchstbeträge[21] fest, die – entsprechend den Grundsätzen des Feudalismus – nach Rang und Geburt differierten.[22] Andere Gesetzgeber verboten das heimliche Spielen, insbesondere zur Nachtzeit, teilweise unter örtlicher Beschränkung des Spiels.[23] Gemeinsam kann für die meisten Rechtsquellen der damaligen Einzelstaaten und Reichsstädte festgestellt werden, dass sie die Tendenz haben, das Spiel insoweit zu dulden, als es der Unterhaltung zu dienen bestimmt ist, und insoweit zu verbieten, als es der Befriedigung der Gewinnsucht dienen soll.[24] Als Strafen finden sich vor allem Geldbußen und Einziehung des Spielgewinns, seltener Freiheitsstrafen, ganz vereinzelt auch Leibes- sowie Ehrstrafen.[25] Die Constitutio Criminalis Carolina von 1532 kennt hingegen das Glücksspiel als strafbare Handlung nicht.[26] Im deutschen Recht hatten die Normen zur Bekämpfung des Spielunwesens ursprünglich vor allem ordnungsrechtlichen und nicht strafrechtlichen Charakter. Die aus Italien kommende Lotterie wurde im 18. Jahrhundert in Deutschland sogar gefördert.[27]

Das Zahlenlotto ist vermutlich auf eine ähnliche Einrichtung in Italien aus dem 16. Jahrhundert zurückzuführen. In der Folgezeit sind verschiedenste Lotterien, die zumeist zur Auffüllung der Staatskassen durchgeführt wurden, in Erscheinung getreten.[28] Die erste staatliche Geldlotterie mit Geld- und Sachgewinnen in Deutschland wurde - soweit nachweisbar - 1612 im Stadtstaat Hamburg verkündet.[29] Dabei ging die Monopolisierung des Lotteriewesens durch den Staat mit dem Lotterieverbot für private Veranstalter einher. In Preußen wurden z.B. durch Patent vom 1.2.1763 sämtliche Lotterien des Landes für staatliche Mo-

---

[19] *Von Hippel*, Lehrbuch des Strafrechts, 1932, S. 273, dort Fn. 3.

[20] Z.B. Augsburger Ratsbeschluss von 1377; Nürnberger Ratsbeschluss von 1350; Württemberger Landesordnung von 1585; Querfurter Statuten von 1656 (zitiert nach *Sabath*, S. 9, Fußnote 7 m.w.N.).

[21] Z.B. Nürnberger Ratsbeschluss von 1286; Göttinger Stadtrecht von 1301; Regensburger Stadtrecht von 1320 (zitiert nach *Sabath*, S. 9, Fußnote 8 m.w.N.).

[22] So verbot z.B. das Basler Sittenmandat, das aus dem Ende des 15. Jahrhunderts stammt, das Spielen über einen Schilling hinaus, machte hiervon aber eine Ausnahme für „unsere Herren von der hohen Stube sowie diejenigen, die zu ihnen kommen als Ritter ...". Noch schärfer klassifizierte eine sächsische Polizei- und Kleiderordnung vom 23. April 1612, die davor warnt, dass „einer vom Adel auf einmal einen Thaler, ein fürnehmer Mann, so bürgerlichen Standes ist, über 12 Groschen, ein Handwerksmann über 4 Groschen, ein Bauer aber über 1 Groschen nicht verspiele, damit solches auch in einem Monat über einem Male nicht geschehen ... soll" (zitiert nach *Ziemer*, aaO., S. 20 f.).

[23] Z.B. Straßburger Stadtrecht von 1249; Augsburger Statuten von 1276; Baierisches Landrecht von 1616 (zitiert nach *Sabath*, S. 10, Fußnote 11 m.w.N.).

[24] Vgl. *Sabath*, aaO., S.8; *Geiger*, Das Glücksspiel im geltenden Strafrecht und nach den neuesten Strafgesetzentwürfen, Diss. Tübingen 1932, S. 18, der als Beispiel folgende Passage aus dem Stadtrecht von Zittau aus dem Jahr 1567 anführt: „umb Kurzweil willen und umb ein Gröschel zu spielen, kann ehrlichen Bürgern wohl vergunst und zugelassen werden."

[25] Vgl. *Sabath*, aaO., S. 9 ff. m.w.N.; als einzige Ehrenstrafe ist in den Augsburger Statuten von 1276 für das Spielen mit Unmündigen der Schraiat-Pranger erwähnt (S. 13).

[26] *Von Hippel*, Lehrbuch des Strafrechts, 1932, S. 273, dort Fn. 3; *Rebmann*, aaO., S. 6; *Geiger*, aaO., S. 18.

[27] *Lampe*, JuS 1994, 737, 738.

[28] *Astl/Rathleff*, aaO..

[29] Vgl. die Internetseite „www.nkl.de/nkl_profil/geschichte4.html".

nopole erklärt und durch Edikt vom 23.8.1782 verfügt, dass jede Privatlotterie bei Konfiskation sämtlicher Gewinne in Zukunft unterbleiben müsse.[30]

Das preußische Allgemeine Landrecht (ALR) von 1794,[31] auf das letztlich die heutige Regelung im Kern zurückzuführen ist, verbot bereits einerseits in § 248 ALR öffentliche Lotterien ohne Erlaubnis, weil sie das Fiskalinteresse des Staates beinträchtigen, und bestrafte andererseits in den §§ 1298 ff. ALR das „Hazardspiel aus Gewinnsucht".[32] Die lotterierechtlichen Bestimmungen in §§ 248 f. ALR[33] gehören systematisch zu den §§ 244 ff. ALR, die die Überschrift „Eingriffe und Beeinträchtigungen des Besteuerungsrechts." tragen. Nach § 248 ALR, auf den der heutige § 287 I StGB zurückgeführt werden kann,[34] wurde derjenige, der „ohne besondere Erlaubniß des Staats eine öffentliche Lotterie unternimmt" mit einer Strafe von zwischen fünfzig und hundert Thalern belegt. Überdies hatte er den doppelten Betrag seines Gewinns an die örtliche Armenkasse abzuführen. Nach § 249 ALR musste, „wer in auswärtige vom Staate nicht besonders genehmigte Lotterien einsetzt", als Strafe den Betrag seines Einsatzes zuzüglich hundert Thalern an den Fiskus abführen. Das ALR enthielt somit nicht nur eine Strafnorm für den Lotterieveranstalter, sondern - anders als das heute geltende Recht - auch eine solche für den Lotteriespieler. Die Glücksspiele im engeren Sinn regelte das ALR hingegen im fünfzehnten Abschnitt des zwanzigsten Titels „Von Beschädigungen des Vermögens durch strafbaren Eigennutz und Betrug" unter der Überschrift „Unerlaubte Spiele" in den §§ 1298 ff. ALR.[35] In § 1298 ALR wurde bestimmt, dass Hazardspiele unerlaubt sind, sobald sie „aus Gewinnsucht gespielt werden". In § 1299 ALR wurden als Beispiele für verbotene Hazardspiele u.a. Lotto und Würfeln genannt; § 1302 ALR stellte diesen das Wetten gleich. § 1300 ALR ordnete für den Bankhalter eine fiskalische Strafe von hundert bis tausend Dukaten an. § 1301 ALR sah für jeden Mitspieler eine fiskalische Strafe von zwischen fünfzig und dreihundert Dukaten vor. Gewerbsmäßiges Spielen an öffentlichen Orten hatte nach § 1303 ALR zur Folge, dass der Delinquent „über die Gränze geschafft" und im Wiederholungsfall „ein Jahr zur Festung abgeliefert" wurde. Die §§ 1304 ff. regelten die Strafbarkeit von Gastwirten. § 1307 ordnete die Amtsenthebung von Beamten an, die sich als gewerbsmäßige Glücksspieler betätigten.

Einen ersten Höhepunkt fand das Glücksspiel im Frankreich des 16. und 17. Jahrhunderts. Administrative Maßnahmen halfen nichts, zumal selbst höchste Staatsbeamte spielten. Als letzter Ausweg gegen das unüberprüfbar gewordene Glücksspiel, dessen negative Begleiterscheinungen dem Ruf von Paris zu schaden begannen, wurde von offizieller Seite Roulette

---

[30] *Klenk*, GA 1976, 361, 363 f..

[31] In Preußen wurde unmittelbar vor dem ALR von König Friedrich Wilhelm III. am 9. Februar 1787 ein erneuertes und verschärftes Edikt erlassen, das sich gegen alle Glücksspiele richtete, „bey welchen Gewinn und Verlust hauptsächlich vom Zufall abhängen, und nach Beschaffenheit der spielenden Personen, des Einsatzes und der übrigen Umstände, nicht blos zum Zeitvertreibe, sondern aus Gewinnsucht gespielt werden;" (zitiert nach *Ziemer*, aaO., S. 24 f.).

[32] Vgl. z.B. *von Hippel*, Lehrbuch des Strafrechts, 1932, S. 273, dort Fn. 3.

[33] Vgl. jetzt und im Folgenden: Allgemeines Landrecht für die Preußischen Staaten von 1794, Textausgabe von 1970, S. 676.

[34] So RGSt 10, 245, *Klenk*, GA 1976, 361, 364 und *Ossenbühl*, VerwArch 86 (1995), 187, 191 für § 286 a.F..

[35] Vgl. jetzt und im Folgenden: Allgemeines Landrecht für die Preußischen Staaten von 1794, Textausgabe von 1970, S.717.

als neues Spiel eingeführt. Roulette wurde wegen der geringen Täuschungsmöglichkeiten um 1700 von *Satines*, dem Polizeiminister von Louis XVI., zugelassen und bis zum Jahr 1838 gespielt als der Bürgerkönig alle Spielcasinos schließen ließ. Im gleichen Jahr erging auch in England ein Glücksspielverbot.[36] Das Verbot des Glücksspiels in England und Frankreich 1838 hat sehr viel zur Verbreitung der Casinospiele, vor allem des Roulette, im übrigen Europa beigetragen. Unter französischer Direktion erlebten in Deutschland die Kur- und Badeorte Baden-Baden, Wiesbaden und Bad Homburg vor der Höhe aufgrund ihrer Spielbanken[37] ihren Aufstieg. *Dostojewskis* bekannter Roman „Der Spieler" schildert die gesellschaftlichen Verhältnisse in den Spielorten dieser Zeit. Dennoch beschloss die Frankfurter Nationalversammlung 1848 die Schließung der deutschen Spielbanken, weil „dadurch die Moralität des Volkes gefördert und ein Übelstand entfernt wird, welcher die Demoralisierung der einzelnen Individuen begünstigt". Jedoch konnte dieser Beschluss nicht überall durchgesetzt werden. Erst 1868 wurden vom Norddeutschen Bund alle deutschen Spielbanken verboten und mussten bis zum 31.12.1872 geschlossen werden.[38] Dieses Verbot hatte letztlich bis 1933 Bestand. Dann wurde von den Nationalsozialisten aus finanzpolitischen Gründen, insbesondere um ausländische Spieler anzulocken, das Glücksspiel in Baden-Baden wieder gesetzlich[39] zugelassen. Dieses Gesetz wurde während des Zweiten Weltkriegs auf die bereits vorher bestehenden Spielbanken in Zoppot bei Danzig und Baden bei Wien ausgedehnt.[40]

In Deutschland wurde am 15.5.1871 das Strafgesetzbuch für den Norddeutschen Bund als „Strafgesetzbuch für das Deutsche Reich" übernommen, das die unterschiedlichen Einzelregeln in den deutschen Ländern ablöste. § 284 RStGB a.F. bestimmte in der damaligen Fassung, dass derjenige, der „aus dem Glücksspiel ein Gewerbe macht", mit Gefängnis bis zu zwei Jahren bestraft wird. Daneben konnte auf Geldstrafe zwischen 300 und 6000 Mark sowie auf Verlust der bürgerlichen Ehrenrechte erkannt werden. Nach § 285 RStGB a.F. wurde außerdem „der Inhaber eines öffentlichen Versammlungsortes, welcher Glücksspiele daselbst gestattet oder zur Verheimlichung solcher Spiele mitwirkt" mit Geldstrafe bis zu 1.500 Mark bestraft.[41] Ferner wurde nach § 360 Nr. 14 RStGB a.F. mit Geldstrafe bis zu 150 Mark oder mit Haft bestraft, „wer unbefugt auf einem öffentlichen Wege, einer Straße, einem öffentlichen Platze oder in einem öffentlichen Versammlungsorte Glücksspiele hält".[42]

---

[36] *Willenberg*, S. 25 mw.N..

[37] Weitere Details zur geschichtlichen Entwicklung der Spielbanken in Deutschland können u.a. der eingehenden Darstellung bei *Lauer*, Staat und Spielbanken, Diss. Saarbrücken 1992, S. 9 ff. sowie den Internetseiten von „www.casinoland.de" unter den Links „Spielbanken" und „Historisches" entnommen werden.

[38] *Belz*, S. 7; *Willenberg*, S. 26: die unsicheren Verhältnisse in Deutschland gaben schließlich den Anstoß zur Gründung des berühmtesten Spielkasinos der Welt in Monte Carlo, das 1867 von Blanc, dem Gründer von Bad Homburg, eröffnet wurde. Deshalb wird Bad Homburg auch nicht zu Unrecht als „Mutter von Monte Carlo" bezeichnet.

[39] RGBl. I S. 480.

[40] *Willenberg*, S. 27 m.w.N..

[41] Vgl. *z.B. Kummer*, in: Aubin/Kummer/Schroth/Wack, 1981, S. 15.

[42] Vgl. *Gerland*, GS 57 (1900), 385.

Seit den 30er Jahren des 19. Jahrhunderts wurden in Deutschland öffentliche Pferderennen veranstaltet.[43] Nachdem diese Rennen im Laufe der Jahrzehnte größere Verbreitung fanden, wurde im Jahr 1871 die mechanische Wettmaschine eingeführt, der Totalisator, dessen Unternehmer die einzelnen Rennvereine waren. Im Jahr 1882 wurden die Wettunternehmen der Rennvereine sowie der Buchmacher insgesamt vom RG[44] als gewerbsmäßige Glücksspiele i.S.d. § 284 RStGB a.F. eingestuft und für unzulässig erklärt. Befolgt wurde dieses Verbot jedoch nur von den Rennvereinen, die bereits wieder ab 1886 in Preußen Totalisatoren betreiben durften. Bei den Buchmachern wurde hingegen - bis zum Jahr 1922 - unvermindert illegal weitergewettet. Erst durch das Rennwett- und Lotteriegesetz (RWLG) vom 8.4.1922,[45] das heute als Bundesrecht fortgilt,[46] wurde das generelle Verbot von Buchmacherwetten durch ein geordnetes Nebeneinander von Totalisatoren und Buchmachern abgelöst.[47] Seit dieser spezialgesetzlichen Regelung im RWLG im Jahr 1922 sind die Pferdewetten in Deutschland eine von den übrigen Glücksspielen getrennte Rechtsmaterie.

Die Vorschriften der §§ 284 f., 360 Nr. 14 RStGB a.F. genügten nach dem ersten Weltkrieg nicht mehr, um der fortschreitenden Ausbreitung des Glücksspiels in privaten Spielclubs, die in einzelnen großen deutschen Städten und Badeorten in zunehmenden Maße entstanden, Herr zu werden. Als streng geschlossene Gesellschaften konnten sie nicht mit den bis dahin geltenden Vorschriften des Gesetzes, die sich gegen das an einem öffentlichen Ort veranstaltete Glücksspiel richteten, in Berührung kommen.[48] Bis zur Aufhebung des Belagerungszustands am Ende des Jahres 1919 bot § 9b des Gesetzes über den Belagerungszustand vom 4.6.1851 den örtlichen Militärbefehlshabern ein vorübergehendes Mittel, um gegen das sich ausbreitende Spielklubunwesen vorzugehen.[49] Mit der Aufhebung des Belagerungszustandes musste der Gesetzgeber im Dezember 1919 die bestehenden Vorschriften kurzfristig[50] durch das Gesetz gegen das Glücksspiel vom 23.12.1919[51] ersetzen, durch das § 284 I, II und § 285 StGB (damals als § 284a StGB a.F.) im Wesentlichen ihre heute noch geltende Fassung

---

[43] Vgl. jetzt und im Folgenden zur Geschichte der Pferdewette: *Deselaers*, in: Pfister (Hrsg.), Rechtsprobleme der Sportwette, S. 15, 18 ff. m.w.N. sowie Erbs/Kohlhaas-*Wache*, R 70, Vorbemerkung zum Rennwett- und Lotteriegesetz, Rdn. 1.

[44] RGSt 7, 21.

[45] RGBl. I 335, 393; zuletzt geändert durch Gesetz vom 17.5.2000 (BGBl. I, S. 715).

[46] Vgl. ausführlich BVerwGE 97, 12 ff. = GewArch 1995, 63 ff..

[47] *Deselaers*, in: Pfister (Hrsg.), Rechtsprobleme der Sportwette, S. 15, 19.

[48] *Odenthal*, Diss. Köln 1922, S. 9.

[49] *Odenthal*, aaO., S. 11 f.. Aufgrund des Gesetzes über den Belagerungszustand von 1851 sind damals zahlreiche Verordnungen der Militärbefehlshaber ergangen. In Berlin wurde z.B. vom Oberkommando Noske am 10.9.1919 folgende Verordnung erlassen: „Das öffentliche Glücksspiel, sowie das Glücksspiel in Vereinen, insbesondere in Klubs, ist verboten. Den Klubs gleich zu erachten ist jede Vereinigung von Personen, bei der Eintrittsgelder, Mitgliederbeiträge, Spiel- oder Kartengelder, wenn auch in verschleierter Form z.B. als Garderobegeld, als Aufschlag zu Speisen und Getränken oder für Bedienung erhoben werden. Zuwiderhandlungen werden an Veranstaltern, Teilnehmern und Inhabern der zum Glücksspiel benutzten Räume bestraft. Neben der angedrohten Gefängnisstrafe können diese Räume polizeilich geschlossen werden."

[50] Laut *Mosgau*, Diss. Würzburg, 1920, S.3, nahm die Nationalversammlung am 18.12.1919 den Regierungsentwurf vom 16.12.1919 ohne Debatte an. Am 23.12.1919 unterfertigte der Reichspräsident den angenommenen Entwurf, so dass dieser am 31.12.1919 mit seiner Verkündung im Reichsgesetzblatt in Kraft treten konnte.

[51] RGBl. I S. 2145.

erhielten.[52] Die seinerzeitige Reform ist vor dem Hintergrund der damaligen Situation zu sehen: nach dem verlorenen Weltkrieg war Deutschland im Innern durch Bürgerkrieg zerrissen und die Wirtschaft durch die staatliche Überschuldung aufgrund von Kriegsanleihen zerrüttet. Millionen von Menschen lebten in heute unvorstellbarem Elend und Zukunftsangst. In dieser Situation war das Glücksspiel, so wie es damals in den Spielklubs betrieben wurde, ein Privileg für die sog. Neureichen, Schieber, Schmuggler und Wucherer, die als Kriegsgewinnler an dem herrschenden Massenelend verdienten. Der schreiende Widerspruch dieses Treibens mit der allgemeinen Not wurde als unerträglicher Verstoß gegen die öffentliche Sittlichkeit empfunden und musste berechtigten Anstoß bei der Bevölkerung erregen.[53]

§ 285 StGB i.d.F. von 1919, der eine Gefängnisstrafe von bis zu fünf Jahren für denjenigen vorsah, der „aus dem Glücksspiel ein Gewerbe macht", d.h. für den gewerbsmäßigen Spieler,[54] wurde durch Gesetz vom 2.3.1974 mit Wirkung vom 1.1.1975 wieder aufgehoben, weil der Gesetzgeber den Strafrahmen der übrigen Glücksspieltatbestände auch für das gewerbsmäßige Handeln für ausreichend hielt.[55]

Durch das Gesetz zur Bekämpfung des illegalen Rauschgifthandels und anderer Erscheinungsformen der Organisierten Kriminalität (OrgKG) vom 15.7.1992[56] wurde allerdings für den gewerbsmäßigen Glücksspielveranstalter der Qualifikationstatbestand des § 284 III Nr. 1 StGB eingefügt. Daneben wurde durch das OrgKG die bandenmäßige Tatbegehung in § 284 III Nr. 2 StGB ebenfalls straferhöhend normiert.

Die vorerst letzte Änderung hat das Glücksspielstrafrecht durch das 6. StrRG vom 26.1.1998 erfahren, durch das die seit 1919 geltende Paragrafenfolge verändert wurde und die Werbetatbestände der §§ 284 IV, 287 II StGB neu in das Strafgesetzbuch eingefügt wurden.[57]

---

[52] *Kummer*, in: Aubin/Kummer/Schroth/Wack, S. 15 f..

[53] Vgl. z.B. *Lange*, in: Dreher-FS, 1977, S. 573, 574 f.; *Odenthal*, aaO., S. 10 f.; *Seinsche*, S. 24.

[54] Dieser erschien bislang als besonders gefährlich, weil er zwangsläufig zum Falschspiel greifen musste, um tatsächlich eine regelmäßige Einnahmequelle zu haben (vgl. z.B. *Belz*, S. 7; *Pepperhoff*, S. 60 ff.).

[55] Vgl. Gesetz vom 2.3.1974, BGBl. I S. 469; BT-Drs. 7/550 v. 11.5.1973, S. 263; *Kummer*, in: Aubin/Kummer/Schroth/Wack, S. 16; hierzu kritisch *Belz*, S. 8.

[56] BGBl. I S. 1302 ff..

[57] Vgl. dazu BT-Drs. 13/8787, S. 68 und 13/9064, S.21.

II. Das geltende Recht

Grundlegend für das Verständnis und die Interpretation des Glücksspielstrafrechts ist die Vorfrage, welches Rechtsgut durch die Straftatbestände der §§ 284 ff. StGB geschützt wird (vgl. unten II.1.). Daran schließt sich die Analyse der wesentlichen Rechtsprobleme der einzelnen Glücksspieltatbestände an (unten II.2.-4.). Schließlich wird als Sonderproblem untersucht, inwieweit eine Strafbarkeit von progressiven Vertriebsformen und Gewinnerwartungssystemen de lege lata besteht (unten II.5.). Diese Analyse des geltenden Rechts bildet die Grundlage für die anschließende Erörterung der künftigen Ausgestaltung des Glücksspielstrafrechts gem. §§ 284 ff. StGB de lege ferenda (unten III.).

1. Das umstrittene Rechtsgut der Glücksspieltatbestände

Bereits seit langer Zeit ist äußerst umstritten, welches Rechtsgut durch die §§ 284 ff. StGB de lege lata geschützt wird. Die Tatsache, dass das juristisch unscheinbare und abseits liegende Gebiet des Glücksspielstrafrechts theoretisch-dogmatisch zu den kompliziertesten und vielseitigsten Kapiteln des gesamten Strafrechts zählt und stets neue und ungeklärte Fragen aufwirft, beruht in erster Linie auf der Unsicherheit über das geschützte Rechtsgut.[1] Die Uneinigkeit über das Rechtsgut dürfte so groß wie bei keiner anderen Deliktsgruppe sein. Das Meinungsspektrum reicht hier von der Annahme, die §§ 284 ff. StGB hätten an sich ausschließlich ordnungsrechtlichen Charakter und dienten nur der Absicherung eines ordnungsgemäßen Spielbetriebs, bis hin zur Auffassung, es handle sich um reine Vermögensdelikte. Als geschützte Rechtsgüter werden ferner z.B. genannt: das staatliche Ausbeutungsmonopol, die öffentliche Sicherheit, die sittliche Haltung des Volkes, die Arbeits- und Wirtschaftsmoral, die öffentliche Wohlfahrt oder die wirtschaftliche Ordnung des modernen Kulturstaates.[2] Teilweise wird sogar ein Rechtsgüterschutz gänzlich mit der Begründung verneint, es handle sich hier materiell lediglich um Normen mit präventiv-polizeilichem Charakter.[3] Die Frage nach dem geschützten Rechtsgut ist die zentrale Frage des Glückspielstrafrechts, von deren Beantwortung eine Reihe von weiteren Problemlösungen und Weichenstellungen abhängen. Beispielsweise hängt die Einordnung der behördlichen Erlaubnis als negatives Tatbestandsmerkmal oder als Rechtfertigungsgrund maßgeblich vom geschützten Rechtsgut der Glücksspieltatbestände ab.[4]

Als geschütztes Individualrechtsgut der Glückspieltatbestände kommt zunächst das Vermögen (unten 1.1.) in Betracht, und zwar sowohl das eigene Vermögen des Glücksspielers und Täters i.S.v. § 285 StGB als auch das für ihn fremde Vermögen seiner Mitspieler. Denkbare geschützte Universalrechtsgüter sind insbesondere die öffentliche Sittlichkeit (unten 1.2.), die Staatsfinanzen (unten 1.3.) sowie das öffentliche Interesse

---

[1] So ausdrücklich *Goldmann*, Die behördliche Genehmigung als Rechtfertigungsgrund, Diss. Freiburg 1967, S. 195.

[2] Vgl. z.B. *Lange*, GA 1953, 3, 8 ff; *Voßkuhle*, VerwArch 87 (1996), 395, 400 jeweils m.w.N..

[3] So insbesondere *Wolf*, Diss. Hamburg 1972, S. 101.

[4] Näheres hierzu vgl. unten B.II.2.1.c.: „Die (fehlende) behördliche Erlaubnis".

an einem unter staatlicher Kontrolle und Begrenzung stehenden Glücksspielwesen (unten 1.4.).

1.1. Das Vermögen

Das heutige Glückspielstrafrecht geht in seinem Kernbestand auf das Gesetz gegen das Glücksspiel vom 23. Dezember 1919 zurück, welches wiederum an die §§ 284, 285 und 360 Nr. 14 des RStGB von 1871 und deren Vorgängerbestimmungen in den §§ 1298 ff. des Preußischen Allgemeinen Landrechts (ALR) anknüpft.[5] In der Literatur findet sich seit jeher die Meinung, der Grund für die Pönalisierung der illegalen Glücksspiele liege in ihrer vermögensgefährdenden Wirkung.[6] Diese wurde vor allem darin gesehen, dass das Glücksspiel eine Betätigung sei, die die wirtschaftliche Lage des Einzelnen sowie weiter Bevölkerungskreise gefährden könne. Dabei wurde auch immer wieder auf die systematische Stellung der Glücksspielbestimmungen im ALR hingewiesen,[7] die dort unter der Abschnittsüberschrift „Von den Beschädigungen des Vermögens durch strafbaren Eigennutz und Betrug" im fünfzehnten Abschnitt zu finden waren.

Ein beträchtlicher Teil der heutigen Literatur[8] vertritt nach wie vor die Auffassung, die §§ 284 ff. StGB seien Vorschriften zum Schutz des Spielers vor Vermögensgefährdung. Als geschütztes Rechtsgut wird dabei insbesondere das fremde Vermögen der Mitspieler angesehen, das vor Ausbeutung durch andere bewahrt werden soll.

Teilweise wurde in der Vergangenheit auch die Gefährlichkeit des Glücksspiels für das eigene Vermögen des Spielers als Strafgrund der Glücksspieltatbestände angesehen.[9] Die letztgenannte Auffassung kann jedoch heute nicht mehr vertreten werden, da andernfalls in § 285 StGB eine bloße Selbstgefährdung pönalisiert würde,[10] die ansonsten im deutschen Strafrecht[11] straflos bleibt. Faktisch würde dies auf eine Kriminalisierung des Opfers hinauslaufen.[12] Eine solche Bevormundung würde dem Gebotsverständnis

---

[5] Vgl. oben B.I.1..

[6] Vgl. z.B. *Wilhelm*, Diss. Göttingen, 1928, S. 18 und *Geiger*, Diss. Tübingen, 1932, S. 14.

[7] Dieser Hinweis auf das ALR findet sich u.a. bei *Weiser*, Diss. Leipzig, 1930, S. 69, der jedoch „die wirtschaftliche Ordnung" als geschütztes Rechtsgut ansieht; *Geiger*, aaO.; *Votteler*, Diss. Tübingen, 1932, S. 25, der jedoch „die öffentliche Sittlichkeit" als geschütztes Rechtsgut ansieht.

[8] So z.B. *Haft*, Strafrecht BT, S. 200, Abb.1; *Joecks*, Studienkommentar StGB, § 284 Rdn. 1; *Meurer/Bergmann*, JuS 1983, 668, 671 f.; *Odenthal*, GewArch 1989, 222; *ders.*, GewArch 2001, 276, 280 f.: „Besinnt man sich strafrechtlich auf den Schutz des Spielers vor existenzgefährdenden Verlusten als dem allein legitimen Anliegern des Rechtsgüterschutzes, ..."; *Raube*, S. 55; *Schmidthäuser*, StrafR BT, 2. Aufl. 1983, Rdn. 11/90, S.142; SK-*Samson*, 4. Aufl., Stand Feb. 1987, § 284 Rdn. 1 („§ 284 erfasst eine besondere Form der Vermögensgefährdung ... durch Ausbeutung der Spielleidenschaft ...").

[9] Vgl. z.B. *Binding*, Lehrbuch des Gemeinen Deutschen Strafrechts, BT, 2. Aufl. 1902, § 93, S. 405; *Frank*, StGB, 18. Aufl. 1931, § 286 Anm. II.3., S. 675; LK-*v.Bubnoff*, 10. Aufl. 1979, Vor § 284 Rdn. 4.

[10] *R. Schmitt*, in: Maurach-FS, 1972, S. 113, 114; ihm folgend *Lange*, in: Dreher-FS, 1977, S. 573, 579.

[11] Universalrechtsgut der §§ 29 ff. BtMG ist die Volksgesundheit, so dass im Fall des illegalen Drogenbesitzes gem. §§ 29 I Nr. 3, 29a I Nr. 2 BtMG nicht die Selbstgefährdung der körperlichen Unversehrtheit pönalisiert wird.

[12] *Wrage*, ZRP 1998, 426, 428.

eines liberalen Staates widersprechen,[13] in dem jeder mit seinem Vermögen nach Belieben verfahren kann, solange er andere nicht in deren Rechten beeinträchtigt.[14] Ein Schutz des Spielers vor sich selbst, d.h. vor seiner Spielleidenschaft, scheidet demnach als Strafgrund der Glücksspieltatbestände aus.

Fraglich bleibt somit, ob de lege lata die Gefährdung des fremden Vermögens der Mitspieler durch deren Verleitung zum Glücksspiel den Strafgrund der §§ 284 ff. StGB darstellt.[15]

Dieser Theorie der Gefährdung fremden Vermögens wird in der Literatur[16] insbesondere entgegengehalten, sie negiere die Verfügungsbefugnis des Spielers über sein Vermögen. Jeder Spieler nehme freiwillig die Möglichkeit einer Vermögenseinbuße in Kauf. Wenn er sich zum Glücksspiel begebe, verzichte er in diesem Rahmen auf den Vermögensschutz. Dieser Verzicht, getragen von der Verfügungsmacht über sein Eigentum, schließe schon begrifflich jeden Vermögensgefährdungs- oder Vermögensverletzungstatbestand aus.

Außerdem wird in der Literatur argumentiert, dass diese Tatbestände dem umfassenden Schutz des Vermögens vor Verführung zum Spiel schon deshalb nicht dienen könnten, weil der Staat selbst in großem Umfang Glücksspiele konzessioniere, um an den Gewinnen und Steuern zu partizipieren.[17]

Ferner wird dieser Rechtsgutskonzeption entgegengehalten, dass das Strafrecht das Vermögen der Bürger nicht schlechthin vor Gefährdungen durch andere schütze. Ein Schutz sei nur dann gegeben, wenn der erstrebte Vermögensvorteil rechtswidrig sei, d.h. einer gültigen Rechtsgrundlage entbehre, und das angewandte Mittel - wie etwa bei Betrug, Wucher oder Erpressung - strafwürdig sei.[18] Der beim Glücksspiel erstrebte Vermögensvorteil sei jedoch nicht rechtswidrig, da er gem. § 762 BGB zumindest soweit als Naturalobligation anerkannt sei, dass das aus ihm Geleistete nicht zurückverlangt werden kann. Auch fehle es beim Glückspiel an einer Tathandlung, die ähnlich den bei Betrug, Erpressung oder Wucher angewandten Mitteln der Täuschung, Drohung, Gewalt oder Ausbeutung einer Schwächesituation eine mehr oder weniger starke Unfreiwilligkeit der Vermögensverfügung erzeuge.[19] Selbst wenn man davon ausgehe, dass die Spielleidenschaft, als ein durch das Risiko bedingter rauschähnlicher Zustand durchaus in der Lage sei, die Urteilsfähigkeit herabzusetzen oder auszuschalten, wenn es darum geht, Gewinnchancen abzuwägen, könne in dem Angriff auf das Vermögen des Mitspielers unter Ausnutzung der spielspezifischen Reizsituation nicht der tragende

---

[13] Bereits Anfang des 20. Jahrhunderts hielten *Kriegsmann*, S. 377; *Seelig*, S. 84 und *Weiser*, S. 70, ein Verbrechen der Bürger gegen sich selbst für nicht denkbar.

[14] *Belz*, S. 37 f. m.w.N..

[15] So z.B. *Meurer/Bergmann*, JuS 1983, 668,671 f..

[16] Vgl. z.B. *Wolf*, Zur strafrechtlichen Problematik des Glücksspiels, Diss. Hamburg 1972, S. 88 f..

[17] *Maurach/Schroeder/Maiwald*, StrafR BT, § 44 I Rdn. 2 (S. 489).

[18] Vgl. statt vieler z.B. *Lauer*, S. 40.

[19] *Goldmann*, Die behördliche Genehmigung als Rechtfertigungsgrund, Diss. Freiburg 1967, S. 197.

Grund für die Strafwürdigkeit der Glücksspieldelikte gesehen werden.[20] Denn insoweit dürfe nicht übersehen werden, dass eine wirksame Einwilligung aller Beteiligten vorliege. Diese Einwilligung sei auch nicht wegen der besonderen Reizsituation aufgrund mangelnder Einsichtsfähigkeit unbeachtlich, denn es sei auf den Zeitpunkt der Erteilung der Einwilligung vor der Tat[21] abzustellen, in dem die gesteigerte Reizwirkung als Schwächesituation[22] noch nicht bestehe.[23] Auch die Rechtsprechung hat insoweit bereits ausgeführt, dass der Schutzzweck des Verbots des illegalen Glücksspiels nicht in der Abwehr einer Gefährdung des Vermögens des Spielers zu sehen sei, da sich die Spieler willentlich der Gefahr des Verlustes aussetzten.[24] Die Zugrundelegung des Rechtsguts Vermögen für die §§ 284 ff. StGB könnte somit einen Verstoß gegen den Grundsatz „volenti non fit iniuria" darstellen.[25]

Diese Sichtweise berücksichtigt jedoch nicht, dass jeder Spielteilnehmer willentlich nur das Risiko eingeht, bei einem regelgerechten Spiel Vermögensverluste zu erleiden. Straf-rechtlicher Schutz bleibt also erforderlich, wenn ein Mitspieler durch Falschspiel das Verlustrisiko anderer Spielteilnehmer erhöht.[26]

De lege lata handelt es sich bei § 284 StGB jedenfalls noch insoweit um ein abstraktes Vermögensgefährdungsdelikt als es im Hinblick auf die Möglichkeit des Falschspiels um den Schutz des Einzelnen vor den Gefahren von Manipulationen beim Glücksspiel zum Schaden seines Vermögens geht.[27]

1.2. Arbeits- und Wirtschaftsmoral bzw. öffentliche Sicherheit

Ein Teil der zumeist älteren Lehre sah das Glücksspiel per se als sittlich verwerflich an, weil ihm eine werteschaffende Tätigkeit fehle, die „eine der wichtigsten Grundlagen der Gesellschaft bildet".[28] Die Verwerflichkeit der Veranstaltung eines bzw. der Beteiligung

---

[20] *Belz*, S. 41 f..

[21] BGHSt 7, 295: Eine Einwilligung muss stets vor der Tat erteilt worden sein.

[22] Bei pathologisch Spielsüchtigen können hingegen Zweifel an der Einsichtsfähigkeit im Zeitpunkt der Erteilung der Einwilligung bestehen. Diese Fallgruppe - auf die sich die Glücksspieltatbestände nicht tatbestandlich beschränken - ändert jedoch nichts daran, dass für die weit überwiegende Mehrheit der einsichtfähigen Spieler, die sich an einem Glücksspiel gem. §§ 284 ff. StGB beteiligen, der Gedanke der Vermögensgefährdung durch Ausbeutung einer Schwächesituation nicht greift. Dieser Gedanke kann somit nicht der tragende Strafgrund der Glücksspieldelikte sein (vgl. zum Aspekt der Spielsucht aber unten B.II.1.4.).

[23] *Belz*, S. 42.

[24] So ausdrücklich BayObLGSt 1993, 8, 11.

[25] *Wrage*, ZRP 1998, 426, 428.

[26] SK-*Hoyer*, § 284 Rdn. 3 f., sieht darin das alleinige Rechtsgut des Glücksspieltatbestandes; Sch/Sch-*Eser/Heine*, § 284 Rdn. 1, bezeichnet als unmittelbaren Schutzzweck des § 284 zwar die staatliche Kontrolle des Glücksspiels, räumt jedoch hinsichtlich der Absicherung eines ordnungsgemäßen Spielbetriebs ein, dass § 284 insoweit mittelbar auch den Schutz des Vermögens bezwecke.

[27] Sch/Sch-*Eser/Heine*, § 284 Rdn. 1 m.w.N..

[28] *Kriegsmann*, S. 378.

an einem Glücksspiel wurde im Gegensatz zwischen Glücksspiel und Arbeit gesehen, auf den sich letztlich alle antisozialen Folgen des Glücksspiels zurückführen ließen. Die Vertreter dieser Strafgrundtheorie stellten die These auf, dass nach unserer Kulturordnung jeglicher zur Bedürfnisbefriedigung dienende Erwerb grundsätzlich auf Arbeit beruhe, die eine der wichtigsten sittlichen Grundlagen der Gesellschaft bilde. Das Glücksspiel, das die Möglichkeit eines mühelosen Vermögenserwerbs ohne werthafte Tätigkeit biete, entfremde den Menschen von der Arbeit. Dies führe zu Arbeitsscheu, zum Verlust des Maßstabes für den Wert des Geldes und des auf Arbeit angelegten Wirtschaftssystems. Von hier nähmen die weiteren antisozialen Erscheinungen bis hin zu deliktischen Handlungen aller Art ihren Ursprung.[29] Die frühere Rechtsprechung vertrat deshalb die Auffassung, dass der Gesetzgeber durch das Glücksspielverbot - zumindest auch - den schädlichen Folgen begegnen will, die sich aus der Spielleidenschaft für die Sittlichkeit der Beteiligten ergeben können.[30]

Für diese Rechtsgutskonzeption ergeben sich Anhaltspunkte aus der Motivationslage des historischen Gesetzgebers von 1919, auf dessen Novelle der Kern des heutigen Glücks-spielstrafrechts (§§ 284 I, II, und 285 StGB n.F.) zurückzuführen ist. Aufgrund der nach dem ersten Weltkrieg - insbesondere in einzelnen großen Städten und Badeorten - immer mehr überhand nehmenden Spielklubs sah der Gesetzgeber in der damaligen Gesetzesbegründung ein dringendes Bedürfnis nach einem alsbaldigen Einschreiten gegen die Spielwut.[31] Bei der parlamentarischen Beratung des Gesetzentwurfs bezeichnete der seinerzeitige Reichsjustizminister *Schiffer* das Ausufern des Glücksspiels als „Erscheinungen, die nicht bloß mit dem Rechts- und Anstandsgefühl unseres Volkes in krassem Widerspruch stehen, sondern angesichts der schweren, bedrückenden Lage, in der wir uns befinden, geradezu einen Hohn auf die Zustände darstellen, in denen sich der größte Teil unserer Volksgenossen befindet."[32] Noch deutlicher sprach der damalige Ministerialdirektor im Reichsjustizministerium *Joel* im Hinblick auf die in § 285a StGB a.F. vorgesehenen Rechtsfolgen „Polizeiaufsicht" und „Überweisung an die Landespolizeibehörde" von „Persönlichkeiten, die in einzelnen Orten als Spieler besonders aufgefallen sind und die öffentliche Moral vergiftet haben" sowie von Schädlingen „an unserem Volkskörper, die sich durch Nichtstun und ihr Schmarotzertum auf Kosten ihrer Mitbürger zu bereichern versuchen."[33]

Aber auch wenn der historische Gesetzgeber den Gedanken der Moralwidrigkeit der Erzielung von Spielgewinnen ohne Arbeitsleistung aufgrund der damaligen gesellschaftlichen Situation in das Zentrum seiner Verbotsüberlegungen gestellt hat, bedeutet dies nicht, dass darin heute immer noch der Strafzweck der teilweise seither inhaltlich unveränderten Glücksspieltatbestände zu sehen ist. Denn die gesellschaftlichen An-

---

[29] *Goldmann*, S. 200 ff.; *Kriegsmann*, S. 378 f.; *Lauer*, S. 41; *Seelig*, S. 86.

[30] BayObLGSt 1956, 217.

[31] Verhandlungen der verfassunggebenden Deutschen Nationalversammlung, Band 340, Aktenstück Nr. 1791, S. 1859.

[32] Verhandlungen der verfassunggebenden Deutschen Nationalversammlung, Band 331, 133. Sitzung vom 18. Dezember 1919, S. 4151 (C).

[33] Verhandlungen der verfassunggebenden Deutschen Nationalversammlung, Band 331, 133. Sitzung vom 18. Dezember 1919, S. 4152 (C).

schauungen haben seit 1919 einen tief greifenden Wandel erfahren. Von einer gesellschaftlichen Anrüchigkeit der Erzielung von Spielgewinnen kann heute keine Rede mehr sein. Im Zeitalter von Rekord-Jackpots sowie Lotterie- und Quiz-Shows haftet dem Spielgewinn kein gesellschaftlicher Makel mehr an, weil er nicht durch „werteschaffende Tätigkeit" erarbeitet wurde. Vielmehr ist der Spielgewinn heute salonfähig geworden. Sowohl die Veranstaltung von Glücksspielen als auch die Teilnahme daran kann heute nicht mehr als Verstoß gegen die Wirtschaftsmoral oder die öffentliche Sittlichkeit angesehen werden.

Es kann auch nicht die Aufgabe des Strafgesetzes sein, einen moralischen Standard des erwachsenen Bürgers durchzusetzen, sondern lediglich die Sozialordnung der Gemeinschaft vor unerträglichen Störungen und groben Belästigungen zu schützen.[34] Selbst wenn man - was bereits sehr fragwürdig ist - Sittenwidrigkeit deshalb unterstellt, weil das Spielen um hohe Einsätze dem Anstandsgefühl aller billig und gerecht Denkenden widersprechen könnte, kann insoweit keine allein strafwürdige Sozialwidrigkeit festgestellt werden, weil es beim Spielen um hohe Einsätze an jeder Störung oder Belästigung der Allgemeinheit durch das Spiel oder die Spieler fehlt.[35]

Auch das Faktum der weitgehenden staatlichen Monopolisierung der Glücksspiel- und Lotterieveranstaltungen verbietet es, deren generelle Sozialschädlichkeit zu behaupten. Sonst wäre die Feststellung unvermeidlich, dass sich der Staat sozial schädlicher Handlungen bedient, um an Geld zur Finanzierung gemeinwichtiger Aufgaben zu kommen.[36]

Als geschütztes Rechtsgut der Glücksspieldelikte kommen die Arbeits- und Wirtschaftsmoral, die öffentliche Sittlichkeit oder ähnliche Aspekte somit heute *nicht* mehr in Betracht.

1.3. Die Staatsfinanzen

Die Einführung des Lotterieverbots im 16. Jahrhundert hatte den Zweck, dem Staat eine neue Einnahmequelle zu verschaffen und Private hiervon auszuschließen.[37]

Auch bei der Änderung der §§ 284 ff. StGB im Rahmen des 6. StrRG[38] wurde von der Bundesregierung im Rahmen der Gesetzesbegründung[39] als Teilzweck der Glücksspieltatbestände angegeben, einen nicht unerheblichen Teil der Einnahmen aus Glücksspielen (mindestens 25%) zur Finanzierung gemeinnütziger oder öffentlicher Zwecke heranzuziehen. Damit könnte der Schutz eines weitgehenden Staatsmonopols auf dem

---

[34] BGH NJW 1969, 1818, 1819; *Belz*, S. 47.

[35] *Belz*, S. 47 f..

[36] *Ossenbühl*, VerwArch. 86 (1995), 187, 211 f..

[37] *Ossenbühl*, VerwArch. 86 (1995), 187, 211.

[38] Nähere Informationen zum 6. StrRG vom 26.1.1998 (BGBl I, 164 ff.), das die erste umfassende Reform des Besonderen Teils des StGB seit dessen Inkrafttreten 1871 gebracht hat, bei *Kreß*, NJW 1998, 633 ff..

[39] BT-Drs. 13/8587, S. 67.

Glücksspielsektor aus staatsfinanziellen Interessen das geschützte Rechtsgut sein. Jedoch kann ein Staatsmonopol nicht allein aus dem Gesichtspunkt des Fiskalinteresses begründet werden. Denn mit diesem Argument könnte der Staat jeglichen Gewerbezweig an sich ziehen, im Extremfall sogar Großkonzerne und Banken verstaatlichen, was mit Art. 12 I GG, der die freie gewerbliche Tätigkeit grundrechtlich schützt, nicht vereinbar wäre.[40] Bloße staatsfinanzielle Interessen können die Voraussetzungen einer mit Art. 12 I GG vereinbaren objektiven Zulassungsschranke i.S.d. sog. Apothekenurteils des BVerfG[41] nicht erfüllen. Die Instrumentalisierung des Strafrechts durch den Staat allein zu dem Zweck, sich lästiger Konkurrenz bei eigenem Tätigwerden zu erwehren, würde vielmehr einen rechtsstaatswidrigen Formenmissbrauch bedeuten.[42] Auch der EuGH[43] hat ausdrücklich betont, dass die Finanzierung sozialer Aktivitäten nur „eine erfreuliche Nebenfolge", nicht aber der eigentliche Grund für die nationalstaatlichen Glücksspielbeschränkungen sein kann, da die staatliche Finanzierungsfunktion allein nicht als sachliche Rechtfertigung von Beschränkungen der Dienstleistungsfreiheit angesehen werden kann.

Die Staatsfinanzen scheiden somit als Schutzgut aus, da ein reines staatliches Fiskalinteresse die Existenz des Glücksspielstrafrechts nicht zu rechtfertigen vermag.

1.4. Das öffentliche Interesse an einer staatlichen Kontrolle und Begrenzung der wirtschaftlichen Ausbeutung der Spielleidenschaft

Nach ständiger Rechtsprechung[44] zielen die §§ 284 ff. StGB darauf ab, „die wirtschaftliche Ausbeutung der natürlichen Spielleidenschaft des Publikums unter staatliche Kontrolle und Zügelung zu nehmen."

Auch in der Literatur wird das von § 284 StGB geschützte Rechtsgut vielfach in ähnlicher Weise bestimmt: *Fischer*[45] sieht als Rechtsgut die Sicherung der staatlichen Kontrolle einer Kommerzialisierung der natürlichen Spielleidenschaft an. *Eser*[46] sieht als unmittelbaren Schutzzweck die staatliche Kontrolle des Glücksspiels an, bezeichnet § 284 StGB aber mittelbar auch als abstraktes Vermögensgefährdungsdelikt, wobei es insoweit nur noch um den Schutz des Einzelnen vor Manipulationen beim Glücksspiel zum Schaden seines eigenen Vermögens gehe. Das Verhältnis zwischen geschützten Individualbelangen und Gemeinwohlbelangen sieht *von Bubnoff*[47] hingegen anders: Das

---

[40] Vgl. *Belz*, S. 43; ihm folgend *Wilms*, S. 47.

[41] BVerfGE 7, 377 ff..

[42] *Lauer*, Staat und Spielbanken, S. 39 f..

[43] EuGH GewArch 2000, 19, 21.

[44] Vgl. z.B. BGHSt 11, 209, 210 unter Hinweis auf RGSt 65, 194, 195; ihm folgend BayObLGSt 1993, 8, 11; vgl. ferner aus der verfassungs- und verwaltungsgerichtlichen Rechtsprechung z.B. BVerfGE 28, 119, 148; BayVGH GewArch 1981, 89, 91; OVG Rheinland-Pfalz GewArch 1991, 99, 100.

[45] *Tröndle/Fischer*, § 284 Rdn. 1.

[46] Sch/Sch-*Eser/Heine*, § 284 Rdn. 1.

[47] *LK-v.Bubnoff*, Vor § 284 Rdn. 6.

eigentliche Schutzanliegen des § 284 StGB als besonderer Vermögensgefährdungstatbestand habe, wie Abs. III zeige, im Kontext der OK-Verknüpfung eine gesetzliche Erweiterung erfahren. Die Vorschrift diene jedenfalls auch, zumindest mittelbar, dem Schutz der Allgemeinheit vor den negativen Folgen und Gefahren des der staatlichen Kontrolle entzogenen Glücksspiels.

Die Bundesratsinitiative, die zur letzten Änderung des Glücksspielstrafrecht im Rahmen des 6. StrRG geführt hat, gab vier Zwecke als Legitimation für die §§ 284 ff. StGB an: Das strafbewehrte staatliche Genehmigungserfordernis solle
1. eine übermäßige Anregung der Nachfrage nach Glücksspielen verhindern,
2. einen ordnungsgemäßen Spielablauf gewährleisten,
3. die Ausnutzung des natürlichen Spieltriebs zu privaten oder behördlichen Gewinnzwecken verhindern und
4. einen nicht unerheblichen Teil der Einnahmen aus Glücksspielen (mindestens 25 %) zur Finanzierung gemeinnütziger oder öffentlicher Zwecke sichern.[48]

Das öffentliche Interesse an einer staatlichen Begrenzung und Kontrolle der wirtschaftlichen Ausbeutung der Spielleidenschaft kommt hier in den Ziff. 1 und 3 (jeweils Begrenzung) sowie in Ziff. 2 (Kontrolle) deutlich zum Ausdruck. Daneben tritt in Ziff. 4 ein Fiskalzweck.

Das Interesse der Allgemeinheit[49] an der staatlichen Begrenzung, Kanalisierung und Kontrolle der kommerziellen Ausbeutung der Spielleidenschaft, m.a.W. an einem unter staatlicher Begrenzung und Kontrolle stehenden Glücksspielwesen, kann somit nach h.M. de lege lata als das vorrangig von den §§ 284 ff. StGB geschützte Rechtsgut angesehen werden. Dies ist ein schützenswertes Rechtsgut, weil bei Fehlen dieser staatlichen Reduktion und Lenkung, d.h. wenn das Glücksspielwesen unbegrenzt und unkontrolliert der gewerblichen Wirtschaft und den Kräften des Marktes überlassen würde, der Bevölkerung vielfältige Gefahren drohen würden.[50]

Bei einem unbegrenzten oder unkontrollierten Glücksspielangebot bestünde zum einen die Gefahr, dass weite Bevölkerungkreise durch Spielsucht ihre wirtschaftliche Existenz-grundlage verlieren,[51] was auch schädliche Folgen für Dritte (z.B. Familienangehö-

---

[48] BT-Drs. 13/8587, S.67; vgl. hierzu auch *Wrage*, ZRP 1998, 426, 427.

[49] Dieses Interesse der Allgemeinheit korrespondiert letztlich mit der Feststellung in BVerfGE 28, 119, 128, es sei „öffentliche Aufgabe, das illegale Glücksspiel um Geld einzudämmen und dem nicht zu unterdrückenden Spieltrieb des Menschen staatlich überwachte Betätigungsmöglichkeiten zu verschaffen."

[50] Ähnlich *Tettinger/Ennuschat*, S. 9, die mit Blick auf die Schutzzwecke der §§ 284 ff. StGB zwischen der Strafrechtskompetenz des Bundesgesetzgeber und dem verwaltungsrechtlich in der Regel für das Glücksspielrecht zuständigen Landesgesetzgeber differenzieren: „Der Bundesgesetzgeber ... will ... durch die Strafnormen die landesrechtliche Lenkung und Kontrolle der wirtschaftlichen Ausbeutung der natürlichen Spielleidenschaft zum Schutz der Spieler und der Gesellschaft vor den schädlichen Folgen von Lotterien und Glücksspielen flankieren."

[51] Dieser Aspekt wird z.B. von *Lampe*, JuS 1994, 737, 741; *Voßkuhle*, VerwArch. 87 (1996), 395, 401 und *Bargmann-Huber*, BayVBl. 1996,165 erwähnt. Auch *Odenthal*, GewArch 2001, 276, 280 f. - allerdings ein Anhänger des Vermögensschutzgedankens - betont den Gedanken des Schutzes des Spielers vor existenzgefährdenden Verlusten, der das allein legitime Anliegen des Rechtsgüterschutzes sei, auf den sich der Gesetzgeber zurückzubesinnen habe, um die „Erosion des strafrechtlichen Glücksspielverbotes" aufzuhalten.

rige, wenn der wirtschaftliche Ruin des Spielers zur sozialen Verelendung der Spielerfamilie führt) und für die staatliche Gemeinschaft (soziale Fürsorge) haben kann. Das staatlich unkontrollierte Glücksspiel birgt zum anderen die Gefahr von Manipulationen sowie die Gefahr einer Kriminalisierung des Umfelds in sich. Manipulationen können dabei sowohl bei der Gewinnermittlung als auch bei der Gewinnverteilung auftreten und bedeuten letztlich eine Vermögensschädigung durch Falschspiel. Ein Abrutschen des unkontrollierten Glücksspiels in ein kriminelles Milieu ist insbesondere im Hinblick auf Beschaffungskriminalität,[52] Geldwäsche und - dies stellt ein erhebliches Gefahrenpotenzial dar - die organisierte Kriminalität zu befürchten.[53] Das Gesetz zielt folglich darauf ab, abstrakte Gefährdungen unter Strafe zu stellen, die dort entstehen, wo unkontrolliert gespielt wird.[54]

Der sozialgefährliche Angriff auf das geschützte Rechtsgut des unter staatlicher Begrenzung und Kontrolle stehenden Glücksspielwesens ist in der Veranstaltung eines unerlaubten Glücksspiels oder einem sonstigen Verleiten zu einem derartigen illegalen Glücksspiel zu sehen. Ein derartiges sonstiges Verleiten anderer stellen auch die Werbung gem. §§ 284 IV, 287 II StGB und die Beteiligung an einem illegalen Glücksspiel nach § 285 StGB dar. Der Verleitungsgedanke[55] ist somit als gemeinsamer Grundgedanke für alle Tathandlungen der Glücksspieltatbestände zu sehen.

Im Hinblick auf das Universalrechtsgut der staatlichen Begrenzung und Kontrolle der kommerziellen Ausbeutung der Spielleidenschaft wird dem Staat, der in diesem Sektor jährlich zweistellige Milliardenbeträge umsetzt, vorgeworfen, es gehe ihm bei den §§ 284 ff. StGB gar nicht um den Gegensatz genehmigtes/ungenehmigtes Glücksspiel, sondern um die Gegenpole staatliches/privates Glücksspiel, der Gesetzgeber gehe von einer „guten" (=staatlichen) und einer „schlechten" (=privaten) Ausbeutung aus, und letztlich schaffe der Staat sich durch Verwaltungsrecht und Strafrecht nur lästige Kon-

---

[52] Darunter fallen Vermögens- und Eigentumsdelikte jeder Art wie Unterschlagung, Betrug, Diebstahl, Erpressung und Raub. Dabei können auch die körperliche Unversehrtheit und in Extremfällen sogar das Leben des Opfers der Beschaffungstat tangiert sein.

[53] Vgl. hierzu die Stellungnahme der Bundesregierung im „Schindler-Verfahren" vor dem EuGH (Urteil vom 24.3.1994, Rs. C-275/92, Slg. I 1994, 1039 - Schindler = NJW 1994, 2013 ff.), auszugsweise zitiert bei *Ossenbühl*, VerwArch. 86 (1995), 187, 193 f., wonach das Glücksspielrecht folgenden Zwecken dient:
- dem Schutz des Einzelnen vor nicht ordnungsgemäßer Gewinnauszahlung und vor Manipulationen im Spiel,
- der Vermeidung des Abrutschens des Lotterie- und Glücksspielwesens in ein kriminelles Milieu und die organisierte Kriminalität mit ihren schweren Nachteilen für Staat und Gesellschaft (Betrug, Beschaffungskriminalität, „Geldwäsche"),
- der Vorbeugung gegen überzogene Lotterie- und Glücksspielangebote und dem Schutz vor ungesunder Anheizung des Spieltriebs,
- dem Schutz vor Gefährdungen der Existenzgrundlage weiter Bevölkerungskreise und damit dem Schutz Dritter (z.B. Familienangehöriger) vor Schäden aus dem Spiel und damit Schutz vor Belastung des öffentlichen Haushalts, sowie dazu,
- Gelder, die aus dem Glücksspiel resultieren, unter gemeinwohlorientierten Gesichtspunkten der Gesellschaft zugute kommen zu lassen (z.B. Sport, Kultur, Soziales, Umwelt).

[54] *Voßkuhle*, VerwArch. 87 (1996), 395, 400 f..

[55] Vgl. zum Verleitungsgedanken und seine Bedeutung für die Strafbarkeit des Glücksspiels die ausführliche Darstellung bei *Belz*, S. 101 ff..

kurrenz per legem vom Hals.[56] Angesichts des beim unbegrenzten und unkontrollierten Glücksspiel vorhandenen Gefahrenpotenzials kann dem Staat jedoch nicht einfach pauschal unterstellt werden, er verberge lediglich seine wahren Motive.[57]

1.5. Stellungnahme und Zusammenfassung

Da dem Glücksspiel an sich kein sozialethischer Unwert anhaftet, können früher angeführte Schutzzwecke wie die öffentliche Sittlichkeit und die Wirtschaftsmoral nicht das durch die §§ 284 ff. StGB geschützte Rechtsgut sein.

Die Staatsfinanzen scheiden ebenfalls als Schutzgut aus, da ein reines staatliches Fiskalinteresse die Existenz des Glücksspielstrafrechts nicht zu rechtfertigen vermag.

Das fremde Vermögen des Mitspielers kann jedenfalls noch insoweit taugliches Rechtsgut der Glücksspieltatbestände sein, als es im Hinblick auf die Möglichkeit des Falschspiels um den Schutz des Einzelnen vor den Gefahren von Manipulationen beim Glücksspiel zum Schaden seines Vermögens geht.

Das vorrangig durch das Glücksspielstrafrecht de lege lata geschützte Rechtsgut ist jedoch das Interesse der Allgemeinheit an der staatlichen Begrenzung, Kanalisierung und Kontrolle der kommerziellen Ausbeutung der Spielleidenschaft, m.a.W. an einem unter staatlicher Begrenzung und Kontrolle stehenden Glücksspielwesen. Ein sozialgefährlicher Angriff auf dieses Rechtsgut liegt vor, wenn jemand einen anderen zu einem unerlaubten Glücksspiel verleitet.

Somit wird nach der hier vertretenen Auffassung durch die Glücksspieltatbestände de lege lata zum einen das Individualvermögen und zum anderen das Interesse der Allgemeinheit an einem unter staatlicher Begrenzung und Kontrolle stehenden Glücksspielwesen vor abstrakten Gefährdungen geschützt. Dieses Universalrechtsgut umfasst letztlich auch unter dem Aspekt der staatlichen Kontrolle den Schutz des Publikums vor Falschspiel und Manipulationen, so dass der von der früher h.M. betonte Schutz des Individualvermögens durch die §§ 284 ff. StGB heute nicht mehr im Vordergrund steht.

---

[56] *Wrage*, ZRP 1998, 426, 428.

[57] *Tettinger*, DVBl. 2000, 868, 870.

2. § 284 StGB i.d.F. des 6. StrRG vom 26.01.1998

Nachfolgend werden - als Grundlage für die Reformdiskussion (siehe unten B.III.) - die wesentlichen Rechtsfragen erörtert, die der Glücksspieltatbestand des § 284 StGB aufwirft. Die Abs. I und II dieser Norm wurden durch das Gesetz gegen das Glücksspiel bereits im Jahr 1919 in das Strafgesetzbuch eingefügt, Abs. III im Zuge des OrgKG vom 15.07.1992 und Abs. IV durch das 6. StrRG vom 26.01.1998 angefügt.

2.1. Der objektive Grundtatbestand des § 284 I StGB

Der für das gesamte Glücksspielstrafrecht zentrale Grundtatbestand des § 284 I StGB hat seit seiner Einführung im Jahr 1919 keine Änderung erfahren. Trotz dieser langen Geltungsdauer ist die veröffentlichte strafrechtliche Judikatur zu dieser Norm verhältnismäßig spärlich, da das Glücksspielstrafrecht allgemein eher als „Bagatellstrafrecht" angesehen wird.

a) Das Tatbestandsmerkmal des Glücksspiels

Der Glücksspielbegriff grenzt das potenziell strafbare Spiel in mehrfacher Weise vom straflosen Spiel, insbesondere vom Unterhaltungsspiel und vom Geschicklichkeitsspiel, ab.

aa) Kriminalistische Einteilung der Erscheinungsformen des Glücksspiels

Um welche Art von Spielen es beim Glücksspiel geht, lässt sich aus der kriminalistischen Einteilung seiner Erscheinungsformen ersehen. Die strafrechtlich relevanten Formen des Glücksspiels lassen sich kriminalistisch am besten zu drei Gruppen zusammenfassen:
- Spiele um Geld,
- Sport- und Pferdewetten sowie
- unerlaubte Lotterien und Ausspielungen (=Verlosungen).

Die Geldspiele lassen sich dabei im Wesentlichen weiter unterteilen in
- ➢ Kartenspiele
  (wie z.B. Poker, Baccara, 17 und 4),
- ➢ Würfelspiele
  (wie z.B. Seven Eleven),
- ➢ Tafelspiele
  (wie z.B. Roulette),
- ➢ Hütchenspiele sowie
- ➢ Automatenspiele.

Weitere Arten von Geldspielen, die vor allem auf Jahrmärkten zu finden sind, wie z.B. Japanisches Fadenziehen, Angelspiele und Wurfspiele sind hingegen praktisch bedeutungslos.[1]

---

[1] Die vorgenommene Einteilung folgt im Wesentlichen der Kategorisierung, die *Groß/Geerds* im „Handbuch der Kriminalistik", 10. Aufl. 1977, Bd. I, S. 406 ff. vorgenommen haben. Die Aufstellung wurde lediglich um die Hütchenspiele ergänzt, die die Rechtsprechung erst seit den achtziger Jahren in verstärktem Maße beschäftigen.

Da eine rein typologische Bestimmung des Glücksspielbegriffs jedoch im Hinblick auf seine Abgrenzungsfunktion und den Bestimmtheitsgrundsatz des Art. 103 II GG nicht genügt, bedarf es einer weiteren Konkretisierung (unten bb. - dd.).

bb) Konkretisierung des Glücksspielbegriffs

Der nicht legaldefinierte[2] Glücksspielbegriff wurde vom Gesetzgeber vorausgesetzt[3] und von der Rechtspraxis im Laufe der Jahre fortentwickelt. Teilweise wird behauptet, eine umfassende Definition des Glücksspielbegriffs existiere nicht. Der Versuch einer positiven Begriffsbestimmung wird hingegen z.B. von *Kühl*[4] unternommen. Danach liegt ein Glücksspiel vor, wenn die Beteiligten zur Unterhaltung oder aus Gewinnstreben über den Gewinn oder Verlust eines nicht ganz unbeträchtlichen Vermögenswertes ein ungewisses Ereignis entscheiden lassen, dessen Eintritt nicht wesentlich von der Aufmerksamkeit, den Fähigkeiten und Kenntnissen der Spieler abhängt, sondern allein oder wesentlich vom Zufall. Die meisten Autoren begnügen sich damit, die einzelnen Elemente bzw. bestimmenden Merkmale[5] des Glücksspielbegriffs darzustellen, ohne eine derartige positive Definition anzugeben. Folgende Elemente des Glücksspielbegriffs sind allgemein anerkannt:[6]

• **Zufallsabhängigkeit** der Gewinnentscheidung	⇔	Abgrenzung zum straflosen *Geschicklichkeitsspiel* (vgl. unten cc.1.)
• Nicht ganz unbeträchtlicher **Vermögenswert** des Spielgegenstandes, d.h. des möglichen Gewinns oder Verlusts (vgl. unten cc.2.)	⇔	Abgrenzung zum straflosen *Unterhaltungsspiel* (mit geringer Gewinnchance bzw. Verlustgefahr)
• Hingabe eines nicht völlig unerheblichen **Einsatzes** für die Teilnahme an der Gewinnchance (vgl. unten cc.3.)	⇔	Abgrenzung zu stets verlorenen Spielberechtigungsbeiträgen
	⇔	(versteckter) Einsatz oder Gratisteilnahmemöglichkeit ?
• **In subjektiver Hinsicht**: Teilnahme zum Zweck der Erzielung von Vermögensvorteilen	⇔	Abgrenzung zur *Wette* (vgl. unten cc.4.)

---

[2] Eine Definition des Tatbestandsmerkmals „Glücksspiel" ist weder im StGB selbst noch in anderen Gesetzesmaterien zu finden, die sich mit dem Glücksspiel befassen (vgl. *Wolf*, Diss. Hamburg 1972, S. 1).

[3] So jedenfalls BGH NJW 1987, 851, 852.

[4] *Lackner/Kühl*, § 284 Rdn. 2.

[5] LK-*v.Bubnoff*, § 284 Rdn. 7.

[6] Vgl. z.B. LK-*v.Bubnoff*, § 284 Rdn. 7 ff.; SK-*Hoyer*, § 284 Rdn. 6 ff.; *Tröndle/Fischer*, § 284 Rdn. 2 ff.; Sch/Sch-*Eser/Heine*, § 284 Rdn. 5 ff..

• **Spiel**vereinbarung	⇔	Abgrenzung zu wirtschaftlich ausgerichteten Gewinnvereinbarungen (vgl. unten cc.5.)

cc) Die einzelnen Elemente des Glücksspielbegriffs

Die vorgenannten Glücksspielelemente sollen nachfolgend näher beleuchtet werden.

(1) Zufallsabhängigkeit (Abgrenzung zum Geschicklichkeitsspiel)

Seine überwiegende Zufallsabhängigkeit grenzt das strafbare Glücksspiel vom straflosen Geschicklichkeitsspiel ab. Dabei bestehen vor allem im Hinblick darauf, wie diese überwiegende Zufallsabhängigkeit zu bestimmen ist, zahlreiche Zweifelsfragen.

(a) Allgemeine Abgrenzungsformel der Rechtsprechung

Nach h.M. in Rechtsprechung und Schrifttum liegt ein Glücksspiel dann vor, wenn die Entscheidung über Gewinn und Verlust des Spieles nicht wesentlich von den Fähigkeiten, den Kenntnissen und der Aufmerksamkeit der Spieler abhängt, sondern allein oder hauptsächlich vom Zufall.[7] Das Überwiegen des Zufallsmoments bei der Gewinnentscheidung kennzeichnet also das Glücksspiel.[8] Als Zufall wird im Allgemeinen das Wirken unberechenbarer, dem Einfluss der Beteiligten in ihrem Durchschnitt entzogener Ursachen verstanden.[9]

Dagegen ist ein Spiel als Geschicklichkeitsspiel anzusehen, wenn der durchschnittliche beteiligte Spieler den Spielausgang, d.h. die Entscheidung über Gewinn und Verlust, durch körperliche oder geistige Fähigkeiten (insbesondere gute Merkfähigkeit und geistige Kombinationsgabe), Kenntnisse (insbesondere perfekte Beherrschung der Spielregeln), Übung oder den Grad seiner Aufmerksamkeit wesentlich beeinflussen kann.[10]

Problematisch kann bei der Abgrenzung Glücksspiel / Geschicklichkeitsspiel nach dieser allgemeinen Formel im Einzelfall die Beurteilung sein, wann eine überwiegende Zufallsabhängigkeit des Spielergebnisses vorliegt, d.h. wann die „hauptsächliche" Zufallsabhängigkeit der Gewinnentscheidung endet bzw. ab wann eine „wesentliche" individuelle Beeinflussbarkeit dieser Entscheidung gegeben ist.

---

[7] BGH NJW 1989, 225, 226; grundlegend BGHSt 2, 274, 276 und VGH Baden-Württemberg GewArch 1990, 149, 150 f. jeweils m.w.N.; vgl aus der Lit. z.B. Sch/Sch-*Eser/Heine*, § 284 Rdn.5; LK-*v.Bubnoff*, § 284 Rdn.5; *Tröndle/Fischer*, § 284 Rdn. 3; *Otto*, Grundkurs Strafrecht, BT, § 55 I 2a.

[8] Vgl. z.B. BayObLGSt 56, 217, 219 (zum bayerischen Kartenspiel „Watten"): diese Entscheidung sieht ein Geschicklichkeitsspiel bei „Übergewicht der Geschicklichkeit über die Zufallselemente" als gegeben an.

[9] BGHSt 9, 37; *Tröndle/Fischer*, § 284 Rdn. 3.

[10] *Schaeffer*, GewArch 1980, 112, 113.

(b) Überwiegende Zufallsabhängigkeit für den fiktiven Durchschnittsspieler

Die zentrale Frage bei Zugrundelegung des Überwiegenskriteriums ist im Einzelfall, ob eine überwiegende Zufallsabhängigkeit des Spielergebnisses gegeben ist.

Diese Frage stellt sich dann nicht, wenn ein absolutes Glücksspiel vorliegt, bei dem das persönliche Können der Spieler für den Ausgang des Spiels ohne Bedeutung ist, weil die Spielregeln eine gezielte Berechnung oder Beeinflussung des Spielverlaufs nicht zulassen.[11]

Ebenfalls keine Abgrenzungsschwierigkeiten treten bei absoluten Geschicklichkeitsspielen ein, bei denen das Spielergebnis nach den vereinbarten Spielregeln allein oder ganz wesentlich vom Können der Parteien abhängt und der Zufall allenfalls den Erfolg verhindern kann, ihn aber nicht herbeizuführen vermag.[12]

Probleme bereiten hingegen die sog. gemischten Spiele, bei denen nach dem gewöhnlichen Verlauf der Dinge sowohl die persönlichen Fähigkeiten der Spieler als auch Zufallselemente das Spielergebnis beeinflussen.[13] Hier stellt sich die Frage, ob und ggf. wie die Grenzlinie zu bestimmen ist, ab der ein Geschicklichkeitsspiel bzw. ein zufallsdeterminiertes Glücksspiel vorliegt.

Die Rechtsprechung behilft sich hier damit, dass sie auf das Kriterium der Wahrscheinlichkeit und den Begriff des sog. Durchschnittsspielers abstellt. Danach soll für die Annahme eines Geschicklichkeitsspiels entscheidend sein, dass der Durchschnitt der Spieler es mit hoher Wahrscheinlichkeit in der Hand hat, den Ausgang des Spiels zu bestimmen.[14]

Demgegenüber wird von Teilen der Literatur dieser Rückgriff auf einen fiktiven Durchschnittsspieler abgelehnt.[15] Der Charakter des Durchschnittsspielers wird als nicht feststellbar und eine durchschnittliche Spielstärke als nicht ermittelbar bezeichnet. Es sei zwar möglich, Kriterien für eine optimale Spielstärke im Sinne einer perfekten Beherrschung des Spiels zu benennen, jedoch sei nicht bestimmbar, welchen Grad des Könnens ein Durchschnittsspieler erreicht haben muss bzw. ob und ggf. wie viele Fehler er begehen darf.[16] Alternativ wird vorgeschlagen, auf die Figur des Durchschnittsspielers zu verzichten und den Glücksspielbegriff „eng" oder „weit" zu bestimmen.[17] Unter den so verstandenen engen

---

[11] *Belz*, S. 56, der als Beispiele für Spiele mit absoluter Zufallsabhängigkeit die meisten Würfelspiele, Roulette, alle Lotterien sowie das Kartenspiel 17 + 4 anführt.

[12] Vgl. hierzu eingehend *Belz*, S. 57 m.w.N.. Als absolute Geschicklichkeitsspiele sind z.B. Wettkampfspiele wie Tennis anzusehen; hier können Zufallseinflüsse wie eine plötzliche Windböe oder die Verletzung eines Spielers aufgrund einer Platzunebenheit zwar den Spielerfolg verhindern, nach dem gewöhnlichen Verlauf der Dinge hängt der Erfolg aber allein oder jedenfalls ganz wesentlich vom Können der Spieler ab.

[13] Vgl. *Belz*, S. 58. Hierzu rechnen vor allem Kartenspiele wie z.B. Skat, 66 oder Bridge.

[14] So bereits die st.Rspr. des Reichsgerichts: vgl. z.B. RG JW 1930, 923 f.; RGSt 62, 163, 165.

[15] *Belz*, S. 66 ff.; *Wolf*, S. 70: „Einen Durchschnittsspieler gibt es nicht."

[16] *Belz*, S. 68.

[17] *Belz*, S. 69 f., 82; ähnlich spricht sich bereits *Wolf*, S. 76 f., entweder für eine restriktive Auslegung („ausschließliche Zufallsabhängigkeit") oder alternativ für eine extensive Fassung („Auch-Zufallsabhängigkeit") des Glücksspielbegriffs aus.

Glücksspielbegriff fielen nur mehr absolute Glücksspiele, bei denen das persönliche Können der Spieler für den Ausgang des Spiels ohne Bedeutung ist. Strafbar wären dann nur noch solche Spiele, bei denen dem Spieler nur wenige Handlungsmöglichkeiten zur Verfügung stehen, die zudem überwiegend rein mechanischer Art sind, wie z.B. das Umstülpen des Würfelbechers, das Ziehen einer Karte oder das Tippen auf ein bestimmtes Ereignis.[18] Der weite Glücksspielbegriff würde hingegen jedes Spiel mit Zufallseinfluss als strafbares Glücksspiel erfassen. Beide Extrempositionen (enge oder weite Auslegung) stellen für die Fallgruppe der sog. gemischten Spiele keinen befriedigenden Lösungsansatz dar.

Im Ergebnis erweist sich die Kritik der Literatur als nicht stichhaltig, weil sie die Anforderungen überzieht, die an einen Durchschnittsspieler zu stellen sind. Der Tatrichter muss keine subtilen Überlegungen zur Spielstärke anstellen, um die Anforderungen an einen Durchschnittsspieler festlegen zu können. Vielmehr reicht es aus, den Durchschnittsspieler als eine Person zu definieren, die die Spielregeln beherrscht und aufgrund gelegentlicher Spielteilnahme weder als Anfänger[19] noch als Experte bezeichnet werden kann. Maßgebend sind die Eigenschaften eines im Mittelbereich aller spielberechtigten Personen liegenden Spielers.[20] Für diesen Personenkreis ist im Zweifelsfall jedenfalls bei entsprechenden Versuchsreihen feststellbar, ob die Fälle überwiegen, in denen das Spielergebnis durch bewusste Willenshandlungen maßgeblich beeinflusst werden konnte.[21]

Nur wenn im konkreten Einzelfall feststeht, dass sich das Vertragsangebot von vornherein erkennbar ausschließlich an Anfänger ohne Spielpraxis oder an Profispieler gerichtet hat, ist ausnahmsweise der Kenntnisstand dieses Spielertypus dem Vergleichstest zugrunde zu legen.

(c) Mitentscheidender Einfluss von individuellen Kenntnissen und Fähigkeiten auf den Spielausgang als Abgrenzungskriterium?

Abgrenzungsschwierigkeiten können sich unter Zugrundelegung der o.g. allgemein akzeptierten Definition vor allem dadurch ergeben, dass aus dem Erfordernis „nicht wesentlich von den Fähigkeiten und Kenntnissen bestimmt" nicht auf das „alleinige oder hauptsächliche Abhängen vom Zufall" geschlossen werden kann. Nach Auffassung *Danneckers*[22] erschließt sich die Inkonsequenz eines solchen Gegenschlusses am leichtesten, wenn man sich die un-

---

[18] Zweifelhaft kann die ausschließliche Zufallsabhängigkeit hingegen - wie *Wolf*, S. 23, zutreffend ausführt - bereits bei solchen Kartenspielen sein, die dem Spieler gestatten, eine durch Zufall geschaffene Ausgangskartenlage mittels „Zukaufen" oder „Ablegen" von Karten, d.h. mittels verdeckten Kartentauschs zu verändern, wie z.B. Baccara oder Poker.

[19] BVerwG, GewArch 1985, 59, 60: Bezüglich der Anforderungen an die Geschicklichkeit und die Fähigkeit des Durchschnittsspielers darf nicht auf einen Anfänger abgestellt werden; entscheidend ist, dass sich die Herrschaft des Zufalls allenfalls auf eine Einspielzeit beschränkt, deren Länge sich nach der erfahrungsgemäßen durchschnittlichen Dauer der Spielteilnahme bestimmt.

[20] So *Dickersbach*, GewArch 1998, 265, 267.

[21] Vgl. z.B. BVerwG GewArch 1983, 60; 1985, 59, 60; Hess. VGH GewArch 2001, 200.

[22] *Dannecker*, Gutachterliche Stellungnahme zum Vorliegen eines verbotenen Glücksspiels bei Oddset-Wetten vom 17.7.2000, n.v., S. 7.

bestimmten Rechtsbegriffe „wesentlich" und „hauptsächlich" beispielhaft anhand konkreter Zahlen veranschaulicht. Unterstellt man mit *Dannecker*, dass die Gewinnentscheidung „wesentlich" vom Zufall abhängt, wenn der Anteil des Zufalls bei ≥80% liegt, und „wesentlich" von den Fähigkeiten des Spielers abhängt, wenn der Einfluss seiner Fähigkeiten bei ≥80% bzw. der Anteil des Zufalls bei <20% liegt, so ergäbe sich eine Grauzone für die Einordnung derjenigen Spiele, bei denen der Zufallsanteil bzw. der Einfluss der Fähigkeiten zwischen 20% und 80% beträgt. *Dannecker*[23] will die Unsicherheit dadurch beseitigen, dass er maßgeblich auf folgende vom Reichsgericht[24] einmal verwendete Formel abstellt: „Dagegen ist ein Glücksspiel anzunehmen, wenn die Wahrscheinlichkeit, auf den Ausgang durch Geschicklichkeit einzuwirken, für den Durchschnitt der in Betracht kommenden Spieler so gering ist, dass bei der Mehrzahl der Einzelspiele hiermit nicht zu rechnen ist, mögen auch einzelne Spieler die hierfür erforderliche Geschicklichkeit besitzen." *Dannecker* zufolge ist diese Formel deckungsgleich mit einer in der Literatur[25] gelegentlich vorgeschlagenen Abgrenzung, nach der es darauf ankommen soll, ob ein etwaiger Spielverlierer seinen Verlust noch als Zufall abtun kann. Folglich liege ein zufallsabhängiges Glücksspiel vor, „wenn der Spielausgang allein oder hauptsächlich vom Zufall abhängt *und* dem Einfluss der Beteiligten entzogen ist."[26]

Dieser von *Dannecker* vorgeschlagenen Aufweichung des Glücksspielbegriffs zugunsten eines erweiterten Geschicklichkeitsspielbegriffs kann jedoch nicht gefolgt werden. Eine derart restriktive Auslegung des Glücksspielbegriffs würde letztlich dazu führen, dass bei allen Spielen, bei denen ein Einfluss (>20%) von individuellen Fähigkeiten oder Kenntnissen auf den Spielausgang nicht auszuschließen ist, eine Tatbestandsmäßigkeit i.S.d. §§ 284 ff. StGB verneint werden müsste. Vielmehr liegt die von *Dannecker* kritisierte Unzulänglichkeit der allgemeinen Abgrenzungsformel nicht vor. Auch wenn dort mit den Worten „hauptsächlich" und „wesentlich" unbestimmte Rechtsbegriffe verwendet werden, ist letztlich klar, was gemeint ist: Das Überwiegen des Zufallsmoments bei der Gewinnentscheidung in der konkreten Spielsituation kennzeichnet das Glücksspiel. Mit diesem Begriffsverständnis lässt sich auch die Literaturmeinung in Einklang bringen, wonach maßgeblich sei, ob ein etwaiger Spielverlierer seinen Verlust noch als Zufall abtun kann.

Ähnlich dem o.g. Ansatz *Danneckers* wird im Hinblick auf Oddset-Sportwetten neuerdings teilweise entgegen der h.M. nicht für erforderlich gehalten, dass bei der Abwägung, inwieweit die Prognose über den Ausgang von Sportereignissen vom Glück oder von Fähigkeiten bestimmt wird, der eine oder der andere Anteil überwiegt. Für die Bejahung eines Geschicklichkeitsspiels wird vielmehr als ausreichend erachtet, dass Kenntnisse und Fähigkeiten mitbestimmend und nicht völlig zu vernachlässigen sind.[27] Dem durch Information in den Medien - insbesondere in Sportgazetten und Sportsendungen - erworbenen „Insider-Wissen" wird als geistige Fähigkeit mitentscheidender Charakter über den Ausgang der Sportwette beigemessen und diese folglich als Geschicklichkeitsspiel klassifiziert.[28] Gegen eine derartige

---

[23] *Dannecker*, aaO., S. 7 f..

[24] RGSt, 62, 163, 166.

[25] Vgl. z.B. SK-*Hoyer*, § 284 Rdn. 13 m.w.N..

[26] *Dannecker*, aaO., S. 8 (Hervorhebung hinzugefügt).

[27] AG Karlsruhe-Durlach GewArch 2001, 134.

[28] AG Karlsruhe-Durlach GewArch 2001, 134, 135; LG Bochum, NStZ-RR 2002, 170, unter Hinweis darauf,

Aufgabe des Überwiegenskriteriums spricht jedoch, dass dann erhebliche Abgrenzungsunsicherheiten zwischen dem Glücks- und dem Geschicklichkeitsspiel entstünden. Es ist nicht quantifizierbar, welche prozentuale Trefferquote im Hinblick auf den Spielausgang persönliche Kenntnisse und Fähigkeiten erreichen müssen, damit sie „mitbestimmend und nicht völlig zu vernachlässigen" sind. Durch eine derartige Formel wird die Grenze des Glücksspielbegriffs letztlich in das Belieben des Tatrichters gestellt. Überdies überschätzt die vorgenannte Auffassung die Bedeutung der Einflussgröße „Sachkenntnis des Spielers" für den Spielausgang bei Sportwetten. Es ist vielmehr für den Ausgang von Sportwettkämpfen, die von einer Vielzahl von Faktoren (z.B. physische Verfassung und Tagesform der Sportler, richtige Taktik, Beschaffenheit der Wettkampfstätte, Witterungsverhältnisse) abhängen, regelmäßig davon auszugehen, dass auch für den sachkundigen Durchschnittsspieler die Rolle des Zufalls überwiegt.[29] Im Hinblick auf den finanziellen Erfolg der Oddset-Sportwette für deren Betreiber kann ferner nicht ernsthaft von einem Überwiegen der Einflussgröße „Sachkenntnis der Wetter" gegenüber der Einflussgröße „Zufall", die sämtliche oben genannten Faktoren (physische Verfassung und Tagesform der Sportler, etc.) umfasst, gesprochen werden.

Mittlerweile sind unter Hinweis darauf, dass die Gewinnerwartung des Veranstalters einer Sportwette gerade auf der Unkalkulierbarkeit der Ergebnisse beruht, Sportwetten zu festen Gewinnquoten in der höchstrichterlichen verwaltungsrechtlichen,[30] zivilrechtlichen[31] und schließlich auch strafrechtlichen[32] Rechtsprechung zu Recht als Glücksspiele im Sinne des § 284 StGB qualifiziert worden.

(d) Kriminalistische Versuchsmethoden zur Abgrenzung (Zufallstreffermethode, 50%-Methode)

Auch bei grundsätzlicher Akzeptanz der Formel von der überwiegenden Zufallsabhängigkeit für den Durchschnittsspieler kann weiterhin fraglich sein, nach welcher kriminalistischen Methode diese überwiegende Zufallsabhängigkeit in der Praxis zu bestimmen ist.

---

dass beim Durchschnittsspieler einer Sportwette nicht auf den Durchschnitt der Bevölkerung abzustellen sei, der nicht Kunde in Sportwettbüros sei, sondern auf den Durchschnitt der Mitspieler des jeweiligen Spiels, bei denen es sich um Leute mit Fußball-Knowhow handele.

Das letztgenannte Urteil wurde jedoch inzwischen vom BGH (wistra 2003, 145 f.) aufgrund der Sachrüge der Staatsanwaltschaft aufgehoben und zur weiteren Sachverhaltsaufklärung an die Vorinstanz zurückverwiesen.

[29] So auch *Sura*, Die grenzüberschreitende Veranstaltung von Glücksspielen im Europäischen Binnenmarkt, Diss. Saarbrücken 1994, S. 29; aA *Wrage*, JR 2001, 405, 406, der bei der Sportwetten eine schematische Anwendung des Tatbestandsmerkmals „Glücksspiel" ablehnt und stets für eine einzelfallbezogene Prüfung plädiert, ob bei dem konkreten Wettangebot des Veranstalters der Zufall überwiegt oder nicht.

[30] BVerwG NJW 2001, 2648.

[31] BGH NJW 2002, 2175.

[32] BGH wistra 2003, 145 f.: „Das Überwiegen des Zufalls wird nicht bereits dadurch in Frage gestellt, dass über den Ausgang anhand bestimmter Kriterien eine begründete Vorhersage getroffen werden kann, sofern der Ausgang von weiteren wesentlichen Unsicherheitsfaktoren bestimmt wird, die für den Spieler weder beeinflussbar noch vorausberechenbar sind." unter Hinweis auf BGHSt 2, 139, 140 f..

Ein Geschicklichkeitsspiel kann nach einer Meinung[33] dann angenommen werden, wenn die dem Spiel immanente Zufallstrefferquote (ermittelt durch Wahrscheinlichkeitsberechnung, Spielselbstläufe, Simulation der Spielläufe oder Blindversuche) durch den Einsatz der Geschicklichkeit eines Durchschnittsspielers im Vergleichstest gegenüber dem reinen Spielselbstlauf wesentlich verbessert, also die Trefferquote durch Geschicklichkeit mehr als verdoppelt werden kann, weil dann das positive Spielergebnis nicht allein oder überwiegend vom Zufall abhängt. Dabei ist ein Treffer nicht erst bei einem im Vergleich zum Einsatz erzielten Gewinn, sondern schon dann anzunehmen, wenn die vom Spiel gestellte Aufgabe so erfüllt ist, dass daran nach dem Spielplan eine für den Spieler günstige Folge geknüpft ist, wie etwa ein Freispiel oder eine Rückgabe des Spieleinsatzes.[34] Diese Abgrenzungsmethode bedarf auch nach Auffassung ihrer Verfechter dann einer Korrektur, wenn die Geschicklichkeitsanforderungen im Einzelfall so hoch sind, dass sie von einem Durchschnittsspieler kaum erreichbar sind und eine Blindtrefferquote zwar durch Geschicklichkeit noch mehr als verdoppelt werden kann, die Trefferquote insgesamt aber wegen des hohen Schwierigkeitsniveaus so gering ist, dass diese „Gewinnsteigerung" nicht mehr als „wesentlich" anzusehen ist. In diesen Fällen werde aus einem „zu schweren Geschicklichkeitsspiel im mathematischen Sinne ein Glücksspiel im Rechtssinne."[35]

Nach der 50 %-Methode[36] der h.M. kommt es hingegen auf die Relation zwischen Trefferquote und Nichttrefferquote an. In einer langen Serie von Testspielen[37] wird ermittelt, in wie vielen Fällen der Spieler und in wie vielen die Veranstalterseite gewinnt. Wie die technisch-wissenschaftlichen Ermittlungen im Einzelnen auszusehen haben, mit denen Spiele oder Spielgeräte auf ihre Glücksspieleigenschaft überprüft werden, hängt naturgemäß von der Struktur des jeweiligen Spiels ab. Dabei ist im Spielexperiment für die Annahme eines Glücksspiels nicht das Überwiegen des durch Geschicklichkeit erzielten Erfolges gegenüber dem zufälligen Erfolg ausschlaggebend, sondern das Überwiegen des nicht durch Geschicklichkeit erzielbaren Erfolges.[38] Liegt nach dem Spielexperiment die Wahrscheinlichkeit für den Spielerfolg des Durchschnittsspielers unter 50%, wird das Spiel als Glücksspiel qualifiziert.[39] Erzielt der Durchschnittsspieler hingegen im Spielexperiment im Rahmen einer langen Spielserie eine Trefferquote von mehr als 50%, ist nach bisher h.M. das Übergewicht der Geschicklichkeit gegenüber Zufallsfaktoren erwiesen.[40] Bei einer Trefferquote des Durchschnittsspielers von exakt 50% im Spielexperiment liegt ebenfalls ein Geschicklich-

---

[33] Zu dieser Gegenüberstellung von Zufallstrefferquote und Geschicklichkeitstrefferquote im Vergleichstest vgl. z.B. *Schilling*, GewArch 1995, 318 ff.; Hess. VGH GewArch 2001, 200 f..

[34] Der Hess. VGH GewArch 2001, 200, 201 sieht folglich das sog. Krangreiferspiel „Good Luck II (neu)" als Geschicklichkeitsspiel an, weil unter Zugrundelegung dieser Kriterien die Spielprüfung des Bundeskriminalamts für dieses Spiel ergeben hat, dass die Blindspieltrefferquote von 16 % unter Einsatz der Geschicklichkeit der Spieler auf eine Trefferquote von 33,9 % erhöht und mithin mehr als verdoppelt wurde.

[35] Hess. VGH GewArch 2001, 200 f..

[36] Vgl. z.B. BVerwG GewArch 2002, 76, 78; *Dickersbach*, GewArch 1998, 265, 268 ff.; Friauf-*Hahn*, GewO, § 33d, Rdn. 7.

[37] Das Einzelspiel ist zwar der Beurteilungsgegenstand, aber die Spielsequenz ist das Instrument, aus dem Wahrscheinlichkeitsrückschlüsse für das Einzelspiel zu ziehen sind (vgl. z.B. *Dickersbach*, GewArch 1998, 265, 268).

[38] So *Dickersbach*, GewArch 1998, 265, 267.

[39] Vgl. dazu VG Wiesbaden, GewArch 1996, 68.

[40] So *Dickersbach*, GewArch 1998, 265, 268 f..

keitsspiel vor, weil auch hier kein Überwiegen des Zufallsmoments bei der Gewinnentscheidung gegeben ist. Der Vorzug dieser Methode liegt in der Praktikabilität des Schwellenwerts von 50%. Im Rahmen einer experimentellen Untersuchung einer großen Anzahl von einzelnen Spielgängen lassen sich die empirischen Trefferquoten einerseits und die Fehlschlagsquoten andererseits leicht daraufhin vergleichen, auf welcher Seite die 50%-Grenze überschritten ist.[41]

An der Methode der h.M. wird kritisiert, dass diese letztlich den Schwierigkeitsgrad eines Spiels mit seinem Glücks- bzw. Geschicklichkeitscharakter verwechsle.[42] Nichttreffer könnten nicht einfach als zufallsbedingt angesehen werden, sie können auch das Ergebnis einer Ungeschicklichkeit sein.[43] Da die Trefferquote in Relation zur Nichttrefferquote somit allein Ausdruck der Aufgabenschwierigkeit und nicht Ausdruck erfolgswirksam gewordener Geschicklichkeit sei,[44] sei sie als Abgrenzungskriterium abzulehnen.

Die Verfechter der Zufallstreffermethode stellen deshalb zur Einstufung eines Spiels als Geschicklichkeitsspiel oder Glücksspiel stattdessen grundsätzlich auf die o.g. Relation zwischen Zufallstrefferquote und Geschicklichkeitstrefferquote ab. Zur Annahme eines Geschicklichkeitsspiels müsse für den Durchschnittsspieler der Nachweis erbracht werden, dass die spielerbezogenen Einflüsse auf das Spielergebnis gegenüber den zufallsbezogenen Einflüssen überwiegen. In Anlehnung an *Schilling*[45] lassen sich bei den sog. gemischten Spielen der Geschicklichkeitsanteil und der Zufallsanteil an den Spielergebnissen folgendermaßen bestimmen:

Unter Geschicklichkeit werden alle Einflüsse gefasst, die auf den Spieler zurückzuführen sind, d.h. entscheidend sind die Einflüsse seiner eigenen Handlungen, wobei es ohne Bedeutung ist, ob es sich bei diesen eigenen Handlungen um geistige oder manuelle Leistungen handelt. Unter den Begriff Zufall werden alle Einflüsse auf das Spielergebnis gefasst, die durch das Spielsystem selbst, durch die mechanischen oder elektronischen Vorrichtungen oder durch die Spielregeln wirksam werden. Die Geschicklichkeit wird durch die mittleren Treffer längerer Spielsequenzen bei einer größeren Anzahl unausgelesener Spieler bestimmt. Der Zufallsanteil an diesen mittleren Treffern wird sodann getrennt von diesen Ergebnissen durch die mittleren Treffer längerer Spielsequenzen von Spielselbstläufen ermittelt. Da diese Zufallsergebnisse in den Treffern der Spieler enthalten sind, lässt sich der eigentliche Anteil der Geschicklichkeit an den mittleren Treffern rechnerisch ermitteln. Mathematisch liegt ein

---

[41] *Dickersbach*, GewArch 1998, 265, 268.

[42] Nach Auffassung von *Odenthal*, GewArch 2001, 276, 279, zeigt das Beispiel eines Schachcomputers, dass die 50%-Methode nur den Schwierigkeitsgrad eines Spiels misst, aber nicht geeignet ist, eine Aussage über dessen Charakter zu treffen. Schach sei nach allgemeinem Sprachverständnis ein klassisches Geschicklichkeitsspiel. Bei Zugrundelegung der 50%-Methode würde letztlich die Entscheidung, ob das Spiel Glücks- oder Geschicklichkeitscharakter hat, davon abhängen, wie geübt der Durchschnitt der Teilnehmer sei und welches Spielniveau der Schachcomputer erreiche.

[43] *Schilling*, GewArch 1995, 318, 321, führt für die Richtigkeit dieser These folgendes Beispiel an: „Wenn ein Top-Tennisspieler auf die Linie zielt und diese Linie um 1cm nach außen verfehlt, käme niemand auf die Idee, diesen Misserfolg auf Zufallsfaktoren zurückzuführen."

[44] So *Schilling*, aaO..

[45] *Schilling*, GewArch 1995, 318, 322 ff..

Geschicklichkeitsspiel dann vor, wenn Xvp – Xs > Xs. Dabei steht Xvp für die mittleren Treffer oder den mittleren Gewinn der Versuchspersonen in den Spielsequenzen und Xs für die mittleren Treffer oder den mittleren Gewinn bei einer hinreichenden Sequenz von Spielselbstläufen. Ist hingegen Xvp < 2 x Xs, so ist das Spiel als Zufallsspiel einzustufen.[46]

Die Zufallstreffermethode stellt jedoch zu einseitig auf den Aspekt des Gewinns (=Treffers) ab und vernachlässigt den Verlustaspekt. Bei einer Trefferquote von knapp über 30%, bei der nach der Zufallstreffermethode bereits ein Geschicklichkeitsspiel vorliegen kann, hängt die Entscheidung über Gewinn und Verlust jedoch zu fast 70% vom Wirken solcher Ursachen ab, die dem Einfluss der beteiligten Durchschnittsspieler entzogen sind. Es überwiegt bei einer Fehlschlagsquote von über 50% in einer experimentellen Untersuchung einer großen Anzahl von Spielgängen - aus Sicht des maßgeblichen Durchschnittspielers - eindeutig das Zufallselement, dem auch die Fälle der Geschicklichkeitsüberforderung[47] und der durch die Konstruktion von Spielautomaten von vornherein für den Veranstalter gewährleistete Gewinnanteil zuzurechnen sind, bei der Entscheidung über Gewinn oder Verlust. Die Gewinnzuweisungen - sei es aufgrund von Geschicklichkeit, sei es auf Grund von Zufall - müssen sich dabei zu 100% addieren.[48] Der 50%-Methode der h.M., die bei der vorgenannten Fallkonstellation zur zutreffenden Einstufung als Geschicklichkeitsspiel gelangt, ist somit der Vorzug zu geben. Für sie sprechen insbesondere, dass es der teleologische Gesichtspunkt der Verhinderung der Ausnutzung des Spieltriebs erfordert, das unerreichbare Geschicklichkeitsniveau dem Zufall gleichzusetzen, sowie Gründe der Praktikabilität und der Rechtssicherheit.[49]

Es ist in der Praxis damit zu rechnen, dass sich die 50%-Methode nach der „Good Luck II (neu)"-Entscheidung des BVerwG vom 24.10.2001[50] durchsetzen wird, in der dieses festgestellt hat, dass ein Spielgerät mit Gewinnmöglichkeit gem. § 33d GewO ein Glücksspiel im Sinne des § 284 StGB ist, wenn der Durchschnitt der Spieler nicht in mehr als 50% der Spiele einen Spielerfolg erzielt. Aus einer Nichttrefferquote von über 50% lässt sich ableiten, dass das durchschnittliche Geschick nicht ausgereicht hat, das Zufallsmoment zu überwinden.[51]

---

[46] Vgl. nähere Details bei *Schilling*, GewArch 1995, 318, 323, der als weitere Formel einen sog. Geschicklichkeitsindex definiert hat, um bei gemischten Spielen den Geschicklichkeitsanteil an den Treffern der Spieler in Prozentwerten angeben zu können.

[47] Vgl. BVerwG GewArch 2002, 76, 78: „Ohne Bedeutung muss es dabei sein, aus welchen Gründen der Spieler im Durchschnitt nicht den Spielausgang beeinflussen kann. Werden die Spielbedingungen so gestaltet, dass die Anforderungen an das Geschick so hoch sind, dass der Durchschnittsspieler sie ... nicht beeinflussen kann, so steuert nicht der Spieler das Spielgeschehen. Dies steht, da eine Beeinflussbarkeit durch den Durchschnittsspieler nicht gegeben ist, dem Zufall gleich."; *Dickersbach*, GewArch 1998, 265, 267: „Die überwiegende Erfolgswirksamkeit des Zufalls kann darauf zurückzuführen sein, dass dem Durchschnittsspieler die zufallüberwindende Geschicklichkeit fehlt."

[48] *Dickersbach*, GewArch 1998, 265, 268.

[49] So BVerwG GewArch 2002, 76, 78 f.; ähnlich *Hahn*, GewArch 2002, 41, 43.

[50] BVerwG GewArch 2002, 76 ff..

[51] BVerwG GewArch 2002, 76, 79.

(e) Grundsatz der einheitlichen Betrachtungsweise

Maßgebend für die Abgrenzung sind die Spielverhältnisse, unter denen das Spiel eröffnet ist und gewöhnlich betrieben wird.[52] Wenn das Spielgerät und die Spielregeln dem Durchschnittsspieler Spielvarianten eröffnen, deren Ergebnis überwiegend vom Zufall abhängt, liegt ein strafbares Glücksspiel vor.[53] Ist für das Publikum, für das das Spiel eröffnet ist, d.h. in der Regel für den Durchschnittsspieler, ein Spiel ein Glücksspiel, so behält es diese Eigenschaft auch für den besonders geübten Spieler,[54] der den Spielausgang besser abschätzen kann als ein weniger geübter und erfahrener Spieler.[55] Dies folgt aus dem Grundsatz, dass derselbe Spielvorgang nicht zugleich Glücksspiel und (für den Geübteren) Geschicklichkeitsspiel sein kann[56] (= sog. Grundsatz der einheitlichen Betrachtungsweise);[57] innerhalb derselben Veranstaltung ist vielmehr über den Charakter des Spiels einheitlich zu entscheiden.[58] Dies bedeutet aber auch, dass eine Einteilung von Spielen in Glücksspiele einerseits und Geschicklichkeitsspiele andererseits nicht ein für allemal möglich ist,[59] da die rechtliche Einordnung im Grenzbereich maßgeblich von den Verhältnissen abhängt, unter denen gespielt wird.[60]

Es ist stets eine genaue Prüfung der Spielverhältnisse im Einzelfall notwendig, insbesondere kommt es auf den Spielerkreis an, und zum anderen können bereits geringe Abwandlungen der Spielregeln zu abweichenden Beurteilungen führen.[61]

---

[52] Vgl. BGH 2, 275, 276 (zum sog. „Spiralo-Roulette") unter Hinweis auf Entscheidungen des RG; BGH wistra, 1989, 225, 226 (zum „Hütchenspiel").

[53] BGHSt 2, 275, 276.

[54] So bereits RGSt 43, 155, 157 und RGSt 41, 331, 333; aA *Weiser*, S. 15 ff., der ein Geschicklichkeitsspiel bereits dann annehmen will, wenn bei der konkreten Durchführung des Spiels irgendjemand in der Lage ist, den Spielverlauf zu beeinflussen. Es sei im Rahmen einer Einzelfallbetrachtung ggf. zugunsten des Täters auf die Fähigkeit eines besonders geübten Mitspielers abzustellen.

[55] Es nützt dem angeklagten Veranstalter eines derartigen Spiels demnach nichts, wenn er in der Hauptverhandlung mittels eines Gutachters darlegen will, welcher hohe Grad an Vorausberechnung des Spielergebnisses für den besonders geübten Spieler oder unter idealen technischen Voraussetzungen möglich ist. Denn die Tatsache, dass ungünstigere Spielvarianten von einem besonders geschickten oder erfahrenen Spieler vermieden werden können, ändert nichts daran, dass sie dem jeweiligen Publikum (= in der Regel Durchschnittsspieler) eröffnete Spielmöglichkeiten sind, nach denen sich die einheitlich zu bestimmende Eigenart des ganzen Spiels richtet (vgl. BGHSt 2, 275, 278 f.).

[56] BGH wistra 2003, 145 zu „Sportwetten"; BGH wistra 1989, 225, 226 zum „Hütchenspiel"; BGHSt 2, 275, 276 f. zum sog. „Spiralo-Roulette"; dies war bereits st. Rspr. des RG: vgl. z.B. RGSt 41, 218, 221 f. zum „Ideal-Geldspielautomat" m.w.N..

[57] Vgl. auch BVerwG GewArch 1990, 149, 151; 1983, 60 , 62, welches dem Grundsatz der einheitlichen Betrachtungsweise entnimmt, dass das gesamte Spiel schon dann als Glücksspiel (und nicht als Geschicklichkeitsspiel) anzusehen ist, wenn nach den praktizierten Spielregeln den Spielern auch nur eine Glücksspielvariante offen steht, ohne dass es darauf ankommt, ob die Glücksspielmöglichkeit überwiegend genutzt wird; dies ist zutreffend, soweit man auf den durchschnittlichen Spieler abstellt, für den das Spiel eröffnet ist.

[58] Sch/Sch-*Eser/Heine*, § 284 Rdn. 5.

[59] LK-*v.Bubnoff*, § 284 Rdn. 5.

[60] BGH NJW 1989, 225 f..

[61] LK-*v.Bubnoff*, § 284 Rdn. 8.

(f) Typische Glücks- bzw. Geschicklichkeitsspiele

Dennoch können, weil es bei ihnen bei gewöhnlichem Verlauf der Dinge ausschließlich oder überwiegend auf die Kenntnisse, Fähigkeiten, Erfahrungen und die Aufmerksamkeit des Spielers ankommt, als typische Geschicklichkeitsspiele z.B. Wettkampfspiele wie Schach, Billard oder Fingerhakeln, die bei Volksfestveranstaltungen beliebten Spiele „Hau den Lukas", Ballwerfen auf Pyramiden oder Preisschießen,[62] sowie in der Regel auch die Kartenspiele Skat[63] und Doppelkopf angesehen werden.

Typische Zufalls-/Glücksspiele sind hingegen z.B.[64] das Tafelspiel Roulette, das Würfeln um Geld (z.B. beim Seven Eleven[65]), die meisten Geldspielautomaten und die bekannten Kartenspiele Poker, 17 und 4 (Vingt et un), Baccara (Chemin de fer)[66] sowie das Kartenspiel Kümmelblättchen, das wiederholt Gegenstand der Rechtsprechung des RG[67] war.

(g) Beispiele für den Grenzbereich zwischen Geschicklichkeits- und Glücksspiel

Als unsichere Kandidaten im Grenzbereich zwischen Beobachtungs- / Geschicklichkeitsspiel einerseits und Zufalls- / Glücksspiel andererseits haben vor allem das rouletteähnliche Spiel

---

[62] OLG Frankfurt, Vorlagebeschluss vom 1.Juli 1988 - 1 Ss 528/87, OLGSt Nr.1 zu § 284 StGB, S.2.

[63] Skat und Doppelkopf sind regelmäßig Geschicklichkeitsspiele, weil in der langen spielexperimentellen Serie der Zufall der Kartenverteilung gegenüber der Geschicklichkeit des Durchschnittsspielers zurücktritt (*Dickersbach*, GewArch 1998, 265, 268). Vgl. aber LK-*v.Bubnoff*, aaO., wonach Skat den Charakter eines Glücksspiels annehmen kann, wenn es mit wenigen Partien (Preisskat) und ungleichen Teilnehmern veranstaltet wird.

[64] Ein detaillierter Überblick über die Spiele, die im Einzelfall von der Rechtsprechung zu Glücksspielen erklärt wurden, findet sich m.w.N. bei *Tröndle/Fischer*, § 284 Rdn. 3; *Lackner/Kühl*, § 284 Rdn.3; Sch/Sch-*Eser/Heine*, § 284 Rdn. 7; LK-*v.Bubnoff*, § 284 Rdn. 8; *Preisendanz*, § 284 Anm.2a. Die Spielregeln dieser Spiele findet man, soweit sie nicht ohnehin in den zitierten Gerichtsentscheidungen erklärt werden, z.B. in der *Brockhaus-Enzyklopädie in 24 Bänden*, in *Meyers Enzyklopädischem Lexikon* unter den einschlägigen Stichwörtern und ggf. auch auf den Internetseiten bzw. in den Faltbroschüren der legalen Spielcasinos, soweit dort die jeweiligen Spiele angeboten werden.

[65] Seven Eleven: Für dieses Spiel werden zwei herkömmliche Würfel (Zahlen 1-6) verwendet, die gleichzeitig geworfen werden. Ein zu bestimmender Spieler hält die Bank, indem er einen bestimmten Betrag setzt. Die Gegenseite - es können auch mehrere Spieler sein - hält die gleiche Summe dagegen. Der Bankhalter beginnt zu würfeln und versucht, mit dem ersten Wurf eine Sieben oder eine Elf zu würfeln. Gelingt ihm dies, hat er das Spiel bereits gewonnen. Erzielt er dagegen beim ersten Wurf eine Zwei, Drei oder Zwölf, so hat er das Spiel bereits verloren. Zeigten die Würfel beim ersten Wurf Vier, Fünf, Sechs, Acht, Neun oder Zehn, so muss er, um zu gewinnen, solange weiterwürfeln bis er wieder die gleiche Zahl gewürfelt hat. Würfelt er jedoch bevor er seine Zahl wiedergewürfelt hat eine Sieben, so hat er verloren. Die Elf zählt dabei nichts (zitiert nach einer Auskunft des Bayerischen LKA im Ermittlungsverfahren 203 Js 15692/93 der StA beim LG Augsburg).

[66] Baccara (mitunter auch Baccarat oder Bakkarat genannt): Dieses nach der lothringischen Stadt Baccarat benannte Kartenglücksspiel wird vor allem in Spielcasinos mit mindestens drei vollen französischen Kartenspielen zu je 52 Blatt zwischen dem Bankhalter und einem Gegner (dem sog. „Pointeur") gespielt; weitere Gegner können sich beteiligen. Jeder Spieler erhält zwei Karten, eine dritte kann verlangt werden. Farben spielen keine Rolle; Zehner und Bilder zählen Null, jede andere Karte den aufgedruckten Wert. Ergibt die Summe der zwei oder drei Karten eine zweistellige Zahl, werden nur die Einer gewertet (höchstens neun). Die höhere Punktzahl hat gewonnen. Bei Punktgleichheit wird das Spiel mit neuen Karten wiederholt. (Spielregel wiedergegeben nach *Brockhaus-Enzyklopädie in 24 Bänden*, Stichwort „Bakkarat").

[67] Vgl. z.B. RGSt 63, 45; 61, 12; 28, 283; 5, 424.

„Roulette Opta I“[68] (unten bb) und das sog. „Hütchenspiel“[69] (unten aa) die Rechtsprechung beschäftigt.

(aa) Das „Hütchenspiel”

Beim „Hütchenspiel“ wird ein Gegenstand (z.B. eine kleine Kugel aus Stanniolpapier) mit einem von mehreren gleichartigen Behältnissen (= „Hütchen“, z.B. mit einem von drei Innenteilen einer Streichholzschachtel oder mit einem von drei umgestülpten Bechern) verdeckt, wobei der Spielmacher - gegen einen Einsatz von in der Regel 25 € bis 50 € - die Behältnisse unter den Augen des Gegenspielers verschiebt und eventuell auch den Gegenstand von einem Behältnis unter ein anderes gleiten lässt und sodann der Gegenspieler auf Grund seiner Beobachtung bestimmen muss, unter welchem Behältnis der Gegenstand nunmehr liegt.[70] Der Spielmacher ist beim „Hütchenspiel“, das vor allem in den Fußgängerzonen der Großstädte und im Umfeld des dortigen Rotlichtmilieus[71] anzutreffen ist, für gewöhnlich nicht auf sich allein gestellt, sondern er arbeitet in den meisten Fällen mit sog. Anreißern zusammen, deren Aufgabe es ist, vorbeigehende Passanten zum Mitspielen zu animieren. Jeder dieser Anreißer, in der Regel sind es zwei oder drei Personen, setzt zu diesem Zweck nach außen hin erkennbar einen Geldbetrag und spielt scheinbar gegen den Spielmacher. Bei diesen „Animierspielen“ führt der Spielmacher die Spielzüge recht langsam und übersichtlich aus, so dass die Anreißer zunächst große „Gewinne“ erzielen. Sobald hingegen ein Passant zum Mitspielen gewonnen worden ist, nimmt der über besondere Fingerfertigkeit verfügende Spielmacher die Schiebe- und Wechselakte so schnell vor, dass selbst ein geübtes Auge - auch in Anbetracht der nunmehr verlängerten Spieldauer - nicht mehr imstande ist, der Kugel zu folgen.[72]

Das OLG Frankfurt,[73] das sich allerdings nur mit dem Spielvorgang als solchem und nicht mit der Anreißerproblematik zu beschäftigen hatte, sah in dem „Hütchenspiel“ stets ein Geschicklichkeitsspiel, weil für die Entscheidung über Gewinn und Verlust maßgeblich sei, wer von beiden Spielern der Geschicktere sei. Es komme stets darauf an, ob der eine Spieler mit seinen Augen schneller sei als der andere mit seinen Händen.

Demgegenüber ist nach h.M.[74] nach den Umständen des Einzelfalls zu differenzieren. Es kommt danach maßgeblich darauf an, ob nach dem vom Spielmacher ausdrücklich oder konkludent gemachten bzw. in Aussicht genommenen „Vertragsangebot“[75], die Entschei-

---

[68] BVerwG GewArch 1983, 60 ff..

[69] LG Frankfurt NJW 1993, 945 ff.; grundlegend BGHSt 36, 74 ff. = NJW 1989, 919 ff. = wistra 1989, 225 auf den Vorlagebeschluss gem. § 121 II GVG des OLG Frankfurt vom 1.Juli 1988 hin, OLGSt Nr.1 zu § 284 StGB; vgl. dazu auch die Kritik von *Sack*, NJW 1992, 2540 f..

[70] Vgl. BGH wistra 1989, 225, 226.

[71] BGH aaO. („im frei zugänglichen Hof eines Bordells in Frankfurt“); LG Frankfurt NJW 1993, 945 („am Boden vor dem Eingang einer Peepshow im Frankfurter Bahnhofsviertel“).

[72] LG Frankfurt aaO.; *Sack*, NJW 1992, 2540, 2541.

[73] OLG Frankfurt, Vorlagebeschluss vom 1.Juli 1988, aaO., S.3 f..

[74] BGH wistra 1989, 225 f.; ihm folgend LG Frankfurt NJW 1993, 945 f..

[75] Auf die „Vertragsbedingungen“ im untechnischen Sinn, d.h. nicht i.S.v. § 762 BGB, stellte bereits das Reichs-

dung über Gewinn oder Verlust für einen Durchschnittsspieler überwiegend vom Zufall abhängen soll. Entscheidend sollen also auch hier die Spielverhältnisse sein, unter denen das Spiel eröffnet ist (= das „Vertragsangebot") und gewöhnlich betrieben wird (= die Fähigkeiten und Erfahrungen des Durchschnittsspielers).[76] Dieser h.M. ist zu folgen, weil eine generelle Klassifizierung, wie sie das OLG Frankfurt vornimmt, nicht den typischen Variationsmöglichkeiten entspricht, die beim Hütchenspiel bestehen.[77]

Zu unterscheiden sind demnach folgende Fallgruppen:[78] langsame Spielweise, schnelle Spielweise und Wechsel von langsamer zu schneller Spielweise.

Wenn der Spielmacher die „Hütchen" so langsam bewegt, dass an die Konzentrations- und Merkfähigkeit eines durchschnittlichen Mitspielers erfüllbare Anforderungen gestellt werden, d.h. wenn ein durchschnittlicher Beobachter bei hoher Konzentration die Lage der Kugel zutreffend angeben kann, liegt ein Geschicklichkeitsspiel vor.

Wenn er sie so schnell und so lange verschiebt und wechselt, dass ein Durchschnittsspieler nur noch raten kann, liegt ein Zufalls- / Glücksspiel vor.

Wechselt der Spielmacher hingegen - wie dies in der Praxis die Regel ist - von langsamer Spielweise in den Animierspielen mit den Anreißern zu schneller Spielweise im Spiel mit den Passanten, so liegt auch hier lediglich ein Geschicklichkeitsspiel vor, weil den Passanten konkludent das „Vertragsangebot" für ein Geschicklichkeitsspiel (und nicht für ein Glücksspiel) gemacht wurde. Denn ein Geschicklichkeitsspiel wird nicht dadurch zum verbotenen Glücksspiel, dass der Veranstalter Manipulationen vornimmt, die zur Folge haben, dass nicht mehr die Geschicklichkeit, sondern nur noch das Glück entscheidet. Jedoch ist der Spielmacher in einem solchen Fall zumindest wegen (versuchten[79]) Betruges gem. § 263 StGB zu bestrafen:[80] Die Täuschung liegt darin, dass dem Opfer vorgespiegelt wird, es nehme an einem Geschicklichkeitsspiel teil, während der Veranstalter aber von Anfang an die Absicht hat, ein (unter Umständen sogar bereits aus anderen Gründen betrügerisches[81]) Glücksspiel zu spielen. Infolge der Täuschung macht es den Spieleinsatz und erleidet zwangsläufig einen Vermögensschaden.

---

gericht in RGSt 61, 12, 15 beim mit dem „Hütchenspiel" gut vergleichbaren „Kümmelblättchen" sowie in RGSt 62, 163, 165 ab.

[76] Vgl. BGHSt 2, 275, 276 m.w.N..

[77] So zutreffend BGH wistra 1989, 225, 226.

[78] Jetzt und im Folgenden: LG Frankfurt NJW 1993, 945 f..

[79] Wenn sich individuelle Opfer später nicht mehr ermitteln lassen, kann man nicht sicher ausschließen, dass sich die Geschädigten nicht haben täuschen lassen.

[80] So auch *Sack*, NJW 1992, 2540, 2541.

[81] Ein betrügerisches Spiel oder Falschspiel liegt z.B. dann vor, wenn der Spielmacher während des Verschiebevorgangs die Kugel unbemerkt ganz von der Spielfläche genommen hat.

(bb) Das „Roulette Opta I"

Das Roulette Opta[82] I hat vor allem in den 80er und 90er Jahren die Rechtsprechung beschäftigt.[83] Es ist das bekannteste der rouletteähnlichen sog. „Kesselbeobachtungsspiele", deren gemeinsamer Grundgedanke es ist, dass der Spieler durch die Beobachtung des Kugellaufes in etwa abschätzen kann, in welchem Zahlenfeld („Sektor") die Kugel landen wird. Demgemäß erfolgt der Einsatz hier nicht auf eine einzelne Zahl, sondern auf einen Sektor.[84] Aufgrund seiner Nähe zum klassischen Roulettespiel ist auch das Roulette Opta I ein unsicherer Kandidat in der Grauzone zwischen Beobachtungs- / Geschicklichkeitsspiel einerseits und Zufalls- / Glücksspiel andererseits. Maßgebend für die Abgrenzung sind auch hier die Spielverhältnisse unter denen das Spiel eröffnet ist (= das „Vertragsangebot") und gewöhnlich betrieben wird, insbesondere die Spielregeln unter denen das Spiel dem Publikum angeboten wird. Wenn Roulette Opta I nach den gem. § 33 d GewO genehmigten Spielregeln[85] betrieben wird, dann lässt sich bei genauer Beobachtung des Ablösepunktes der Kugel von dem Ansagering (=Beobachtungsring) der Einfall der Kugel in einen bestimmten Einfallsektor voraussagen. Wenn überdies die Tische und Sitze so angeordnet sind, dass es jeder am Spiel beteiligten Person möglich ist, den Spielkessel einzusehen und den Kugellauf zu beobachten und die Spielregeln vom Veranstalter am Veranstaltungsort deutlich sichtbar angebracht sind, so ist Roulette Opta I als Beobachtungs- bzw. Geschicklichkeitsspiel einzuordnen. Denn von einem Durchschnittsspieler muss erwartet werden, dass er vor Spielbeginn die deutlich sichtbar angebrachten Spielregeln liest und auf diese Weise die Bedeutung der Beobachtungspunkte kennt.[86]

Tatsächlich werden Roulette Opta I und andere rouletteähnliche Spiele jedoch in der Praxis in großem Umfang durch Abweichung von den genehmigten Spielregeln zu einem unerlaubten Glücksspiel umfunktioniert.[87] Die Spielverhältnisse, unter denen das Spiel für das Publikum eröffnet ist (= das „Vertragsangebot"), sind zumeist so, dass lediglich ein Spielgerät der Marke Opta I o.ä. verwendet wird, das Spiel jedoch nach den Regeln des klassischen Roulette (Setzen auf Einzelzahlen, Möglichkeit von Mehrfach-Einsätzen, Einsatz bereits vor Spielbeginn) stattfindet.[88] Dann beruht das Spielergebnis nicht mehr auf einem für den

---

[82] Von lat. „optare" = beobachten.

[83] Das Abgrenzungsproblem hat sich inzwischen dadurch entschärft, dass heute aufgrund der Regelung in § 33e I 2 GewO keine Genehmigung mehr für ein Spiel wie „Roulette Opta I" erteilt würde, weil es mit einfachen Mitteln zu einem strafbaren Glücksspiel umfunktioniert werden kann. Dennoch lässt sich nicht ausschließen, dass das Spiel auch künftig ohne gewerberechtliche Genehmigung weiterbetrieben wird, was nicht per se strafbar ist. Für diese Fälle bleibt das Abgrenzungsproblem nach wie vor relevant.

[84] *Odenthal*, GewArch 1989, 222, 224.

[85] Diese Spielregeln lauten in Anlehnung an BVerwG GewArch 1983, 60, 61 wie folgt:
Die Kugel wird vom Kesselrand eingeworfen und muss mindestens einen vollen Umlauf an der Bande machen. Das Spiel beginnt mit dem Lösen der Kugel von der Bande. Vorher getätigte Einsätze sind zurückzuweisen. Als Anhaltspunkt für die Beobachtung dient neben dem Lösungspunkt von der Bande auch der obere Beobachtungsring (= Ansagering). Der Spieler darf nur aufgrund vorheriger Beobachtung auf den vorausberechneten Einfallsektor (= 7er Zahlengruppe) setzen. Der Spielleiter sagt das Spiel ab, sobald die Kugel die untere Linie (= Absagering) berührt. Nach der Absage getätigte Einsätze werden ebenfalls zurückgewiesen.

[86] BVerwG aaO.

[87] *Odenthal*, GewArch 1989, 222, 224.

[88] BayObLGSt 1993, 8, 9; StA bei dem LG Kempten, Az.: Ds 21 Js 2727/89, Anklageschrift zum AG Lindau,

Durchschnittsspieler erkennbaren Kausalverlauf. Er vermag es nicht mehr wesentlich zu seinen Gunsten zu beeinflussen, sondern der Zufall überwiegt. Bei derartigen Regelveränderungen liegt somit ein Zufalls- / Glücksspiel vor.

Durch Manipulationen des Veranstalters allein (ohne Regelveränderungen) kann Opta I hingegen nicht seinen Charakter als Beobachtungsspiel verlieren und zum Glücksspiel werden.[89] Denn entscheidend ist auch hier das „Vertragsangebot" bei der Eröffnung des Spieles, d.h. es kommt auf die Bedingungen an, unter denen gespielt werden soll.[90] Wenn das Vertragsangebot auf die Beteiligung am Geschicklichkeitsspiel Opta I gerichtet ist, so wird jenes auch bei heimlichen Manipulationen - wie z.B. durch das Aufbringen verschiedener Substanzen auf die Oberfläche des Spielkessels -[91], die zur Folge haben, dass nicht mehr die Geschicklichkeit, sondern das Glück entscheidet, nicht zum Glücksspiel. Der manipulierende Veranstalter eines ansonsten regelkonform gespielten rouletteähnlichen Kesselbeobachtungsspiels macht sich vielmehr - entsprechend dem Übergang von langsamer zu schneller Spielweise beim Hütchenspiel - allein wegen Betruges gem. § 263 I StGB strafbar. Andererseits wird ein nach den Spielbedingungen beabsichtigtes Glücksspiel nicht dadurch zum straflosen Geschicklichkeitsspiel, dass ein Mitspieler für die anderen nicht erkennbar das Zufallsmoment ausschaltet.[92] Vielmehr kommt für den manipulierenden Spieler eine tateinheitliche Bestrafung wegen eines Glücksspieldelikts und eines Betruges in Betracht.

(h) Zusammenfassung zur Abgrenzung des Glücksspiels vom straflosen Geschicklichkeitsspiel

Zusammenfassend ist somit zur Abgrenzung des Glücksspiels vom Geschicklichkeitsspiel Folgendes festzustellen: Ein Glücksspiel liegt dann vor, wenn die Entscheidung über Gewinn und Verlust des Spieles nicht wesentlich von den Fähigkeiten, den Kenntnissen und der Aufmerksamkeit der Spieler abhängt, sondern allein oder hauptsächlich vom Zufall. Das Überwiegen des Zufallsmoments bei der Gewinnentscheidung kennzeichnet das Glücksspiel. Maßgebend für die Abgrenzung sind die Spielverhältnisse, unter denen das Spiel eröffnet ist und gewöhnlich betrieben wird (= das „Vertragsangebot"). Ist für das Publikum, für das das

---

S.3, hinsichtlich des Spiels Roulette Opta II: „Der Minimaleinsatz betrug hierbei 5 DM und der Maximaleinsatz für eine Einzelzahl 30 DM bzw. 60 DM für zwei Zahlen. Die Gewinnausschüttung erfolgte wie beim genehmigten (scil. staatlichen) Spielbankbetrieb. Die Spieler setzten dabei die Jetons vor oder während der Laufzeit der Kugel, bis der Croupier sein Kommando „Nichts geht mehr" gab."

[89] AA *Lampe*, JuS 1994, 737, 739, der der Auffassung ist, bei Regelveränderungen beteilige sich der Spieler *mit* seinem Willen, bei Manipulationen durch den Veranstalter hingegen *gegen* seinen Willen am Glücksspiel.

[90] *Tröndle/Fischer*, § 284 Rdn 3.

[91] Vgl. BayObLGSt 1993, 8 f.; auch die *Augsburger Allgemeine* berichtet in ihrer Ausgabe vom 15.2.1994 folgendes von einem Glücksspielprozess vor der 3. Strafkammer des LG Augsburg: Beim genehmigten Roulette Opta I sei die Kugel oftmals in dieselben Zahlengruppen gefallen. Die offizielle Version dieses Spiels hätte dem Casino - so ein Zeuge - nur „Brand", also Verlust, gebracht. Also half man nach und gab mit „Cola" und „Ajax, dem Allzweckreiniger" der Roulettekugel den richtigen Dreh, um möglichst hohe Gewinne zu kassieren. Das bräunliche, klebrige Getränk bremste die Kugel im Roulettekessel, das Putzmittel hingegen sorgte für geringeren Rollwiderstand und mehr Schnelligkeit. Der Lauf der Kugel könne im Übrigen auch mit Isopropylalkohol (= 98 %iger Chemie-Alkohol) verkürzt werden, weil nach dem Verdampfen des Alkohols der Kessel abkühle.

[92] Vgl. z.B. RGSt 61, 12, 14; *Tröndle/Fischer*, § 284 Rdn. 3.

Spiel eröffnet ist, d.h. in der Regel für den Durchschnittsspieler, ein Spiel ein Glücksspiel, so behält es diese Eigenschaft nach dem Grundsatz der einheitlichen Betrachtungsweise auch für den besonders geübten Spieler, der den Spielausgang besser abschätzen kann als ein weniger geübter und erfahrener Spieler. Eine Einteilung von Spielen in Glücksspiele einerseits und Geschicklichkeitsspiele andererseits ist nicht ein für allemal möglich, da die rechtliche Einordnung im Grenzbereich im Einzelfall maßgeblich von den Verhältnissen abhängt, unter denen gespielt wird.

In der Praxis lässt sich die überwiegende Zufallsabhängigkeit eines Spiels durch die sog. 50%-Methode nachweisen, bei der es auf die Relation zwischen Trefferquote und Nichttrefferquote (=Fehlschlagsquote) ankommt. In einer langen Serie von Testspielen wird ermittelt, in wie vielen Fällen der Spieler und in wie vielen Fällen die Veranstalterseite gewinnt. Dabei ist im Spielexperiment für die Annahme eines Glücksspiels das Überwiegen des nicht durch Geschicklichkeit erzielbaren Erfolges gegenüber dem durch Geschicklichkeit erzielten Erfolg ausschlaggebend. Liegt nach dem Spielexperiment die Wahrscheinlichkeit für den Spielerfolg des Durchschnittsspielers unter 50 %, wird das Spiel als Glücksspiel qualifiziert.

(2) Nicht ganz unbeträchtlicher Vermögenswert des Spielgegenstandes, d.h. der zugesagten Gewinnchance oder des potentiellen Verlusts (Abgrenzung zum Unterhaltungsspiel)

In Abgrenzung zu den straflosen reinen Unterhaltungsspielen, bei denen nur um geringfügige Objekte gespielt wird und deswegen der Unterhaltungscharakter im Vordergrund steht, sind Glücksspiele nur solche Spiele, bei denen der zu erzielende Gewinn oder der potentielle Verlust einen nicht ganz geringfügigen Vermögenswert haben.[93] Hingegen liegt ein Unterhaltungsspiel vor, wenn der zu gewinnende bzw. zu verlierende Vermögenswert unbeträchtlich ist.[94] Diese Einschränkung des Glücksspielbegriffs lässt sich dogmatisch als teleologische Reduktion der §§ 284 ff. StGB begründen.[95] Bei ganz geringem Wert des möglichen Gewinns bzw. einer wirtschaftlich völlig bedeutungslosen Verlustgefahr liegt ein Spiel vor, das zur Ausbeutung der Spielleidenschaft ungeeignet ist.[96]

---

[93] Vgl. z.B. RGSt 64, 355, 357; VGH Baden-Württemberg GewArch 1990, 149, 151; *Füllkrug/Wahl*, KR 1984, 533, 534; Sch/Sch-*Eser/Heine*, § 284 Rdn. 6; *Kummer*, in: Aubin/Kummer/Schroth/Wack, S. 17. Zu weitgehend hingegen LK-*v. Bubnoff*, § 284 Rdn. 12, wonach beim Glücksspiel sowohl Einsatz wie auch vereinbarter Gewinn einen nicht ganz unwesentlichen Vermögenswert haben müssen. Diese Auffassung kann nicht überzeugen, weil es für den Glücksspielbegriff nicht konstitutiv auf die Höhe des individuellen Einsatzes ankommen kann. Andernfalls bestünden Zweifel am Glücksspielcharakter von Roulette, Black Jack und Poker, an denen man sich in den legalen Spielcasinos bereits mit einem Mindesteinsatz von 5 € beteiligen kann, bzw. am Glücksspielcharakter des Lotto, wo der Mindesteinsatz sogar lediglich bei 0,75 € liegt. Näheres zu den Anforderungen an den Begriff des Einsatzes vgl. unten (3).

[94] *Lackner/Kühl*, § 284 Rdn. 7.

[95] Vgl. dazu BVerwGE 58, 162, Friauf-*Hahn*, GewO, § 33d Rdn. 10; aA Landmann/Rohmer-*Marcks*, GewO, § 33d Rdn. 4, der die Kategorie des Unterhaltungsspiels, das er als „unbedenkliches Zufallsspiel" bezeichnet, völlig ablehnt, weil sie das für die Unbedenklichkeitsbescheinigung nach § 33d II GewO zuständige Bundeskriminalamt vor die schwierige Aufgabe stellen würde, jeweils die beim Einsatz von Vermögenswerten der Spieler für die Einstufung des Spiels als bedenkliches Glücksspiel maßgebliche Grenze auszuloten.

[96] *Schaeffer*, GewArch 1980, 112, 116.

Uneinigkeit besteht jedoch in Rechtsprechung und Literatur darüber, wann es sich um einen solchen Vermögenswert handelt, d.h. wie die Beträchtlichkeitsgrenze des Spielgegenstandes zu bestimmen ist, ab der die Strafbarkeitsschwelle überschritten ist. Im Wesentlichen stehen sich hier die Verfechter einer absoluten und einer relativen Betrachtungsweise gegenüber. Die Vertreter eines absoluten Maßstabes stellen hinsichtlich der Geringfügigkeit des Spielgegenstandes auf allgemeingültige Vorstellungen ab und lassen die Vermögensverhältnisse der beteiligten Spieler unberücksichtigt. Insbesondere die allgemeine gesellschaftliche Anschauung wird für maßgeblich erachtet.[97] Teilweise wird auch behauptet, das Objekt des Spieles sei dann nicht unerheblich, wenn es mit ihm möglich sei, einzelne Lebensbedürfnisse zu befriedigen.[98] Die Anhänger eines relativen Maßstabes wollen hingegen auch die konkreten Vermögensverhältnisse der Spieler berücksichtigen. Dabei ist unter den Vertretern dieser Auffassung streitig, ob diesbezüglich auf die Vermögenslage des Durchschnitts der Spieler[99] oder auf die Vermögenssituation des wirtschaftlich schwächsten Spielers[100] abzustellen ist. Nach einer im Vordringen befindlichen[101] vermittelnden Ansicht[102] soll schließlich die Verkehrsanschauung unter Beachtung der Vermögensverhältnisse des Durchschnitts der Spieler entscheidend sein. Diese Meinung läuft darauf hinaus, dass ein strafbares Glücksspiel schon dann vorliegt, wenn um Vermögenswerte gespielt wird, die zwar nicht für den Durchschnittsbürger erheblich sind, wohl aber - aufgrund ihrer unterdurchschnittlichen Vermögensverhältnisse - für die konkret beteiligten Spieler (z.B. Arbeitslose).

In den Fällen, wo der Kreis der Mitspieler ungewiss und nicht bestimmbar ist, wie z.B. bei Geldspielautomaten, muss zwangsläufig ein absoluter Maßstab angelegt werden.[103]

Problematisch ist hingegen die Behandlung der Fallgruppe eines konkret bestimmbaren Spielerkreises. Bei einer relativen Betrachtungsweise würden Fälle von der Strafbarkeit ausgenommen, in denen die Möglichkeit einer Vermögens- und Existenzgefährdung der Spieler und ihrer Familien nicht besteht, z.B. wenn eine Runde wohlhabender Kaufleute[104] um Re-

---

[97] St. Rspr. des RG, vgl. z.B. RGSt 18, 342, 343; 19, 253, 254; ihm folgend LK-*v.Bubnoff*, aaO; *Maurach/Schroeder/Maiwald*, § 44 Rdn.6; *Amend*, in: Ulsamer (Hrsg.), Lexikon des Rechts, S. 367 f..
Bereits in RGSt 6, 70, 74 hat das Reichsgericht diese Auffassung vertreten („Gleichgültig ist dagegen die Vermögenslage des einzelnen Spielers, ..."). Wenn Teile des Schrifttums dem RG unterstellen, es habe in der letzteren Entscheidung noch eine relative Betrachtungsweise befürwortet und sei erst später von dieser Auffassung abgewichen (so z.B. *Kummer*, in: Aubin/Kummer/Schroth/Wack, S.17; *Füllkrug*, KR 1990, 101, 102 f.), dann haben diese Literaturstimmen die Entscheidung RGSt 6, 70 ff. nicht genau analysiert. Denn sonst hätten sie bemerkt, dass die in RGSt 6, 70, 72 zitierte relative Betrachtungsweise nicht der Ansicht des RG entspricht, sondern vielmehr lediglich die Rechtsauffassung der Vorinstanz, des LG Stettin, wiedergibt.

[98] So *Kriegsmann*, S.399 m.w.N.. Diese Auffassung ist jedoch nicht mit dem Bestimmtheitsgrundsatz vereinbar.

[99] Sch/Sch-*Eser/Heine*, § 284 Rdn. 6; *v.Olshausen-Gutjahr*, § 284 Anm. 2b („...die sozialen Verhältnisse des gesamten Kreises der Spieler,..."); *Füllkrug*, KR 1990, 101, 102.

[100] *Frank*, § 284 Anm. II („Die Grenze kann nur nach den individuellen Verhältnissen ... des Mindestvermögenden gezogen werden.").

[101] Formulierung nach *Maurach/Schroeder/Maiwald*, § 44 Rdn. 6.

[102] BayObLGSt 1956, 217 f.; VGH Baden-Württemberg GewArch 1990, 149, 151; *Tröndle/Fischer*, § 284 Rdn. 4; *Lackner/Kühl*, § 284 Rdn. 7; *Blei*, Strafrecht II, § 95 I 1 a.

[103] OLG Köln NJW 1957, 721; Sch/Sch-*Eser/Heine*, § 284 Rdn. 6; *Maurach/Schroeder/Maiwald*, § 44 Rdn.6; *Füllkrug*, KR 1990, 101, 102.

[104] Vgl. RGSt 6, 70, 71, wo die Tatsacheninstanz, das LG Stettin, hinsichtlich einer aus 10-12 Personen beste-

geleinsätze spielt, die zwar für den Durchschnittsbürger beträchtlich wären, für sie selbst jedoch angesichts ihrer Vermögensverhältnisse nicht so hoch sind, dass ihre Erlangung als ein Gewinn bzw. ihre Hingabe als ein echter Verlust für sie erscheint. Gegen einen relativen Maßstab bei der Bestimmung der Geringwertigkeit des Spielgegenstandes wird vor allem Folgendes eingewendet: Die Befürworter einer Berücksichtigung der Vermögenslage der Spieler seien außerstande, das Verhältnis anzugeben, in dem die aufs Spiel gesetzten Werte zum Vermögen des Spielers stehen müssen, um erheblich zu sein. Bei verschiedener Vermögenslage der Spieler lasse sich kein Anhaltspunkt dafür finden, wessen Vermögensverhältnisse der Beurteilung zu Grunde gelegt werden sollen. Zudem würde dadurch für die Reichen ein Privileg hohen Spiels geschaffen.[105] Überdies sei der Veranstalter, Halter oder der die Räumlichkeiten bereitstellende Gastwirt nicht imstande, die Vermögenslage des einzelnen Spielers zu erforschen, insbesondere ob er den Verlust des Einsatzes ohne nachteilige Folgen für seine Vermögensverhältnisse ertragen kann.[106] Tatsächlich würden die Glücksspieltatbestände durch eine ausschließlich relative Betrachtungsweise mit Unsicherheiten befrachtet, insbesondere wäre es für den potentiellen Täter als Normadressaten schwer vor der Tat abzuschätzen, ob er die Grenze zwischen sanktionslosem und sanktionsbedrohtem Verhalten durch sein Tun überschreiten wird.[107] Bei einer Bewertung nach allgemeinen Kriterien können hingegen Unsicherheiten und Widersprüche, insbesondere wenn Spieler mit unterschiedlichem Verdienst oder Vermögen am Spiel teilnehmen, bei der Gesetzesauslegung vermieden werden.[108] Folglich ist für die Geringwertigkeitsschwelle des zu erzielenden Gewinns bzw. des möglichen Verlusts bei einem konkret bestimmbaren Spielerkreis ebenfalls von einem absoluten Maßstab auszugehen.

Auch wenn man in diesen Fällen grundsätzlich die allgemeine gesellschaftliche Anschauung als absoluten Maßstab für die Geringwertigkeit des Spielobjekts akzeptiert, so ist weiterhin fraglich, wo gegenwärtig die Beträchtlichkeitsgrenze betragsmäßig festzusetzen ist. Der Grenzwert für einen nicht unbeträchtlichen Gewinn ist dem ständigen Wandel der gesellschaftlichen Anschauungen unterworfen und kann somit nicht endgültig festgelegt werden.

Es könnte insoweit die Auffassung vertreten werden, dass der höchstmögliche Stundenverlust bei gewerblichen Spielgeräten mit Gewinnmöglichkeit gem. § 33c GewO bzw. anderen Spielen mit Gewinnmöglichkeit gem. § 33d GewO sich jedenfalls noch im strafrechtlich erlaubten Rahmen bewegen müsse. Dieser maximale Verlust, der an einem von der Physikalisch-Technischen Bundesanstalt nach § 33c GewO zulassungsfähigen Geldspielautomaten

---

henden Kartenspielerrunde, die sich in den Jahren 1879-81 regelmäßig in einer Weinstube traf, folgenden Sachverhalt feststellte: „Die Einsätze bei dem Spiele schwankten zwischen M 0,50 und M 50, ... ganz ausnahmsweise wohl einmal M 100. Der höchste Verlust des Einzelnen betrug zwischen M 500 bis M 600. Der Zeuge H. hat auch einmal beinahe M 1000 verloren. ... Die Gäste, meistens Engroshändler, sind durchweg wohlsituierte Kaufleute, auf deren Vermögensverhältnisse ein Verlust von M 500 bis 600 von keinem nachteiligen Einflusse sein kann."

105 *Kriegsmann*, S.399.

106 RGSt 6, 70, 74.

107 Vgl. z.B. *Bottke*, Strafrechtswissenschaftliche Methodik, S.319: Nach der Grundregel des Strafrechts, dem in Art. 103 II GG verfassungsrechtlich anerkannten nullum-crimen-sine-lege-stricta-Satz, muss die Vorausberechenbarkeit des Rechts für den Normadressaten aber aus kriminalpolitischen und rechtsstaatlichen Gründen gegeben sein.

108 *Amend*, in: Ulsamer (Hrsg.), Lexikon des Rechts, S.368; LK-*v.Bubnoff*, § 284 Rdn. 6.

im ungünstigsten Fall erzielt werden kann, darf pro Stunde 48 €, der statistische Dauerverlust pro Stunde allenfalls 23,17 € betragen.[109] Das BVerwG[110] hat für den Versagungsgrund des § 33e I 1 GewO, der für Spiele nach §§ 33c und 33d GewO gilt, unlängst eine Betragsgrenze von 100 DM bzw. 50 € als Orientierungsmaßstab angegeben. Dabei darf jedoch nicht übersehen werden, dass die Spielgeräte mit Gewinnmöglichkeit gem. § 33c GewO regelmäßig dem Glücksspielbegriff i.S.v. § 284 StGB unterfallen.[111] Der vorgenannte Betrag stellt somit lediglich die Grenze dar, ab der gem. § 33e I 1 GewO „die Gefahr besteht, dass der Spieler unangemessen hohe Verluste in kurzer Zeit erleidet" und folglich ein gewerberechtlicher Versagungsgrund für ein Spiel vorliegt.[112] Ein geeigneter Maßstab für die Abgrenzung zwischen dem strafbaren Glücksspiel und dem straflosen Unterhaltungsspiel ist er hingegen nicht.

Teilweise wird hier auf das Durchschnittseinkommen bzw. den Durchschnittsstundenlohn abgestellt, wobei ein möglicher Spielgewinn von deutlich mehr als 15 € in der Stunde, der mit einem potentiellen Spielverlust für den einzelnen Spieler in derselben Höhe korrespondiert, die Grenze der Geringwertigkeit überschreitet.[113] Dieser Betrag, der einem monatlichen Nettoeinkommen von knapp 2.300 €[114] entspricht, dürfte jedoch etwas hoch gegriffen sein. Insbesondere für Arbeitslose und Geringverdiener, die weit weniger als den Durchschnittsstundenlohn erhalten, dürfte bei einem derartigen Verlust, vor allem wenn er sich bei einem über mehrere Stunden andauernden Spiel summiert, die Grenze einer harmlosen Unterhaltung und damit die Beträchtlichkeitsgrenze deutlich überschritten sein.

Im Hinblick auf Telefongewinnspiele,[115] bei denen es dem Veranstalter darauf ankommt, die Teilnehmer möglichst lange in der Leitung zu halten, um hohe Telefonverbindungsentgelte zu generieren, wollen *Eichmann/Sörup*[116] die maximale Unbeträchtlichkeitsgrenze für die gesamte Gewinnspielteilnahme - d.h. ohne Berücksichtigung einer möglichen Mehrfachteilnahme - bei einem Betrag von 2,50 € ansetzen.[117] Dies begründen sie damit, dass eine Ver-

---

[109] Dies ergibt eine Berechnung nach § 13 SpielV. Vgl hierzu Robinski-*Marcks*, J.II.d., Rdn. 83, S. 143.

[110] BVerwG GewArch 2002, 76, 77.

[111] Dies ergibt sich als argumentum e contrario aus § 33h Nr. 3 GewO. Die nach § 33c GewO zulassungsfähigen Spielgeräte mit Gewinnmöglichkeit sind regelmäßig erlaubte Glücksspiele.

[112] Der auf der Grundlage des § 33 f I GewO erlassene § 13 SpielV stellt letztlich eine Konkretisierung der gesetzlichen Verlustgrenze gem. § 33 e I 1 GewO dar.

[113] Vgl. *Füllkrug*, KR 1990, 101, 102, der einen Betrag von 30 DM nennt, jedoch ein Anhänger der relativen Betrachtungsweise ist.

[114] 15 € * 35 (Stunden) * 4,345 (Wochen) = 2.281 €.

[115] Nähere Informationen zu Telefongewinnspielen finden sich bei *Bahr*, WRP 2002, 501, der u.a. erwähnt, dass es seit Mitte 2001 mit „9 live" sogar einen Fernsehsender in Deutschland gibt, der sich durch dieses System finanziert. Vgl. ferner zur Definition der Telefonmehrwertdienste und den Vertragsbeziehungen bei diesen Mehrwertdiensten die instruktive Darstellung von *Stögmüller*, CR 2003, 251, 253 ff..

[116] *Eichmann/Sörup*, MMR 2002, 142, 145; *Bahr*, WRP 2002, 501, 505 f., lässt zwar ausdrücklich offen, von welchem Wert für die Unbeträchtlichkeitsgrenze auszugehen ist, wendet aber bei der Subsumtion von Telefongewinnspielen im Ergebnis ebenfalls die Grenze von 2,50 € an.

[117] Falls neben dem Telefonat alternativ eine weitere Teilnahmemöglichkeit mit gleichen Gewinnchancen besteht, insbesondere über eine billigere Postkarte (derzeitiges Porto bei 0,45 €), die vom Publikum tatsächlich als gleichwertig angesehen wird, soll diese „gleichwertige Teilnahmealternative" nach *Eichmann/Sörup*, aaO., selbst

mögensgefährdung bei einem Einsatz von wenigen Euro nicht angenommen werden könne. Den Höchstbetrag von 2,50 € ermitteln sie dadurch, dass sie die im Jahr 1957 vom OLG Hamm[118] gefundene Wertgrenze von 1 DM - unter Berücksichtigung der Inflation, der Lebenshaltungskosten sowie des insgesamt gestiegenen Lebensstandards - den gegenwärtigen Lebensverhältnissen anpassen. Abgesehen davon, dass das OLG Hamm die Wertgrenze von 1,00 DM im Jahr 1957 nicht dogmatisch fundiert hergeleitet hat,[119] erscheint dieser Ansatz auch nicht geeignet zur Bestimmung einer Wertgrenze für Spiele, die - wie z.B. Kartenspiele, Würfelspiele oder Roulette - auf eine Mehrfachteilnahme für eine gewisse Dauer angelegt sind, so dass bei ihnen nicht nur auf die potentielle Verlustgefahr pro Einzelspiel abgestellt werden kann.

Teilweise wird der Ansatz verfolgt, die gesuchte Bagatellgrenze bei dem Betrag zu fixieren, der aufgewendet werden müsste, um eine Unterhaltung anderer Art geboten zu bekommen.[120] Problematisch ist in diesem Zusammenhang jedoch, dass es für derartige Unterhaltungsaufwendungen keinen einheitlichen Maßstab gibt. So differieren z.B. die Preise für eine Kinokarte, eine Eintrittskarte für ein Sportereignis und für eine kulturelle Veranstaltung zum Teil erheblich. Auch innerhalb der genannten Kategorien können sich erhebliche Preisunterschiede ergeben, z.B. zwischen einem Bundesliga- und einem Kreisligafußballspiel oder dem Auftritt eines international renommierten Künstlers und einer eher lokalen Darbietung. Im Hinblick auf Art. 103 II GG kann die Abgrenzungsentscheidung nicht dem Tatrichter im Einzelfall überlassen werden.[121] Da es sich hier um eine Unterhaltung für alle Einkommens- und Bildungsschichten handelt und keine erheblichen Preisunterschiede innerhalb dieser Kategorie bestehen[122], kann der übliche Preis für eine Kinokarte den tauglichen Vergleichsmaßstab für eine „Unterhaltung anderer Art" abgeben. Folglich ist gegenwärtig jedenfalls bei einem höheren potentiellen Verlust als 5 € pro Stunde davon auszugehen, dass die Grenze zum strafbaren Glücksspiel überschritten ist und kein strafloses Unterhaltungsspiel mehr vorliegt.

Während die vorgenannte Bagatellverlustgrenze bei den Glücksspielen im engeren Sinn gem. § 284 StGB einen hinreichenden Abgrenzungsmaßstab bietet, ist es bei den Lotterien und Ausspielungen gem. § 287 StGB erforderlich, eine Wertgrenze für den Höchstgewinn festzulegen, zumal angenommen wird, dass die Bereitschaft zu vermögensgefährdenden Spieleinsätzen mit der Höhe des voraussichtlichen Gewinnes zunimmt.[123] Hier kann die Regelung

---

bei Feststellung eines beträchtlichen Telefoneinsatzes die Strafbarkeit abwenden.

Ebenso *Pfeifer/Fischer*, GewArch 2003, 154, 155 f., die jedoch mit den Lotteriereferenten der Länder davon ausgehen, dass Gewinnspiele, die mit Hilfe von Mehrwertdiensten (insbesondere Rufnummer 0190) ohne „gleichwertige Teilnahmealternative" veranstaltet werden, generell Glücksspiele nach § 284 StGB sind.

[118] OLG Hamm JMBLNW 1957, 251.

[119] Dies müssen auch *Eichmann/Sörup*, aaO., einräumen.

[120] So *Belz*, S. 77, unter Hinweis auf eine Entscheidung des OLG Köln NJW 1957, 721 f., das bereits vorher diesen Weg beschritten hat.

[121] So aber *Belz*, S. 78, der sich im Übrigen dafür ausspricht, dass hier die Toleranz die höchstmöglichen Vergleichssummen zulassen muss, wenn das Spiel um Geld der Unterhaltung im weiteren Sinne zugerechnet wird.

[122] Dies gilt jedenfalls bei bundesweit neu angelaufenen Kinofilmen.

[123] *Odenthal*, GewArch 1989, 222, 225 f. m.w.N. aus dem kriminologischen, psychologischen und sozialwissenschaftlichen Schrifttum in seinen Fußnoten 24-26; *Lesch/Wallau*, GewArch 2002, 447, 449 m.w.N. in der dorti-

in Nr. 4 der Anlage zu § 5a SpielV ein Anhaltspunkt für den richtigen Abgrenzungsmaßstab sein, die festlegt, dass Ausspielungen, die auf Volksfesten, Schützenfesten oder ähnlichen Veranstaltungen, Jahrmärkten oder Spezialmärkten üblicher Weise veranstaltet werden, dann erlaubnisfrei i.S.v. § 5a SpielV und auch i.S.v. § 287 I StGB sind, wenn die Gestehungskosten eines Gewinnes höchstens 41 €[124] betragen, mindestens 50% der Gesamteinsätze als Gewinn an die Spieler zurückfließen und mindestens jedes fünfte Los gewinnt. Obwohl der Verordnungsgeber in Nr. 4 der Anlage zu § 5a SpielV von „üblichen Glücksspielen" spricht,[125] handelt es sich hier strukturell um Unterhaltungsspiele, die deshalb auch keiner Erlaubnis i.S.v. § 287 I StGB bedürfen. Somit ist die Grenze des straflosen Unterhaltungsspiels jedenfalls dann überschritten und es liegt eine strafbare Lotterie oder Ausspielung vor, wenn der Höchstgewinn der Veranstaltung mehr als 41 € beträgt, der dazu geeignet ist, die einzelnen Spieler zu erheblichen Spielverlusten von mehr als 5 € pro Stunde zu verleiten.

Ein Sonderproblem stellen im Zusammenhang mit der Frage nach dem Vermögenswert des Spielgegenstandes diejenigen Geldspielautomaten (sog. Fun Games) dar, bei denen der Spieler seinen ursprünglichen Einsatz in bar, in Form von ausgeworfenen, in Geld umtauschbaren Weiterspielmarken (sog. Token) oder durch Aufbuchen auf eine Karte zurückgewinnen kann.[126] Hier wird die Auffassung vertreten, wenn der Spieler seinen gesamten ursprünglichen Einsatz in Form von Bargeld o.ä. zurückerhalte, habe dies die Wirkung eines Gewinns in Form und Höhe dieses Geldbetrages.[127] Nach richtiger Ansicht liegt hier jedoch kein Glücksspiel i.S.v. § 284 StGB vor, da der Spieler keine Chance hat, einen „Gewinn" zu erzielen. Ein Gewinn liegt nicht vor, solange die Gewinnmöglichkeit der Höhe nach lediglich auf den ursprünglichen Einsatz begrenzt bleibt.[128] Den im Zusammenhang mit den Fun Ga-

---

gen Fn. 16 vertreten die Auffassung, dass es die pure „Sensation des Gewinns" sei, welche die Spielleidenschaft in eine den labilen Spieler gefährdenden Form zu entfachen vermag.

[124] Bis zur Euro-Umstellung am 1.1.2002 galt hier als Grenzwert ein „glatter Betrag" von 80 DM.

[125] Besser wäre es in diesem Zusammenhang von „üblichen Zufallsspielen" zu sprechen, um die Unterscheidung zu den Geschicklichkeitsspielen (vgl. Nrn. 2 und 3 der Anlage zu § 5a SpielV), um die es dem Verordnungsgeber hier allein geht, zu verdeutlichen.

[126] Eine höherinstanzliche Entscheidung zu dieser Frage steht bislang noch aus (vgl. *Pfeifer/Fischer*, GewArch 2003, 21).

[127] Ergebnisprotokoll der 82. Ausschusstagung des Bund-Länder-Ausschusses für Gewerberecht vom 11./12.11.1997, TOP 4a (zitiert nach *Mohr*, GewArch 2000, 190, 191, Fn. 11); ebenso *Pfeifer/Fischer*, GewArch 2002, 232, 235, wonach im Zusammenhang mit Unterhaltungsspielgeräten lediglich der Gewinn von Freispielen bzw. die Ausgabe von Weiterspielmarken (nicht aber deren Umtausch in Geld oder Waren) zulässig sei.

[128] Vgl. *Mohr*, GewArch 2000, 190, 192; zu den sog. „Fun Games" überzeugend *Lesch/Wallau*, GewArch 2002, 447, 448: „Dabei kann jedenfalls dann nicht von einem „Gewinn" gesprochen werden, wenn der zurückgewährte Betrag niemals den eingeworfenen Betrag zu übersteigen vermag, da dem Spieler in diesem Fall ... kein strafrechtlich erheblicher Vermögensvorteil zufließt."

Die Strafbarkeitsgrenze ist hingegen überschritten, wenn bei einem Unterhaltungsspielgerät mit Zufallsgenerator (§§ 33i, 33c GewO) – entgegen der ursprünglichen Zulassung – ein Anspruch auf Umtausch gewonnener Token in Geld oder Waren eingeräumt wird, der über die Rückgewähr des geleisteten Einsatzes hinausgeht. Dabei kommt es „auch nicht darauf an, ob der Gerätehersteller selbst oder ein Dritter den Gewinn auszahlt. Entscheidend ist vielmehr die Gestaltung des jeweiligen Spielvertrages." (BayObLG GewArch 2003, 119).

mes bestehenden Missbrauchsgefahren[129] kann somit nur gewerberechtlich begegnet werden, falls nach dem Spielvertrag nicht mehr als der ursprüngliche Einsatz erlangt werden kann.

Zusammenfassend ist somit zur Abgrenzung des strafbaren Glücksspiels vom straflosen Unterhaltungsspiel bzw. zur Beträchtlichkeit des Spielgegenstandes Folgendes festzustellen:

Bei der Bestimmung der Beträchtlichkeit des Spielgegenstandes ist auf die allgemeine gesellschaftliche Anschauung abzustellen (absolute Betrachtungsweise). Die individuellen Vermögensverhältnisse der beteiligten Spieler bleiben folglich unberücksichtigt. Der Grenzwert für einen nicht unbeträchtlichen Gewinn bzw. Verlust ist dem ständigen Wandel der gesellschaftlichen Anschauungen unterworfen und kann somit nicht endgültig festgelegt werden. In Anlehnung an die Beträge, die nach der Verkehrsanschauung noch als angemessene Aufwendung für eine andere Unterhaltung (üblicher Preis für eine Kinokarte) gewertet werden und die Regelung in Nr. 4 der Anlage zu § 5a SpielV, dürfte jedenfalls derzeit in folgenden Fällen die Strafbarkeitsgrenze überschritten sein:

- Glücksspiel i.S.v. § 284 StGB (z.B. Würfel-, Karten- oder Kugelspiel) mit einem erzielbaren Gewinn in Höhe von mehr als 5 € pro Stunde, der mit einem potentiellen Spielverlust für den einzelnen Spieler in derselben Höhe korrespondiert.

- Lotterie oder Ausspielung i.S.v. § 287 StGB mit einem Höchstgewinn im Wert von mehr als 41 € bzw. bei der sonst die in Nr. 4 der Anlage zu § 5a SpielV genannten Voraussetzungen nicht erfüllt sind, da sie dazu geeignet ist, die einzelnen Spieler zu erheblichen Spielverlusten zu verleiten.

- Geldspielautomaten, bei denen der Spieler lediglich seinen ursprünglichen Einsatz in bar oder in Form von ausgeworfenen, in Geld umtauschbaren Weiterspielmarken zurückgewinnen kann, zählen zu den straflosen Unterhaltungsspielen.

(3) Einsatz für die Teilnahme an der Gewinnchance

In einigen Entscheidungen des RG[130] entsteht der (falsche) Eindruck, dass zu dem Begriff des Glücksspiels nicht unbedingt ein Einsatz des Spielers gehöre. Bei genauerer Analyse dieser Entscheidungen stellt sich allerdings heraus, dass in den ihnen zugrunde liegenden Fällen die Masse der Spieler unzweifelhaft einen vermögenswerten Einsatz geleistet hatte, und dass das RG lediglich für den Sonderfall des Bankhalters erklärte, für ihn sei es als Spielteilnehmer irrelevant, ob er die Gefahr eines Verlustes trage.[131]

---

[129] Vgl. hierzu zuletzt *Pfeifer/Fischer*, GewArch 2003, 21.

[130] RGSt 7, 21, 27; 38, 204, 206; 64, 355, 360.

[131] Anm. *Fränkel* in LM Nr.2 zu § 284 StGB.

Ein Einsatz der „normalen“[132] Mitspieler ist somit für den Glücksspielbegriff erforderlich. Nach allgemeiner Meinung leistet einen Einsatz, wer bewusst einen Vermögenswert für die Beteiligung an einer Gewinnchance opfert.[133] Darunter fällt jede Leistung, die in der Hoffnung erbracht wird, im Fall des Gewinnens eine gleiche oder höherwertige Leistung zu erhalten, und in der Befürchtung, dass sie im Fall des Verlierens dem Gegenspieler oder dem Veranstalter anheim fällt.[134] Denn bei einem Glücksspiel geht es um die Erzielung eines Gewinns oder um den Verlust des Einsatzes.[135]

Im Hinblick auf das Glücksspielelement „Einsatz” kann zunächst die Abgrenzung problematisch sein, ob der geopferte Vermögenswert bereits die Teilnahme an der Gewinnchance eröffnet oder ob es sich um einen stets verlorenen Spielberechtigungsbeitrag handelt, der lediglich die Spielteilnahme als solche ermöglicht, aber noch keine Gewinnchance. Ein derartiger in jedem Fall verlorener Beitrag, der lediglich die Mitspielberechtigung gewährt, stellt nach zutreffender Auffassung des BGH[136] keinen Einsatz dar. Es muss vielmehr zwischen der Aufwendung eines Vermögenswertes und dessen Gewinn oder Verlust notwendigerweise ein unmittelbarer Zusammenhang bestehen.[137]

Umstritten ist außerdem die Frage, ob der Begriff des Glücksspiels unbedingt einen Einsatz des Spielers voraussetzt, der bei einem ungünstigen Ausgang zu einem Vermögensverlust führen muss.[138] Praktische Relevanz erlangt diese Frage in den Fällen, in denen der Spieler für sein Vermögensopfer eine gleichwertige Gegenleistung und zugleich die Möglichkeit einer Gewinnchance erhält. Das eigentliche Problem liegt hingegen woanders, nämlich darin, ob im Einzelfall ein „vermögenswerter” Einsatz von den Spielern für die Teilnahme an der Gewinnchance geleistet wurde oder die Gewinnchance „gratis” eröffnet wurde. Problematisch sind insbesondere die Fälle, in denen ein sog. „versteckter Einsatz“ vorliegt; d.h. der Spieler seinen Einsatz in versteckter Form - wie z.B. durch den Erwerb von Eintrittskarten oder Verzehrbons - erbringt.

Das RG hat in einer zu § 286 StGB a.F.[139] ergangenen Entscheidung erklärt, es komme für die Entscheidung, ob in einem Kaufpreis für eine Ware ein versteckter Einsatz verborgen sei, allein auf den objektiven Wert der Gegenleistung an.[140] Dem hat der BGH in seiner „Gratisroulette-Entscheidung“[141] im Hinblick auf § 284 StGB aufgrund von praktischen Erwägun-

---

[132] Der Begriff des „normalen“ = einfachen Mitspielers soll hier im Gegensatz zum Begriff des qualifizierten Mitspielers (= Halter i.S.v. § 284 I StGB) verstanden werden.

[133] BGHSt 11, 209, 211.

[134] BGH wistra 1987, 66, 67.

[135] BGH, aaO.

[136] BGH NStE Nr. 1 zu § 284 StGB (Entscheidung zur Kettenbriefaktion „Goldkreis”).

[137] Vgl. z.B. BGHSt 34, 171, 175 ff.; OLG Stuttgart NJW 1964, 365, 366.

[138] BGHSt 11, 209, 210; LK-*v.Bubnoff*, § 284 Rdn. 7 jeweils m.w.N..

[139] Dessen Regelungsinhalt entsprach demjenigen des aktuellen § 287 I StGB.

[140] RGSt 65, 194 ,199 f..

[141] BGHSt 11, 209 ff.. Dieser Entscheidung lag verkürzt folgender Sachverhalt zugrunde: In der Gastwirtschaft „Hummelskoje“ wurde Roulette nach den üblichen Regeln gespielt. Jeder der die Gaststätte betreten und sich an dem Spiel beteiligen wollte, musste mindestens eine Verzehrkarte für 20 DM kaufen, der zehn „Gratischips“

gen ausdrücklich widersprochen: Beim öffentlichen Glücksspiel sei mit dem Spielbetrieb meistens eine Bewirtung der Spieler verbunden. Die Gegenleistung für das Geld bestehe in diesen Fällen nicht nur in Waren (Speisen und Getränken), sondern außerdem in weiteren Bewirtungsleistungen, deren objektiver Wert in der Regel nicht mit hinreichender Bestimmtheit festgestellt werden könne.[142]

Nach Ansicht des BGH liegt ein Vermögensopfer des Spielers und somit ein Einsatz vielmehr schon dann vor, wenn der Spieler eine gleichwertige Gegenleistung für sein Vermögensopfer ohne die (zusätzliche) Gewinnaussicht nicht erworben hätte;[143] m.a.W. wenn der Spieler seine Geldleistung für die an sich gleichwertige Gegenleistung (z.B. Speisen, Getränke und Bedienung) nur deshalb gibt, weil er außer dieser Gegenleistung auch noch an den Gewinnchancen des Spieles teilhaben will.[144] Einen Einsatz leistet somit jedenfalls, wer bewusst einen Vermögenswert für die Beteiligung an einer Gewinnchance opfert, den er ohne die Gewinnaussicht nicht hingegeben hätte.[145] Ein potentieller Vermögensverlust durch die Hingabe des Einsatzes ist demnach nicht erforderlich.

Diese Ansicht des BGH gibt zwar den Begriff des „versteckten Einsatzes" zutreffend wieder und beantwortet somit die Frage nach dem Vorliegen (dem „ob") eines Einsatzes, sie besagt jedoch nichts über die Höhe des erbrachten Vermögensopfers und somit darüber, ob auch ein „vermögenswerter" Einsatz vorlag oder nur ein harmloses Unterhaltungsspiel. Denn in Abgrenzung zum Unterhaltungsspiel ist das Vorliegen eines Einsatzes zwar ein notwendiges, jedoch kein hinreichendes Kriterium. Eine nach §§ 284 ff. StGB strafbare Handlung scheidet vielmehr trotz Vorliegen eines Einsatzes aus, wenn die Einsätze so gering sind, dass das Spiel den Charakter einer harmlosen Unterhaltung[146] annimmt.[147] Ein strafbares Glücksspiel entfällt somit dann, wenn der Gesamtverlust eines Spielers (an einem Abend) etwa nur der Summe entspricht, die nach der Verkehrsanschauung als angemessene Aufwendung des Spielerdurchschnitts für eine andere Unterhaltung (Kino, Sportveranstaltung, o.ä.) erscheint.[148] Genauso wenig wie die Voraussetzungen des strafbaren Glücksspiels bei ganz geringem Wert des möglichen Gewinnes erfüllt sind, sind sie es auch nicht bei einem Spiel, das nur eine solche Verlustgefahr in sich birgt, die für den Spieler wirtschaftlich völlig bedeutungslos ist, weil auch hier die Erregung und Ausbeutung der Spielleidenschaft von vornherein ausgeschlossen ist.[149]

Dies bedeutet aber, dass in vielen Fällen, in denen von den Spielern ein „versteckter Einsatz" geleistet wird, lediglich ein harmloses Unterhaltungsspiel vorliegen wird, welches von sei-

---

beigefügt waren. Mit anderen Chips durfte nicht gespielt werden. Die Besucher erhielten auf die Verzehrkarten Getränke und Speisen zum Preis von 20 DM, die möglicherweise gleichwertige Gegenleistungen waren.

[142] BGHSt 11, 209, 211.

[143] BGHSt 11, 209, 210.

[144] Anm. *Fränkel* in LM Nr.2 zu § 284 StGB.

[145] Allg. Meinung: vgl. z.B. BGH aaO..

[146] Vgl. dazu oben (2).

[147] RGSt 6 ,70, 74; ihm folgend *Blei*, Strafrecht II, § 95 II a; *Schaeffer*, GewArch 1980, 112, 116.

[148] *Blei*, aaO.; ihm folgend *Schaeffer*, aaO..

[149] *Schaeffer*, GewArch 1980, 112, 116.

nem Veranstalter in der Hoffnung auf eine Umsatzsteigerung für seine Gastwirtschaft etc. durchgeführt wird. Gegen ein solches Verhalten kommen lediglich wettbewerbsrechtliche Sanktionen in Betracht, aber keine strafrechtlichen.

(4) Abgrenzung zur Wette

Der Unterschied zwischen dem nach den §§ 284 ff. StGB strafbaren Glücksspiel und der straflosen Wette liegt auf der subjektiven Seite.

Während nach h.M. beim Glücksspiel das Primärinteresse der Spielteilnehmer darin besteht, durch das Spiel Vermögensvorteile zu erlangen, ist der vertragliche Hauptzweck für die Beteiligung an einer Wette die Austragung eines ernst gemeinten Meinungsstreits über entgegengesetzte Behauptungen, wobei ein Geldeinsatz oder eine sonstige Leistung lediglich der Bekräftigung der eigenen Behauptung dient.[150]

Eine abweichende Auffassung[151] will die Abgrenzung von Spiel und Wette nach dem abstrakten Grad ihrer Vermögensgefährlichkeit im Hinblick auf Manipulationsmöglichkeiten vornehmen. Eine Wette soll danach vorliegen, wenn der Gewinn von einem Ereignis abhängt, auf dessen Eintritt die Teilnehmer keinen Einfluss mehr ausüben können. Ein Glücksspiel soll hingegen gegeben sein, wenn das gewinnauslösende Ereignis noch dem Einfluss von Teilnehmern unterliegt, so dass eine Manipulation nach Abschluss der Gewinnabrede noch denkbar erscheint. Diese abweichende Auffassung überzeugt jedoch nicht, da sie sich zu sehr vom allgemeinen Sprachverständnis des Begriffs Wette löst. Insoweit bestehen auch bei der Wette noch zahlreiche Manipulationsmöglichkeiten nach Abschluss der Vereinbarung.

Zur Abgrenzung ist also stets nach dem Hauptzweck zu fragen, den die Vertragsparteien mit ihrer Betätigung verfolgen. Handelt es sich hierbei um eine bloße Bereicherungsabsicht liegt ein Glücksspiel vor, während bei einem Primärinteresse am Rechtbehalten eine straflose Wette gegeben ist.

Auf der Basis dieser Abgrenzungsformel sind sowohl die Rennwette[152] i.S.d. RWLG als auch die Oddset-Sportwette[153] - trotz ihrer missverständlichen Bezeichnung - als Glücksspiele im Rechtssinne einzustufen.[154]

---

[150] Überwiegende Meinung, vgl. z.B. RGSt 6, 172, 175 f.; 6, 421, 425; 40, 32; 57, 190; *Lackner/Kühl*, § 284 Rdn. 6; LK-*v.Bubnoff*, § 284 Rdn. 4; MüKo-*Habersack*, § 762 BGB, Rdn. 7; Palandt-*Sprau*, § 762 BGB, Rdn. 3; Sch/Sch-*Eser/Heine*, § 284 Rdn. 4; *Weber*, in: Pfister (Hrsg.), Rechtsprobleme der Sportwette, S. 41 f..

[151] SK-*Hoyer*, § 284 Rdn. 12, will die Abgrenzung zwischen Glücksspiel und Wette nach dem Grad ihrer abstrakten Vermögensgefährlichkeit im Hinblick auf potentielle Manipulationsgefahren vornehmen.

[152] Näheres zur Rennwette i.S.d. RWLG vgl. unten B.II.2.1.a.dd.(2).

[153] Näheres zur Oddset-Sportwette vgl. unten B.II.2.1.a.dd.(3).

[154] Vgl. z.B. *Lackner/Kühl*, § 284 Rdn. 6.

(5) Abgrenzung von zufallsabhängigen Gewinnvereinbarungen mit ernsthaftem wirtschaftlichem oder sonstigem Geschäftszweck

Unter Betonung der zweiten Silbe des Glücksspielbegriffs muss bei den §§ 284 ff. StGB eine Spielvereinbarung vorliegen und keine Gewinnvereinbarung, der objektiv ein ernster wirtschaftlicher oder sittlicher Geschäftszweck zukommt.[155] Das Glücksspiel ist eine Wagnisvereinbarung, bei der die Vertragspartner sich gegenseitig aus Gewinnerzielungsabsicht für den Fall des zufallsabhängigen Spielgewinns eine Leistung - meist Geld - zusagen und der ein darüber hinaus gehender ernster Geschäftszweck fehlt.[156] Der spekulative oder gewagte Charakter der verabredeten Vermögensverschiebung allein macht ein Rechtsgeschäft noch nicht zu einem Spiel, sofern die Parteien darüber hinaus noch wirtschaftlich oder sonst anerkennenswerte Zwecke verfolgen.[157] Deshalb sind spekulative Geschäfte mit anzuerkennendem wirtschaftlichen Zweck wie z.B. Wertpapiergeschäfte, die keine bloßen Differenzgeschäfte nach § 764 BGB sind, Umsatzgeschäfte mit unsicherer Gewinnerwartung, Versicherungsverträge, Garantieverträge aller Art oder Prämienversprechen für sportliche Leistungen keine Glücksspiele.[158] Ein ernsthafter Geschäftszweck sittlicher Art - und kein Glücksspiel - kann z.B. bei einer Zuwendung im Rahmen einer Verlosung zu wohltätigen Zwecken vorliegen. Jedoch ist hier die Grenze zum Glücksspiel überschritten, sobald der Gewinnanreiz neben der Aufforderung zur Wohltätigkeit ins Gewicht fällt.[159]

Die für den Glücksspielbegriff erforderliche o.g. Spielvereinbarung setzt keinen zivilrechtlich erfüllbaren Spielvertrag gem. § 762 I BGB voraus und ist rein tatsächlich zu verstehen. Vielmehr sind Spielvereinbarungen, die gegen die Strafnormen der §§ 284 ff. StGB verstoßen, stets nach § 134 BGB nichtig.[160]

(6) Abgrenzung des strafrechtlichen Glücksspielbegriffs vom gewerberechtlichen Spielbegriff gem. §§ 33c ff. GewO

Keine Veranstaltung eines illegalen Glücksspiels ist die gewerberechtlich erlaubte Aufstellung von Spielgeräten mit Gewinnmöglichkeit i.S.v. § 33c GewO oder die gewerberechtlich erlaubte Veranstaltung von anderen Spielen mit Gewinnmöglichkeit i.S.v. § 33d GewO.

Das Spielrecht ist gekennzeichnet von einem Nebeneinander und Zusammenspiel von strafrechtlichen Bestimmungen (§§ 284 ff. StGB), von gewerberechtlichem Spielrecht (§§ 33c ff. GewO) und landesrechtlichem Glücksspiel- und Lotterierecht.[161] Während die Gesetzgebungskompetenz für das Glücksspiel- und Lotterierecht, bei dem der Schutz der öffentlichen

---

[155] LK-*v.Bubnoff*, § 284 Rdn. 6.

[156] So Palandt-*Thomas*, § 762 BGB, Rdn. 2 für das Spiel i.S.d. § 762 BGB, dessen Unterfallgruppen das Glücksspiel und das Geschicklichkeitsspiel sind.

[157] Palandt-*Thomas*, § 762 BGB, Rdn. 4.

[158] MüKo-*Pecher*, § 762 BGB, Rdn. 9 m.w.N..

[159] MüKo-*Pecher*, § 762 BGB, Rdn. 8.

[160] MüKo-*Pecher*, § 762 BGB, Rdn. 12.

[161] LK-*v.Bubnoff*, Vor § 284, Rdn. 13.

Sicherheit und Ordnung im Vordergrund steht, bei den Ländern liegt,[162] ging der Bundesgesetzgeber davon aus, dass der Bund wegen Art. 74 Nr.11 GG („Recht der Wirtschaft") die Gesetzgebungskompetenz für das gewerberechtlich geregelte Spielrecht habe.[163] Als grundsätzliches kompetenzrechtliches Abgrenzungskriterium wurde dabei die herkömmliche Unterscheidung zwischen dem Glücksspiel einerseits und dem Geschicklichkeitsspiel andererseits angesehen (vgl. insbesondere § 33h Nr.3 GewO). Darüber hinaus wurde jedoch anerkannt, dass es einen Bereich des Glücksspiels im weitesten Sinne gibt, bei dem die wirtschaftliche Bedeutung der Veranstaltung den ordnungsrechtlichen Aspekt überwiegt, weshalb von einer Bundeskompetenz ausgegangen werden kann. Ein derartiges Überwiegen der wirtschaftlichen Bedeutung der Veranstaltung wurde bei der Aufstellung kostspieliger Spielautomaten (i.S.v. § 33c GewO), aber auch bei der gewerbsmäßigen Veranstaltung von Ausspielungen auf Volksfesten, Schützenfesten oder ähnlichen Veranstaltungen bejaht. Hierunter fallen aber nicht Glücksspiele, die casinomäßig z.B. als Kugel-, Karten- oder Würfelspiele veranstaltet werden, weil dort der ordnungsrechtliche Aspekt eindeutig überwiegt.[164] Deshalb unterfallen Geldspielautomaten, die in Spielhallen (vgl. § 33i GewO) aufgestellt sind, als Spielgeräte mit Gewinnmöglichkeit gem. § 33c GewO dem bundesrechtlichen Gewerberecht, wohingegen sich die Regelungen für die weitaus verlustträchtigeren[165] Geldspielautomaten in Spielbanken („Einarmige Banditen" oder auch Slot-Machines genannt) im landesrechtlichen Glücksspielrecht finden.[166]

Es liegt also - unabhängig von der Frage der Strafbarkeit - zwischen dem Glücksspielbegriff und dem gewerberechtlichen Spielbegriff i.S.d. §§ 33c ff. GewO kein Ausschließlichkeitsverhältnis vor, sondern es gibt hier einen Überschneidungsbereich. Bereits der historische Gesetzgeber des ursprünglichen gewerblichen Spielrechts von 1934[167] unterschied bewusst nicht zwischen Glücks- und Geschicklichkeitsspielen und schloss damit aus, dass sich jemand der gewerberechtlichen Erlaubnispflicht mit der Begründung entziehen konnte, das fragliche Spiel sei ein Geschicklichkeits- und kein Glücksspiel.[168] Das gewerbliche Spielrecht (§§ 33c ff. GewO) enthält i.V.m. der SpielV[169] letztlich die Voraussetzungen,[170] unter denen

---

[162] BVerfGE 28, 119, 147; BVerwG GewArch 1983, 60, 63; GewArch 1995, 22, 24; *Lukes*, in: Stree-Wessels-FS, 1993, S. 1013, 1017; *Voßkuhle*, VerwArch 87 (1996), 395, 398.

[163] BT-Drs. 8/1863, S. 10.

[164] *Marcks*, in: Landmann/Rohmer, Gewerbeordnung, § 33h Rdn. 1.

[165] Laut *Odenthal*, GewArch 2001, 276, 278 kann der Verlust an den in den Automatensälen der staatlichen Spielbanken auf engstem Raum zu Hunderten aufgestellten Slot-Machines pro Stunde - je nach Gerätetyp - zwischen 600 und 54.000 € betragen. Während an den „Einarmigen Banditen" im Spielcasino der Einsatz pro Spiel durch „Stehen lassen" des bisherigen Gewinns mehrere 1.000 € erreichen kann und über den Jackpot bei einem Spiel u.U. Gewinne von weit über 100.000 € erzielt werden können, ist bei den Spielgeräten mit Gewinnmöglichkeit gem. § 13 Nr. 5 SpielV der Einsatz grundsätzlich auf 0,20 € und der Gewinn auf 2,00 € beschränkt. Lediglich die Sonder- und Risikospiele gem. § 13 Nr. 7 SpielV ermöglichen in einer Serie einen Gewinn von mehreren 100 € (vgl. z.B. *Voßkuhle*, VerwArch 87 (1995), 395, 406; Robinski-*Marcks*, GewO, J.II.3.b., Rdn. 70, S. 140).

[166] Vgl. z.B. § 1 I Nr.2, III der Bayerischen Spielbankordnung, die aufgrund von Art. 4 I BaySpielbG erlassen wurde.

[167] Die historische Entwicklung des gewerblichen Spielrechts ist z.B. skizziert bei *Kummer*, GewArch 1988, 264 ff..

[168] Robinski-*Marcks*, GewO, J II 3a, Rdn. 60, S. 137 m.w.N..

[169] Verordnung über Spielgeräte und andere Spiele mit Gewinnmöglichkeit (Spielverordnung - SpielV), die

ein Geschicklichkeitsspiel oder ein Glücksspiel im weiteren Sinne[171] gewerberechtlich konzessioniert werden kann.

Das Verhältnis des strafrechtlichen Glücksspielverbots zur gewerberechtlichen Regelung der §§ 33c ff. GewO ergibt sich vor allem aus den §§ 33e und 33h GewO.

Die formalen Grenzen werden durch § 33h GewO festgelegt.

➢ § 33h Nr. 1 GewO nimmt die in Spielbanken veranstalteten Glücksspiele explizit vom Anwendungsbereich des gewerblichen Spielrechts aus.

➢ Aus § 33h Nr.3 GewO, der bestimmt, dass die §§ 33c ff. GewO auf „die Veranstaltung anderer Spiele im Sinne des § 33d Abs. 1 Satz 1, die Glücksspiele im Sinne des § 284 StGB" sind, keine Anwendung finden, ergibt sich im Umkehrschluss, dass die Vorschriften der Gewerbeordnung für Spielgeräte mit Gewinnmöglichkeit gem. § 33c GewO auch dann gelten, wenn diese begrifflich - wie regelmäßig - als Glücksspiele i.S.v. § 284 StGB anzusehen sind. Durch die Bauartzulassung der Physikalisch-Technischen Bundesanstalt (PTB)[172] wird konstitutiv festgestellt, dass ein bestimmtes Spielgerät nicht zu den verbotenen Glücksspielen zu zählen ist, sondern als gewerberechtlich erlaubtes Glücksspiel in den Grenzen der gewerberechtlichen Bestimmungen aufgestellt werden kann.[173]

➢ § 33h Nr.2 GewO ist eine Ausnahme zu dem in § 33h Nr.3 GewO niedergelegten Grundsatz, dass die §§ 33c ff. GewO nicht für andere Spiele mit Gewinnmöglichkeit gem. § 33d GewO gelten, die Glücksspiele sind. Bei den hiernach zulässigen Ausspielungen handelt es sich in erster Linie um die Spiele, die nach den Nrn. 1 und 4 der Anlage zu § 5a SpielV begünstigt sind, wie z.B. Lostopfspiele oder Fadenziehen. Darüber hinaus kommen ähnliche Ausspielungen auf Volksfesten, Schützenfesten usw. in Betracht, die noch nicht so verbreitet sind, dass ihre Üblichkeit bejaht werden kann.[174] Der in derartigen Ausspielungen ausgesetzte Gewinn muss in geringwertigen Gegenständen bestehen, dessen Gestehungskosten 41 € nicht übersteigen dürfen (vgl. § 18 S.2 SpielV i.V.m. Nr. 4 der Anlage zu § 5a SpielV).

Die materielle Abgrenzung zwischen dem strafrechtlichen Regelungsbereich und dem gewerblichen Spielrecht ergibt sich demgegenüber aus § 33e GewO, der als magna charta des gewerblichen Spielrechts bezeichnet werden kann. Die Zulassung der Bauart von Spielgeräten mit Gewinnmöglichkeit i.S.v. § 33c GewO durch die Physikalisch-Technische Bundesan-

---

aufgrund von § 33 f I und § 60 II 4 GewO erlassen wurde.

170 Zu den Voraussetzungen für die Erteilung der gewerberechtlichen Erlaubnis im Einzelnen, die mit Ausnahme der Unbedenklichkeitsbescheinigung für Spiele gem. § 33c GewO bzw. der Bauartzulassung für Spiele gem. § 33d GewO strafrechtlich irrelevant sind, vgl. z.B. Robinski-*Marcks*, GewO, J II 3b-d, Rdn. 69 ff., S. 139 ff..

171 Der Begriff des Glücksspiels im weiteren Sinne umfasst die Glücksspiele im engeren Sinne gem. § 284 StGB sowie die Lotterien und Ausspielungen gem. § 287 StGB.

172 Vgl. dazu §§ 33c I 2, 33f II Nr. 1a GewO.

173 *Kummer*, in: Aubin/Kummer/Schroth/Wack, 1981, S. 32.

174 Landmann/Rohmer-*Marcks*, Gewerbeordnung, § 33h Rdn. 3.

stalt (PTB) und die Erteilung einer Unbedenklichkeitsbescheinigung[175] für andere Spiele mit Gewinnmöglichkeit gem. § 33d GewO durch das Bundeskriminalamt (BKA) ist nach § 33e I 1 GewO davon abhängig, dass nicht die Gefahr besteht, dass der Spieler unangemessen hohe Verluste in kurzer Zeit erleiden kann. Eine den wirtschaftlichen und sozialen Verhältnissen angepasste Konkretisierung hat § 33e GewO durch § 13 der SpielV erfahren.[176]

Da bei ihnen nach § 33e I 1 GewO keine Gefahr besteht, dass der Spieler unangemessen hohe Verluste in kurzer Zeit erleiden kann, sind die regelgerecht veranstalteten gewerberechtlichen Glücksspiele mit Gewinnmöglichkeit nach §§ 33c ff. GewO letztlich behördlich erlaubt[177] und unterfallen deshalb nicht dem Glücksspielverbot der §§ 284 ff. StGB.

cc) Sonderformen des Glücksspiels

Als Spezialfälle des Glücksspiels haben die Lotterien und die Ausspielungen in § 287 StGB (unten 1) bzw. die Rennwetten in den §§ 5 f. RWLG (unten 2) eine Sonderregelung erfahren. Eine Sonderform des Glücksspiels stellen auch die kommerziellen Sportwetten (unten 3) dar.

(1) Lotterien und Ausspielungen (§ 287 StGB)

Der Abgrenzung zwischen dem Glücksspiel im engeren Sinne gem. § 284 StGB und der Lotterie gem. § 287 StGB kann erhebliche praktische Bedeutung zukommen. Denn bei § 287 StGB gibt es weder einen Qualifikationstatbestand für die gewerbsmäßige oder bandenmäßige Begehung, noch eine Strafbarkeit des Spielers.

Maßgebliches Abgrenzungskriterium ist hier, ob nach den spielvertraglichen Bedingungen im Zeitpunkt des Abschlusses des Spielvertrags die Höhe der Einsätze und damit auch mittelbar der zu erzielenden Gewinne bereits bindend durch den vom Veranstalter vorgegebenen Spielplan feststehen (dann Lotterie) oder ob die Bestimmung und Wiederholung der Einsätze im Belieben des Spielers steht (dann Glücksspiel i.S.v. § 284 StGB).[178] Nähere Einzelheiten hierzu finden sich bei den Ausführungen zu § 287 I StGB.[179]

---

[175] Siehe hierzu die Verordnung zur Erteilung der Unbedenklichkeitsbescheinigung (UnbBeschErtV) des Bundesministeriums des Innern i.d.F. der Bekanntmachung vom 10.4.1995 (BGBl. I S. 511).

[176] *Kummer*, in: Entwicklung des gewerblichen Spielrechts, 1988, S. 11.

[177] Näheres zur behördlichen Erlaubnis i.S.d. §§ 284 ff StGB für gewerberechtlich erlaubte Glücksspiele, die letztlich materiell nicht in der gewerberechtlichen Genehmigung, sondern für Spielgeräte mit Gewinnmöglichkeit i.S.v. § 33c GewO in der Bauartzulassung durch die Physikalisch-Technische Bundesanstalt und für andere Spiele mit Gewinnmöglichkeit gem. § 33d GewO in der Erteilung der Unbedenklichkeitsbescheinigung durch das Bundeskriminalamt zu sehen ist, vgl. unten B.II.c.bb. bzw. dd..

[178] Allg. Meinung; vgl. z.B. BGHSt 3, 99; *Lackner/Kühl*, § 287 Rdn.2; LK-*v.Bubnoff*, § 287 Rdn. 3; Sch/Sch-*Eser/Heine*, § 287 Rdn. 4; SK-*Hoyer*, § 287 Rdn. 4.

[179] Vgl. unten 4.1.a.aa.(1).

(2) Rennwetten nach dem Rennwett- und Lotteriegesetz (RWLG)

Bereits im Jahr 1882 stellte das RG[180] fest, dass Pferdewetten trotz ihrer Bezeichnung in Wahrheit Glücksspiele sind. Das Rennwett- und Lotteriegesetz (RWLG) wurde im Jahr 1922 erlassen, um die „wilden" Winkelbuchmacher zu bekämpfen und das Wetten bei ihnen zu unterbinden.[181] Das RWLG, das als Bundesgesetz[182] fortgilt, regelt den Bereich der Pferdewetten (§§ 1 ff. RWLG), damit verbundene Steuerpflichten (§§ 10 ff. RWLG) sowie die allgemeine Lotteriesteuer (§§ 17 ff. RWLG), nicht hingegen das landesrechtlich geregelte eigentliche Lotteriewesen.[183] Die Strafvorschriften der §§ 284 ff. StGB werden - soweit es sich um Glücksspiele in Form von Pferdewetten handelt - durch die Spezialvorschriften in §§ 5 f. RWLG ausgeschlossen.[184]

Nach **§ 5 RWLG** wird derjenige mit Freiheitsstrafe bis zu zwei Jahren oder mit Geldstrafe bestraft, der unerlaubt ein Totalisatorunternehmen für Pferderennen betreibt oder gewerbsmäßig „wilde" Buchmachergeschäfte für Pferdewetten abschließt oder vermittelt. Der gesetzlich nicht näher definierte Begriff Totalisator i.S.d. RWLG bedeutet eine Veranstaltung, bei der der Unternehmer Spieleinsätze in bar entgegennimmt, um sie nach Abzug der Steuer und des Unternehmergewinns an die Gewinner zu verteilen. Die Erlaubnis zum Betrieb eines Totalisatorunternehmens wird nach § 1 III RWLG nur Rennvereinen zur Förderung der Pferdezucht erteilt. Beim Totalisatorunternehmer können Pferdewetten auf Sieg[185], auf Platz[186] oder als Einlaufwetten[187] platziert werden.[188] Buchmacher i.S.d. Legaldefinition des § 2 I RWLG dürfen nicht nur Pferdewetten zum Totalisatorkurs, sondern darüber hinaus auch Pferdewetten zu festen Odds (= eigentliches Buchmachen) abschließen, bei denen der Buchmacher - ohne Rücksicht auf den Totalisatorkurs - gegen den Einsatz des Wettenden einen quotal bestimmten Gegeneinsatz setzt.[189] Der Abschluss einer Pferdewette liegt vor, wenn der Buchmacher im eigenen Namen oder für eigene Rechnung als Gegenpartei des Wettenden die Wette hält.[190] Das Vermitteln einer Pferdewette ist gegeben, wenn der Buchmacher die Wette an einen Totalisator oder an einen anderen Buchmacher weitergibt oder wenn er die Wettaufträge im eigenen Namen, aber für fremde Rechnung ausführt.[191]

---

[180] RGSt 7, 21.

[181] Vgl. BVerwG 97, 12, 15 f..

[182] Letzte wesentliche Änderung durch das Gesetz zur Änderung des Rennwett- und Lotteriegesetzes vom 17. Mai 2000 (BGBl. I S. 715).

[183] Erbs/Kohlhaas-*Wache*, R 70, Vorbem. vor § 1 RWLG, Anm. 2.

[184] OLG Düsseldorf GA 1963, 346; Erbs/Kohlhaas-*Wache*, R 70, § 5 RWLG, Anm. 7 m.w.N..

[185] Bei Siegwetten ist Gewinner, wer auf das Pferd gesetzt hat, das als erstes durchs Ziel geht.

[186] Bei Platzwetten ist Gewinner, wer auf ein Pferd gesetzt hat, das mindestens einen bestimmten Platz erreicht hat. Dieser Platz richtet sich nach der Anzahl der teilnehmenden Pferde: bei vier bis sechs Pferden genügt Platz zwei; bei mehr als sechs Pferden muss mindestens Platz drei erreicht sein.

[187] Bei Einlaufwetten ist Gewinner, wer auf die ersten beiden Pferde in der richtigen Reihenfolge gesetzt hat.

[188] Näheres bei Erbs/Kohlhaas-*Wache*, R 70, § 1 RWLG, Anm. 1b.

[189] Erbs/Kohlhaas-*Wache*, R 70, § 2 RWLG, Anm. 3a.

[190] Erbs/Kohlhaas-*Wache*, R 70, § 2 RWLG, Anm. 3b.

[191] RGSt 48, 200; Erbs/Kohlhaas-*Wache*, R 70, § 2 RWLG, Anm. 3c; zum Problem der rechtlichen Zulässigkeit der grenzüberschreitenden Weitervermittlung von Pferderennwetten mit deutschen Wettnehmern an ausländische

Nach **§ 6 RWLG** wird subsidiär zu § 5 RWLG mit Freiheitsstrafe bis zu sechs Monaten oder entsprechender Geldstrafe bestraft, wer sich bei Rennwetten als sog. Schlepper eines illegalen Buchmachers oder Totalisatorbetreibers betätigt. Wenn es nachweisbar zum Abschluss oder zur Vermittlung von Pferdewetten gekommen ist, sind diese Schlepper bereits als Gehilfen gem. §§ 5 RWLG, 27 StGB strafbar. Ist der unerlaubte Wettabschluss oder die unerlaubte Wettvermittlung hingegen nicht vollendet oder nicht nachweisbar, kommt eine Strafbarkeit gem. § 6 RWLG in Betracht.[192] Tathandlungen i.S.d. § 6 RWLG können das gewerbsmäßige Auffordern, das Sicherbieten und die Entgegennahme des Angebots zum Abschluss oder zur Vermittlung von Pferdewetten sein.[193]

(3)Sportwetten

Trotz ihrer Bezeichnung sind die öffentlich angebotenen Sportwetten keine Wetten, da bei ihnen die Gewinnerzielung und nicht die Bekräftigung eines individuellen Meinungsstreits im Vordergrund steht.[194]

Die Oddset-Sportwetten [195] mit von vornherein festen Gewinnquoten, bei denen der Einsatz pro Einzelspiel - im Rahmen eines vom Veranstalter vorgegebenen Limits - nach Belieben des einzelnen Spielers variieren kann, zählen nicht zu den Lotterien, sondern zu den Glücksspielen[196] im engeren Sinn gemäß § 284 StGB.[197] Erlaubnisregelungen für die Oddset-Sportwette finden sich im Landesrecht.[198]

Buchmacher durch in Deutschland zugelassene Buchmacher, die den Anfall der im europäischen Vergleich hohen deutschen Wettsteuer von 16 % vermeiden wollen, vgl. VG Saarlouis GewArch 2001, 197, 199 (strafbar für den deutschen Wettvermittler jedenfalls nach § 6 RWLG) sowie *Voßkuhle*, GewArch 2001, 177 ff. (straflos).

192 Erbs/Kohlhaas-*Wache*, R 70, § 6 RWLG, Anm. 1.

193 Einzelheiten bei Erbs/Kohlhaas-*Wache*, R 70, § 6 RWLG, Anm. 2 ff..

194 Zur Abgrenzung zwischen Glücksspiel und Wette vgl. oben B.II.2.1.c.bb.(4).

195 Der aus dem Englischen stammende Begriff „Oddset" meint Sportwetten mit von vornherein feststehenden Gewinnquoten („zu festen Odds"), die auf dem Wettschein für jedes einzelne Sportereignis bereits angegeben sind. Der Begriff wurde bereits in § 4 III des RWLG vom 16.6.1922 für Pferdewetten verwendet (vgl. *Rausch*, GewArch 2001, 102).

196 Wegen des überwiegenden Zufallscharakters ist die Oddset-Sportwette kein Geschicklichkeitsspiel, sondern ein Glücksspiel (vgl. dazu oben B.II.2.1.a.cc.(1)(c)).

197 Zur Abgrenzung zwischen Glücksspiel und Lotterie vgl. oben B.II.2.1.a.dd.(1).

198 Vgl. z.B. Art. 2 I 2 Nr.2 Bayerisches Staatslotteriegesetz vom 29.April 1999 (BayRS 640-4-F; GVBl. S. 226); Gesetz über eine Sportwette mit festen Gewinnquoten (Oddset-Sportwette) in Baden-Württemberg vom 21.Juni 1999 (GBl. S. 253); Gesetz über staatliche Sportwetten, Zahlenlotterien und Zusatzlotterien in Hessen vom 3.November 1998 (GVBl. I S. 406); § 1 I Nr.1 Sächs. Staatslotteriegesetz vom 21.Oktober 1998 (GVBl. S. 598); Sportwettengesetz des Landes NRW vom 3.Mai 1955, zuletzt geändert durch Gesetz vom 14.12.1999 (GV NRW S. 687); § 3 I Niedersächsisches Gesetz über das Lotterie- und Wettwesen vom 21.Juni 1997 (Nds. GVBl. S. 289).

ee) Zusammenfassung und Grafik zum Begriff des Glücksspiels:

Ein Glücksspiel im engeren Sinn gem. § 284 StGB liegt somit vor, wenn die Beteiligten unter Hingabe eines im Belieben der Spieler stehenden Einsatzes aus Gewinnstreben über den Gewinn oder Verlust eines nicht ganz unbeträchtlichen Vermögenswertes eine Spielvereinbarung im tatsächlichen Sinn abschließen, bei der die Gewinnentscheidung nach den Spielbedingungen für den Durchschnitt der Spielteilnehmer überwiegend vom Zufall abhängen soll. Entscheidend sind dabei als „Vertragsangebot" die Spielverhältnisse, unter denen das Spiel eröffnet ist und gewöhnlich betrieben wird.

Wenn das Spielgerät und die Spielregeln dem Durchschnittsspieler Spielvarianten eröffnen, deren Ergebnis überwiegend vom Zufall und nicht von seiner Aufmerksamkeit, seinen Kenntnissen oder seinen Fähigkeiten abhängt, liegt ein strafbares Glücksspiel vor. Dies folgt aus dem Grundsatz, dass derselbe Spielvorgang nicht zugleich Glücksspiel und für den Geübteren Geschicklichkeitsspiel sein kann; innerhalb derselben Veranstaltung ist vielmehr über den Charakter des Spiels einheitlich zu entscheiden (= sog. Grundsatz der einheitlichen Betrachtungsweise).

Auch wenn sich typische Glücks- bzw. Geschicklichkeitsspiele kategorisieren lassen, ist eine abschließende Einteilung von Spielen in Glücksspiele einerseits und Geschicklichkeitsspiele andererseits nicht ein für allemal möglich, da die rechtliche Einordnung im Grenzbereich maßgeblich von den Verhältnissen abhängt, unter denen gespielt wird. Hier ist stets eine genaue Prüfung der Spielverhältnisse im Einzelfall notwendig.

Sonderformen des Glücksspiels, die nicht unter § 284 StGB fallen, sind die Lotterie bzw. die Ausspielung gem. § 287 StGB sowie die ggf. nach §§ 5 f. RWLG strafbare Rennwette.

Zwischen dem Glücksspielbegriff und dem gewerberechtlich erlaubnisfähigen Spiel (§§ 33c ff. GewO) liegt kein Ausschließlichkeitsverhältnis vor, sondern es gibt einen Überschneidungsbereich. Das gewerbliche Spielrecht enthält i.V.m. der SpielV die Voraussetzungen, unter denen ein Geschicklichkeitsspiel oder ein Glücksspiel im weiteren Sinne gewerberechtlich konzessioniert werden kann.

Grafisch lässt sich der Glücksspielbegriff i.S.v. § 284 StGB wie folgt darstellen:

Glücksspiel im engeren Sinn (gem. § 284 StGB):

Spielvereinbarung im tatsächlichen Sinn

↔ *keine* Spielvereinbarung mit ernsthaftem wirtschaftlichen oder sittlichem Geschäftszweck

Überwiegende ***Zufallsabhängigkeit*** der Gewinnentscheidung nach den Spielbedingungen für den durchschnittlichen Spielteilnehmer aus dessen Perspektive

↔ *kein* Geschicklichkeitsspiel

nicht ganz unbeträchtlicher ***Vermögenswert*** der zugesagten ***Gewinnchance*** oder des potentiellen ***Verlusts*** ↔ *kein* Unterhaltungsspiel

Einsatz für die Teilnahme an der Gewinnchance ↔ *keine* Gratisteilnahmemöglichkeit ↔ *kein* stets verlorener Spielberechtigungsbetrag

Höhe des Einsatzes steht im ***Belieben der Spieler*** ↔ *keine* Lotterie / Ausspielung gem. § 287 StGB, bei der die Höhe des Einsatzes in dem vom Veranstalter einseitig aufgestellten Spielplan bindend festgelegt wird

subjektiv: Teilnahme ***zur Erzielung von Vermögensvorteilen*** ↔ *keine* Wette

kein Vorliegen einer abschließenden ***Spezialregelung*** ↔ *keine* ***Rennwette*** nach dem RWLG

b) Das Tatbestandsmerkmal „öffentlich"

Grundsätzlich ist nach § 284 I StGB nur das öffentliche (unten aa.) Glücksspiel strafbar, aufgrund der Fiktion in § 284 II StGB (unten bb.) erstreckt sich der strafbare Bereich seit 1919 jedoch auch im Wesentlichen auf das gewohnheitsmäßige nichtöffentliche Glücksspiel.

aa) Der Begriff der Öffentlichkeit

Entgegen dem Wortlaut des § 284 I StGB („öffentlich ... veranstaltet") ist die Öffentlichkeit nicht als Modalität der Tathandlung zu verstehen, sondern sie muss als Eigenschaft des Glücksspiels („öffentliches Glücksspiel") gedacht werden,[1] was in § 285 StGB auch ausdrücklich klarstellt wird.

Öffentlich ist ein Glückspiel, wenn bei den Spielern von vornherein der innere Wille vorhanden ist, dem Publikum als solchem, d.h. einem unbestimmten, nicht fest geschlossenen Personenkreis, die Beteiligung am Spiel zu ermöglichen, und dieser Wille nach außen erkennbar in Erscheinung tritt.[2]

Auf die Öffentlichkeit des Veranstaltungsortes kommt es hierbei nicht an.[3] Wenn in einer öffentlich zugänglichen Gastwirtschaft die Spieler eindeutig zu erkennen geben, dass sie unter sich bleiben wollen, liegt somit ein nichtöffentliches Glücksspiel i.S.v. § 284 I StGB vor.[4]

Entscheidend für die Bejahung der „Öffentlichkeit" ist, dass die Spieler nach außen erkennbar zu verstehen geben, dass sie grundsätzlich beliebigen Dritten die Teilnahme am Spiel ermöglichen, und nicht nur bestimmten Personen oder einem bestimmten Personenkreis. Dem steht nicht entgegen, dass einzelnen Personen die Teilnahme verweigert wird,[5] denn dies kann z.B. auch geschehen, weil man sie für verdeckt ermittelnde Polizeibeamte hält.

Zu verneinen ist ein „öffentliches" Glücksspiel i.S.v. Abs. I hingegen, wenn nach den äußeren Umständen der Personenbestand der am Spiel Beteiligten von vornherein zwangsläufig begrenzt ist. Dies ist beispielsweise dann der Fall, wenn das Spiel in einem geschlossenen Eisenbahnabteil eines fahrenden Zuges vor sich gehen soll, zu dem keine Zutrittsmöglichkeit für weitere Reisende besteht.[6] Ebenfalls nichtöffentlich i.S.d.

---

[1] So *Frank*, § 284 Anm. I, der insoweit von einem gesetzgeberischen Redaktionsversehen spricht.

[2] Allg. Meinung: vgl. z.B. BayObLGSt 1956, 217, 219; RGSt 15, 274, 275 f.; 57, 190, 193; 63, 44, 45; *Füllkrug*, KR 1990, 101, 103; *Kummer*, in: Aubin/Kummer/Schroth/Wack, S.18; *Otto*, AT, § 55 I2b; Sch/Sch-*Eser/Heine*, § 284 Rdn. 9; SK-*Hoyer*, § 284 Rdn.10;*Tröndle/Fischer*, § 284 Rdn.14.

[3] *Kummer*, in: Aubin/Kummer/Schroth/Wack, S. 18, mit Hinweis auf das anders lautende französische Recht (vgl. Art. R 30 - 5 Code pénal).

[4] *Preisendanz*, § 284 Anm. 3.

[5] BGHSt 9, 39, 42; *Füllkrug*, KR 1990, 101, 103.

[6] RGSt 63, 44, 45.

§ 284 I StGB veranstaltet ist ein Glücksspiel wenn ein fest umrissener Spielerkreis ein Gaststätten-Hinterzimmer gerade mit der Maßgabe anmietet, dort in Ruhe und von anderen Gästen abgeschirmt spielen zu können.[7] Aber auch dann, wenn zufällig zurückgebliebene Gäste, und nur diese, nach Eintritt der Sperrstunde in einer verschlossenen Gastwirtschaft spielen und es keinen Anhaltspunkt dafür gibt, dass beliebige dritte Personen unter Eröffnung der Möglichkeit, sich am Spiel zu beteiligen, noch eingelassen worden wären.[8] Die Spieler, die das Spiel eröffnen, brauchen sich nicht zu kennen, denn auch Leute, die sich bisher noch nicht persönlich gekannt haben, können mit dem Willen spielen, nicht weitere Personen teilnehmen zu lassen, namentlich dann, wenn es sich um ein Spiel mit eng begrenzter Teilnehmerzahl handelt.[9]

Auch wenn während des Spieles ein Wechsel der Spieler stattfindet, spricht dies nicht notwendig für einen Willen der Beteiligten, ein „öffentliches" Spiel durchzuführen.[10] Denn ein von vornherein bestehender Wille, beliebige weitere Personen teilnehmen zu lassen, ist z.B. dann zu verneinen, wenn von Anfang an mit dem Ausscheiden eines Spielers gerechnet wurde, für diesen Fall aber der Eintritt bestimmter bereits anwesender Personen in die Spielgemeinschaft vorgesehen war.

bb) Die Fiktion in § 284 II StGB

Nach Abs. II gilt ferner als öffentlich jedes Glücksspiel, das zwar nur den Mitgliedern eines Vereins oder einer geschlossenen Gesellschaft zugänglich ist, jedoch gewohnheitsmäßig veranstaltet wird. Mit dieser Fiktion sollen die an sich nichtöffentlichen Glücksspiele des Abs. II den öffentlich veranstalteten des Abs. I für die Strafbarkeit gleichgestellt werden.[11]

(1) Verein

Das Hauptanwendungsgebiet des § 284 II StGB liegt bei den Vereinen. Unter Verein ist - wie im BGB - ein auf Dauer angelegter Zusammenschluss von Personen zur Verwirklichung eines gemeinsamen Zwecks mit körperschaftlicher Verfassung zu verstehen, wobei sich die körperschaftliche Organisation in der Vertretung durch einen Vorstand und in der Unabhängigkeit vom Wechsel der Mitglieder äußert. Die Rechtsfähigkeit ist hingegen kein konstitutives Begriffserfordernis.[12] Die Bedeutung der Regelung liegt in der strafrechtlichen Erfassung solcher Vereine, die sich äußerlich einem ehrenwerten

---

[7] Jedoch liegt hier regelmäßig aufgrund der Fiktion des § 284 II StGB ein strafbares Glücksspiel vor (vgl. *Füllkrug/Wahl*, KR 1984, 533, 534).

[8] OLG Düsseldorf, Urteil vom 7.9.1967 - (1) Ss 419/67, OLGSt Nr.1 zu § 284 StGB, für die Kartenglücksspiele „Häufeln" und „17 und 4".

[9] So BayObLGSt 1956,217, 219 hinsichtlich des in Bayern beliebten Kartenspiels „Watten".

[100] BayObLGSt aaO..

[11] LK-*v.Bubnoff*, § 284 Rdn. 10; *Preisendanz*, § 284 Anm. 3.

[12] Palandt-*Heinrichs*, BGB, Einf v § 21 Rdn. 13.

Zweck[13] wie etwa der Kultur- und Glaubensförderung verschrieben haben, in Wirklichkeit jedoch hinter verschlossenen Türen Glücksspiele veranstalten.[14]

Oft wird bei derartigen „Clubs" jedoch bereits Öffentlichkeit i.S.v. § 284 I StGB vorliegen, wenn nämlich grundsätzlich für jedermann - wenn auch gegen eine geringe „Aufnahmegebühr" - die Möglichkeit besteht, Mitglied zu werden und sich jederzeit am Spielgeschehen zu beteiligen.[15] Denn in diesem Fall manifestiert sich deutlich der von vornherein vorhandene Wille der Spielenden, beliebige weitere Personen - d.h. nicht nur einen bestimmten Personenkreis - am Glücksspiel teilnehmen zu lassen. Die bloße Zugehörigkeit zu einem Verein per se genügt also nicht zur Begründung einer nichtöffentlichen Veranstaltung. Ebenso wenig die bloße Floskel in der Satzung, der Verein bilde einen geschlossenen Kreis und seine Tätigkeit vollziehe sich im rein privaten Bereich.[16] Erst dann, wenn sich die Bekanntschaft der Vereinsmitglieder - soweit eine solche bei der Vielzahl der Mitglieder überhaupt besteht- nicht nur auf das mehr oder weniger zufällige Zusammentreffen beim Glücksspiel beschränkt, sondern echte gegenseitige persönliche Beziehungen durch die Vereinszugehörigkeit zwischen ihnen bestehen,[17] kann von einem bestimmten, fest abgeschlossenen Personenkreis und somit von Nichtöffentlichkeit die Rede sein.

Eindeutig muss bei Spielen, die in Vereinen durchgeführt werden, der Charakter der Nichtöffentlichkeit dann verneint werden, sobald Gäste - d.h. Nichtmitglieder wie Familienangehörige, Freunde oder auch „Ehrengäste" - Zugang zu den Spielräumen und die Möglichkeit zur Beteiligung am Spiel haben.[18] Das Spiel ist dann öffentlich i.S.v. § 284 I StGB geworden.

(2) geschlossene Gesellschaft

Keine „öffentlich" i.S.v. § 284 I StGB veranstalteten Glücksspiele sind die Spiele, die in geschlossenen Gesellschaften (= sog. Privatzirkeln) abgehalten werden.[19] Hier ist jedoch immer eine mögliche Strafbarkeit nach § 284 II StGB zu beachten. Ein Privatzirkel ist ein nach außen fest abgeschlossener Personenkreis, dessen Mitglieder durch Be-

---

[13] Folgende Beispiele aus der Praxis dokumentieren solche Tarnzwecke illegaler Spielklubs: Anklageschrift der StA bei dem LG Augsburg vom 10.5.1994 - 203 Js 15692/93 (Verein zur Freizeitgestaltung); Urteil des LG Augsburg vom 31.7.1992 (türkischer Schwarzmeer-Freizeitklub); Anklageschrift der StA bei dem LG Kempten vom 13.2.1990 - Ds 21 Js 2727/89 (Verein zum Zweck der Völkerverständigung); VGH Baden-Württemberg GewArch 1990, 149 (Verein zur Pflege von Geschicklichkeitsspielen aller Art).

[14] *Füllkrug*, KR 1990,101, 103.

[15] VGH Baden-Württemberg GewArch 1990, 149, 150; 1978, 387, 389: Die Aufnahmevoraussetzungen waren leicht zu erfüllen. Während des Bestehens des Clubs sind in vier Monaten von 660 Antragstellern nur ca. 10 % abgelehnt worden; *Maurach/Schroeder/Maiwald*, § 44 Rdn. 7; *Füllkrug*, KR 1990, 101, 103.

[16] VGH Baden-Württemberg GewArch 1978, 387, 390.

[17] St. Rspr.; vgl. VGH Baden-Württemberg GewArch 1977, 29, 30; 1978, 387, 389 m.w.N..

[18] *Astl/Rathleff*, S. 21; ihnen folgend VGH Baden-Württemberg GewArch 1978, 387, 389.

[19] *Astl/Rathleff*, S.20; *Füllkrug*, KR 1990,101, 103.

ruf, gemeinsame Interessen oder in ähnlicher Weise durch persönliche Beziehungen miteinander verbunden sind und dem auch der Veranstalter des Spieles angehören muss.[20] Der „Verein" i.S.v. § 284 II StGB, zwischen dessen Mitgliedern ebenfalls wechselseitige persönliche Beziehungen bestehen müssen, ist somit ein - wegen seiner Häufigkeit in der Praxis - besonders erwähnter Spezialfall einer geschlossenen Gesellschaft. Typische Beispiele für eine solche geschlossene Gesellschaft sind ein Stammtisch oder eine private Kegelrunde, welche ein Gaststätten-Hinterzimmer anmieten, um dort vor anderen Gästen abgeschirmt spielen zu können.[21]

Bei solchen Privatzirkeln besteht in der Regel für außenstehende Dritte keine Teilnahmemöglichkeit, weil der Spielerkreis durch persönliche Beziehungen verbunden ist. Sobald jedoch außenstehende Personen, z.B. Gäste, Zugang zu den Spielräumen und die Möglichkeit zur Beteiligung am Spiel haben, muss auch hier der Charakter der Nichtöffentlichkeit verneint werden, weil dann keine Geschlossenheit der Spielrunde mehr vorliegt.

Ein „öffentliches" Glücksspiel i.S.v. § 284 I StGB - und kein Fall des Abs. II - liegt auch dann vor, wenn Personenmehrheiten sich nach außen hin als „geschlossene Gesellschaft" tarnen, dies aber lediglich nominell sind.[22] Die Problematik entspricht derjenigen beim scheinbaren Verein, bei dem jedermann sofort Mitglied werden kann.[23]

(3) gewohnheitsmäßig

Zentrales Tatbestandsmerkmal des § 284 II StGB ist der Begriff „gewohnheitsmäßig". Der historische Gesetzgeber wollte nämlich jedes Glücksspiel mit der strafrechtlichen Sanktion treffen, das über das gelegentliche, nicht gewohnheitsmäßige in geschlossenen Gesellschaften hinausgeht.[24] Hierbei ist umstritten, ob für die Gewohnheitsmäßigkeit ein durch Übung ausgebildeter Hang der einzelnen Teilnehmer zum Spielen erforderlich ist,[25] oder ob es ausreicht, wenn die Gesellschaft als Personenmehrheit regelmäßig aufgrund eines durch Übung ausgebildeten Hanges zum Glücksspiel zusammenkommt.[26] Der letztgenannten Auffassung ist der Vorzug zu geben, weil die Ansicht, die ein gewohnheitsmäßiges Handeln des einzelnen Spielers verlangt, im Gesetz keine ausrei-

---

[20] St.Rspr. des Reichsgerichts; vgl. RGSt 1, 357; 15, 274; 28, 366; 31, 413; 57,190, 193; 59, 347, 349; 63, 44, 45.

[21] *Füllkrug*, aaO..

[22] *Maurach/Schroeder/Maiwald*, § 44 Rdn. 7.

[23] Vgl. oben B.II.2.1.b.bb.(1) „Verein".

[24] Begründung zum Entwurf des Gesetzes v. 23.12.1919 - Drucks. der verfassunggebenden Nationalversammlung Nr. 1791, S.3.

[25] Auf den einzelnen Spieler stellen ab: *Preisendanz*, § 284 Anm. 3; wohl auch *Lackner/Kühl*, § 284 Rdn10.

[26] So die h.M.: OLG Hamburg MDR 1954,312; RGSt 56, 246 f.; VGH Baden-Württemberg GewArch 1990, 149, 150; *Tröndle/Fischer*, § 284 Rdn. 14; SK-*Hoyer*, § 284 Rdn. 11; LK-*v.Bubnoff*, § 284 Rdn. 10; v.Olshausen-*Gutjahr*, § 284 Anm.14; *Kummer*, in: Aubin/Kummer/Schroth/Wack, S.18.

chende Stütze findet. Bereits der Wortlaut des § 284 II StGB („Gesellschaften, in denen") stellt hinsichtlich der Gewohnheitsmäßigkeit eindeutig nicht auf Einzelpersonen, sondern auf Personenmehrheiten ab. Überdies belegt § 124 StGB, der von der Absicht einer Menschenmenge spricht, dass auch die in einer Personenmehrheit hervortretende, sie beherrschende Willensrichtung vom Gesetz zum Tatbestandsmerkmal gemacht werden kann.[27]

Fraglich ist weiterhin, ob es sich bei der zum Glücksspiel zusammentretenden Personengruppe immer um einen gleich bleibenden Personenkreis handeln muss,[28] oder ob es genügt, dass am selben Ort, z.B. einer Gastwirtschaft, einer Privatwohnung oder in angemieteten Clubräumen, regelmäßig Glücksspiele mit jeweils verschiedenen Personen abgehalten werden.[29] Die Auffassung, es müsse sich um einen gleich bleibenden Personenkreis handeln, ist abzulehnen. Denn würde man verlangen, dass sich immer dieselben Personen innerhalb des Vereins bzw. der Gesellschaft zum Glücksspiel zusammengefunden haben, so würde dies aufgrund erheblicher Beweisschwierigkeiten[30] zu einem praktischen Leerlaufen der Norm des § 284 II StGB führen, was aber vom Gesetzgeber nicht gewollt sein kann. Vielmehr kommt es darauf an, ob es zu den Gepflogenheiten des Vereins bzw. der geschlossenen Gesellschaft gehört, dem Glücksspiel eine Stätte zu bereiten, wo spiellustige Leute regelmäßig zusammentreffen können.[31] Die Spieler innerhalb der geschlossenen Gesellschaft oder des Vereins können also durchaus gewechselt haben. Wesentlich ist vielmehr, dass innerhalb dieser Personengruppe mit einiger Regelmäßigkeit, d.h. nicht nur gelegentlich oder sporadisch, gespielt wurde. Das kann insbesondere auch durch regelmäßige Zusammenkünfte im Bekannten- und Freundeskreis geschehen, so dass sich z.B. die Mitglieder eines Stammtisches, die sich wöchentlich einmal zum Glücksspiel zusammenfinden, nach § 284 II StGB strafbar machen.[32]

Ein strafloses Gelegenheitsglücksspiel im geschlossenen Privatzirkel ist hingegen dann anzunehmen, wenn die Personengruppe sich nicht nach einem bestimmten Turnus zwecks Ausübung des Glücksspiels trifft, sondern das Spiel entweder von vornherein als „einmalige Sache" ohne Wiederholungsabsicht geplant ist oder anlässlich eines Treffens, das eigentlich einem ganz anderen Zweck dienen sollte, spontan stattfindet. Demgegenüber macht sich beim regelmäßig stattfindenden Glücksspiel ein Mitglied einer solchen Personenmehrheit auch dann strafbar, wenn es nur ein einziges Mal mitgespielt hat, dabei aber wusste, dass in dem Verein bzw. der geschlossenen Gesellschaft regelmäßig gespielt wurde, und dass man dort die erwünschte Gesellschaft zum Glücksspiel traf.[33]

---

[27] RGSt 56, 246, 247.

[28] So ausdrücklich OLG Hamburg MDR 1954, 312, 313; ihm folgend *Kummer*, in: Aubin/Kummer/Schroth /Wack, S.18.

[29] So ausdrücklich v.Olshausen-*Gutjahr*, § 284 Anm. 14; auch von den übrigen Vertretern der h.M. (vgl. oben Fn. 26) wird diese Auffassung stillschweigend zugrunde gelegt.

[30] Es müsste in der Hauptverhandlung nachgewiesen werden, welche einzelnen Personen jeweils an den Spieltagen bevor der polizeiliche Zugriff erfolgte an dem Glücksspiel beteiligt waren.

[31] Vgl. RGSt 56,246; *Tröndle/Fischer*, § 284 Rdn. 14.

[32] LK-v.*Bubnoff*, § 284 Rdn. 10; *Füllkrug*, KR 1990, 101, 103.

[33] Vgl. RGSt 56, 256.

„Gewohnheitsmäßig“ veranstaltet i.S.v. § 284 II StGB ist ein Glücksspiel also dann, wenn es zu den Gepflogenheiten des Vereins oder der geschlossenen Gesellschaft gehört, dem Glücksspiel eine Stätte zu bereiten, d.h. wenn die Personengemeinschaft als solche regelmäßig aufgrund eines durch Übung ausgebildeten Hangs zum Glücksspiel zusammenkommt.

c) Die (fehlende) behördliche Erlaubnis

Der § 284 StGB ist ein verwaltungsakzessorischer Straftatbestand, d.h. wer eine verwaltungsrechtlich bestandskräftige Erlaubnis zur Veranstaltung eines Glücksspiels besitzt, kann sich nicht nach dieser Norm strafbar machen.

Beim Tatbestandsmerkmal der behördlichen Erlaubnis stellt sich zunächst die Frage nach seiner rechtsdogmatischen Einstufung als negatives Tatbestandsmerkmal oder als Rechtfertigungsgrund (unten aa.). Ferner kann in Abgrenzung zum legalen Glücksspiel im Einzelfall fraglich sein, auf welcher rechtlichen Grundlage eine behördliche Erlaubnis i.S.d. § 284 StGB erteilt werden kann (unten bb. und cc.) bzw. ob und ggf. wann ein Überschreiten einer erteilten Erlaubnis zur Strafbarkeit führt (unten dd.).

aa) negatives Tatbestandsmerkmal oder Rechtfertigungsgrund ?

Die Frage, ob die behördliche Erlaubnis i.S.d. § 284 Abs. 1 StGB strukturell als Tatbestandsmerkmal oder als Rechtfertigungsgrund anzusehen ist, hängt maßgeblich von der Klärung der Vorfrage ab, welches Rechtsgut von den Glücksspielstraftatbeständen geschützt werden soll.[1]

Die Anhänger[2] der Auffassung, dass die behördliche Erlaubnis bei den §§ 284 ff. StGB ein Rechtfertigungsgrund sei, sehen den Strafgrund der Glücksspieldelikte in der Gefährlichkeit der Tathandlung als solcher, d.h. im materiellen Unrechtsgehalt des Verleitens[3] zum Glücksspiel.

---

[1] *Goldmann*, Die behördliche Genehmigung als Rechtsfertigungsgrund, Diss. Freiburg, 1967, S. 243, geht zutreffend davon aus, dass eine behördliche Erlaubnis nur dann rechtfertigende Bedeutung haben kann, wenn das Handeln, zu dem sie erteilt wird, als solches eine strafrechtliche Verbotsmaterie darstellt. Dies sei jeweils durch sorgfältige Prüfung im Einzelfall an Hand des geschützten Rechtsguts und der Art seiner Beeinträchtigung zu ermitteln.

[2] Als Rechtfertigungsgrund sehen die behördliche Erlaubnis gem. §§ 284 ff. StGB z.B. an: *Goldmann*, S. 204 ff., 207; *Maurach/Schroeder/Maiwald*, § 44 Rdn. 8; *Eberhard Schmidt*, ZStW 41 (1920), 613; *Pepperhoff*, Diss. Göttingen, 1920; *Tettinger/Ennuschat*, S. 11 m.w.N.; *Votteler*, Diss. Tübingen, 1932, S. 32 ff.; *Welzel*, Das Deutsche Strafrecht, § 57 I 1, S. 391.

[3] Den Tathandlungen der §§ 284 (Veranstalten, Halten, Bereitstellen von Einrichtungen, Werben), 285 (Beteiligung am Glücksspiel) und 287 (Veranstalten, Werben) StGB liegt der gemeinsame Gedanke zugrunde, dass jeweils ein anderer zur Teilnahme am Glücksspiel verleitet wird. Vgl. zu diesem sog. Verleitungsgedanken auch oben B.II.1.4. sowie unten B.III.3.5.c.aa.(1).

Die Anhänger[4] der Meinung, dass es sich bei der (fehlenden) behördlichen Erlaubnis um ein negatives Tatbestandsmerkmal handle, sehen den Strafgrund der Glücksspieldelikte hingegen im Fehlen der behördlichen Erlaubnis und der darin liegenden Umgehung staatlicher Kontrolle.

Als Rechtfertigungsgrund wollen die behördliche Erlaubnis gem. § 284 I StGB vor allem diejenigen einordnen, die durch die Glücksspieltatbestände die öffentliche Sittlichkeit[5] bzw. die Arbeits- und Wirtschaftsmoral[6] als eng umrissenen Teilkomplex der öffentlichen Sittlichkeit bedroht sehen. Es wird insoweit betont, dass der materielle Unrechtsgehalt des Glücksspiels in der Gefährdung der sittlichen Haltung des Volkes durch Erregung der Spielleidenschaft und deren Ausbeutung liege.[7]

Nach der hier vertretenen Auffassung[8] wird durch die Glücksspieltatbestände de lege lata zum einen das Individualvermögen und zum anderen das Interesse der Allgemeinheit an einem unter staatlicher Begrenzung und Kontrolle stehenden Glücksspielwesen geschützt, wobei das Universalrechtsgut im Vordergrund steht. Als Konsequenz hieraus ist festzuhalten, dass das sozialschädliche Verhalten, dass durch die §§ 284 ff. StGB kriminalisiert wird, nicht das bloße Spielen oder Verleiten zum Spiel sein kann, dem an sich zunächst einmal kein sozialethischer Unwert anhaftet,[9] sondern nur das vom Staat nicht kontrollierte Spielen oder Verleiten zum Glücksspiel.[10] Da der Strafgrund der Glücksspieldelikte somit nicht in der Gefährlichkeit der Tathandlung als solcher zu sehen ist, sondern erst das Fehlen der behördlichen Erlaubnis den Unrechtstatbestand begründet,[11] ist diese Erlaubnis als negatives Tatbestandsmerkmal einzustufen.

bb) Beispiele einer behördlichen Erlaubnis: Das legale Glücksspiel

Der Hoheitsakt der behördlichen Erlaubnis i.S.v. § 284 I StGB kann entweder ein Gesetz oder ein formell[12] wirksamer Verwaltungsakt der örtlich und sachlich zuständigen Behörde sein.[13] Da die Vorschrift des § 284 StGB die formell illegale Glücksspielveranstaltung, d.h. die Nichtbeachtung eines Genehmigungserfordernisses unter Strafe stellt, kommt es auf die

---

[4] Als negatives Tatbestandsmerkmal sehen die (fehlende) behördliche Erlaubnis gem. §§ 284 ff. StGB z.B. an: RGSt 3, 49, 50 (zu § 286 StGB a.F.); 29, 376, 377; *Belz*, S. 97 f.; *Kindhäuser*, LPK-StGB, § 284 Rdn. 3; *Lackner/Kühl*, § 284 Rdn. 12; NK-*Wohlers*, § 284 Rdn. 49; *Preisendanz*, § 284 Anm. 5; Sch/Sch-*Eser/Heine*, § 284 Rdn. 18; SK-*Hoyer*, § 284 Rdn. 21; *Tröndle/Fischer*, vor § 32 Rdn. 5 bzw. § 284 Rdn. 15.

[5] Vgl. oben B.II.1.2..

[6] So z.B. *Goldmann*, S. 200 f. m.w.N..

[7] Vgl. *Goldmann*, S. 21 f..

[8] Vgl. oben B.II.1.5..

[9] So zu Recht *Voßkuhle*, VerwArch 87 (1995), 395, 400 m.w.N. in der dortigen Fn. 25.

[10] In diesem Sinne auch *Hund*, NStZ 1993, 571.

[11] Bestraft wird die „Nichteinholung der staatlichen Erlaubnis" (vgl. *Lange*, in: Dreher-FS, 1977, S. 579).

[12] *Kindhäuser*, LPK-StGB, § 284 Rdn. 3; SK-*Hoyer*, § 284 Rdn. 21; ähnlich *Otto*, BT, § 55/9, der auf die Bestandskraft des Verwaltungsakts abstellt.

[13] LK-*v.Bubnoff*, § 284 Rdn. 22 m.w.N..

materielle Fehlerfreiheit der Erlaubnis hier nicht an.[14] Sogar in Fällen, in denen sich der Antragsteller eine erkanntermaßen rechtswidrige Genehmigung durch rechtswidrige Handlungen wie Täuschung, Drohung oder Bestechung verschafft hat, liegt somit kein Handeln ohne Erlaubnis vor, solange der rechtswidrige Verwaltungsakt nicht nach § 48 VwVfG zurückgenommen wurde.[15] Ein strafbares Handeln ohne Erlaubnis ist hingegen bei einem von Anfang an gem. § 44 VwVfG nichtigen[16] Erlaubnisakt gegeben.

Da das Glücksspielrecht grundsätzlich zum Polizei- und Ordnungsrecht zählt, kommt nach der grundgesetzlichen Kompetenzverteilung gem. § 70 I GG somit den Ländern die sog. Glücksspiel- bzw. Lotteriehoheit zu.[17] Das Bundesrecht setzt diese landesgesetzgeberischen Gestaltungsspielräume voraus und erkennt sie ausdrücklich an (vgl. § 33h Nr. 2 GewO), begrenzt sie zugleich durch eigene Bewertungen innerhalb dem Bund zugeordneter Kompetenzräume mit der Folge, dass hier Bundesrecht Landesrecht bricht. Namentlich die straf- und zivilrechtlichen Basisvorgaben in den §§ 284 ff. StGB bzw. § 763 BGB bilden hier von den Ländern zu respektierende Eckwerte.

Einige Glücksspielbereiche werden zum Recht der Wirtschaft i.S.d. Art. 74 I Nr. 11 GG gerechnet und bundesrechtlich geregelt, so die Pferdewetten gem. §§ 1 ff. RWLG, die Aufstellung von Glücksspielgeräten mit Gewinnmöglichkeit gem. § 33c GewO und das Betreiben einer Spielhalle nach § 33i GewO. Die übrigen Glücksspielbereiche werden zu den Materien des Rechts der öffentlichen Sicherheit und Ordnung gezählt, das zum originären Aufgabenbereich der Länder gehört,[18] und sind somit primär[19] landesrechtlichen Regelungen unterworfen.[20] Daher finden sich Erlaubnisnormen für die Veranstaltung von Glücksspielen in folgenden rechtlichen Regelungen:

- Im bundesrechtlichen Gewerberecht, soweit Glücksspiele i.S.d. §§ 284 ff. StGB gewerberechtlich nach §§ 33c ff. GewO konzessioniert werden (unten 1.),

- aufgrund der „Glücksspielhoheit" der Länder vor allem im landesrechtlichen Glücksspielrecht (unten 2.) und

- im bundesrechtlichen Rennwett- und Lotteriegesetz für Pferdewetten (unten 3.).

---

[14] Insoweit überzeugend die Ausführungen von *Dölling*, JZ 1985, 461, 463 f. (s. auch die dortige Fn. 24) zur strukturell gleich gelagerten Strafnorm des § 327 a.F. StGB; vgl. auch *Ostendorf*, JZ 1981, 165, 171.

[15] Vgl. *Dölling*, JZ 1985, 461, 464.

[16] Entgegen OLG Celle NJW 1969, 2250 liegt ein (wegen rechtlicher Unmöglichkeit) nichtiger Verwaltungsakt aber nicht bereits vor, wenn eine Erlaubnis irrtümlich zu einer grundsätzlich nach den §§ 284 StGB strafbaren Handlung erteilt wurde, weil andernfalls durch einen Zirkelschluss über die Hintertür das Kriterium der materiellen Legalität der Erlaubnis eingeführt würde.

[17] Vgl. jetzt und im Folgenden: *Tettinger/Ennuschat*, S. 14.

[18] So *Voßkuhle*, VerwArch 87 (1996), 395, 398.

[19] Dem Bund verbleiben insoweit konkurrierende Gesetzgebungskompetenzen gem. Art. 74 Nr. 1 GG im Bereich des Strafrechts (§§ 284 ff. StGB) und gem. Art. 105 II GG im Bereich des Steuerrechts (vgl. insoweit z.B. §§ 10, 11 und 13 RWLG bzw. § 4 Nr. 9 UStG).

[20] *Tettinger*, DVBl. 2000, 868 f. m.w.N..

(1) Gewerberechtlich konzessionierte Glücksspiele

Das gewerbliche Spielrecht (§§ 33c ff. GewO) enthält i.V.m. der SpielV[21] die Voraussetzungen, unter denen ein Geschicklichkeitsspiel oder ein Glücksspiel im weiteren Sinne[22] gewerberechtlich konzessioniert werden kann.

Dabei handelt es sich bei den Geld- und Warenspielgeräten mit Gewinnmöglichkeit i.S.v. § 33c GewO begrifflich regelmäßig um Glücksspiele,[23] da bei ihnen der Zufall in Form einer selbstwirkenden, besonders konstruierten Vorrichtung und nicht die Geschicklichkeit des Durchschnittsspielers spielentscheidend ist.

Die anderen Spiele mit Gewinnmöglichkeit i.S.v. § 33d GewO sind regelmäßig Geschicklichkeitsspiele (vgl. § 33h Nr. 3 GewO). Ausnahmsweise können nach § 33h Nr.2 GewO auch Zufallsspiele andere Spiele mit Gewinnmöglichkeit i.S.v. § 33d GewO sein, nämlich solche gewerbsmäßig betriebenen Ausspielungen auf Volksfesten, Schützenfesten oder ähnlichen Veranstaltungen, bei denen der Gewinn in geringwertigen Gegenständen besteht.

Auch wenn sich die §§ 33c ff. GewO somit zum Teil auch auf Glücksspiele beziehen, ist jedoch die gewerberechtliche Erlaubnis gem. §§ 33c und 33d GewO *nicht* mit der behördlichen Erlaubnis i.S.d. §§ 284 ff. StGB gleichzusetzen. Vielmehr ist der Betrieb eines Spielgeräts i.S.d. § 33c GewO, für das von der Physikalisch-Technischen Bundesanstalt die Bauartzulassung nach den §§ 11 ff. SpielV erteilt wurde, kein unerlaubtes Glücksspiel nach § 284 StGB, auch wenn die behördliche Erlaubnis nach § 33c I GewO oder die Bestätigung nach § 33c III nicht erteilt wurde.[24] In gleicher Weise ist die Veranstaltung einer gewerbsmäßigen Ausspielung i.S.d. §§ 33d, 33h GewO, für die das Bundeskriminalamt bzw. die Landeskriminalämter eine Unbedenklichkeitsbescheinigung gem. § 18 SpielV i.V.m. der UnbBeschErtV[25] erteilt haben, keine unerlaubte Ausspielung nach § 287 I StGB, auch wenn die behördliche Erlaubnis nach § 33d I GewO nicht erteilt wurde.[26]

---

[21] Verordnung über Spielgeräte und andere Spiele mit Gewinnmöglichkeit (Spielverordnung - SpielV), die aufgrund von § 33 f I und § 60 II 4 GewO erlassen wurde, in der Fassung der Bekanntmachung vom 11. Dezember 1985 (BGBl. I S. 2245), zuletzt geändert durch VO vom 8. November 1999 (BGBl. I S. 2202).

[22] Der Begriff des Glücksspiels im weiteren Sinne umfasst die Glücksspiele im engeren Sinne gem. § 284 StGB sowie die Lotterien und Ausspielungen gem. § 287 StGB.

[23] Landmann/Rohmer-*Marcks*, § 33c Rdn. 4.

[24] OLG Köln NJW 1957, 721; Landmann/Rohmer-*Marcks*, § 33c Rdn. 44; *Odenthal*, GewArch 1989, 222, 227; aA OLG Karlsruhe NJW 1953, 1642, das Idealkonkurrenz zwischen § 146 I Nr. 5 GewO a.F. und § 284 StGB angenommen hat.

[25] Verordnung über das Verfahren bei der Erteilung von Unbedenklichkeitsbescheinigungen für andere Spiele im Sinne des § 33d Abs. 1 der Gewerbeordnung (UnbBeschErtV) in der Fassung der Bekanntmachung vom 10. April 1995 (BGBl. I S. 511), die aufgrund des § 33 f II Nr. 2 GewO erlassen wurde.

[26] Landmann/Rohmer-*Marcks*, § 33d Rdn. 31 m.w.N..

Eine Strafbarkeit nach §§ 284 ff. StGB tritt - entgegen der h.M.[27] - hingegen ein, wenn ein Spielgerät oder Spiel nicht zugelassen ist, aber nach seinen Spielbedingungen von der Physikalisch-Technischen Bundesanstalt bzw. vom Bundeskriminalamt zugelassen werden könnte. Ob die Erlaubnis hätte erteilt werden können, ist allenfalls für die Strafzumessung relevant, da es bei den §§ 284 ff. StGB allein auf die formelle Legalität ankommt. Bestätigt wird diese Auslegung im übrigen dadurch, dass sonst die Aufstellung nicht bauartzugelassener Spielgeräte sanktionslos bliebe, da der Ordnungswidrigkeitentatbestand des § 144 I Nr. 1 lit.d GewO nicht eingreift.[28]

Es gibt nach den Nrn. 1b und 4 der Anlage zu § 5a SpielV sogar Glücksspiele im weiteren Sinne, die erlaubnisfrei sowohl nach § 33d I 1 GewO wie auch nach § 287 I StGB sind. Dies sind Ausspielungen, die als übliche Glücksspiele auf Volksfesten, Schützenfesten oder ähnlichen Veranstaltungen, Jahrmärkten oder Spezialmärkten veranstaltet werden und bei denen die Gestehungskosten des Höchstgewinns maximal 41 € betragen. Weitere Voraussetzung für die Erlaubnisfreiheit ist, dass mindestens jedes fünfte Los gewinnt und mindestens 50% der Gesamteinsätze an die Spieler zurückfließen. Bei dieser Fallgruppe handelt es sich jedoch bei Licht besehen - trotz des Wortlauts „Glücksspiele" in Nr.4 S.1 der Anlage zu § 5a SpielV eigentlich um keine Glücksspiele i.S.d. §§ 284 ff. StGB, sondern um straflose Unterhaltungsspiele, da der Spielgegenstand - jedenfalls nach der hier vertretenen Auffassung[29] - die Beträchtlichkeitsgrenze nicht überschreitet.

(2) Erlaubnis auf landesrechtlicher Grundlage

Die in der Praxis bedeutsamsten Erlaubnisnormen für die Veranstaltung von Glücksspielen befinden sich aufgrund der „Glücksspielhoheit" der Länder (vgl. unten a.) in landesrechtlichen Normen. Auf landesrechtlicher Grundlage sind insbesondere die Voraussetzungen für die Konzessionierung von Spielbanken (unten b.) und die Veranstaltung von Sportwetten (unten c.) geregelt. Da in der Rechtspraxis derartige Konzessionen in der Regel nur dem Staat selbst oder einem von ihm unmittelbar oder mittelbar beherrschten staatlichen Beteiligungsunternehmen erteilt werden, stellt sich in diesem Zusammenhang auch die Frage, ob die landesrechtlichen Erlaubnisregeln ggf. ein verfassungsrechtlich oder gemeinschaftsrechtlich unzulässiges Finanzmonopol zugunsten der Länder im Spielbanken- bzw. Sportwettensektor statuieren (unten d.). Ein Sonderproblem stellt in diesem Zusammenhang die Frage dar, ob es eine Erlaubnis für die Veranstaltung von Sportwetten aufgrund fortgeltenden DDR-Rechts mit bundesweiter Legalisierungswirkung geben kann (unten e.).

---

[27] LK- *v.Bubnoff*, § 284 Rdn. 34; Landmann/Rohmer-*Marcks*, § 33d Rdn. 31, 44 m.w.N.; wohl auch *Voßkuhle*, VerwArch 86 (1995), 395, 406. Die genannten Vertreter der h.M. sind der Auffassung, dass nur dann mangels behördlicher Erlaubnis eine Strafbarkeit nach den §§ 284, 287 StGB gegeben ist, wenn es sich um ein nicht zulassungsfähiges Glücksspielgerät oder eine nicht zulassungsfähige Ausspielung handelt, für die keine Bauartzulassung bzw. keine Unbedenklichkeitsbescheinigung erteilt werden könnte.

[28] So *Odenthal*, GewArch 1989, 222, 227.

[29] Vgl. oben B.II.2.1.a.cc.2. zur Abgrenzung des strafbaren Glücksspiels vom straflosen Unterhaltungsspiel.

(a) Glücksspielhoheit der Länder

Trotz der beträchtlichen Umsätze des legalen Glücksspiels ist dieses regelmäßig nicht dem „Recht der Wirtschaft" zuzurechnen, für das der Bundesgesetzgeber gemäß Art. 74 Nr. 11 GG die Gesetzgebungskompetenz besitzt. Diese verfassungsrechtliche Wertung kommt deutlich im einfachgesetzlichen § 33h GewO zum Ausdruck. Nach dieser Norm finden die Bestimmungen des gewerblichen Spielrechts (§§ 33c ff. GewO) grundsätzlich keine Anwendung auf Glücksspiele i.S.d. §§ 284 ff. StGB. Das öffentlich-rechtliche Glücksspielrecht fällt als Recht zur Wahrung der öffentlichen Sicherheit und Ordnung gemäß Art. 30, 70 I und 73 GG in die Gesetzgebungskompetenz der Länder, denen die sog. „Glücksspielhoheit" zukommt. Erlaubnisnormen i.S.d. § 284 StGB finden sich somit vorrangig in glücksspielrechtlichen Landesgesetzen,[30] wobei für jedes Bundesland grundsätzlich eine gesonderte Genehmigung erforderlich ist.[31]
Als Rechtsgrundlagen für das erlaubte Glücksspiel in Bayern sind hier zu nennen:

- Art. 2 des Gesetzes über Spielbanken im Freistaat Bayern (BaySpielbG) vom 26.07.1995[32] und
- Art. 2 I 2 Nr. 2 des Gesetzes über die vom Freistaat Bayern veranstalteten Lotterien und Wetten (BayStaatslotterieG) vom 29.4.1999.[33]

(b) Erlaubnis zum Betrieb einer Spielbank (am Beispiel des Art. 2 BaySpielbG)

Nach Art. 2 I BaySpielbG bedarf der Betrieb einer Spielbank im Freistaat Bayern der Erlaubnis des Bayerischen Staatsministeriums des Innern. Eine derartige Erlaubnis darf nach § 2 II BaySpielbG nur dem Freistaat Bayern für einen Staatsbetrieb auf Antrag des Bayerischen Staatsministeriums der Finanzen erteilt werden. Besondere Zulassungsvoraussetzungen finden sich in Art. 1 BaySpielbG. Nach Art. 1 II BaySpielbG darf in einem Regierungsbezirk für jeweils eine Million Einwohner höchstens eine Spielbank zugelassen werden. Nach § 1 I BaySpielbG dürfen in Gemeinden mit Staatsbädern sowie in Gemeinden die nach dem Bayerischen Kommunalabgabengesetz als Heilbad, Kur- oder Erholungsort anerkannt sind, eine Spielbank zugelassen werden. Aufgrund dieser Beschränkungen befinden sich von den derzeit neun Bayerischen Spielbanken drei im Regierungsbezirk Oberbayern (Bad Wiessee, Garmisch-Partenkirchen, Bad Reichenhall) und je eine in den anderen bayerischen Regierungsbezirken (Bad Kissingen, Unterfranken/ Feuchtwangen, Mittelfranken/ Bad Steben, Oberfranken/ Kötzting, Oberpfalz/ Lindau, Schwaben/ Bad Füssing, Niederbayern). Sämtliche Spielbanken sind in den Staatsbetrieb „Staatliche Lotterieverwaltung"[34] eingegliedert,

---

[30] BVerfGE 28, 119, 147; *Lukes*, FS für Stree und Wessels, 1993, 1013, 1017; *Tettinger*, DVBl. 2000, 868 f.; *Voßkuhle*, VerwArch 87 (1996), 395, 398.

[31] *Wilms*, S. 30.

[32] GVBl. 1995, 350 ff., BayRS 2187-1-I.

[33] GVBl 1999, 226 ff., BayRS 640 - 4 - F.

[34] Die Staatliche Lotterieverwaltung ist gem. Art. 2 IV 2 BayStaatslotterieG eine staatliche Einrichtung ohne Rechtspersönlichkeit im Geschäftsbereich des Bayerischen Staatsministeriums der Finanzen.

die wiederum dem Finanzministerium untersteht. Aufgrund dieser sog. bayerischen „Ringlösung" befindet sich keine der bayerischen Spielbanken in einer größeren Stadt.[35]

(c) Erlaubnis zur Veranstaltung von Sportwetten (am Beispiel des Art. 2 I BayStaatslotterieG)

Nach Art. 2 I BayStaatslotterieG hat der Freistaat Bayern die gesetzliche Erlaubnis zur Veranstaltung von Glücksspielen, worunter im Sinne dieses Landesgesetzes Lotterien (i.S.v. § 287 StGB) und Wetten (gemeint sind Sportwetten, also Glücksspiele im engeren Sinn gem. § 284 StGB) zu rechnen sind. Die Durchführung dieser Glücksspiele, deren Art und Form gem. § 2 III BayStaatslotterieG das Finanzministerium bestimmt, obliegt gem. § 2 IV BayStaatslotterieG wiederum der Staatlichen Lotterieverwaltung.

Derzeit werden von der Staatlichen Lotterieverwaltung folgende Oddset-Sportwetten durchgeführt:

Oddset-Kombiwette:[36]
Von vornherein feste Gewinnquoten pro Einsatz; Tipp auf den Ausgang - in der Regel auf Sieg, Unentschieden oder Niederlage der Heimmannschaft - von mindestens drei Begegnungen, zumeist aus den Bereichen Fußball, Handball, Eishockey oder anderen Mannschaftssportarten; der Mindesteinsatz pro KombiTipp (= mindestens drei gewählte Spielpaarungen) liegt bei 2,50 €, der Höchsteinsatz pro KombiTipp bei 500 €.

TOP-Wette[37] **von Oddset:**
Besondere Form der Oddset-Wette, bei der der Teilnehmer mit nur einem Tipp mit fester Gewinnquote gewinnen kann. Der Tipp bezieht sich entweder als sog. Siegertipp auf den Sieger eines bestimmten Sportereignisses oder als sog. Ergebnistipp auf ein exaktes Endergebnis z.B. eines Fußballspiels.

(d) Staatliches Spielbanken- bzw. Sportwettenmonopol der Länder als unzulässiges Finanzmonopol?

Die in den anderen Bundesländern geltenden Erlaubnistatbestände für den Betrieb von Spielbanken[38] bzw. die Veranstaltung von Sportwetten[39] sehen ebenfalls vielfach Konzessi-

---

[35] Vgl. *Bargmann-Huber*, BayVBl. 1996, 165, 168.

[36] Die Teilnahme an der Oddset-Sportwette ist über „www.oddset.de" auch online möglich.

[37] Die neue Top-Wette von Oddset wird seit den Olympischen Winterspielen von Salt Lake City, d.h. seit Februar 2002, in rund 20.000 Lotto-Annahmestellen in Deutschland angeboten. Lediglich die Bundesländer Nordrhein-Westfalen, Sachsen und Sachsen-Anhalt waren zum Start der Ergänzung zur Oddset-Kombiwette noch nicht dabei (vgl. die o.g. Kundenzeitschrift „*Spiel mit*" Nr. 06 vom 05.02.2002, S.3).

[38] Vgl. z.B. § 2 des Gesetzes über die Zulassung öffentlicher Spielbanken in Berlin vom 8.Februar 1999 (GVBl. S. 70), zuletzt geändert durch Gesetz vom 9.7.1999 (GVBl. S. 367); § 3 S. 1 des Gesetzes über die Zulassung öffentlicher Spielbanken im Land Brandenburg vom 22.Mai 1996 (GVBl. I S. 170), zuletzt geändert durch Gesetz vom 28.6.2000 (GVBl. I S. 90); §§ 1 I und 2 des hessischen Spielbankgesetzes vom 21. Dezember 1988 (GVBl. 1989 I S. 1), zuletzt geändert durch Art. 4 Nachtragshaushaltsgesetz 1996 (GVBl. I S. 314); § 1 des

onsbeschränkungen auf solche Unternehmen vor, die sich entweder als Regiebetriebe vollständig in staatlicher Trägerschaft befinden[40] oder deren Anteile mehrheitlich von den jeweiligen Ländern[41] oder zumindest von juristischen Personen des öffentlichen Rechts[42] gehalten werden.[43] Teilweise wird die Konzessionserteilung - ohne Festlegung einer notwendigen

---

Spielbankgesetzes des Landes Mecklenburg-Vorpommern vom 19. Mai 1993 (GVOBl. S. 510); § 1 II Niedersächsisches Spielbankgesetz (NSpielbG) vom 10. November 1989 (GVBl. S. 375); §§ 1 ff. des Gesetzes über die Zulassung öffentlicher Spielbanken im Lande Nordrhein-Westfalen vom 19. März 1974 (GV NW S. 93), zuletzt geändert durch Gesetz vom 6.11.1984 (GV NW S. 663); §§ 1 und 2 rheinland-pfälzisches Spielbankgesetz vom 19. November 1985 (GVBL. S. 260), zuletzt geändert durch Gesetz vom 12.10.1999 (GVBl. S. 325); § 1 des saarländischen Gesetzes über die Zulassung öffentlicher Spielbanken vom 14. Juli 1933 (RGBl. I S. 480), zuletzt geändert durch Gesetz Nr. 1383 vom 5.2.1997 (ABl. S. 258); § 1 II des Gesetzes über Spielbanken im Freistaat Sachsen vom 9.Dezember 1993 (GVBl. S. 1156), zuletzt geändert durch Gesetz vom 28.6.2001 (GVBl. I S. 426); § 1 II des Spielbankengesetzes des Landes Sachsen-Anhalt vom 16. Juni 1991 (GVBl. S. 147), zuletzt geändert durch Gesetz vom 23.1.2001 (GVBl. S. 26); § 1 I, II des Thüringer Spielbankgesetzes vom 10. Mai 1994 (GVBl. S. 478), zuletzt geändert durch Gesetz vom 27.11.1997 (GVBl. S. 421).

[39] Vgl. z.B. § 1 des Gesetzes über eine Sportwette mit festen Gewinnquoten (Oddset-Sportwette) in Baden-Württemberg vom 21.Juni 1999 (GBl. S. 253); § 8a des Gesetzes über öffentliche Lotterien, Ausspielungen und Sportwetten im Land Brandenburg vom 14. Juli 1994 (GVBl. I S. 384), zuletzt geändert durch Gesetz vom 26.6.2000 (GVBl. I S. 90); § 1 I des Gesetzes über staatliche Sportwetten, Zahlenlotterien und Zusatzlotterien in Hessen vom 3. November 1998 (GVBl. S. 406); § 3 I, II Niedersächsisches Gesetz über das Lotterie- und Wettwesen (NLottG) vom 21. Juni 1997 (Nds. GVBl. S. 289); § 1 I Sportwettengesetz des Landes Nordrhein-Westfalen vom 3. Mai 1955 (GS NRW S. 672), zuletzt geändert durch Gesetz vom 14.12.1999 (GV NW S.687); § 1 I des rheinland-pfälzischen Landesgesetzes über Sportwetten vom 11. August 1949 (GVBl. S. 337), zuletzt geändert durch Gesetz vom 03.12.1974 (GVBl. S. 568); § 1 S. 4 des Gesetzes über die Veranstaltung von Sportwetten im Saarland vom 8. Juni 1951 (ABl. S. 804), zuletzt geändert durch Gesetz vom 25.01.2000 (ABl, S. 258); § 2 I des Gesetzes über das Zahlenlotto und über Sportwetten im Lande Sachsen-Anhalt vom 16. August 1991 (GVBl. S. 266), zuletzt geändert durch Gesetz vom 17.5.2001 (GVBl. S. 172); §§ 1 und 2 des schleswig-holsteinischen Gesetzes über Sportwetten vom 02. November 1948, zuletzt geändert am 24.10.1996 (GVOBl. S. 652); § 1 S. 1 Thüringer Staatslotterie- und Sportwettengesetz vom 03.02.2000 (GVBl. S. 15).

[40] So z.B. die Regelungen Hessens, Thüringens und des Saarlandes für Sportwetten. § 1 I 1 des Gesetzes über staatliche Sportwetten, Zahlenlotterien und Zusatzlotterien in Hessen lautet: „Das Land Hessen ist allein befugt, innerhalb seines Staatsgebietes Sportwetten zu veranstalten." § 1 S. 1 des Thüringer Staatslotterie- und Sportwettengesetz lautet: „Zur Veranstaltung von Zahlenlotterien und Sportwetten ist ausschließlich das Land zuständig."

[41] So z.B. die Regelungen Sachsen-Anhalts für Sportwetten. Nach § 2 I des Gesetzes über das Zahlenlotto und über Sportwetten im Lande Sachsen-Anhalt darf eine Konzession nur einem Unternehmen erteilt werden, „dessen sämtliche Anteile dem Land gehören".

[42] Nach § 1 I 2 des Sportwettengesetzes des Landes Nordrhein-Westfalen kann Träger eines Wettunternehmens nur eine juristische Person des öffentlichen oder des privaten Rechts sein, „deren Anteile überwiegend juristischen Personen des öffentlichen Rechts gehören."
Nach § 3 I des Gesetzes über die Zulassung öffentlicher Spielbanken im Land Nordrhein-Westfalen dürfen Gesellschafter eines Unternehmens zum Betrieb einer Spielbank „nur juristische Personen des öffentlichen Rechts oder solche juristischen Personen des privaten Rechts sein, deren Anteile ausschließlich juristischen Personen des öffentlichen Rechts gehören". Das Land selbst übernimmt nach § 3 II dieses Gesetzes direkt keine Spielbankanteile. Letztlich wird das legale Casino-Glücksspiel in NRW von der Westdeutsche Spielbanken GmbH & Co. KG als Muttergesellschaft der WestSpiel-Gruppe kontrolliert, die wiederum zu 100% im Besitz der Westdeutschen Landesbank Girozentrale (Anstalt des öffentlichen Rechts) steht, deren Geschäftspolitik wiederum maßgebend vom Land NRW bestimmt wird. Aus dem Internet („www.westspiel.de/home/casinos") lassen sich nähere Daten sowie die Konzernstruktur der WestSpiel-Gruppe entnehmen, die derzeit Casinos an den Standorten Aachen, Bad Oeynhausen, Hohensyburg (Dortmund), Berlin (Alexanderplatz) und Bremen betreibt sowie mit 31% am Royal Scandinavian Casino in Arhus (Dänemark) beteiligt ist.

[43] In Hessen kann hingegen gem. §§ 2I, 1 II 1 HessSpielbG die Spielbankerlaubnis nur bestimmten Gemeinden (Bad Homburg v.d.H., Kassel, Wiesbaden und Frankfurt für den Transitbereich des Flughafens) erteilt werden,

Rechtsstruktur des Konzessionärs - auch in das Ermessen der zuständigen Landesministerien gestellt.[44] Im Dezember 2000 gab es in Deutschland 46 öffentlich Spielbanken. Davon wurden sechs[45] als Staatsbetriebe des Freistaats Bayern, 15 in privater Trägerschaft und 25 durch Gesellschaften betrieben, deren Anteile vollständig vom jeweiligen Land gehalten wurden.[46]

Rasch[47] bezeichnet diese landesrechtlichen Regelungen über Sportwetten als unzulässige staatliche Finanzmonopole, die weder mit Verfassungsrecht (Art. 105 GG und Art. 12 I GG) noch mit Gemeinschaftsrecht (Art. 86 und Art. 49 EG) vereinbar seien. Dabei definiert er zwar in Anlehnung an die weitestgehend einheitliche Meinung in der verfassungsrechtlichen Literatur[48] zutreffend den Begriff des Finanzmonopols in der Weise, dass es sich zum einen um ein Monopol des Staates handeln muss - also eine Tätigkeit, die allein der Staat ausüben darf -, und zum anderen, dass der vorwiegende Zweck dieses Monopols die Erzielung von Einnahmen ist.[49] Indem *Rasch*[50] unterstellt, die Einnahmeerzielung sei vorwiegender Zweck, verkennt er jedoch, dass die staatliche Monopolisierung der Sportwetten in erster Linie zur Abwehr der Gefahren erfolgte, die sich aus der Unseriosität privater Wettunternehmen ergeben können. Die verfassungsrechtlichen Bedenken *Raschs* können somit bereits deshalb nicht zum Tragen kommen, weil es sich beim staatlichen Glücksspiel- bzw. Sportwettenmonopol nicht um ein Finanzmonopol im o.g. Sinne handelt.

(e) Sonderfall: Sportwettenerlaubnis aufgrund von fortgeltendem DDR-Recht?

Eine Besonderheit unter den gesetzlichen Erlaubnissen i.S.v. § 284 I StGB stellt die einem privaten Sportwettenveranstalter aus Gera mit der Rechtsform einer GmbH am 14.09.1990 kurz vor der Wiedervereinigung erteilte Thüringer Sportwettengenehmigung dar, die bereits

---

die nach § 2 II dieses Gesetzes den Spielbetrieb nach Gestattung durch das Innenministerium auch durch dritte Personen ausüben lassen können, die als tatsächlicher Spielbankbetreiber gem. § 2 III zuverlässig sein müssen. Das Land Hessen „begnügt" sich hier mit der Spielbankabgabe, die gem. § 3 II 1 HessSpielbG grundsätzlich 80% der Bruttospielerträge der Spielbank beträgt.
Ebenfalls untypisch ist die Regelung in § 1 III des Spielbankgesetzes des Landes Mecklenburg-Vorpommern, wonach Erlaubnisnehmer (Betreiber) nur eine natürliche Person oder eine juristische Person des Privatrechts sein darf, die ihren Sitz im Land Mecklenburg-Vorpommern hat und deren sämtliche Anteile nicht juristischen Personen des öffentlichen Rechts gehören. Er muss ferner die Gewähr für eine ordnungsrechtlich und wirtschaftlich einwandfreie Führung der Spielbank bieten. Die Spielbankstandorte werden gesetzlich gem. § 1 I auf die Städte Schwerin, Rostock und Stralsund limitiert. Das Land partizipiert über die Spielbankabgabe gem. § 3 II 2 zu mindestens 70% und zu höchstens 85% am Bruttospielertrag.
Auch § 2 des rheinland-pfälzischen Spielbankgesetzes stellt an den Spielbankunternehmer keine besonderen Anforderungen hinsichtlich der Rechtsform.

[44] So z.B. in den Regelungen der Länder Rheinland-Pfalz und Schleswig-Holstein für Sportwetten.

[45] Mittlerweile ist deren Anzahl auf neun angewachsen.

[46] Vgl. Pressemitteilung Nr. 122/2000 der Pressestelle des BVerfG vom 21.12.2000.

[47] *Rasch*, GewArch 2001, 102, 105 ff..

[48] Vgl. z.B. *Badura*, Das Verwaltungsmonopol, S. 2 bzw. 220; *Jarass/Pieroth*, GG, 5. Aufl. 2000, Rdn. 24; *Maunz*, in: Maunz/Dürig, GG, Art. 105, Rdn. 22; *Seifert/Hömig*, GG, 6. Aufl. 1999, Art. 105, Rdn. 5.

[49] *Rasch*, GewArch 2001, 102, 106.

[50] *Rasch*, aaO..

Gegenstand mehrerer Prozesse[51] war. Der Magistrat der Stadt Gera (Gewerbeamt) erteilte damals einem Sportwettunternehmen auf der Basis der §§ 1, 3 Abs. I und II des Gewerbegesetzes der DDR vom 06.03.1990[52] sowie der 1. DVO zu diesem Gesetz vom 08.03.1990[53] antragsgemäß eine Erlaubnis zum Abschluss von Sportwetten. Ungeachtet ihrer etwaigen Rechtswidrigkeit ist diese in Bestandskraft erwachsene Gewerbeerlaubnis jedenfalls gemäß Art. 19 des EinigungsV zunächst bestandskräftig geblieben und galt nach der – allerdings umstrittenen – Auffassung des ThürOVG grundsätzlich im gesamten erweiterten Bundesgebiet fort,[54] solange sie nicht (z.B. nach Art. 48, 49 ThürVwVfG) aufgehoben wurde.[55]

In der Zwischenzeit hat der thüringische Gesetzgeber reagiert und in Art. 1 des Thüringer Staatslotterie- und Sportwettengesetzes vom 03.02.2000 ein staatliches Monopol für Sportwetten angeordnet.[56]

Ferner hat das OVG NRW nunmehr m.E. zu Recht - entgegen der o.g. Auffassung des ThüOVG – unter Hinweis auf das Territorialprinzip entschieden, dass eine vor der Wiedervereinigung in der DDR erteilte Erlaubnis zum Veranstalten von Sportwetten nicht nach Art. 19 S.1 EV im ganzen Bundesgebiet gilt, sondern territorial auf das Gebiet der ehem. DDR beschränkt bleibt.[57] Art. 19 S. 1 EV sollte bei räumlicher Teilbarkeit der Maßnahme keine räumliche Ausweitung der „Regelung“ eines DDR-Verwaltungsakts bewirken.[58]

(3) Erlaubnis aufgrund des Rennwett- und Lotteriegesetzes (RWLG)

Einen tradierten Ausnahmebereich, in dem eine glücksspielrechtliche Erlaubnis ausnahmsweise auf bundesrechtlicher Grundlage erteilt wird, stellen die Pferdewetten dar, die im Rennwett- und Lotteriegesetz vom 8.4.1922 (RWLG)[59] geregelt sind. Die Gesetzgebungskompetenz des Bundes für diese Materie wird aus Art. 74 Nr. 11 GG „Recht der Wirtschaft" abgeleitet. Im Rennwett- und Lotteriegesetz steht nach h.M.[60] die wirtschaftliche Betätigung der Betreiber eines Totalisatorunternehmens und der Buchmacher im Vordergrund, während ordnungsrechtliche Aspekte nur als Annex dazu geregelt sind. Folgende Erlaubnistatbestände finden sich hier:

---

[51] Vgl. z.B. die verwaltungsgerichtlichen Entscheidungen ThürOVG GewArch 2000, 118 und OVG NRW GewArch 2003, 162 ff. oder das wettbewerbsrechtliche Urteil BGH NJW-RR 2002, 395.

[52] GBl. I S. 138.

[53] GBl. I S. 140.

[54] ThürOVG GewArch 2000, 118, 119.

[55] ThürOVG GewArch 2000, 118, 122.

[56] Vgl. § 1 Thüringer Staatslotterie- und Sportwettengesetz vom 03.02.2000 (GVBl. S. 15) sowie *Rausch*, GewArch 2001, 102, 103.

[57] OVG NRW GewArch 2003, 162 ff.; ebenso bereits *Dietlein*, BayVBl. 2002, 161, 167 m.w.N.

[58] OVG NRW GewArch 2003, 162, 164.

[59] Vgl. die derzeit geltende Fassung in der Beck`schen Loseblattsammlung Steuergesetze, dort Nr. 630, sowie die Ausführungsbestimmungen (AB RWLG) hierzu in Nr. 635.

[60] Vgl. ausführlich BVerwGE 97, 12, 13 ff. m.w.N. zur Begründung der Gesetzgebungskompetenz des Bundes.

- Erlaubnis zum Betrieb eines Totalisators für Rennvereine (§ 1 RWLG, §§ 2 und 5 AB RWLG)
- Erlaubnis zum Betrieb eines Buchmachergewerbes (§ 2 RWLG, §§ 3 und 6 AB RWLG).

Die Erlaubnis wird von der nach Landesrecht zuständigen Behörde erteilt, z.B. in Bayern erfolgt die Erteilung der Buchmachererlaubnis durch die Kreisverwaltungsbehörde (=Landratsamt oder kreisfreie Stadt) gemäß § 2 I der Bayerischen Verordnung zur Ausführung des Rennwett- und Lotteriegesetzes.[61] Im Zusammenhang mit dem RWLG ist zu beachten, dass die o.g. Erlaubnisse tatbestandsausschließende Wirkung gegenüber den Straftatbeständen der §§ 5 f. RWLG entfalten, die gegenüber § 284 StGB lex specialis sind.[62]

cc) Anspruch auf Erteilung einer behördlichen Erlaubnis aufgrund von Art. 12 I GG oder gem. Art. 49 ff. EG ?

Es kann Fallgruppen geben, bei denen das Landesrecht für eine bestimmte Art von Glücksspielen - generell oder zumindest für deren Veranstaltung durch private Betreiber - keinen Erlaubnistatbestand enthält. Diese Situation kann bei der Markteinführung von neuartigen, bis dato unbekannten Glücksspielen entstehen, aber auch wenn das Landesrecht für eine bestimmte Glücksspielform - möglicherweise sogar verfassungswidrig - eine Konzessionsmöglichkeit nur für staatliche oder mehrheitlich im Staatsbesitz stehende Betreiber vorsieht, nicht hingegen für Private. Ein derartiges Fehlen landesgesetzlicher Erlaubnisnormen führt per se nicht zur Straflosigkeit, sondern allenfalls zu einem Erlaubnisanspruch.[63] In diesen Fällen stellt sich die Frage, ob und ggf. in welchen Fällen aufgrund verfassungsrechtlicher (insbesondere Art. 12 Abs. 1 GG) oder europarechtlicher Vorgaben (Art. 49 ff. EGV) zwingend eine Konzession an einen privaten Glücksspielbetreiber zu erteilen ist.

(1) Erlaubnis auf verfassungsrechtlicher Grundlage (Art. 12 I GG)?

In einem vom BVerwG[64] mit Urteil vom 28.03.2001 entschiedenen Fall begehrte eine private Klägerin eine Genehmigung zur Abhaltung und Vermittlung von Sportwetten mit fester Gewinnquote in Bayern, mit Ausnahme von Pferdewetten, bzw. eine Genehmigung zur Vermittlung derartiger Sportwetten ins EU-Ausland.

Eine landesrechtliche Erlaubnisnorm war nicht einschlägig,[65] da

- die BayLottVO die Veranstaltung von Sportwetten mit der Höhe nach nicht reglementierten Wetteinsätzen nicht regelt, weil derartige Sportwetten Glücksspiele und keine Lotterien sind.

---

[61] Vgl. GVBl. 1961,51 f.; BayRS 7824 - 5 - E.

[62] Vgl. zu diesem Konkurrenzverhältnis unten B.II.2.6.d..

[63] *Fischer*, GewArch 2001, 157, 160.

[64] BVerwG GewArch 2001, 334 ff.; vgl. auch das vorinstanzliche Urteil des BayVGH GewArch 2001, 65 ff., das im Ergebnis durch Zurückweisung der Revision vom BVerwG bestätigt wurde.

[65] BayVGH GewArch 2001,65, 66.

- das BayStaatslotterieG nur für die Veranstaltung von Sportwetten durch die Staatliche Lotterieverwaltung gilt, aber keine Regelung über ein Verbot oder eine eventuelle Erlaubnis der Veranstaltung derartiger Sportwetten durch Privatpersonen enthält.

Der BayVGH stellte hier als Vorinstanz fest, dass das Landesrecht keinerlei Regelungen darüber enthalte, unter welchen Voraussetzungen, in welchem Verfahren und von welchen Behörden eine Erlaubnis im Sinne von § 284 StGB erteilt werden könnte. Es hielt diese Rechtslage zwar für „am Rande des verfassungsrechtlich Hinnehmbaren",[66] lehnte einen Genehmigungsanspruch der Klägerin aus Art. 12 I GG aber dennoch ab, weil die Zwecke der verfassungsgemäßen Verbotsnorm des § 284 StGB in Verbindung mit dem Regelungskonzept des Landesgesetzgebers des BayStaatslotterieG, es „derzeit" rechtfertigten, die Veranstaltung derartiger Sportwetten durch Privatpersonen auszuschließen.[67] Im Wesentlichen wurde argumentiert, dass durch die ausschließliche Konzessionierung des Staates das Ziel, die Bevölkerung vor den mit der wirtschaftlichen Ausbeutung der Spielleidenschaft verbundenen Gefahren zu bewahren, besser erreicht werden kann als durch staatliche Kontrollmechanismen gegenüber privaten Betreibern. Insbesondere wurde auf das Konkursrisiko des Wettunternehmers bei feststehenden Gewinnquoten und den damit steigenden Anreiz zur Begehung von Straftaten hingewiesen. Auch könne der konkurrenzlos agierende Staat leichter auf aggressive Werbung und damit auf eine Anheizung der Spielsituation verzichten.[68]

Das BVerwG bestätigte im Ergebnis das Verdikt des BayVGH, indem es judizierte, das in Bayern bestehende, - aus §§ 284 I, 9 I und II, 27 und 284 IV StGB abzuleitende - uneingeschränkte Repressivverbot der privaten Veranstaltung und Vermittlung von Oddset-Sportwetten, verstoße nicht gegen Art. 12 I GG.[69] Es stellte zunächst fest, dass es weder eine bundes- noch eine landesrechtliche Erlaubnisnorm für die private Veranstaltung und Vermittlung von Oddset-Sportwetten in Bayern gebe und insbesondere die Strafnorm des § 284 StGB nicht selbst Rechtsgrundlage für die in der Vorschrift angesprochene behördliche Erlaubnis sein könne, weil sie keine Regelungen über Voraussetzungen und Inhalte von Glücksspielerlaubnissen enthalte.[70] Dennoch besteht nach zutreffender Auffassung des BVerwG keine verfassungsrechtliche Pflicht für den zuständigen Landesgesetzgeber, eine die private Veranstaltung oder Vermittlung von Oddset-Wetten ermöglichende Rechtsvorschrift zu erlassen, da die Einschätzung des Gefahrenpotenzials des Glücksspiels durch den Gesetzgeber nicht erschüttert und die Zugangssperre für private Veranstalter oder Vermittler nicht unverhältnismäßig sei. Wenn das Glücksspiel an sich unerwünscht und gefährlich sei, wovon Bundes- und Landesgesetzgeber ausgehen dürften, brauche dafür kein zusätzliches Betätigungsfeld eröffnet zu werden.[71]

---

[66] BayVGH GewArch 2001,65,68.

[67] BayVGH GewArch 2001,65, 69.

[68] BayVGH aaO..

[69] BVerwG GewArch, 2001, 334, 335 f.; aA Wrage, JR 2001, 405, 407, der § 284 I StGB dahingehend teleologisch reduzieren will, dass das Tatbestandsmerkmal „behördliche Erlaubnis" als „erforderliche behördliche Erlaubnis" zu lesen sei, so dass § 284 StGB folglich bei solchen Sportwetten nicht einschlägig sei, für die es mangels landesrechtlicher Erlaubnisnorm gar keine Erlaubnismöglichkeit gebe.

[70] BVerwG GewArch, 2001, 334, 335.

[71] BVerwG GewArch, 2001, 334, 337.

Der Gesichtspunkt der Abwehr von Gefahren, die der Bevölkerung und den Spielteilnehmern durch das öffentliche Glücksspiel drohen, erlaube selbst dann objektive Berufszugangsbeschränkungen, wenn es zu ihrer Rechtfertigung des Schutzes überragend wichtiger Gemeinschaftsgüter[72] bedürfe, da es sich hier um derartige Gemeinschaftsgüter handle.[73]

Zu einem anderen Ergebnis hinsichtlich der Zulässigkeit der Veranstaltung von Glücksspielen durch Private kam das BVerfG[74] - allerdings nur aufgrund der besonderen Umstände des zu entscheidenden Einzelfalls - in seinem Grundsatzbeschluss vom 19.07.2000, der eine auf Art. 12 I GG gestützte Verfassungsbeschwerde von privaten Spielbankbetreibern zum Gegenstand hatte, die die Spielbanken von Baden-Baden und Konstanz bereits seit Jahrzehnten betrieben hatten. Das BVerfG hat in diesem Fall die im baden-württembergischen Spielbankenrecht faktisch enthaltene absolute Zugangssperre für Spielbankunternehmen in privater Trägerschaft wegen Verletzung von Art. 12 I GG für verfassungswidrig erklärt. Es hat hier die Verhältnismäßigkeit im engeren Sinn verneint, weil es die Grenze der Zumutbarkeit bei einer Gesamtabwägung zwischen der Schwere des Eingriffs und dem Gewicht der ihn rechtfertigenden Gründe im vorliegenden Einzelfall als nicht mehr gewahrt ansah. Dabei hat es insbesondere den vollständigen Ausschluss der Chance, als Privater die Zulassung zum Beruf des Spielbankunternehmers erhalten zu können, im Hinblick darauf als unangemessen angesehen, dass die Beschwerdeführer die Spielbanken in Baden-Baden und Konstanz seit Jahrzehnten beanstandungsfrei, ja erklärtermaßen vorbildhaft, betrieben haben.[75] Die Erforderlichkeit der private Glücksspielveranstalter ausschließenden Regelung in § 1 III und V des baden-württembergischen Spielbankengesetzes[76] zur Erreichung des Gesetzeszwecks der Gefahrenabwehr hat das BVerfG[77] hingegen bejaht. Infolge der dem Gesetzgeber hier eingeräumten Einschätzungsprärogative[78] können Maßnahmen, die der Gesetzgeber zum

---

[72] Nach der sog. Drei-Stufen-Theorie des BVerfG (st. Rspr. seit dem sog. Apothekenurteil vom 11.06.1958, BVerfGE 7, 377, 408) war bislang eine objektive Berufszugangsbeschränkung nur gerechtfertigt, wenn sie zur Abwehr nachweisbarer oder höchstwahrscheinlicher schwerer Gefahren für ein überragend wichtiges Gemeinschaftsgut zwingend geboten war. Das BVerfG hat jedoch in seinem Beschluss vom 19.07.2000 (BVerfG GewArch 2001, 61, 62) die Anforderungen an das Gewicht der Gründe zur Rechtfertigung einer objektiven Berufszugangsbeschränkung für den Fall des Zugangs zum Beruf des Spielbankunternehmers reduziert und eine Rechtfertigung des Grundrechtseingriffs bereits dann angenommen, wenn mit der im Einzelfall beabsichtigten Beschränkung „wichtige Gemeinwohlbelange verfolgt" werden. Diese Lockerung hat das BVerfG mit den Besonderheiten des Spielbankbetriebs, der eine an sich unerwünschte Tätigkeit sei.
Für diesen von der herkömmlichen Dogmatik der Drei-Stufen-Theorie abweichenden Prüfungsmaßstab hat das BVerfG Kritik von Seiten der Literatur hinnehmen müssen. Insbesondere hat *Thiel*, GewArch 2001, 96, 99 darauf hingewiesen, dass die Schwelle zur Rechtfertigung schwerster Eingriffe in die Berufsfreiheitsgarantie nicht allein deshalb herabgesetzt werden könne, weil der fragliche Beruf sozial unerwünscht oder einfachgesetzlich verboten sei. Zutreffend bezeichnet *Thiel*, aaO., den argumentativen Schachzug des BVerfG als überflüssig, da angesichts der Gefahren, die dem Spieler, seinen Familienangehörigen und der Gesellschaft durch die Folgen einer übermäßigen Spielleidenschaft drohen, die Begründung einer Gefahrenlage für ein überragend wichtiges Gemeinschafts-gut ein Leichtes gewesen wäre.

[73] BVerwG GewArch, 2001, 334, 336.

[74] BVerfG GewArch 2001, 61 ff..

[75] BVerfG GewArch 2001, 61, 64.

[76] In der streitgegenständlichen Fassung.

[77] BVerfG GewArch 2001, 61, 63.

[78] Das Bestehen einer Einschätzungsprärogative des Gesetzgebers bei der Bewertung bestimmter Gefahren und der damit einhergehenden Festlegung gesetzgeberischer Ziele, die letztlich die verfassungsgerichtliche Kontroll-

Schutz eines wichtigen Gemeinschaftsguts wie der Abwehr der Gefahren, die mit dem Betrieb und dem Besuch öffentlicher Spielbanken verbunden sind, für erforderlich hält, verfassungsrechtlich nur beanstandet werden, wenn für den Landesgesetzgeber feststellbar ist, dass Beschränkungen, die als Alternativen in Betracht kommen, die gleiche Wirksamkeit versprechen.[79] Nach Auffassung des BVerfG[80] lässt sich nicht allgemein ausschließen, dass die Spielbankkontrolle und die Eindämmung der Spielleidenschaft dann wirksamer sind, wenn alle Spielbanken des Landes in staatlicher Trägerschaft geführt werden.[81] Die Erwartung, dass interne Kontrolle des Staates über eigene Spielbankunternehmen wirksamer sein werde als externe Kontrolle über Unternehmen in privater Trägerschaft, sei ohne gegenteilige Erfahrungswerte nicht widerlegbar. Insbesondere könnten von staatlichen Spielbanken Spielordnungen wirkungsvoller in den Dienst der Gefahrenabwehr gestellt werden als von privaten, indem etwa der Spielbetrieb strengeren zeitlichen und persönlichen Beschränkungen unterworfen wird, und die Werbung stärker sachbezogen betrieben wird. Es bleibt abzuwarten, ob diese Judikatur, der sowohl im Ergebnis wie auch dogmatisch zuzustimmen ist, Bestand haben wird oder ob das - bis auf wenige Ausnahmen wie z.B. die Spielbanken in Baden-Baden und Konstanz - bestehende staatliche Glücksspielmonopol von einem staatlich überwachten Glücksspielmarkt abgelöst wird, auf dem neben öffentlichen auch private Anbieter gleichberechtigt Glücksspiele veranstalten können.[82]

---

dichte beschränkt, betonen auch das BVerwG GewArch 2001, 334, 336 sowie *Thiel*, GewArch 2001, 96, 99 f..

[79] BVerfG aaO. unter Hinweis auf BVerfGE 25, 1, 12, 19 f.; 40, 196, 223; 77, 84, 106.

[80] BVerfG GewArch 2001, 61, 63.

[81] Ihm folgend BayVGH GewArch 2003, 115, 116 f., der die Vereinbarkeit des staatlichen Betreibermonopols bei den bayerischen Spielbanken mit Art. 12 GG festgestellt hat: „Nachdem strukturelle Mängel des bisherigen Konzepts nicht erkennbar sind, besteht für den bayerischen Gesetzgeber jedenfalls derzeit keine Verpflichtung, seine Einschätzung grundlegend zu revidieren und im bloßen Vertrauen auf künftige Bewährung – gleichsam versuchsweise – das Risiko eines (zusätzlichen) privaten Spielbankbetriebs einzugehen."

Demgegenüber vertritt *Papier*, in: Stern-FS, 1997, S. 543, 558 ff, 565 die Auffassung, dass das bestehende staatliche Spielbankenmonopol, unabhängig von der Organisationsform der staatlichen Betreibergesellschaften, das Grundrecht der Berufsfreiheit gem. § 12 I GG bestehender oder potentieller privater Betreiber verletze. Er zweifelt insbesondere an, dass die auch im Hinblick auf Art. 12 I GG als besonders wichtig einzustufenden Gemeinwohlbelange, die natürliche Spielleidenschaft vor strafbarer Ausbeutung und die Bevölkerung vor den mit der Spielleidenschaft verbundenen Gefahren zu schützen, bei einem Spielbankbetrieb in den Händen Privater stärker gefährdet würden als durch den bestehenden staatlichen Monopolbetrieb. Ferner bezweifelt er, dass die Kontrolleffizienz der staatlichen Aufsichtsbehörden bei staatlichen Betreibergesellschaften höher sei als bei privaten Veranstaltern.

[82] In diese Richtung gehen z.B. die Vorstellungen *Rausch*, GewArch 2001, 102, 111, der die privaten Sportwettunternehmen, deren Tätigkeit er erlaubnisfrei als durch Art. 12 I GG gewährleistet ansieht, nicht nur hinsichtlich der Besteuerung, sondern auch hinsichtlich der Zuverlässigkeitskontrolle de lege ferenda dem Rennwett- und Lotteriegesetz unterwerfen will mit der Folge, dass jedenfalls derjenige, der eine Buchmacherprüfung abgelegt hat, Sportwetten anbieten dürfte. Dabei geht *Rausch*, aaO., jedoch von der verfehlten Prämisse aus, das in den Bundesländern bestehende gesetzliche Betätigungsverbot für private Sportwettunternehmer diene allein dem illegitimen Zweck, durch Festschreibung eines staatlichen Finanzmonopols für den Landeshaushalt Geld zu erwirtschaften.

(2) Erlaubnis auf gemeinschaftsrechtlicher Grundlage (Art. 48 ff. EG)?

Mittlerweile ist schon mehrfach[83] der Versuch unternommen worden, die nationalen glücksspielrechtlichen Strafvorschriften unter Berufung auf die Grundfreiheiten des EG-Vertrages auszuhebeln.

Dabei ist der EuGH bisher stets zu dem Ergebnis gelangt, dass die Bestimmungen des EG-Vertrags über die Dienstleistungsfreiheit nationalen Rechtsvorschriften nicht entgegenstehen, die bestimmten Einrichtungen das Recht zur Veranstaltung von Glücksspielen oder Lotterien vorbehalten, wenn diese nationalen Rechtsvorschriften tatsächlich durch die Beschränkung der schädlichen Wirkungen solcher Aktivitäten gerechtfertigt sind, und wenn die in ihnen enthaltenen Beschränkungen den Verhältnismäßigkeitsgrundsatz nicht verletzen.[84]

Die - zumeist landesrechtlichen - Erlaubnisvorschriften für Glücksspiele und Lotterien gem. §§ 284, 287 StGB, die im Zusammenspiel mit den Strafvorschriften des StGB Glücksspielveranstalter aus anderen EU-Mitgliedsstaaten daran hindern, ihr Angebot auf den deutschen Markt auszuweiten, stellen unzweifelhaft ein Hindernis für die Dienstleistungsfreiheit dar. Die gemeinschaftsrechtliche Dienstleistungsfreiheit ist jedoch - ebenso wie die Grundrechte des GG - nicht schrankenlos gewährleistet. Die Art. 45 f., 55 EG lassen Beschränkungen der Dienstleistungsfreiheit zu, wenn die Tätigkeiten auch nur zeitweise mit der Ausübung öffentlicher Gewalt verbunden sind oder soweit sie durch Gründe der öffentlichen Ordnung, Sicherheit oder Gesundheit gerechtfertigt sind. Außerdem sind nach der Rechtsprechung des EuGH[85] Hindernisse für die Dienstleistungsfreiheit, die sich aus unterschiedslos anwendbaren nationalen Maßnahmen ergeben, nur dann zulässig, wenn die Maßnahmen durch Gründe des Allgemeininteresses gerechtfertigt und verhältnismäßig sind. Im Hinblick auf die nationalen Glücksspielvorschriften der Mitgliedsstaaten hat der EuGH[86] betont, diese seien allgemein darauf gerichtet, die Ausübung von Glücksspielen zu begrenzen oder sogar zu verbieten und zu verhindern, dass sie zu einer Quelle persönlicher Bereicherung würden. Außerdem erhöhten Glücksspiele durch die Höhe der Einsätze die Gefahr von Betrug und anderen Straftaten. Weiter verleiteten sie zu Ausgaben, die schädliche persönliche und soziale Folgen haben könnten. Auch sei nicht ohne Bedeutung - wenn dies auch allein nicht als sachliche Rechtfertigung angesehen werden könnte -, dass die Erträge aus dem Glücksspiel in erheblichem Maße zur Finanzierung gemeinnütziger oder im Allgemeininteresse liegender Tätigkeiten beitragen könne. Diese Schutzziele, die sich auf den Schutz der Verbraucher und der Sozialordnung beziehen, können nach Auffassung des EuGH als zwingende Gründe des Allgemeinwohls angesehen werden.[87] Dies zeigt, dass der EuGH die Intention des deutschen Gesetzgebers akzeptiert, das Glücksspielwesen im Allgemeininteresse unter staatliche Begrenzung und Kontrolle zu nehmen. Der EuGH erkennt ferner ein Ermessen der staatlichen Stellen bei der Festlegung der Anforderungen an, die wegen des Schutzes der Spieler und des Schutzes der Sozialordnung an Art und Weise der Veranstaltung von Glücksspielen, die

---

[83] Vgl. insbesondere die Entscheidungen EuGH Slg. 1994, I-1039 („Schindler"); EuGH GewArch 1999, 476 („Läärä") und EuGH GewArch 2000, 19 („Zenatti").

[84] EuGH GewArch 2000, 19 („Zenatti").

[85] EuGH Slg. 1991, I-4007, Rdn. 13-15; GewArch 2000, 19, 20 f., Rdn. 29.

[86] EuGH Slg. 1994, I-1039, Rdn. 60; GewArch 2000, 19, 20, Rdn. 14.

[87] EuGH Slg. 1994, I-1039, Rdn. 58; GewArch 2000, 19, 21, Rdn. 31.

Höhe der Einsätze und die Verwendung der dabei erzielten Gewinne zu stellen sind.[88] Den einzelnen Mitgliedstaaten obliege die Beurteilung, ob es im Rahmen des verfolgten Ziels notwendig ist, Tätigkeiten dieser Art vollständig oder teilweise zu verbieten,[89] oder ob es genügt, sie zu beschränken und zu diesem Zweck bestimmte Kontrollen vorzusehen.[90] Dabei dürfe die Finanzierung sozialer Aktivitäten aus den Erträgen der Glücksspielveranstaltung nur eine erfreuliche Nebenfolge, nicht aber der eigentliche Grund der betriebenen restriktiven Politik sein.[91] Letztlich ist es nach der Rechtsprechung des EuGH Sache der nationalen Gerichte, zu überprüfen, ob sie wirklich den Zielen dienen, mit denen sie gerechtfertigt werden können, und ob die in ihnen enthaltenen Beschränkungen nicht außer Verhältnis zu diesen Zielen stehen.[92]

Auf der Grundlage dieser Rechtsprechung ist auch die Veranstaltung solcher Glücksspiele und Lotterien, die in anderen EG-Mitgliedsstaaten von den dortigen Behörden genehmigt wurden, in Deutschland genehmigungspflichtig und ohne inländische Erlaubnis ohne weiteres strafbar.[93] Eine im Ausland, am Sitz des Veranstalters erteilte Erlaubnis ist insoweit bedeutungslos.[94]

Dies bedeutet, dass nach der derzeitigen Rechtsprechung des EuGH eine Erlaubniserteilung allein auf der Grundlage des Gemeinschaftsrechts *nicht* in Betracht kommt. Vielmehr überlässt der EuGH die Materie des Glücksspielrechts weitgehend dem nationalen Gesetzgeber und den nationalen Gerichten. Aufgrund vorrangiger Schutzinteressen des Verbrauchers und der Allgemeinheit sieht er den Glücksspielmarkt nicht als einen Markt an, in dem es darum geht, staatlichen Einfluss zugunsten der Freiheit privater Marktteilnehmer zurückzudrängen.

dd) Überschreiten einer erteilten Erlaubnis

Als besonders problematisch erweist sich angesichts moderner Kommunikationstechnologien, vor allem im Hinblick auf das Internet, die **örtliche Reichweite** einer erteilten Erlaubnis. Wer eine wirksame glückspielrechtliche Konzession des Bundeslandes besitzt, in dem er Glückspiele veranstalten will, kann sich hier auf der sicheren Seite wähnen. Fraglich ist in diesem Zusammenhang jedoch, ob auch eine ausländische Konzession oder die Erlaubnis

---

[88] EuGH Slg. 1994, I-1039, Rdn. 61; GewArch 2000, 19, 20, Rdn. 15.

[89] Ein schlichtes Glücksspielverbot wäre jedoch zur Zielerreichung ungeeignet, da die durch Prohibition nicht unterdrückbare Spielleidenschaft zum Entstehen eines illegalen Glücksspielmarktes führen würde. Der deutsche Gesetzgeber unternimmt es daher, die Spielleidenschaft immerhin zu kanalisieren und die Spieleinsätze zugunsten gemeinwohlförderlicher Zwecke umzuleiten (vgl. *Tettinger*, DVBl. 2000, 868, 870).

[90] EuGH GewArch 2000, 19, 21, Rdn. 33.

[91] EuGH GewArch 2000, 19, 21, Rdn. 36.

[92] EuGH GewArch 2000, 19, 21, Rdn. 37.

[93] AA lediglich *Wilms*, S. 78 f. m.w.N., S. 87, der eine doppelte Zulassungsprüfung nach EU-Recht nicht für zulässig hält, da aufgrund der Herkunft des Dienstleistenden keine Diskriminierung stattfinden darf, und nur von einer Anzeigepflicht des ausländischen Veranstalters ausgeht, damit die deutschen Behörden die Möglichkeit haben, die Vergleichbarkeit der ausländischen Zulassungsvoraussetzungen mit den deutschen Anforderungen zu prüfen.

[94] So z.B. ausdrücklich OLG Hamburg CR 2003, 56, 57; OVG NRW GewArch 2003, 164, 165.

eines anderen Bundeslandes eine tatbestandsausschließende behördliche Erlaubnis im Sinne von § 284 StGB sein kann. Letztlich wird die örtliche Reichweite einer erteilten Erlaubnis zum einen durch das Hoheitsgebiet des Erlaubnisgesetzgebers und zum anderen durch Vorgaben in den Erlaubnisnormen bzw. durch den konkreten Inhalt der erteilten Erlaubnis selbst beschränkt, die das örtliche Tätigkeitsgebiet des Erlaubnisinhabers ggf. weitergehend einschränken kann. Ein Verstoß gegen die örtliche Reichweite einer erteilten Erlaubnis hat grundsätzlich[95] eine Strafbarkeit gem. §§ 284 ff. StGB zur Folge, d.h. auch derjenige Veranstalter eines Glücksspiels, der eine exterritoriale Erlaubnis einer ausländischen Behörde oder einer Behörde eines anderen Bundeslandes besitzt, handelt ohne die gem. §§ 284 I, 287 I StGB erforderliche behördliche Erlaubnis.

Fraglich kann mitunter auch die **inhaltliche Reichweite** einer erteilten Genehmigung sein. Hier treten vor allem im Zusammenhang mit der gewerberechtlichen Erlaubnis Zweifelsfragen auf. Grundsätzlich lösen das Fehlen oder Mängel einer gewerberechtlichen Erlaubnis nur gewerberechtliche Rechtsfolgen aus, d.h. die Verwirklichung gewerberechtlicher Ordnungswidrigkeitentatbestände oder allenfalls den Straftatbestand des § 148 Nr. 1 GewO i.V.m. § 144 I Nr. 1 lit.d GewO. Fraglich ist in diesem Zusammenhang, ob etwaige Mängel der gewerberechtlichen Erlaubnis ausnahmsweise dazu führen können, dass ein unerlaubtes Glücksspiel vorliegt. Diese Frage stellt sich vor allem, wenn außerhalb von Spielbanken Spielgeräte mit Gewinnmöglichkeit, für die die §§ 33c, 33e, 33 h Nr. 1 GewO und die §§ 11 ff. SpielV gelten, ohne die erforderliche gewerberechtliche Erlaubnis oder abweichend von ihr betrieben werden. Hier ist nach richtiger Auffassung - in Anlehnung an *Schaeffer*[96] - wie folgt zu differenzieren:

Fehlt die Bauartzulassung der Physikalisch-Technischen Bundesanstalt (PTB), ist die Aufstellung eines solchen Spielgeräts mit Gewinnmöglichkeit nach § 284 StGB strafbar, und zwar unabhängig davon, ob die Bauart zulassungsfähig ist oder nicht.[97]

Ist die Bauartzulassung hingegen erteilt und leidet an rechtlichen Mängeln, ist dies - aufgrund der Maßgeblichkeit der formellen Legalität - bis zur Grenze der Nichtigkeit unbeachtlich und der Betrieb eines Spielgeräts aufgrund dieser fehlerhaften Erlaubnis straflos.

Wird ein Spielgerät abweichend von der zugelassenen Bauart betrieben, entfällt die Rechtswirkung der Erlaubnis, so dass dieses Spielgerät strafbar ohne die nach § 284 StGB erforderliche Erlaubnis betrieben wird. Dies gilt sowohl bei Manipulationen des Spielablaufs als auch bei Auslobung zusätzlicher Gewinne.

Entsprechendes gilt für die Strafbarkeit der Veranstaltung einer gewerbsmäßigen Ausspielung i.S.d. §§ 33d, 33h GewO nach § 287 I StGB, für die das Bundeskriminalamt bzw. die Landeskriminalämter eine Unbedenklichkeitsbescheinigung gem. § 18 SpielV i.V.m. der UnbBeschErtV zu erteilen haben.

---

[95] Vgl. jedoch unten B.II.2.1.e. ausführlich zur weiteren Frage der Anwendbarkeit deutschen Strafrechts für vom Ausland aus im Internet angebotenes Glücksspiel.

[96] *Schaeffer*, GewArch 1989, 222, 226 f.; teilw. aA Landmann/Rohmer-*Marcks*, GewO, § 33c Rdn. 44 m.w.N..

[97] Vgl. bereits oben B.II.2.1.c.bb.(1).

d) Die Tathandlungen des Grundtatbestandes (§ 284 I StGB)

Nach § 284 I StGB kann strafbar sein, wer ein Glücksspiel veranstaltet (unten aa.), hält (unten bb.) oder die Einrichtungen hierzu bereitstellt (unten cc.). Insbesondere der zwischen den einzelnen Tatalternativen bestehende, weitreichende Überschneidungsbereich wirft Abgrenzungsprobleme auf.

aa) Veranstalten eines Glücksspiels

In Rechtsprechung und Literatur besteht lediglich insoweit Einigkeit, dass der Veranstalter dem Publikum die Gelegenheit zur Beteiligung am Glücksspiel gibt.

Umstritten ist, ob der Veranstalter wirtschaftlicher Unternehmer des Glücksspiels in dem Sinne sein muss, dass es auf seine Rechnung geht, d.h. dass ihm die Gewinne aus dem Spielbetrieb zugute kommen,[1] oder ob es ausreicht, wenn er verantwortlich und organisatorisch den äußeren Rahmen für die Abhaltung des Glücksspiels schafft, ohne dabei notwendig durch Gewinnanteile am Spiel beteiligt zu sein.[2]

Die Auffassung, der Veranstalter müsse als wirtschaftlicher Unternehmer des Glücksspiels auf eigene Rechnung handeln, ist aus mehreren Gründen abzulehnen. Zunächst beruht sie auf einem Missverständnis[3] der reichsgerichtlichen Rechtsprechung. Dort[4] hatte es geheißen, das Veranstalten erfordere nicht, „dass das Unternehmen ... zu Ende geführt sei". Mit dem „Unternehmer" im wirtschaftlichen Sinne hatte das allerdings nichts zu tun.[5] Vielmehr wollte das RG in diesem Zusammenhang die Glücksspieldelikte lediglich als unechte Unternehmensdelikte qualifizieren.[6]

Überdies besteht der Strafzweck der Glücksspieltatbestände der §§ 284 - 287 StGB nach überwiegender - auch hier vertretener - Auffassung[7] in der möglichst umfassenden Erfassung derjenigen Personen, die andere zu illegalem vermögensgefährdendem Glücksspiel verleiten.[8] Für diese Verleitung ist es aber unerheblich, ob der Verleitende Unternehmer ist oder nicht. Insbesondere der Tatbestand des § 285 StGB, der ebenfalls auf dem Verleitungsge-

---

[1] So BayObLGSt 79, 9; *Tröndle/Fischer*, § 284 Rdn. 11; Sch/Sch-*Eser/Heine*, § 284 Rdn. 12; *Amend*, in: Ulsamer (Hrsg.), S.369; *Vogel*, S.24; *Pepperhoff*, S.36.

[2] In diesem Sinne die h.M.: vgl. z.B BGH wistra 2003, 145, 146 m.w.N.; BayObLGSt 1993, 8, 12; *Lampe*, JuS 1994, 737, 741; *Meurer/Bergmann*, JuS 1983, 668, 672; *Epple*, S.45; *Geiger*, S.42; *Votteler*, S.30.

[3] Vgl. *Lampe*, JuS 1994 , 737, 741.

[4] RGSt 1, 357, 359.

[5] *Meurer/Bergmann*, JuS 1983, 668, 672.

[6] RGSt 11, 211, 213 verdeutlicht dies: Gegenstand der Strafandrohung sei „das Unternehmen als solches; d.h. die auf den Betrieb desselben gerichtete Tätigkeit."

[7] Vgl. oben B.II.1.5..

[8] Grundlegend zur Maßgeblichkeit des sog. Verleitungsgedankens (neben dem sog. Ausbeutungsgedanken) im Glücksspielstrafrecht: *Kriegsmann*, S.380 f. sowie unten B.III.3.5.c.aa.(1)..

danken beruht, zeigt, dass auch zum Glücksspiel verleiten kann, wer nicht dessen Unternehmer ist und nicht eigene finanzielle Interessen verfolgt.[9]

Gegen die Annahme, das Vorliegen finanzieller Interessen des Unternehmers sei als Element des Veranstalterbegriffs erforderlich, spricht auch die nachträgliche Einfügung der dritten Alternative („Bereitstellen von Einrichtungen") im Jahr 1919, die zeigt, dass der historische Gesetzgeber einen möglichst umfassenden Schutz vor Verleitung zum Glücksspiel erreichen wollte.[10] Es widerspricht daher dessen Absichten, diesen Schutz durch das zusätzliche Erfordernis finanzieller Unternehmerinteressen wieder einzuschränken.

Wesentlich problematischer ist hingegen, ab welchem Zeitpunkt die Tathandlung des „Veranstaltens" vollendet ist, insbesondere im Hinblick darauf, dass bei § 284 StGB als Vergehenstatbestand der Versuch gem. §§ 23 I, 12 II StGB nicht unter Strafe gestellt ist. Zwei Ansichten stehen sich hier gegenüber: Nach h.M.[11] soll für die Vollendung des „Veranstaltens" die Aufstellung und Zugänglichmachung des Spielplans, d.h. das Vertragsangebot, in der Weise genügen, dass die Spielaufnahme für das Publikum schon möglich ist. Eine beachtliche Mindermeinung[12] fordert hingegen, dass das Spiel bereits begonnen haben muss, d.h. dass bereits ein Einsatz erbracht wurde, durch den wenigstens ein Spielvertrag zustandegekommen ist. Diese letztere Auffassung wird wie folgt begründet: Unter Berücksichtigung dessen, was der tägliche Sprachgebrauch unter „Veranstalten" versteht,[13] müsse es bereits zu einer Spielaufnahme gekommen sein. Auch die normimmanente Systematik weise in diese Richtung. Der als dritte Alternative des § 284 I StGB selbständig unter Strafe gestellte Tatbestand des „Bereitstellens von Einrichtungen" und sein Zweck, für den Fall Platz zu greifen, dass sich die Abhaltung des Glücksspiels selbst nicht nachweisen lässt,[14] sprächen eindeutig dafür, dass die Vollendung der Veranstaltung nicht schon zu einem früheren Zeitpunkt eintritt als dem Einsatz von Seiten eines Spielers.[15] Außerdem würde diese Auslegung auch vom Sinn und Zweck des § 284 StGB gestützt, denn von einer Gefährdung fremden Vermögens könne vor Beginn des Spieles nicht gesprochen werden.[16]

Demgegenüber impliziert der Begriff „Veranstalten" nach dem allgemeinen Sprachgebrauch keineswegs notwendig den Spielbeginn. Unter Veranstalten i.S.d. allgemeinen Sprachge-

---

[9] BayObLGSt 1993, 8 , 12.

[10] BayObLG, aaO.; gegen eine zu enge Fassung des Begriffs auch *Geiger*, S.42, denn anderenfalls laufe man „... Gefahr, zu sehr auf den dem Spiel zugrunde liegenden Vertrag abzustellen".

[11] BayObLGSt 1993, 8, 12; 1956, 75, 76; RGSt 61, 12, 15; *Tröndle/Fischer*, § 284 Rdn. 11; Sch/Sch-*Eser/Heine*, § 284 Rdn. 12; LK-*v.Bubnoff* § 284 Rdn. 11; *Lampe*, JuS 1994, 737, 741; *Meurer/Bergmann*, JuS 1983, 668, 672; *Epple*, S.44 f.; *Votteler*, S.30.

[12] SK-*Hoyer* § 284 Rdn. 13; *Preisendanz* § 284 Anm. 4a; *Kummer*, in: Aubin/Kummer/Schroth/Wack, S.19; *Frank* § 284 Anm.I.1.; v.Olshausen-*Gutjahr*, § 284 Anm.9a; *Geiger*, S.41; *Wilhelm*, S.14; *Seelig*, S.91; *Hilgers*, S.44; *Pepperhoff*, S.37.

[13] *Wilhelm*, S.14.

[14] Begründung zum „Entwurf eines Gesetzes gegen das Glücksspiel", Verhandlungen der verfassunggebenden Dt. Nationalversammlung, Bd.340, Anlage zu den stenografischen Berichten. Nr.1791, S.1860.

[15] *Pepperhoff*, S.37.

[16] *Wilhelm*, S.18.

brauchs ist vielmehr die Zusammenfassung von Vorbereitung und Durchführung eines Vorhabens zu verstehen.[17]

Auch die systematische Auslegung spricht eher dafür, dass für eine Vollendung des Veranstaltens der Spielbeginn noch nicht erfolgt sein muss. Im gleichgelagerten Glücksspieltatbestand des § 287 I StGB ist der Begriff „veranstalten" als Tatbestandsmerkmal genannt. Dies lässt darauf schließen, dass in beiden Fällen Vollendung im selben Zeitpunkt eintritt,[18] nämlich dann, wenn den Spielern die Beteiligung möglich ist.[19] Dieser abschnittsimmanent, d.h. im Zusammenspiel mit anderen Glücksspielvorschriften, richtigen Auslegung steht normimmanent auch nicht die Alternative des „Bereitstellens von Einrichtungen" entgegen. Denn diese dritte Tathandlung des § 284 I StGB wird nicht dadurch überflüssig, dass man für das „Veranstalten" keinen Spielbeginn verlangt. Die Variante des „Bereitstellens von Einrichtungen" wurde 1919 zwar geschaffen, um Beweisschwierigkeiten in dem Fall zu vermeiden, dass Täter nicht unmittelbar beim Glücksspiel, aber doch unter Umständen, die auf den Vorsatz zum Glücksspiel hindeuteten, angetroffen wurden. Aber auch wenn man für den Begriff des „Veranstaltens" nur das Vertragsangebot verlangt, wird in vielen Fällen schwer zu ermitteln sein, wer unter den vielen Anwesenden gerade derjenige war, der das Glücksspiel in Szene gesetzt hat. Demnach wird für die Alternative des „Bereitstellens" ein ausreichender Anwendungsbereich verbleiben.[20]

Schließlich ist auch aus teleologischer Sicht die tatsächliche Abhaltung eines Glücksspiels für die Tathandlung des „Veranstaltens" nicht erforderlich. Der zentrale Schutzgedanke der §§ 284 ff. StGB besteht darin, dass mit diesen Tatbeständen das Verleiten zum Glücksspiel unter Strafe gestellt werden soll.[21] Ein solches Verleiten liegt insbesondere schon dann vor, wenn dem Publikum das Angebot gemacht wird, sich an einer vorhandenen Spielgelegenheit zu beteiligen. Der tatsächliche Spielbeginn, der zumeist vom Leisten eines Einsatzes und somit von einer Handlung des verleiteten Spielers abhängt, ist hierfür nicht nötig.

Folglich kommt es für den Begriff des Veranstaltens auch in § 284 I StGB nicht auf die tatsächliche Abhaltung eines Glücksspieles an, sondern der Veranstalter muss lediglich die Spielaufnahme ermöglichen, d.h. seine Strafbarkeit beginnt bereits einen Augenblick früher mit dem Vertragsangebot.

Veranstalter eines Glücksspiels ist also derjenige, der verantwortlich und organisatorisch[22] den äußeren Rahmen für die Abhaltung eines Glücksspieles schafft und dadurch dem Publi-

---

[17] *Epple*, S.44: „Man veranstaltet eine Tanzunterhaltung" fasst alle Tätigkeiten zusammen, die erforderlich sind, anderen Personen die Teilnahmemöglichkeit am Tanz bis zu dessen Beendigung zu schaffen.

[18] *Epple*, S.45.

[19] St. Rspr. für § 287 I n.F. =§ 286 a.F.; vgl. z.B. RGSt 1, 357, 359; 35, 44, 45; 59, 347, 352.

[20] BayObLGSt 1993, 8, 13 bezeichnet folgerichtig das „Bereitstellen von Einrichtungen" als eigenständig bestrafte Vorbereitungshandlung, die dann zum Tragen kommt, wenn sie nicht schon in der Tathandlung des Veranstaltens miterfasst ist; ähnlich *Meurer/Bergmann*, JuS 1983, 668, 670: „bloße Vorbereitungshandlung mit Beihilfecharakter".

[21] Vgl. nur *Meurer/Bergmann*, JuS 1983, 668, 671; BayObLG 1993, 8, 12 spricht in diesem Zusammenhang von „dem Oberbegriff des Verleitens zum Glücksspiel" unter dem sämtliche Tathandlungen zu sehen seien.

[22] Laut *Duden*, Das große Wörterbuch der deutschen Sprache, S.2729, welches auch in BayObLGSt 1993, 8, 12

kum die Gelegenheit zur Beteiligung am Glücksspiel gibt; d.h. der Bevölkerung dadurch den Abschluss von Spielverträgen ermöglicht.[23]

Im Vorbereitungsstadium schafft er diesen äußeren Rahmen typischerweise dadurch, dass er die Spieler zum Spiel zusammenbringt,[24] die erforderlichen Räumlichkeiten und Spieleinrichtungen beschafft, das Personal (z.B. Croupiers, Bouleure, Türsteher und sonstige Helfer) anheuert, eventuell die notwendigen Genehmigungen (z.B. gem. § 33d GewO) für einen nach außen hin legalen Spielbetrieb einholt und/oder gegebenenfalls die Spielregeln (insbesondere die Einsätze und Gewinne betreffend) aufstellt.[25] Hinzukommen muss freilich, dass aufgrund dieser Handlungen dem Publikum unmittelbar die Gelegenheit zur Beteiligung am Glücksspiel gegeben wurde, d.h. ein Vertragsangebot zur Spielaufnahme an einen anderen erfolgt ist. Anderenfalls können derartige Vorbereitungsaktivitäten - wie bereits ausgeführt - lediglich nach der dritten Alternative des § 284 I StGB oder ggf. nach § 284 IV StGB strafbar sein.

Im Durchführungsstadium, d.h. nach dem tatsächlichen Spielbeginn, schafft der Veranstalter den oben erwähnten äußeren Rahmen für die Abhaltung des Glücksspiels typischerweise dadurch, dass er die Herrschaftsgewalt über den Spielbetrieb ausübt,[26] indem er z.B. dem Personal Anweisungen erteilt, den Ablauf des gesamten Betriebes durch seine Anwesenheit überwacht, Streitigkeiten entscheidet, einzelne Personen vom Spiel ausschließt und/oder das Spielende bestimmt.[27] Hingegen braucht der Veranstalter nicht selbst mitzuspielen,[28] denn auch der Veranstalter eines Sportwettkampfes oder eines Tanzturniers muss sich nicht selbst an den Entscheidungskämpfen beteiligen.[29]

---

zitiert wird, bedeutet „veranstalten“: Als Verantwortlicher und Organisator stattfinden lassen, durchführen oder durchführen lassen.

[23] Vgl. BGH wistra 2003, 145, 146 m.w.N..

[24] *Frank*, § 284 Anm.I.1.; *Seelig*, S.91.

[25] Vgl. BayObLGSt 1993, 8, 12.

[26] *Meurer/Bergmann*, JuS 1983, 668, 672; ihnen folgend *Otto*, AT § 55 I 2c und *Belz*, S.95, wollen den Begriff „Veranstalter“ sogar so definieren; eine solche Begriffsbestimmung ist indessen zu eng, weil mit dem Begriff „Spielbetrieb“ nur das Durchführungsstadium erfasst wäre, während nicht deutlich genug zum Ausdruck käme, dass auch Handlungen im Vorbereitungsstadium in Betracht kommen.

[27] Vgl. *Meurer/Bergmann*, aaO..

[28] Allg. M., vgl. nur LK-*v.Bubnoff*, § 284 Rdn. 11; Sch/Sch-*Eser/Heine*, § 284 Rdn. 12; *Tröndle*/Fischer, § 284 Rdn. 11 bzw. bereits im älteren Schrifttum *Epple* S.44; *Frank*, § 284 Anm. 9a; v.Olshausen-*Gutjahr* § 284 Anm. I.1.; *Votteler*, S.30.

[29] *Epple*, S.44; als weiteres Argument wird von v.Olshausen-*Gutjahr*, aaO., ihm folgend *Geiger*, S.41, angeführt, die Veranstaltung sei (scil. in Bezug auf das Spielen selbst) teils eine Vorbereitungs-, teils eine Teilnahmehandlung, die zur selbständigen Straftat erhoben sei, weshalb eine Beteiligung am Glücksspiel selbst vom Veranstalter nicht gefordert werden könne. Diese Begründung kann jedoch nicht überzeugen, weil unter Zugrundelegung des Ausbeutungsgedankens die Tathandlungen des § 284 StGB gegenüber derjenigen des § 285 StGB nicht bloße Vorbereitungs- bzw. Teilnahmehandlungen darstellen, sondern hiervon unabhängige erhöht strafwürdige Verhaltensweisen, was auch im erhöhten Strafmaß zum Ausdruck kommt.

bb) Halten eines Glücksspiels

Die Auslegung dieser zweiten Alternative des § 284 StGB wird in der rechtswissenschaftlichen Literatur kontrovers diskutiert. Im Wesentlichen zwei Auffassungen prallen hier aufeinander. Die ältere dieser beiden Ansichten, die wohl als noch h.M.[30] bezeichnet werden kann, sieht denjenigen als „Halter" eines Glücksspiels an, der entweder als Unternehmer die Einrichtungen zum Spiel zur Verfügung stellt oder in die Rolle des Unternehmers eintretend das Spiel in der Weise fortsetzt, dass die Beteiligung daran einer unbestimmten Zahl von Personen ermöglicht wird. Die Unternehmereigenschaft wird demnach als maßgebliches Element des Merkmals „Halten" angesehen. Der Begriff des Unternehmers wird in seiner zivilrechtlichen Bedeutung verwendet;[31] d.h. Unternehmer des Glücksspiels kann nur sein, wer die Herrschaftsgewalt über den Spielbetrieb im eigenen Interesse ausübt.[32] Die Vertreter dieser Meinung sehen teilweise keinen begrifflich scharfen Unterschied[33] zwischen den drei Tatbestandsalternativen des § 284 I StGB, teilweise wird aber auch das „Halten" als der umfassendere Begriff[34] gegenüber dem Veranstalten angesehen.

Die im Vordringen befindliche Gegenmeinung,[35] der sich inzwischen auch das BayObLG[36] unter Aufgabe seiner früheren Rechtsprechung angeschlossen hat, sieht hingegen das „Halten" als einen qualifizierten Fall des Mitspielens an. „Halter" i.S.v. § 284 I Alt.2 StGB kann nach dieser Ansicht nur der sog. Bankhalter sein, d.h. diejenige Person, die das Spiel selbst leitet, für den eigentlichen Spielverlauf verantwortlich ist und am Spielgewinn beteiligt ist. Diese Art der Tatbestandsverwirklichung ist somit nur bei bestimmten Glücksspielen möglich,[37] bei denen auf der einen Seite der Halter des Spiels steht, auf der anderen Seite die übrigen Mitspieler, die zusammen oder nacheinander gegen den Halter spielen.[38] Dagegen scheidet die Tathandlung des „Haltens" von vornherein bei all jenen Spielen aus, bei denen alle am Spiel Beteiligten grundsätzlich gleichberechtigt sind und gegeneinander spielen.[39]

---

[30] In der Rspr. vertreten vom BayObLGSt 79, 8 m.w.N.; im Schrifttum dem folgend z.B. *Füllkrug*, KR 1990, 101, 103; *Lackner/Kühl*, § 284 Rdn.11; LK-*v.Bubnoff*, § 284 Rdn.12; *Preisendanz*, § 284 Anm.4b; *Raube*, S. 70; Sch/Sch-*Eser/Heine*, § 284 Rdn.13; *Tröndle/Fischer* § 284 Rdn.12; in der älteren Literatur vertreten diese Meinung bereits u.a. *Frank*, § 284 Anm.I.2.a; *Hilgers*, S.42 f.; v.Olshausen-*Gutjahr*, § 284 Anm.9b; *Rebmann*, S.29; *Seinsche*, S.30; *Vogel*, S.24; *Votteler*, S.30 f..

[31] *Meurer/Bergmann*, JuS 1983, 668, 669.

[32] BayObLGSt 1979, 8 f..

[33] Vgl. nur *Tröndle/Fischer*, aaO.: „Tathandlung ist ... das Ermöglichen des Spiels, dessen in Abs. I beschriebene Formen sich weit überschneiden und nur in Grenzbereichen die Tatbestandsmäßigkeit allein begründen."; LK-*v.Bubnoff*, aaO; *Seinsche* S.27: „Es gehen die Begriffe Veranstalten und Halten zum Teil ineinander über."; *Eberhard Schmidt*, ZStW 41, 609, 611.

[34] *Hilgers*, aaO.: „ ... ist ein umfassender Begriff, der das Veranstalten in sich einbegreift"; *Votteler*, S.30.

[35] *Meurer/Bergmann*, JuS 1983, 668, 672 f.; ihnen folgend *Amend*, in Ulsamer (Hrsg.): S.369; *Otto*, AT § 55 I2c; Lampe, JuS 1994, 737, 741; wohl auch *Maurach/Schroeder/Maiwald*, § 44 Rdn. 9.

[36] BayObLGSt 1993, 8 ff..

[37] *Meurer/Bergmann* JuS 1983, 668, 672.

[38] Z.B. Roulette, Baccara, Seven Eleven.

[39] Z.B. Skat, Doppelkopf.

Im älteren Schrifttum wird im Übrigen noch eine Auffassung vertreten,[40] die die beiden dargestellten Ansichten - wenigstens teilweise - in sich vereinigt. Danach kann man zwei Formen des Spielhalters unterscheiden: den Halter, der selbst spielt, und den Halter, der nicht mitspielt. Nach *Epple*[41] ist somit derjenige Spielhalter, der mehreren Personen Gelegenheit gewährt, sich wiederholt an einem Spiel zu beteiligen, an dem er entweder selbst mitspielt oder zu dem er die Spieleinrichtung zur Verfügung stellt. In Abgrenzung zum Veranstalten sei zur Vollendung des Haltens der Spielbeginn notwendig.[42] In Abgrenzung zum „Bereitstellen von Einrichtungen", welches auch durch eine einmalige Tätigkeit verwirklicht werden könne, müsse beim „Halten" ein Dauerzustand gegeben sein.

Die noch h.M. begründet die Erforderlichkeit der Unternehmereigenschaft beim „Halten" eines Glücksspiels vor allem damit, dass allein eine solche Auslegung dem entspricht, was in anderen Rechtsgebieten unter dem „Halten" einer Sache verstanden wird.[43] Sowohl beim Kraftfahrzeughalter i.S.v. § 7 StVG[44] als auch beim Tierhalter i.S.v. § 833 BGB[45] setze die Haltereigenschaft voraus, dass eine tatsächliche Sachherrschaft im eigenen Interesse ausgeübt werde. Beim Glücksspiel habe diese nötige Herrschaftsgewalt über den Spielbetrieb nur der Unternehmer.

Ausdrücke, die in der Rechtssprache eine spezifische Bedeutung erhalten haben, wie eben das „Halten" einer Sache, werden in den Gesetzen meist in dieser speziellen Bedeutung gebraucht. Mit der Klarstellung des präzisen juristischen Sprachgebrauchs kann die Auslegung bereits am Ende sein, dann nämlich, wenn nichts dafür spricht, dass das Gesetz gerade an dieser Stelle von ihm abgewichen sei.[46] Abweichungen sind indessen niemals ganz ausgeschlossen.[47] Zumal dann, wenn - wie hier - nach dem allgemeinen Sprachgebrauch zwei weitere Bedeutungen desselben Begriffes denkbar sind: „Halten" eines Glücksspiels könnte auch ganz einfach „Abhalten" bedeuten.[48] Dann wären „Halten" und „Veranstalten" bedeutungsgleich. „Halter" könnte aber auch „Bankhalter" bedeuten, worunter - aus der Spielersprache entlehnt - eine Person zu verstehen wäre, die das Spiel leitet, die Einsätze verwaltet und gegen die übrigen Mitspieler spielt.[49]

---

[40] Vgl. *Seelig*, S.89; ihm folgend *Epple*, S.46 f.; ähnlich *Geiger*, S.43 f..

[41] *Epple*, S.47 f.

[42] Eine andere Abgrenzung trifft *Geiger*, S.43: „Während der Veranstalter ... das Spiel veranlasst und ermöglicht, ist der Halter nur in letzterer Richtung tätig. Die Initiative zum Spiel geht wohl vom Veranstalter, dagegen nie vom Halter aus."

[43] BayObLGSt 1979, 8.

[44] Vgl. *Jagusch/Hentschel*, Kommentar zum Straßenverkehrsrecht, § 7 Rdn. 14.

[45] Vgl. Palandt-*Thomas*, BGB, § 833 Rdn. 9.

[46] *Larenz*, Methodenlehre der Rechtswissenschaft, 6.Aufl. 1991, S.321.

[47] *Larenz*, aaO..

[48] In diesem Sinne äußerte sich Ministerialdirektor *Joel* als Vertreter des Reichsjustizministeriums 1919 in der Nationalversammlung, Verhandlungen der verfassungsgebenden Dt. Nationalversammlung, Bd. 331, S.4151: „... das Abhalten und Veranstalten von öffentlichen Glücksspielen unter Strafe zu stellen."

[49] *Duden*, Das große Wörterbuch der deutschen Sprache, Stichwort „Bankhalter (Glücksspiel)", S.300, welches auch in BayObLGSt 1993, 8, 12 zitiert wird.

Die Antwort auf die Frage, welcher dieser unterschiedlichen Wortbedeutungen man nun folgen soll, geben die übrigen juristischen Auslegungsmethoden:[50]

Den Bedeutungszusammenhang, d.h. den Kontext in dem ein Begriff verwendet wird, berücksichtigt die systematische Auslegung. Normimmanent sind danach diejenigen Bedeutungsvarianten des „Haltens“ auszuscheiden, die sich mit dem in § 284 I StGB zusätzlich genannten Merkmal des „Veranstaltens“ ganz oder überwiegend überschneiden und es somit weitgehend funktionslos machen. Denn Argumente für oder gegen die Auslegung einer Vorschrift können sich insbesondere auch aus zusätzlichen Begriffen in derselben Vorschrift ergeben[51] und ein Begriff ist im Zweifel nicht so auszulegen, dass ein anderer überflüssig ist.[52] Somit scheidet die Bedeutungsvariante „Abhalten“, die mit dem Veranstalten deckungsgleich ist, jedenfalls aus. Aber auch die erste Variante, die mit der Unternehmereigenschaft auf die tatsächliche Herrschaft über den Spielbetrieb abstellt, ist auszuscheiden, weil sie für das Veranstalten allenfalls noch einen kleinen Anwendungsspielraum übrig lässt. Als normimmanent richtig erweist sich lediglich die aus der Spielersprache stammende Bedeutung des „Bankhalters“, weil bei dieser Definition das „Halten“ als qualifizierte Form des Mitspielens eine selbständige tatbestandliche Funktion neben dem „Veranstalten“ hat. Auch die Fassung der übrigen Glücksspieltatbestände, d.h. die Systematik des Glücksspielstrafrechts, stützt diese Auslegung. In § 287 I StGB wird das „Veranstalten“ einer Lotterie oder Ausspielung vertatbestandlicht. Die Tatsache, dass hier zwar vom „Veranstalten“, nicht aber vom „Halten“ die Rede ist, legt den Schluss nahe, dass das „Halten“ in § 284 I StGB eine über das „Veranstalten“ hinausgehende Tätigkeit pönalisiert.[53] Zudem weist § 287 StGB aber auch darauf hin, dass der „Halter“ ein qualifizierter Mitspieler („Bankhalter“) sein muss, den es nur bei bestimmten Arten von Glücksspielen geben kann,[54] weil es bei den Lotterien eben einen derartigen qualifizierten Mitspieler nicht gibt. Dagegen spricht auch nicht, dass nach § 285 StGB die Beteiligung am Glücksspiel selbständig strafbar ist. Im Gegenteil, es ist nur logisch, dass der „Halter“ als qualifizierter Mitspieler gemäß § 284 I Alt.2 StGB härter bestraft werden soll als der „einfache“ Mitspieler nach § 285 StGB.

Auch die Entstehungsgeschichte des § 284 I StGB steht dieser Auslegung nicht entgegen. Der historische Gesetzgeber der Novelle von 1919 wollte nicht nur die Organisatoren des Glücksspiels, sondern auch diejenigen stärker als bisher treffen, „die ... das Glücksspiel ... irgendwie fördern“.[55] Zu diesem Personenkreis zählt natürlich auch der Bankhalter, denn ohne ihn als herausgehobenen Gegenspieler der übrigen Mitspieler können bestimmte Glücksspiele überhaupt nicht stattfinden.

Schließlich wird die „Bankhalter“-Bedeutungsvariante auch noch durch die teleologische Auslegung bestätigt. Nach der hier[56] vertretenen Auffassung besteht die ratio legis der §§

---

[50] Vgl. jetzt und im Folgenden *Lampe*, JuS 1994, 737, 740.

[51] *Schmalz*, Methodenlehre für das juristische Studium, 2.Aufl. 1990, Rdn. 243.

[52] *Schmalz*, aaO., Rdn. 242.

[53] *Lampe*, JuS 1994, 737, 740.

[54] Verhandlungen der verfassungsgebenden Dt. Nationalversammlung, Bd. 340, Stenographische Berichte Nr. 1791, S. 1859.

[55] *Meurer/Bergmann*, JuS 1983, 668, 671; *Lampe*, aaO..

[56] Vgl. oben B.II.1.5..

284 ff. StGB de lege lata in erster Linie darin, die Verleitung anderer zum unkontrollierten und vermögensgefährdenden Glücksspiel zu pönalisieren. Derjenige, der sich als „Bankhalter" eines Glücksspiels zur Verfügung stellt, ermöglicht erst diese Art von Glücksspielen, verleitet dadurch andere, sich als einfache Mitspieler zu beteiligen und schafft somit die Gefahr einer Vermögensschädigung für diese.[57]

Folglich ist derjenige als „Halter" i.S.v. § 284 I StGB anzusehen, der als qualifizierter Mitspieler das Spiel selbst leitet, für den eigentlichen Spielverlauf verantwortlich ist und am Spielgewinn beteiligt ist; mit anderen Worten eben der Bankhalter. Da das „Halten" hiernach eine qualifizierte Form der Beteiligung am Spiel ist, ist zur Deliktsvollendung der Spielbeginn notwendig.

cc) Bereitstellen von Einrichtungen zum Glücksspiel

Bei dieser dritten Alternative des § 284 I StGB handelt es sich strukturell um eine zum selbständigen Tatbestand erhobene Vorbereitungs-[58] oder Beihilfehandlung[59], die nur dann zum Tragen kommen kann, wenn eine Bestrafung des Tatverdächtigen nach den beiden ersten Tatvarianten des „Veranstaltens" bzw. „Haltens" - insbesondere aufgrund von Beweisschwierigkeiten[60] - ausscheidet. Sie ist mithin gegenüber den beiden anderen Begehungsformen subsidiär.[61]

Problematisch ist immer noch die Frage, welche Gegenstände unter den Begriff „Einrichtungen" subsumiert werden dürfen. Fraglich ist insoweit, ob nur solche Gegenstände erfasst werden, die ihrer Natur nach zum Glücksspiel bestimmt sind[62] (sog. eigentliche Spieleinrichtungen, z.B. Würfel, Karten, spezielle Spieltische, Chips, Jetons,...) oder ob auch an sich

---

[57] *Meurer/Bergmann*, JuS 1983, 668, 672.

[58] Allg. Meinung; vgl. nur BayObLGSt 1993, 8, 13: „eigenständig bestrafte Vorbereitungshandlung"; SK-*Hoyer*, § 284 Rdn. 14; *Lampe*, JuS 1994, 737, 739.

[59] Im Durchführungsstadium, d.h. wenn sich die tatsächliche Abhaltung eines Glücksspiels nachweisen lässt, stellt die in § 284 I Alt. 3 StGB normierte Tathandlung laut *Füllkrug*, KR 1990, 101, 103: „eine zum selbständigen Tatbestand erhobene Beihilfe zu dem von einem anderen veranstalteten oder gehaltenen Glücksspiel" dar.

[60] Worin diese Beweisschwierigkeiten bestehen, derentwegen das „Bereitstellen von Einrichtungen" als bloße Vorbereitungshandlung dem Veranstalten und Halten eines Glücksspiels gleichgestellt wurde, schildert *Epple* auf S.48: „Naht die Polizei einem ... Spiellokal, dann werden die Spieler durch Spitzel und Posten gewarnt, und bis es den Polizeiorganen gelingt, sich Einlaß zum Spiellokal zu verschaffen, haben die Beteiligten längst das Spiel abgebrochen. Was ihnen aber nicht immer gelingt, ist das Beiseiteschaffen der Spieleinrichtungen, ...".

[61] In diesem Sinne bereits *Pepperhoff*, S. 41: „ ... die Strafe des dritten Tatbestandes wird also durch die Erfüllung eines der beiden ersten Tatbestände absorbiert; die Konkurrenz ist nur eine scheinbare."

[62] Diese Auffassung vertreten im neueren Schrifttum *Lampe*, JuS 1994, 737, 740 „lediglich die spieltypischen Gerätschaften"; wohl auch *Lackner/Kühl*, § 284 Rdn. 11; in der älteren Literatur *Frank*, § 284 Anm I.3.; *Votteler*, S.31 „nur die typischen Spielgegenstände"; *Rebmann*, S.31; *Seinsche*, S.31; grundlegend *Eberhard Schmidt*, ZStW 41, 609, 611 f.; eine die Auffassung *Schmidts* modifizierende und zugleich vermittelnde Ansicht vertritt *Geiger*, S.46: Erfasst sind danach diejenigen gewöhnlichen Tische und Stühle, die ausschließlich dem Glücksspiel dienen, nicht jedoch die übrigen Tische, Stühle und Räumlichkeiten. Dieser Abgrenzungsversuch hat jedoch in der Folgezeit keine Anhängerschaft gefunden.

völlig neutrale Gegenstände[63] (sog. uneigentliche Spieleinrichtungen), insbesondere gewöhnliche Tische, Stühle und Räumlichkeiten, zu „Einrichtungen" im Sinne des § 284 I StGB werden können, wenn sie im Einzelfall zur Verwendung bei Glücksspielen geeignet und bestimmt sind.

Die Befürworter einer engeren Auslegung stellen vor allem auf die Systematik der Glücksspieltatbestände ab. § 286 II 1 StGB ordne unter Bezugnahme auf § 284 StGB die Einziehung der „Spieleinrichtungen" an. Da es keiner Erörterung bedürfe, dass Räumlichkeiten nicht eingezogen werden können, könnten jedenfalls diese keine „Einrichtungen" i.S.v. § 284 I StGB sein. Aber auch einfache Tische und Stühle, die beispielsweise ein Gastwirt bereitstelle, könnten nicht darunterfallen, weil sie eine andere Zweckbestimmung hätten als die, der Vornahme von Glücksspielen zu dienen.[64]

Demgegenüber hindert die Tatsache, dass Räumlichkeiten nicht eingezogen werden können, nicht notwendig, sie als „Spieleinrichtungen" i.S.v. § 284 I StGB anzusehen.[65] Denn die Zwecksetzung des § 286 II StGB ist eine völlig andere als die des § 284 I StGB. Die Einziehung der „Einrichtungen" i.S.v. § 286 II StGB soll vor allem verhindern, dass diese Gegenstände als „instrumenta sceleris" für die Veranstaltung weiterer illegaler Glücksspiele dienen können, so dass als Einziehungsobjekt nur solche Gegenstände in Betracht kommen, die ihrer Natur nach zum Glücksspiel bestimmt sind. Hinsichtlich des weitergehenden Schutzgedankens des § 284 StGB, das Verleiten zum unkontrollierten und vermögensgefährdenden Glücksspiel durch Ermöglichen oder Fördern unter Strafdrohung zu stellen, macht es hingegen keinen Unterschied, ob die bereitgestellten Gegenstände schon ihrer Natur nach zum Glücksspiel bestimmt sind oder ob an sich neutrale Gegenstände wie Räume, Tische und Stühle zur Verfügung gestellt werden.[66]

Allerdings wird man dem Merkmal „Bereitstellen" zum Glücksspiel das subjektive Erfordernis entnehmen müssen, dass der Täter beim Bereitstellen in positiver Kenntnis der beabsichtigten Verwendung der Gegenstände handeln muss. Es genügt nicht, wenn er nur mit der Möglichkeit rechnet, dass die Einrichtungen zum Glücksspiel benutzt werden.[67] Denn anderenfalls würde der Begriff auf Fälle ausgedehnt, in denen von einem Verleiten zum Glücksspiel durch Fördern nicht mehr gesprochen werden kann. „Bereitgestellt" ist eine Einrichtung dann, wenn ein geeigneter Gegenstand den Spielern zur Benutzung zur Verfügung gestellt ist.[68] Dass tatsächlich gespielt wird, ist nicht erforderlich,[69] da es ja gerade der Wille

---

[63] So die h.M.: RGSt 56, 117 f.; BayObLGSt 1993, 8, 13; BayObLG JW 1921, 1025, 1026; *Tröndle/Fischer* § 284 Rdn.13; Sch/Sch-*Eser/Heine*, § 284 Rdn.15; SK-*Hoyer*, § 284 Rdn.14; LK-*v.Bubnoff*, § 284 Rdn.13; *Füllkrug*, KR 1990, 101, 103; *Meurer/Bergmann*, JuS 1983, 668, 673; ähnlich *Epple*, S.49, der jedoch solche Gebrauchsgegenstände ausnehmen will, die nur „bei Gelegenheit" der Spielveranstaltung Verwendung finden, wie z.B. Stühle zum Ausruhen oder Tische zum Aufstellen der Getränke der Spieler (im Gegensatz zu denjenigen Tischen und Stühlen, die zur Durchführung des betreffenden Spiel erforderlich sind).

[64] Grundlegend *Eberhard Schmidt* ZStW 41, 609, 611 f..

[65] *Epple*, S.49.

[66] *Meurer/Bergmann*, JuS 1983, 668, 673.

[67] *Meurer/Bergmann*, aaO..

[68] Nunmehr allg. M.; vgl. BayObLGSt 1993, 8, 13; Sch/Sch-*Eser/Heine*, § 284 Rdn.16; LK-*v.Bubnoff*, § 284 Rdn.13; *Preisendanz*, § 284 Anm.4c; bedeutungsgleich von „Zugänglichmachen" sprechen *Tröndle/Fischer*, § 284 Rdn.13 und *Lackner/Kühl*, § 284 Anm.11.

des Gesetzgebers bei der Schaffung dieser Alternative war, ein Einschreiten auch dann zu ermöglichen, wenn zwar die Abhaltung des Glücksspiels selbst sich nicht nachweisen lässt, die getroffenen Vorbereitungen[70] jedoch mit Sicherheit den „Vorsatz" erkennen lassen, ein verbotenes Glücksspiel zu veranstalten[71]. Es genügt insoweit vielmehr, wenn das Spiel alsbald, d.h. ohne größeren Aufwand, beginnen kann.[72]

dd) Zusammenfassung

Der in Art. 103 II GG verankerte Bestimmtheitsgrundsatz erfordert, dass die einzelnen Tathandlungen des § 284 I StGB eindeutig voneinander abgrenzbar sein müssen. Die folgenden Definitionen der drei Tatbestandsalternativen tragen diesem Umstand Rechnung:

Veranstalter i.S.v. § 284 I Alt. 1 StGB ist derjenige, der verantwortlich und organisatorisch den äußeren Rahmen für die Abhaltung des Glücksspieles schafft und dadurch dem Publikum die Gelegenheit zur Beteiligung am Glücksspiel gibt.

Die Strafbarkeit beginnt bereits mit dem Vertragsangebot zur Spielaufnahme an einen anderen, es kommt somit nicht notwendig auf den tatsächlichen Spielbeginn, das Zustandekommen eines Spielvertrages bzw. auf das Leisten eines Einsatzes an. Es ist dabei nicht erforderlich, dass der Veranstalter selbst mitspielt. Ebenfalls nicht unbedingt nötig ist es, dass der Veranstalter der wirtschaftliche Unternehmer des Glücksspiels ist, d.h. diejenige Person, auf deren Rechnung das Glücksspiel geht, wenn er dies auch in der Mehrzahl der Fälle sein wird.

Halter i.S.d. § 284 I Alt. 2 StGB ist derjenige, der das Spiel selbst leitet, für den eigentlichen Spielverlauf verantwortlich ist und am Spielgewinn beteiligt ist. Im Gegensatz zu den beiden anderen Tatbestandsvarianten beginnt die Strafbarkeit hier erst mit dem tatsächlichen Spielbeginn.

Ein ***„Bereitstellen von Einrichtungen" i.S.d. § 284 I Alt. 3 StGB*** liegt vor, wenn jemand den Spielern einen Gegenstand, der im Einzelfall zur Verwendung beim Glücksspiel geeignet und bestimmt ist, zur Benutzung zur Verfügung stellt.

---

[69] SK-*Hoyer*, § 284 Rdn. 14; Sch/Sch-*Eser/Heine*, § 284 Rdn. 16; *Preisendanz*, § 284 Anm. 4c; *Seelig*, S.92; aA (ohne nähere Begründung) *Frank*, § 284 Anm I.3..

[70] Wie z.B. die Aufstellung von Spieltischen oder die Ausgabe von Spielkarten und Jetons.

[71] *Geiger*, S.44.

[72] SK-*Hoyer*, § 284 Rdn. 14.

**e) Sonderproblem:
Anwendbarkeit des deutschen Strafrechts gem. §§ 3, 9 I StGB für vom Ausland aus - insbesondere im Internet - angebotenes Glücksspiel?**

Den Normalfall des § 284 I StGB betrifft das Veranstalten oder Halten eines Glücksspiels bzw. das Bereitstellen von Einrichtungen hierzu, das örtlich auf dem Territorium der Bundesrepublik Deutschland erfolgt. Ein Sonderproblem stellt hingegen die Frage dar, ob und ggf. inwieweit die nationale Strafnorm des § 284 I StGB nach den Kollisionsnormen gem. §§ 3, 9 I StGB auch auf das Veranstalten von Glücksspielen anwendbar ist, die grenzüberschreitend vom Ausland aus - insbesondere via Internet - Spielinteressierten in Deutschland angeboten werden. Einhellig vertreten wird insoweit lediglich, dass eine Veranstaltung von Glücksspielen und Lotterien, bei der die Teilnahme ausschließlich im Ausland vorgenommen wird, d.h. bei sog. reinen Auslandstaten, das deutsche Glücks-spielstrafrecht keine Anwendung findet.[73]

Bei den jetzt gegebenen technischen Möglichkeiten einer Spielteilnahme (z.B. per Telefon, Telefax oder Internet und jeweils Zahlung mit Kreditkarte) ist es für einen ausländischen Veranstalter nicht mehr erforderlich, im Inland Einrichtungen wie z.B. eine Annahmestelle, Agentur oder ähnliches zu schaffen, um Einsätze von Spielteilnehmern aus Deutschland entgegenzunehmen.[74] Vor allem Glücksspiele und sog. Cybercasinos im Internet erfreuen sich einer stets wachsenden Beliebtheit. Die Zahl der Websites, auf denen - meist von Rechtsoasen wie z.B. der Karibikinsel Antigua[75] oder dem südamerikanischen Staat Venezuela[76] aus - Glücksspiele angeboten werden, stieg nach Angaben des Internet Gaming Council von 40 im Jahr 1995 auf ca. 700 im Jahr 2000.[77] Dabei bietet im Normalfall ein sog. Content-Provider[78] einen Dienst an, in den sich der Spieler unter Angabe personenbezogener Daten und der E-

---

[73] Vgl. *Wilms*, S. 26, der daran anknüpfend auf S. 57 ff. - im Detail jedoch fragwürdige - Gestaltungsvorschläge zur Verlegung der Lotterieveranstaltung ins Ausland unterbreitet, um eine Strafbarkeit nach deutschem Glücksspielstrafrecht zu vermeiden.

[74] Vgl. OLG Köln GRUR 2000, 538, 539.

[75] Nach einem Bericht der *Süddeutschen Zeitung* vom 20.7.1999, S. V2/12 gilt Antigua als „das Las Vegas des Internet-Glücksspiels". Bereits 41 virtuelle Casinos und Buchmacher sollen dort lizenziert sein (vgl. auch *Klengel/Heckler*, CR 2001, 243, 244, Fn. 10).

[76] Vgl. z.B. die wettbewerbsrechtliche Entscheidung OLG Hamburg AfP 2000, 285, die sich auf das Internet-Casino der venezolanischen Firma World Wide Online Services bezieht, das über die Homepage „http://www.goldenjackpot.com" auch deutschen Spielern die Teilnahme an verschiedenen Glücksspielen - wie z.B. Roulette - ermöglichte, indem von der Leitseite eine Verzweigung auf eine vollständig deutschsprachige Spielversion erfolgte.

[77] Vgl. *Leupold/Bachmann/Pelz*, MMR, 2000, 648.

[78] Darunter versteht man einen Provider, der eigene Daten auf einem eigenen oder fremden Rechner anbietet. Da für den Content-Provider, der inhaltsbezogene Leistungsangebote zur Verfügung stellt, aufgrund seiner Verantwortlichkeit für eigene Inhalte gem. § 5 I des Teledienstegesetzes (TDG) uneingeschränkt die allgemeinen Strafgesetze gelten, stellt sich hier nicht die Frage nach einer Einschränkung der Strafbarkeit nach § 5 II TDG oder einer Straffreiheit nach § 5 III TDG. Zur Filterfunktion des § 5 TDG und zum allgemeinen Problem der Einschränkung der Strafbarkeit bei Internet-Delikten durch § 5 TDG vgl. z.B. die eingehende Darstellung bei *Park*, GA 2001, 23, 27 ff..

Mail-Adresse einloggt. Der Einsatz wird in der Regel über Kreditkarte oder ein zuvor eingerichtetes Wettkonto getätigt.[79]

Der in § 3 StGB niedergelegte Territorialitätsgrundsatz beschränkt den Geltungsbereich des deutschen Strafrechts auf Inlandstaten, die innerhalb der Grenzen der Bundesrepublik Deutschland begangen werden. Die Frage nach dem damit angesprochenen Tatort wird von § 9 StGB beantwortet. Danach liegt dem deutschen Strafrecht das sog. Ubiquitätsprinzip zugrunde, wonach eine Tat dann eine Inlandstat darstellt, wenn entweder der Handlungsort (§ 9 I Alt. 1 und Alt. 2 StGB) oder der Erfolgsort (§ 9 I Alt. 3 StGB) im Inland liegen.[80] Demgemäß gelten bei den sog. Distanzdelikten, bei denen der Ort der Handlung und der Ort des Erfolgseintritts auseinander fallen und, beide als Tatort.[81]

Hinsichtlich der Glücksspieldelikte der §§ 284, 287 StGB ist strittig, ob bei Internet-Glücksspielen, die von ausländischen Veranstaltern angeboten werden, der Handlungsort (vgl. unten aa.) oder der Erfolgsort (vgl. unten bb.) im Inland liegen, so dass die deutsche Strafgewalt gegeben ist.

aa) Inländischer Handlungsort i.S.d. § 9 I Alt. 1 bzw. Alt. 2 StGB?

Als Handlungsort i.S.d. § 9 I Alt. 1 bzw. Alt. 2 StGB ist grundsätzlich nur der Ort anzusehen, an dem der Täter bei der Tatbegehung körperlich anwesend ist.[82] Ein „Handeln" des Täters ist im Falle der Einrichtung eines www-Glücksspielangebotes somit nicht an der Vielzahl von Orten gegeben, an denen die Seite abgerufen werden kann.[83]

Cornils[84] will jedenfalls bei den abstrakten Gefährdungsdelikten den Handlungsbegriff im Hinblick auf die technischen Besonderheiten der Datenübermittlung im Internet erweiternd auslegen. Sie will bei Online-Delikten neben dem Aufenthaltsort des Täters auch den Standort des Servers, auf dem der Täter seine Daten für den Nutzer zum Abruf bereitstellt, als Handlungsort ansehen.[85] Dies hätte zur Folge, dass ein Glücksspielanbieter auch in Deutschland handeln würde, wenn er die entsprechende Glücksspielseite vom Ausland aus gezielt auf einem deutschen Server für den Nutzer zum Abruf ablegt.[86] *Cornils*[87] begründet ihre

---

[79] *Leupold/Bachmann/Pelz*, aaO..

[80] So *Leupold/Bachmann/Pelz*, MMR, 2000, 648, 652.

[81] Sch/Sch-*Eser*, § 9 Rdn. 3.

[82] Vgl. z.B. *Klengel/Heckler*, CR 2001, 243, 244; *Sieber*, NJW 1999, 2065, 2067; aA hingegen *Wilms*, S. 39, 41, der für § 287 I StGB maßgebend darauf abstellt, an welchem Ort die auf das Zustandekommen eines Lotterievertrages gerichtete Willenserklärung des ausländischen Lotterieunternehmens zivilrechtlich nach § 130 I BGB zugeht. Er sieht folglich eine Strafbarkeit nach deutschem Strafrecht als gegeben an, solange nicht Angebot wie auch Annahme im Ausland stattfinden. Dabei verkennt *Wilms* jedoch, dass die von ausländischen Lotterieveranstaltern angebotenen Spielverträge in der Regel nicht dem deutschen Zivilrecht unterliegen, so dass hier nicht auf die Zugangsregeln des § 130 I BGB abgestellt werden kann.

[83] Ausführlich *Sieber*, NJW 1999, 2065, 2070; ihm folgend *Klengel/Heckler*, aaO..

[84] *Cornils*, JZ 1999, 394, 396.

[85] Ihr folgend Sch/Sch-*Eser*, § 9 Rdn. 4 und 6.

[86] Nach *Klengel/Heckler*, CR 2001, 243, 244, Fn. 13, ist für die Internet-Casinos jedoch typisch, dass dieser

Auffassung damit, dass bei der Verbindung zweier, voneinander entfernt stehender Rechner im Netz die Handlung am jeweiligen Standort beider Rechner vorgenommen werde und damit räumlich auseinander falle. Dies entspreche der Situation bei den mehraktigen Delikten,[88] für die anerkannt sei, dass eine Tathandlung als Einheit betrachtet und dennoch an verschiedenen Orten begangen werden kann. Diese erweiternde Auslegung des Handlungsbegriffs verkennt jedoch, dass im Unterschied zu den mehraktigen Delikten der Speichervorgang bei einem Rechner automatisch erfolgt und folglich keinen weiteren Teilakt im Sinne menschlichen Tätigwerdens voraussetzt. Das Speichern auf dem Empfangsrechner ist daher nur ein äußeres Resultat der Tätigkeit, d.h. bloße Tatwirkung, nicht aber Teil einer einheitlichen Tathandlung.[89]

Unter dem Aspekt des Tätigkeitsortes findet das deutsche Strafrecht somit regelmäßig auf die im Ausland ansässigen Betreiber von Internet-Glücksspielen keine Anwendung.

bb) Inländischer Erfolgsort i.S.d. § 9 I Alt. 3 StGB?

Weitaus problematischer ist in diesem Zusammenhang, ob bei der Veranstaltung von Glücksspielen vom Ausland aus via Internet ein inländischer Erfolgsort i.S.d. § 9 I Alt. 3 StGB vorliegt, „an dem der zum Tatbestand gehörende Erfolg eingetreten ist". Zur Begründung eines derartigen inländischen Erfolgsortes werden bei abstrakten Gefährdungsdelikten, die über das Internet begangen werden, folgende kontroverse Auffassungen vertreten:[90]

(1) Die restriktive Auffassung der h.M.

Nach der restriktiven Auffassung der wohl h.M.[91] weisen die Glückspieltatbestände als abstrakte Gefährdungsdelikte keinen „zum Tatbestand gehörenden Erfolg" und damit keinen Erfolgsort i.S.d. § 9 I Alt. 3 StGB auf, sondern nur einen Tätigkeitsort der abstrakt gefährlichen Handlung. Auf der Grundlage dieser Auffassung, macht sich ein Glücksspielveranstalter, der sein Spielangebot vom Ausland aus auf einem dort stehenden Server ins Internet stellt, nicht nach deutschem Recht strafbar.

Einzelne Vertreter dieser Auffassung bedauern dieses Ergebnis als kriminalpolitisch unerwünscht und halten es deshalb für dringend erforderlich, für den Bereich der Internet-Straftaten im Wege der Ergänzung der §§ 3 ff. StGB Kriterien zu definieren, welche einen über die bloße Abrufbarkeit von Deutschland aus hinausgehenden Bezug zum deutschen

---

Server im Ausland steht.

[87] *Cornils*, JZ 1999, 394, 396 f..

[88] Vgl. zu den mehraktigen Delikten z.B. *Jescheck/Weigend*, AT, S. 178, 711.

[89] So zutreffend *Leupold/Bachmann/Pelz*, MMR, 2000, 648, 652.

[90] Vgl. jetzt und im Folgenden: *Klengel/Heckler*, CR 2001, 243, 247 f. sowie *Leupold/Bachmann/Pelz*, MMR, 2000, 648, 652 ff..

[91] Vgl. allgemein zu abstrakten Gefährdungsdelikten z.B. OLG München StV 1991, 504; KG NJW 1999, 3500; *Koch*, GA 2002, 703, 705 m.w.N.; *Lackner/Kühl*, § 9 Rdn. 2; LK-*Gribbohm*, § 9 Rdn. 20; Sch/Sch-*Eser*, § 9 Rdn. 20; *Tröndle/Fischer*, § 9 Rdn. 3; vgl. speziell zu den Glücksspieltatbeständen z.B. *Klengel/Heckler*, CR 2001, 243, 248 f.; *Leupold/Bachmann/Pelz*, MMR, 2000, 648, 654, *Wilms*, S. 40 f..

Territorium herstellen und eine Ausdehnung der deutschen Strafgewalt auf derartige Internetdelikte rechtfertigen können.[92] Im Gegensatz dazu hält *Koch*[93] eine Selbstbeschränkung des deutschen Gesetzgebers, eine allmähliche Angleichung der Strafrechtsordnungen sowie Appelle an die Selbstkontrolle der Internet-Unternehmen für erfolgversprechender als die Aufstellung undurchsetzbarer nationalstaatlicher Zuständigkeitsbehauptungen. Letztlich würde eine derartige Anpassung des deutschen Strafrechts an international durchsetzbare Minimalstandards eine Kapitulation vor der Macht des Faktischen bedeuten.[94]

(2) Die extensive Auslegung des „zum Tatbestand gehörenden Erfolgs"

Die „extensive" Gegenauffassung[95] sieht hingegen einen Erfolgsort i.S.d. § 9 StGB bei abstrakten Gefährdungsdelikten überall dort begründet, wo sich die tatbestandlich abstrakte Gefahr realisieren kann. Damit es nicht zur uneingeschränkten Anwendbarkeit des deutschen Strafrechts auf alle weltweit begangenen abstrakten Gefährdungsdelikte im Internet kommt,[96] wird diese Auffassung zum Teil[97] in subjektiver Hinsicht durch das Postulat eingeschränkt, dass der Täter zielgerichtet gerade in Deutschland eine Wirkung seines Handelns hervorrufen will. Aus demselben Grund wird ferner teilweise ein objektiver Anknüpfungspunkt im Inland in Form einer sog. territorialen Spezifizierung verlangt.[98] Eine solche territoriale Spezifizierung sollen Internetpublikationen dann aufweisen, wenn sie in deutscher Sprache[99] erscheinen, sich speziell auf deutsche Sachverhalte oder Personen beziehen oder

---

[92] So ausdrücklich *Leupold/Bachmann/Pelz*, MMR, 2000, 648, 654; ähnliche Tendenz bei *Klengel/Heckler*, CR 2001, 243, 249.

[93] *Koch*, GA 2002, 703, 713, schlägt – nachdem er mehrere mögliche Reformansätze zur Bestimmung der deutschen Strafrechtszuständigkeit bei grenzüberschreitenden Kommunikationsdelikten verworfen hat (S. 708 ff.) - als nationale Selbstbeschränkung die Ergänzung des § 9 StGB um folgenden Abs. III vor: „Ist eine Tat durch die Verbreitung von Informationen in weltweiten Datennetzen (Internet) begangen worden, so gilt das deutsche Strafrecht vorbehaltlich § 6 StGB nur dann, wenn der Täter vom Inland aus gehandelt hat."

[94] Dies räumt *Koch*, aaO., in Fn. 68 unter Hinweis auf ein entsprechendes – auf Pornographie bezogenes - Fazit von *Hörnle* (NJW 2002, 1013) selbst ein.

[95] Vgl. z.B. *Beisel/Heinrich*, JR 1996, 95, 96; *Heinrich*, GA 1999, 72, 77 ff., 83 f.; *Martin*, ZRP 1992, 19, 20 f.; wohl auch *Voßkuhle*, VerwArch 87 (1996), 395, 430, der als nahe liegenden Standpunkt ansieht, „daß ein Erfolgsort beim Anbieten von Glücksspielen dort liegt, wo der jeweilige Spieler die konkrete Spielhandlung (Einsatz, Aussage über Spielablauf) vornimmt, ...".

[96] Eine solche uneingeschränkte Anwendbarkeit des deutschen Strafrechts auf alle weltweit begangenen abstrakten Gefährdungsdelikte im Internet würde zum einen gegen völkerrechtliche Grundsätze verstoßen, wonach der der Strafanspruch eines Staates bei Sachverhalten mit Auslandsbezug nur dann anerkannt werden kann, wenn ein sinnvoller Anknüpfungspunkt zum eigenen Staat besteht, eine äußerst weit reichende Verfolgungspflicht der deutschen Behörden (vgl. § 152 II StPO) entstehen lassen und zudem Kollisionsprobleme wegen der ebenso unbegrenzten Jurisdiktion zahlreicher anderer Staaten schaffen (vgl. z.B. *Leupold/Bachmann/Pelz*, MMR, 2000, 648, 654 m.w.N.).

[97] Vgl. z.B. *Collardin*, CR 1995, 618, 621; *Engel*, AfP 1996, 220, 226.

[98] *Hilgendorf*, NJW 1997, 1873, 1876 f.; ähnlich *Breuer*, MMR 1998, 141, 144.

[99] Das OLG Hamburg CR 2003, 56, hat im Fall einer englischen Internet-Sportwettenanbieterin die Anwendbarkeit des deutschen Strafrechts deshalb bejaht, weil diese ihre Leitwebseite in deutscher Sprache verfasst und dadurch „ihr Produkt zumindest auch gezielt zur Nutzung auf dem deutschsprachigen Markt ausgerichtet" hat.

sich ausdrücklich an deutsche Nutzer wenden.[100] Eine gem. §§ 3, 9 I Alt. 3, 284 I StGB strafbare Veranstaltung mit Erfolgsort im Inland liegt somit nach dieser Auffassung bei grenzüberschreitenden bzw. ausländischen Glücksspielangeboten mit territorialer Spezifizierung regelmäßig bereits dann vor, wenn für die Nutzer das Glücksspielangebot - der Zielrichtung des Veranstalters entsprechend - über das Internet oder andere Medien in der Weise frei zugänglich ist, dass die direkte Teilnahme am deutschen Abrufort ermöglicht wird.[101]

(3) Der „Tathandlungserfolg" als Lösungsansatz *Siebers*

Nach einem von *Sieber*[102] entwickelten neuen Lösungsansatz soll als Erfolg i.S.d. § 9 I Alt. 3 StGB auch ein sog. „Tathandlungserfolg" anzuerkennen sein, wenn der Täter zwar im Ausland handelt, die vom Tatbestand beschriebene Handlung sich jedoch im Inland realisiert. Dazu müssen die Daten jedoch im Wege sog. Push-Technologien - z.B. durch Versand einer E-Mail oder Speichern von Daten auf einem deutschen Server - aktiv an Computersysteme in Deutschland übermittelt werden. Kein im Inland eintretender „Tathandlungserfolg" soll hingegen vorliegen, wenn die Daten auf einem ausländischen Server gespeichert werden und nur im Wege sog. Pull-Technologien von Deutschland aus abgerufen werden können.

(4) Eigene Stellungnahme

Die genannten Literaturauffassungen zum Vorliegen eines inländischen Erfolgsortes gem. § 9 I Alt. 3 StGB bei Veranstaltung eines Internet-Glücksspiels vom Ausland sind unter Berücksichtigung der aktuellen BGH-Rechtsprechung zu dieser Norm wie folgt zu bewerten:

Der extensiven Auslegung des § 9 I Alt. 3 StGB wird entgegengehalten, eine Gleichsetzung des „Erfolgsorts" mit dem „abstrakten Gefährdungsort" könne aus dogmatischen Gründen nicht überzeugen.[103] Sie verkenne, dass bei abstrakten Gefährdungsdelikten eine über die Tathandlung hinausgehende Gefahr oder der Eintritt des Verletzungserfolges gerade nicht erforderlich sei und daher auch nicht tatortbegründend wirken könne.[104] Bei den abstrakten Gefährdungsdelikten komme es materiell allein auf die ex ante zu beurteilende abstrakte Gefährlichkeit der Tathandlung an. Diese Gefährlichkeit sei nur Attribut der gesetzlich umschriebenen Handlung, nicht aber ihr „Erfolg" als ein weiteres zur Tathandlung hinzukommendes Merkmal.[105]

Der BGH[106] hat am 12.12.2000 für den Fall einer sog. Online-„Auschwitzlüge" entschieden, dass das deutsche Strafrecht jedenfalls für das abstrakt-konkrete Gefährdungsdelikt der

---

[100] Vgl. *Klengel/Heckler*, CR 2001, 243, 247.

[101] So im Ergebnis auch LK-*v.Bubnoff*, § 287 Rdn. 19.

[102] *Sieber*, NJW 1999, 2065, 2068 f..

[103] *Klengel/Heckler*, CR 2001, 243, 248.

[104] *Leupold/Bachmann/Pelz*, MMR, 2000, 648, 653.

[105] *Klengel/Heckler*, aaO..

[106] Jetzt und im Folgenden: BGH CR 2001, 260, 261.

Volksverhetzung nach § 130 I und III StGB auch in den Internetfällen gilt, weil der zum Tatbestand gehörende Erfolg i.S.d. § 9 I Alt. 3 StGB eingetreten sei. Dabei hat der erkennende 1. Senat ausdrücklich die Frage offen gelassen,[107] ob bei rein abstrakten Gefährdungsdelikten ein Erfolgsort jedenfalls dann anzunehmen wäre, wenn die Gefahr sich realisiert hat. Er hat jedoch darauf hingewiesen, dass sich die Auslegung des Merkmals „zum Tatbestand gehörender Erfolg" an der ratio legis des § 9 StGB ausrichten müsse. Diese sei darin zu sehen, dass deutsches Strafrecht - auch bei Vornahme von Tathandlungen im Ausland - Anwendung finden solle, sofern es im Inland zur Schädigung von Rechtsgütern oder zu Gefährdungen komme, deren Vermeidung Zweck der jeweiligen Strafvorschrift sei.[108] Daraus folge, dass das Merkmal „zum Tatbestand gehörender Erfolg" nicht ausgehend von der Begriffsbildung der allgemeinen Tatbestandslehre ermittelt werden könne.[109] Vielmehr sei bei abstrakt-konkreten Gefährdungsdelikten - die unter dem hier relevanten rechtlichen Gesichtspunkt des Erfolgsorts mit konkreten Gefährdungsdelikten vergleichbar seien, weil der Gesetzgeber auch hier eine zu vermeidende Gefährdung ausdrücklich im Tatbestand der Norm bezeichne - ein Erfolg i.S.d. § 9 StGB dort eingetreten, wo die konkrete Tat ihre Gefährlichkeit im Hinblick auf das im Tatbestand umschriebene Rechtsgut entfalten kann.

Auch wenn sich der BGH einer Aussage hinsichtlich der abstrakten Gefährdungsdelikte bewusst enthalten hat, ergibt sich aus der o.g. ratio legis des § 9 StGB, dass auch bei diesen von einem „zum Tatbestand gehörenden Erfolg" gesprochen werden kann, wenn es im Inland zur Schädigung von Rechtsgütern oder zu Gefährdungen kommt, deren Vermeidung Zweck der jeweiligen Strafvorschrift ist. Es muss insoweit bei grenzüberschreitender Internetkriminalität geprüft werden, ob das Verhalten des ausländischen Täters typischerweise[110] geeignet ist, ein von einem deutschen Straftatbestand geschütztes Rechtsgut im Inland zu gefährden bzw. zu verletzen.[111] Eine Verletzung des durch die §§ 284 ff. StGB nach hier vertretener Auffassung primär geschützten öffentlichen Interesses an einem unter staatlicher Kontrolle, Kanalisierung und Begrenzung stehenden Glücksspielwesen in Deutschland bzw. eine massive Gefährdung des jedenfalls mittelbar geschützten Individualvermögens der deutschen Mitspieler und damit ein „zum Tatbestand gehörender Erfolg" i.S.d. §§ 284 I, 9 I Alt. 3 StGB beim grenzüberschreitend vom Ausland aus veranstalteten Internet-Glücksspiel liegt jedenfalls dann typischerweise vor, wenn - der Zielrichtung des Veranstalters entsprechend - eine territoriale Spezifizierung in der Form zu bejahen ist, dass das Internet-Spielangebot in deutscher Sprache erfolgt oder den Nutzern in sonstiger Weise die direkte Teilnahme am deutschen Abrufort ermöglicht wird. Eine strafbare Veranstaltung eines illegalen Glücksspiels im Inland i.S.d. §§ 284 I, 3, 9 I Alt. 3 StGB ist bei grenzüberschreitenden Internet-Glücksspielen hingegen mangels territorialer Spezifizierung zu verneinen, wenn ein auf einer ausländischen Internet-Seite eingerichtetes fremdsprachiges Glücksspielangebot lediglich für

---

[107] *Koch*, GA 2002, 703, 708 bezeichnet dieses Verhalten des BGH angesichts der bestehenden Rechtsunsicherheit bei den abstrakten Gefährdungsdelikten zu Recht als „kritikwürdig"

[108] So auch BGHSt 42, 235, 244 und LK-*Gribbohm*, § 9 Rdn. 24.

[109] In BGH CR, 2001, 260, 261 f., weist der BGH zutreffend darauf hin, dass auch sonst der Begriff des Erfolgsorts im Strafgesetzbuch nicht im Sinne der allgemeinen Tatbestandslehre verstanden werde, so z.B. bei den §§ 13 und 78a S. 2 StGB.

[110] Durch diese Einschränkung des Merkmals der „Geeignetheit" wird dem Bestimmtheitsgrundsatz des Art. 103 II GG Genüge getan (vgl. *Vassilaki*, CR 2001, 262, 264).

[111] Vgl. *Vassilaki*, aaO..

Nutzer in Deutschland abrufbar ist und der ausländische Veranstalter bei der konkreten Abwicklung der Vertragsbeziehungen ausdrücklich oder konkludent eine tatsächlich praktizierte Selbstbeschränkung auf bestimmte Staaten unter Ausschluss u.a. Deutschlands vornimmt, so dass Internet-Nutzer in Deutschland nicht am Spiel teilnehmen können.

Die restriktive Auslegung der h.M., dass abstrakte Gefährdungsdelikte keinen Erfolgsort i.S.d. § 9 I StGB haben könnten, überzeugt hingegen nicht. Diese Verneinung des Erfolgsortes stützt sich ersichtlich auf den geänderten Wortlaut des § 9 StGB. Durch das 2. StrRG vom 4.7.1969[112], das am 1.1.1975[113] in Kraft getreten ist, wurde der Erfolgsort nicht mehr nur mit dem „Erfolg", sondern mit dem „zum Tatbestand gehörenden Erfolg" umschrieben. Allerdings war das Ziel der Gesetzesänderung nicht, eine Begrenzung des § 9 I Alt. 3 StGB auf Erfolgsdelikte vorzunehmen. Das Merkmal „zum Tatbestand gehörender Erfolg" sollte lediglich klarstellen, dass der Eintritt des Erfolges in enger Beziehung zum Straftatbestand zu sehen ist.[114] Das Merkmal „zum Tatbestand gehörender Erfolg" kann somit nicht ausgehend von der Begriffsbildung der allgemeinen Tatbestandslehre ermittelt werden, sondern ist entsprechend der o.g. ratio legis des § 9 StGB eigenständig[115] zu bestimmen mit der Folge, dass auch abstrakte Gefährdungsdelikte einen „zum Tatbestand gehörender Erfolg" i.S.d. § 9 I Alt. 3 StGB haben können.

Der Ansatz *Siebers* vermag ebenfalls nicht zu überzeugen, da dessen Konstruktion eines von der Tathandlung gelösten sog. „Tathandlungserfolges" letztlich zu einer Missachtung der vom Gesetzgeber in § 9 I StGB vorgenommenen Differenzierung zwischen dem „Tätigkeitsort" und dem „Erfolgsort" als unterschiedlichen Anknüpfungspunkten für den Tatort führt.[116]

Im Ergebnis ist demnach der am Sinn und Zweck der Norm orientierten extensiven Auslegung des § 9 I Alt. 3 StGB zu folgen. Ein im Ausland zugelassener Glücksspielunternehmer macht sich folglich nach § 284 I StGB strafbar, wenn er - obwohl er nicht die erforderliche Erlaubnis der zuständigen deutschen Behörden besitzt - seine Glücksspiele via Internet-Spielangebot in deutscher Sprache anbietet oder Internet-Nutzern in sonstiger Weise die direkte Teilnahme am deutschen Abrufort ermöglicht. Erst recht ist die Übersendung von Spielscheinen[117] durch einen ausländischen Veranstalter an einzelne Spielteilnehmer nach Deutschland als Veranstalten i.S.d. § 284 I StGB zu werten, wenn in dieser Handlung bereits ein konkretes Spielangebot liegt.

---

[112] BGBl. I 1969, 717.

[113] BGBl. I 1973, 909.

[114] So ausdrücklich BGH CR 2001, 260, 262 m.w.N..

[115] So auch *Vassilaki*, CR 2001, 262, 264.

[116] So *Klengel/Heckler*, CR 2001, 243, 248; ähnlich *Cornils*, JZ 1999, 394, 396; *Koch*, GA 2002, 703, 711: „Letztlich würden technische Zufälligkeiten über das anzuwendende Strafrecht entscheiden."

[117] OLG Köln GRUR 2000, 538, 539 f..

2.2. Die innere Tatseite bei § 284 I StGB

Beim Vorsatzdelikt des § 284 I StGB können insbesondere Fehlvorstellungen im Hinblick auf den Glücksspielcharakter eines Spiels und hinsichtlich des Vorliegens einer wirksamen behördlichen Erlaubnis strafrechtlich relevant werden.

a) Die vorsätzliche Tatbegehung

Der Vorsatz muss alle objektiven Tatbestandsmerkmale des § 284 StGB umfassen, d.h. auch die Öffentlichkeit oder die Voraussetzungen des Abs. II, den Mangel der Erlaubnis und die das Glücksspiel charakterisierenden Eigenschaften.[1] Bedingter Vorsatz genügt.

b) Tatbestands- und Verbotsirrtum

Wenn Fehlvorstellungen des Handelnden über das Tatbestandsmerkmal „Glücksspiel" vorliegen, ist fraglich, ob insoweit ein vorsatzausschließender Tatbestandsirrtum oder nur ein Verbotsirrtum i.S.d. § 17 StGB gegeben ist. Ein Tatbestandsirrtum liegt hier nur vor, wenn der Handelnde die tatsächliche Charakteristik des Spiels nicht erfasst hat[2], wenn er beispielsweise irrig annimmt, die Spieler könnten durch Geschicklichkeit den Spielausgang beeinflussen.[3] Wenn der Täter jedoch bei Kenntnis der maßgeblichen tatsächlichen Umstände irrig annimmt, dass bestimmte Spiele keine Glücksspiele seien, liegt hingegen eine Fehlvorstellung über die rechtliche Klassifizierung als Glücksspiel und somit lediglich ein Subsumtionsirrtum vor.[4]

Im Einzelfall kann problematisch sein, wie ein Irrtum über das „Fehlen der behördlichen Erlaubnis" einzustufen ist. Hier kommt es ebenfalls nach den allgemeinen Grundsätzen maßgeblich auf die Parallelwertung in der Laiensphäre an.[5] Ein Irrtum über die Reichweite der verwaltungsrechtlichen Wirksamkeit einer *erteilten* Genehmigung betrifft den Vorsatz. Ein strafloser Tatbestandsirrtum liegt somit bei der irrigen - selbst fahrlässigen - Annahme vor, eine wirksame glücksspielrechtliche Erlaubnis der zuständigen Behörde zu besitzen.[6] Soweit in der Vergangenheit in diesem Fall vereinzelt[7] unzutreffend Verbotsirrtum angenommen wurde, lag dies daran, dass die behördliche Erlaubnis dogmatisch verfehlt[8] als Rechtferti-

---

[1] *Lackner/Kühl*, § 284 Rdn. 13.

[2] SK-*Hoyer*, § 284 Rdn. 23.

[3] Sch/Sch-*Eser/Heine*, § 284 Rdn. 23.

[4] LK-*v.Bubnoff*, § 284 Rdn. 23; Sch/Sch-*Eser/Heine* § 284 Rdn. 23; SK-*Hoyer*, § 284 Rdn. 23.

[5] SK-*Hoyer*, § 284 Rdn. 23.

[6] LK-*v.Bubnoff*, § 284 Rdn. 23; *Tröndle/Fischer*, § 284 Rdn. 15.

[7] Verbotsirrtum nahmen z.B. an: OLG Karlsruhe NJW 1953, 1642; OLG Celle NJW 1969,2250 in einem Fall, in dem der Täter irrig annahm, dass Widerspruch und Anfechtungsklage gegen die Nichterteilung der gewerberechtlich gem. § 33d II GewO erforderlichen Unbedenklichkeitsbescheinigung des BKA aufschiebende Wirkung zukommt.

[8] Vgl. oben B.II.2.1.c.aa..

gungsgrund eingestuft wurde und nicht ihr Fehlen als negatives Tatbestandsmerkmal. Ein echter Verbotsirrtum liegt hingegen vor, wenn der Täter über die Erlaubnispflichtigkeit des Spiels irrt[9], d.h. wenn er irrig annimmt, eine behördliche Erlaubnis sei nicht erforderlich.[10]

2.3. Täterschaft und Teilnahme

Außer der grundsätzlichen begrifflichen Abgrenzung kann bei den Tatmodalitäten des § 284 I StGB auch die Abgrenzung zwischen Täterschaft und Teilnahme erhebliche Rechtsprobleme aufwerfen. Dies betrifft sowohl Abgrenzungsfragen, die nachfolgend auf der Basis der Tatherrschaftslehre (unten a.) erörtert werden, als auch die Anwendbarkeit des § 14 StGB (unten b.) auf gesellschaftsrechtlich - insbesondere in der Rechtsform einer GmbH - organisierte Glücksspielunternehmen.

a) Abgrenzung nach der Tatherrschaftslehre

Im Folgenden werden - ohne auf Details des hinlänglich bekannten Theorienstreits einzugehen - Täterschaft und Teilnahme bei den einzelnen Tathandlungen des § 284 I StGB nicht aufgrund der subjektiven Theorie der Rechtsprechung,[11] gegen die insbesondere Bedenken im Hinblick auf den Bestimmtheitsgrundsatz und auf die Rechtssicherheit bestehen,[12] sondern auf der Basis der Tatherrschaftslehre[13] abgegrenzt, die bekanntlich - jedenfalls bei den sog. Herrschaftsdelikten[14] - die herrschende Auffassung in der Literatur ist. Dabei wird Tatherrschaft als finale Steuerung des tatbestandsmäßigen Geschehens im Sinne eines vom Vorsatz umfassten In-den-Händen-Halten des tatbestandsmäßigen Geschehensablaufs verstanden. Täter ist danach die „Zentralgestalt des Geschehens", die objektiv allein oder arbeitsteilig mit anderen[15] das „Ob" und „Wie" der Tatbestandsverwirklichung bestimmt und einen

---

[9] SK-*Hoyer*, § 284 Rdn. 23; aA *Meyer*, JuS 1983, 513, 515; *Rengier*, ZStW 101 (1989), 874, 884.

[10] LK-*v.Bubnoff*, § 284 Rdn. 23; Sch/Sch-*Eser/Heine*, § 284 Rdn. 23.

[11] Der BGH stellt in st.Rspr. (vgl. z.B. BGHSt 28, 346, 348 f.; 35,347; 40, 218, 236; 45, 270, 294; NStZ 1984, 413; NJW 1985, 1013; NStZ 1995, 285; NJW 1999, 2449) auf die Willensrichtung des Handelnden ab. Täter ist danach, wer einen Tatbeitrag mit Täterwillen leistet. Täterwillen (animus auctoris) besitzt, wer die Tat „als eigene" will, lediglich Teilnehmerwillen (animus socii) hingegen, wer die Tat „als fremde" veranlassen oder fördern will. Wesentliche Anhaltspunkte für den Täterwillen, die im Rahmen einer wertenden Gesamtbetrachtung zu würdigen sind, können nach der subjektiven Theorie der Rechtsprechung insbesondere der Grad des eigenen Interesses am Erfolg der Tat, der Umfang der Tatbeteiligung, die Tatherrschaft oder wenigstens der Wille zur Tatherrschaft sein (vgl. *Wessels/Beulke*, AT, § 13 II 4, Rdn. 516).

[12] Vgl. z.B. *Roxin*, StV 1986, 385.

[13] Vertreter der Tatherrschaftslehre, die auch materiell-objektive Theorie genannt wird, sind z.B. *Jescheck/Weigend*, AT, § 61 V; *Lackner/Kühl*, Vor § 25 Rdn. 4 ff.; *Otto*, Jura 1987, 246, 248; LK-*Roxin*, § 25 Rdn. 34 ff.; SK-*Hoyer*, § 25 Rdn. 12 ff. und *Wessels/Beulke*, AT, § 13 II 2 jeweils m.w.N.. Grundlegend zur Tatherrschaftstheorie: *Roxin*, Täterschaft und Tatherrschaft, S. 60 ff., und zur Entwicklung der Lehre von der Täterschaft und Teilnahme in der Gesetzgebung, Rechtsprechung und Wissenschaft, *ders*., aaO., S. 546 ff..

[14] Zu Übereinstimmungen und Unterschieden im Täterbegriff bei Herrschaftsdelikten und Pflichtdelikten vgl. z.B. *Roxin*, Täterschaft und Tatherrschaft, S. 379 ff..

[15] Die Tatherrschaft tritt bei unmittelbarem Tätigwerden gem. § 25 I Alt. 1 StGB als „Handlungsherrschaft", bei

entsprechenden Willen besitzt. Teilnehmer ist hingegen derjenige, der als „Randfigur des Geschehens" das „Ob" und „Wie" der Tatbestandsverwirklichung vom Willen eines anderen abhängig macht, und damit ohne eigene Tatherrschaft die Begehung der Tat veranlasst oder fördert.[16]

aa) Veranstalten

Hilgers[17] ist der Meinung, bei der Tatmodalität des „Veranstaltens" sei in der Regel die Zahl der als Gehilfen tätigen Personen beträchtlich größer als die Zahl der Täter bzw. Mittäter selbst. Daran ist richtig, dass bei einem illegalen Spielklub eine Vielzahl von Gehilfenhandlungen denkbar ist: Beihilfe zum Veranstalten eines Glücksspiels leisten typischerweise all jene Personen, die nicht zu den „Chefs", sondern in irgendeiner Weise zum „Personal" gehören, also z.B. Croupiers[18], sonstige Kassierer von Einsätzen, Bouleure (= Kugelwerfer) beim Roulette, sog. Türsteher oder Einlassgeber, sog. Anreißer oder Schlepper, aber auch sonstige Helfer wie Getränkekellner. Darüber hinaus kann Gehilfe des Veranstalters auch dessen Rechtsanwalt sein, wenn dieser gegenüber der Ordnungsbehörde durch bewusst wahrheitswidrige Angaben die gewerberechtliche Erlaubnis gem. § 33d GewO für einen Tarnspielbetrieb erschlichen hat. Dies ist dann als strafbare Unterstützung der Haupttat zu werten, wenn der Anwalt dabei subjektiv im Sinne bedingten Vorsatzes zumindest billigend in Kauf genommen hat, sein Mandant werde unerlaubte Glücksspiele veranstalten.[19]

Dennoch darf bei Personen, die zum „Personal" zu rechnen sind, nicht einfach aufgrund der Tatsache, dass sie nicht wie die eigentlichen „Chefs" am finanziellen Erfolg oder Risiko der Spielveranstaltung beteiligt sind, darauf geschlossen werden, dass sie stets nur Gehilfen sind, denn andernfalls würde die Unternehmereigenschaft - quasi durch die Hintertür - doch noch als Erfordernis des Veranstalterbegriffs eingeführt werden.

Es ist vielmehr stets im Einzelfall zu prüfen, ob Mittäterschaft vorliegt. Auch eine Person, die keine Gewinnbeteiligung aus dem Spielbetrieb erhält, kann nämlich in bestimmten Bereichen eigenverantwortlich und organisatorisch den äußeren Rahmen für die Abhaltung eines Glücksspieles schaffen. Das BayObLG[20] hat deshalb zu Recht einen Angeklagten als Mittäter des „Veranstaltens" gem. §§ 284 I, 25 II StGB verurteilt, der sich (als Strohmann[21] für

---

der mittelbaren Täterschaft gem. § 25 I Alt. 2 StGB als „Willensherrschaft" des Hintermannes oder als Herrschaft kraft überlegenen Wissens und bei der Mittäterschaft gem. § 25 II StGB als „funktionelle Tatherrschaft" der arbeitsteilig handelnden Mittäter in Erscheinung (vgl. *Wessels/Beulke*, AT, § 13 II 4, Rdn. 512).

[16] Näheres z.B. bei *Bottke*, Täterschaft und Gestaltungsherrschaft, S. 35 ff.; *Jescheck/Weigend*, AT, § 61 V; LK-*Roxin*, § 25 Rdn. 36; SK-Hoyer, vor § 25 Rdn. 11 und 15.

[17] *Hilgers*, S. 42.

[18] So ausdrücklich *Frank*, § 284a Anm.II.1; *Wilhelm*, S.14 f.: „Der Veranstalter ... läßt jedoch die eigentliche Abhaltung aller Spielhandlungen (Mischen der Karten, Verteilen usw.) durch eine andere Person vornehmen. ... Daher wird der Croupier (oder wie diese Person sonst bezeichnet werden mag) regelmäßig als Gehilfe des Veranstalters anzusehen sein."

[19] BGH wistra 1993,181, 182.

[20] BayObLGSt 1993, 8, 14.

[21] Die Erlaubnis zur Veranstaltung von Spielen i.S.d. §§ 33c, 33d GewO wird mangels Zuverlässigkeit in der Regel gem. § 33c II 2, 33 d III 2 GewO solchen Personen nicht erteilt, die während der letzten drei Jahre vor

die eigentlichen Betreiber) die Konzession für einen Spielklub erteilen ließ und anschließend als Croupier in diesem tätig war, wobei er anstatt nach den Regeln des genehmigten Beobachtungsspiels Roulette Opta I, nach den Regeln des reinen Glücksspiels Roulette spielen ließ. Die funktionelle Tatherrschaft kam ihm deshalb zu, weil er allein verantwortlich für die Einhaltung der Spielregeln war: Als Konzessionsinhaber war er allgemein gegenüber den Behörden verantwortlich für die Einhaltung der Spielregeln beim Roulette Opta I. Als Croupier hatte er darüber hinaus in jedem einzelnen Spiel über die Einhaltung der Regeln zu wachen.

Kein Veranstalter eines Glücksspiels ist jedoch der im Vorfeld des Veranstaltens tätig werdende Vermittler eines Glücksspiels. Die Frage nach der strafrechtlichen Verantwortlichkeit des Vermittlers stellt sich in der Praxis insbesondere in Fällen, in denen Sportwetten ins Ausland vermittelt werden. Die Strafvorschriften der §§ 5 und 6 RWLG differenzieren für Pferderennwetten ebenso wie die Ordnungswidrigkeitentatbestände der Länder für Sportwetten sprachlich durchweg zwischen dem Abschluss und der Vermittlung von Renn- bzw. Sportwetten.[22] Um Vermitteln handelt es sich, wenn ein Buchmacher Wetten an einen Totalisator oder einen anderen Buchmacher weitergibt oder wenn er die Wettaufträge im eigenen Namen, aber für fremde Rechnung ausführt.[23] Eine Subsumtion des Vermittelns unter den Begriff des „Veranstaltens" würde eine verfassungsrechtlich gem. Art. 103 II GG unzulässige Überschreitung der Wortlautgrenze bedeuten,[24] zumal der Bundestag bei der letzten Reform des Glücksspielrechts einen Vorschlag des Bundesrates,[25] auch die Vermittlung von Spielverträgen als weitere Tathandlung in § 287 I StGB aufzunehmen, mit der Begründung abgelehnt hat, es handle sich hier um einen Vorgang, der lediglich dem organisatorischen Innenbereich des anbietenden Unternehmens und damit dem - nach überkommener Interpretation des § 286 StGB a.F. - straflosen Vorfeld des Veranstaltens zuzurechnen sei.[26] Veranstalter eines illegalen Glücksspiels ist in derartigen Fällen ausschließlich der Unternehmer im Ausland, der Wettvertragspartner der deutschen Kunden wird. Der Vermittler kann jedoch ggf. Bereitsteller von Einrichtungen gem. § 284 I 3.Alt. StGB sein[27] oder dem illegalen Glücksspielveranstalter nach den allgemeinen Grundsätzen Beihilfe[28] gem. §§ 284 I, 27 StGB zu dessen Haupttat leisten.[29] Je nach der Zielrichtung der Vermittlertätigkeit, kann somit eine als Beihilfe zu wertende Unterstützungsleistung für den Veranstalter oder auch für den

---

Antragstellung wegen eines Verbrechens, wegen Diebstahls, Unterschlagung, Erpressung, Hehlerei, Betruges, Untreue, unerlaubter Veranstaltung eines Glücksspiels, Beteiligung am unerlaubten Glücksspiel oder wegen Vergehens nach § 12 des Jugendschutzgesetzes rechtskräftig verurteilt worden sind.

[22] *Wrage*, JR 2001, 405, 406 m.w.N. in der dortigen Fn. 33.

[23] Erbs/Kohlhaas-*Wache*, R 70, § 2 RWLG Rdn. 6.

[24] *Wrage*, aaO..

[25] Siehe BR-Drs. 164/2/97, S. 33.

[26] Vgl. ausführlich *Wilms*, S. 34 f. m.w.N..

[27] BGH wistra 2003, 145, 146.

[28] Nach der kartellrechtlichen Entscheidung BGH WM 1999, 1373, 1375 f. im Fall „Faber" ist die Tatalternative des Werbens gem. § 284 IV StGB bei der Glücksspielvermittlung nicht anwendbar. Diese wäre zudem gegenüber der Beihilfe zum Veranstalten subsidiär.

[29] So auch *Ohlmann*, WRP 1998, 1043, 1053 unter Hinweis auf eine entsprechende lotterierechtliche Entscheidung des Reichsgerichts aus dem Jahr 1882 (RGRspr. III, 728 f.).

Spielteilnehmer gem. §§ 285, 27 StGB vorliegen.[30] Ferner kommt auch die Verwirklichung des subsidiären Werbetatbestandes des § 284 IV StGB durch den Vermittler in Betracht.[31]

Zusammenfassend lässt sich also Folgendes feststellen: In der Regel ist Täter des „Veranstaltens" der wirtschaftliche Unternehmer des Glücksspiels, auf dessen Rechnung der Spielbetrieb geht und der als „Chef" dem „Personal" Anweisungen erteilen kann. Ausnahmsweise kann aber auch ein Mitglied des „Personals" ohne eigene Gewinnbeteiligung Mittäter gem. §§ 284 I Alt.1, 25 II StGB sein, wenn es in einem bestimmten Bereich die Durchführung des Glücksspiels eigenverantwortlich ermöglicht, z.B. weil es für Einhaltung der Spielregeln die allein verantwortliche Person ist. Der Vermittler eines Glücksspiels ist - je nach der Zielrichtung seiner Unterstützungshandlung - in der Regel Gehilfe des Veranstalters gem. §§ 284 I, 27 StGB oder des illegalen Spielers gem. §§ 285, 27 StGB. Im Einzelfall kann er auch nach der vorrangigen Tatbestandsalternative des § 284 I 3.Alt StGB oder wegen Verwirklichung des subsidiären § 284 IV StGB als Täter strafbar sein.

bb) Halten

Auch bei der Tatvariante des „Haltens", welches hier als qualifizierte Form des Mitspielens verstanden wird, stellt sich die Frage, ob unter Umständen Mitglieder des „Personals" des illegalen Spielsalons nicht nur als Gehilfen, sondern sogar als Täter bzw. Mittäter in Frage kommen. Insbesondere für die Gruppe der sog. Croupiers besteht diese Abgrenzungsproblematik. Als Croupier kann man eine Person bezeichnen, die als Angestellter des Inhabers des Spielcasinos die Verluste der Spieler einzieht, deren Gewinne ausbezahlt und den äußeren Ablauf des Spiels überwacht.[32]

Fraglich ist, ob man im Fall des Tätigwerdens[33] eines solchen Croupiers, diesen oder seinen Arbeitgeber, den Inhaber des Spielsalons, oder sogar beide als Mittäter des „Haltens" eines Glücksspiels ansehen kann. Das BayObLG[34], natürlich der subjektiven Teilnahmetheorie der Rechtsprechung folgend, hält insoweit eine Mittäterschaft des Croupiers für möglich, wenn sein Tatbeitrag vom Mittäterwillen getragen ist. Ob ein solcher Mittäterwille (animus auctoris) vorliegt, soll wiederum maßgeblich vom Grad des eigenen Interesses des Croupiers am Erfolg, d.h. seinem eigenen finanziellen Interesse am Spielergebnis abhängen. Eine ähnliche Differenzierung findet sich auch bei *Meurer/Bergmann*, die jedoch entsprechend der Tatherrschaftslehre mehr auf das sachliche Gewicht des Tatanteils abstellen: Entscheidend sei, wer „spielt" und wer vom Ausgang des Spiels betroffen sei. Derjenige Croupier, der sich bei der Ausführung seiner Tätigkeit ohne einen eigenen Entscheidungsspielraum an die Weisungen seines Arbeitgebers zu halten habe und eine feste Vergütung erhalte, deren Höhe vom

---

[30] *Ohlmann*, WRP 2001, 672, 676.

[31] Vgl. BGH wistra 2003, 145, 146.

[32] DUDEN, Das große Wörterbuch der deutschen Sprache, Stichwort „Croupier", S.473; das DUDEN-LEXIKON von A-Z definiert Croupier hingegen einfach als „Gehilfe des Bankhalters beim Glücksspiel".

[33] Nach *Meurer/Bergmann*, JuS 1983, 668, 672 wird in der Regel „der Halter eines Spiels ein Mitglied des Personals des Veranstalters sein"; es ist demgegenüber jedoch vor allem in kleineren illegalen Spielklubs oft so, dass die Inhaber sich gleichzeitig auch als Halter bei den einzelnen Glücksspielen betätigen.

[34] BayObLGSt 1993, 8, 13.

Spielausgang nicht berührt werde, sei als bloßer Gehilfe seines das Glücksspiel tatsächlich mit seinem Vermögen haltenden Weisungsgebers zu qualifizieren.[35] Als Täter i.S.d. § 284 I Alt.2 StGB sei der Croupier hingegen dann anzusehen, wenn die Weisungen seines Arbeitgebers lediglich den Rahmen seiner Tätigkeit absteckten und ihm daher ein so großer Entscheidungsspielraum verbleibe, dass er das eigentliche Spiel selbst bestimmen könne, und wenn er zudem am Gewinn beteiligt werde.[36] Dieser Auslegung ist grundsätzlich zu folgen, denn die Kriterien der Entscheidungsfreiheit beim Spiel und der Gewinnbeteiligung weisen dem Handelnden beim „Halten" die Tatherrschaft zu und ermöglichen zudem eine eindeutige Abgrenzung.

Hinsichtlich des Inhabers des illegalen Spielcasinos geht die Rechtsprechung[37] ohne weiteres davon aus, dass dieser in jedem Fall auch Mittäter des „Haltens" sei, weil der Croupier allenfalls als Mittäter angesehen wird. Die Tatsache, dass das Spiel letztlich mit seinem Geld gehalten wird und ihm zudem in der Regel der Großteil des Gewinnes verbleibt, scheint auch hierfür zu sprechen.[38] Dennoch reicht dieser finanzielle Aspekt allein nicht aus, um eine Täterschaft hinsichtlich des Haltens zu begründen. Wesentlicher Aspekt dieser Tathandlung ist nämlich, dass hier eine qualifizierte Form des Mitspielens gefordert wird, d.h. der Täter muss das Spiel selbst leiten und für den eigentlichen Spielverlauf verantwortlich sein. Sofern der Croupier hinsichtlich des eigentlichen Mitspielens also weitgehend selbständig in seinen Entscheidungen bleibt, so ist allein er als Zentralgestalt und Täter des „Haltens" anzusehen, nicht hingegen sein Arbeitgeber. Dieses auf den ersten Blick verblüffend anmutende Ergebnis wird jedoch dadurch untermauert, dass überhaupt kein Bedürfnis besteht, den Inhaber der illegalen Spielbank unter allen Umständen als „Halter" zu bestrafen, da er, der als Geldgeber und wirtschaftlicher Unternehmer den äußeren Rahmen für den Spielbetrieb schafft, ja ohnehin bereits als „Veranstalter" strafbar ist. Zudem sollen mit der zweiten Tatalternative des § 284 I StGB gerade solche Personen erfasst werden, die andere dadurch zur Beteiligung am Glücksspiel verleiten, dass sie sich als Bankhalter zur Verfügung stellen, und damit erst diese Art von Glücksspielen ermöglichen.

Zusammenfassend ist demnach Täter i.S.v. § 284 I Alt.2 StGB, wer eigenverantwortlich, d.h. im wesentlichen frei von Weisungen das eigentliche Spiel selbst bestimmen kann und zumindest mittelbar über eine Gewinnbeteiligung zum Gläubiger der übrigen Mitspielenden wird. Auch ein Croupier kann somit unmittelbarer Täter sein, sofern er am Gewinn beteiligt ist und die nötige Entscheidungsfreiheit beim Spiel besitzt.

---

[35] Der Croupier beim Roulette sei deshalb in der Regel nur Gehilfe: Er leite und beaufsichtige das Spiel nur, ohne selbst Spielentscheidungen (Setzen auf eine bestimmte Zahl, etc.) treffen zu müssen.

[36] Der Croupier beim Kartenglücksspiel Baccara sei deshalb in der Regel Täter: Er spiele selbst mit. Da der Veranstalter hier auf einen gut spielenden Croupier angewiesen sei, beteilige er ihn typischerweise am Gewinn.

[37] Vgl. BayObLGSt 1993, 8, 13.

[38] Vgl. *Meurer/Bergmann*, JuS 1983, 668, 673.

cc) Bereitstellen von Einrichtungen

Ein spezielles Problem der Glücksspieldelikte ist die potentielle Strafbarkeit von Gastwirten, die weder Veranstalter noch Halter der in ihren Räumlichkeiten veranstalteten illegalen Glücksspiele sind. Hier ist zwischen verschiedenen Fallgruppen zu differenzieren:

Eindeutig als Täter gem. § 284 I Alt.3 StGB ist der Wirt dann zu bestrafen, wenn er den Spielern in positiver Kenntnis des Verwendungszwecks seine Räumlichkeiten (z.B. ein Hinterzimmer), Tische und Stühle sowie eventuell sogar die Spielutensilien (z.B. Spielkarten oder Würfel) zum unerlaubten öffentlichen oder gewohnheitsmäßigen Glücksspiel zur Verfügung stellt, d.h. wenn insoweit ein tätiges Handeln vorliegt.[39]

Umstritten ist jedoch die strafrechtliche Einordnung der Fallkonstellation, in der der Wirt lediglich bemerkt, dass einige seiner Gäste ohne sein Zutun begonnen haben, in seinen Räumlichkeiten dem unerlaubten Glücksspiel zu frönen und er dagegen nicht einschreitet, d.h. er das Glücksspiel nur passiv duldet. Teilweise[40] wird der Wirt auch hier als Täter des § 284 I Alt.3 StGB angesehen, teilweise[41] aber auch nur als Gehilfe eines Vergehens des § 284 StGB bzw. des § 285 StGB betrachtet, jeweils durch Unterlassen. Eine weitere Meinung[42] nimmt in einem solchen Fall sogar Straflosigkeit des Gastwirts an. Maßgeblich für die Entscheidung dieses Meinungsstreits ist letztlich die Frage, ob für den Wirt in der gegebenen Situation aufgrund einer Garantenstellung eine Rechtspflicht zum Handeln i.S.v. § 13 I StGB besteht. Man könnte insbesondere daran denken, dass der Gastwirt - auf Grund verantwortlicher Stellung in seinen Räumlichkeiten -[43] als Überwachungsgarant eine Pflicht zur Beaufsichtigung seiner Gäste hat, so dass er strafbare Handlungen in seinem „Herrschaftsbereich" nicht dulden darf, sondern derartigen Verhaltensweisen unverzüglich mit einschneidenden Maßnahmen begegnen muss.[44] Eine solche Rechtspflicht zum Einschreiten wird viel-

---

[39] St.Rspr. seit RGSt 56, 117.

[40] *Tröndle/Fischer*, § 284 Rdn. 13; LK-*v.Bubnoff*, § 284 Rdn. 13; *Amend*, in: Ulsamer (Hrsg.), S.369; *Seelig*, S.92 f..

[41] Beihilfe sowohl zu § 284 StGB als auch zu § 285 StGB nehmen an:
Sch/Sch-*Eser*, § 284 Rdn. 17; *Kummer*, 1977, S.16; *Geiger*, S.63 f.: "Fehlt es an einem Veranstalter, Halter oder Bereitsteller, so leistet der den Spielbetrieb duldende Wirt Beihilfe zu ... § 284 a StGB."

Nur für Beihilfe zu § 284 StGB:
Frank, § 284 Anm.I.3, von seinem Standpunkt aus konsequent, weil er Räumlichkeiten, Tische, usw. nicht als „Einrichtungen" ansieht.

Nur für Beihilfe zu § 285 StGB:
Lackner/Kühl, § 284 Rdn.11; *Maurach/Schroeder/Maiwald*, § 44 Rdn.11 sowie *Rebmann*, S.30 f,. der von Ingerenz ausgeht, wenn der Wirt die Karten in einen den Spielern zugänglichen Spielschrank legt. Hierin kann aber weder ein pflichtwidriges noch ein schadensnahes Vorverhalten des Wirts gesehen werden, da Karten auch für legale Unterhaltungsspiele verwendet werden können und es im alleinigen Verantwortungsbereich der Spieler liegt, ob sie damit ein legales Kartenspiel oder ein illegales Glücksspiel abhalten.

[42] *Füllkrug*, KR 1990,101, 103; *Votteler*, S.31 f.; erstmals bei *Lilienthal* Anm. zu BayObLG JW 1921,1085, 1086.

[43] Vgl. Sch/Sch-*Stree*, § 13 Rdn. 54 m.w.N.; LK-*Jescheck* § 13 Rdn. 44.

[44] *Molketin*, GewArch 1989,255, 259 führt folgende Beispiele solcher „einschneidender Maßnahmen" an: gezieltes Ansprechen bestimmter Personen, freiwillige Kontrollen, Ermahnungen durch Aushänge und Lautsprecher,

fach[45] aus den §§ 4 I Nr. 1, 15 I, II GaststättenG abgeleitet. Nach § 4 I Nr. 1 GaststättenG ist die Konzession für den Betrieb einer Gaststätte dann zu versagen, wenn Tatsachen die Annahme rechtfertigen, dass der Antragsteller befürchten lässt, dass er dem verbotenen Glücksspiel Vorschub leisten wird. In § 15 I, II GaststättenG sind Rücknahme und Widerruf einer bereits erteilten Erlaubnis unter denselben Voraussetzungen geregelt. Gegen diese Begründung einer strafrechtlich relevanten Überwachungspflicht des Gastwirts aus den §§ 4 I Nr. 1, 15 I, II GaststättenG spricht jedoch, dass es in diesen Vorschriften ausschließlich um präventive Maßnahmen der zuständigen Behörde zum Schutz der öffentlichen Sicherheit und Ordnung geht, die durch die persönliche Unzuverlässigkeit des Gastwirts typischerweise gefährdet sind. Indessen reichen die genannten Vorschriften keineswegs so weit, vom Gastwirt dieselbe Zuverlässigkeit wie von einem „Hilfspolizisten" zu verlangen.[46] Zudem ist der Gastwirt nicht einer oder mehreren Personen als Aufsichtsperson zur Seite gestellt. Weder ist es seine Aufgabe noch hat er die Möglichkeit, permanent seine Gäste daraufhin zu überwachen, dass sie keine Straftaten begehen.[47] Der Gastwirt hat somit mangels Bestehens eines Autoritäts- oder Aufsichtsverhältnisses keine strafrechtlich relevante Pflicht zur Überwachung der Disziplin seiner Gäste.[48] Mangels einer Garantenstellung[49] bleibt somit der Wirt, der gegen Gäste nicht einschreitet, die in seinen Räumlichkeiten ohne sein Zutun ein unerlaubtes Glücksspiel abhalten, straflos.

Dies bedeutet jedoch nicht, dass er auch für den Fall straflos bleibt, wenn er es duldet, dass sich Glücksspieler mit Regelmäßigkeit in seinem Lokal ein Stelldichein geben. Sei es, dass sich in etwa derselbe Personenkreis gewohnheitsmäßig zu einem bestimmten Zeitpunkt wöchentlich in seinen Gasträumen trifft, oder sei es, dass sich im Extremfall täglich Spiellustige dort einfinden. In derartigen Fällen kann nicht mehr von einem wiederholten straflosen Dulden gesprochen werden. Vielmehr liegt, wenn der Gastwirt hier - auf seinen Umsatz schielend - sehenden Auges nicht einschreitet, ein Zurverfügungstellen der Räumlichkeiten, Tische und Stühle zur Benutzung zum Glücksspiel durch schlüssiges Verhalten, und somit ein täterschaftliches „Bereitstellen von Einrichtungen" i.S.v. § 284 I Alt.3 StGB vor.

Hausverbote, Einholung von polizeilichem/behördlichem Rat.

[45] Vgl. RGSt 58, 299, 300 , wo noch die weitgehend inhaltsgleichen §§ 33 II, 53 II a.F. der GewO zitiert sind, hinsichtlich einer Verurteilung eines Wirtes aus § 259 StGB, weil er es unterließ gegen Gäste einzuschreiten, die in seinen Gasträumen Diebesbeute zum Verkauf ausgelegt hatten;
BGH NJW 1966, 1763 (= sog. Schamhaar-Entscheidung), in der der 5. Strafsenat eine Berliner Gastwirtin für verpflichtet hielt, die von ihr bemerkte Körperverletzung durch vier Stammgäste zum Nachteil einer jungen Frau, der u.a. das Kopfhaar sowie ein Teil der Schambehaarung abgeschnitten wurden, zu unterbinden; so auch *Molketin*, GewArch 1989, 255, 257, der einen Überblick über die potentiell strafrechtlich relevanten Schutzpflichten des Gastwirts gibt.

[46] *Landscheidt*, S. 109 f. : „Es kann den Vorschriften des Gaststättenrechts nicht etwa die strafrechtlich relevante Überwachungspflicht entnommen werden, jede noch so verbissen kämpfende Würfelrunde daraufhin zu kontrollieren, ob nicht vielleicht die harmlos scheinenden Zündhölzer jeweils Platzhalter für beträchtliche Geldsummen darstellen."; Sch/Sch-*Stree*, § 13 Rdn. 54; *Stratenwerth*, AT, Rdn. 1020 f..

[47] *Landscheidt*, aaO.

[48] *Landscheidt*, S. 110.

[49] *Füllkrug*, KR 1990, 101, 103.

In der Praxis stellt sich hier das Problem der Beweisbarkeit des Tätervorsatzes i.S.v. § 284 I Alt.3 StGB. Häufig wird sich der angeklagte Gastwirt in der Hauptverhandlung mit der Schutzbehauptung zu verteidigen versuchen, er habe gar nicht bemerkt, dass seine Gäste ein illegales Glücksspiel abgehalten hätten. Diese Einlassung kann ihm jedoch dann widerlegt werden, wenn er vorher durch zuverlässige Dritte - namentlich von Behörden (z.B. der Polizei oder dem Ordnungsamt) - vor dem „Treiben“ bestimmter Gäste gewarnt wurde und er dennoch keine wirksamen Gegenmaßnahmen ergreift.[50]

Zusammenfassend lässt sich also feststellen, dass ein Gastwirt mangels Garantenpflicht straflos bleibt, wenn er im Einzelfall eine Glücksspielrunde duldet, die sich ohne sein Zutun in seinem Lokal gebildet hat. Strafbar als Täter durch konkludentes Tun i.S.d. § 284 I Alt.3 StGB ist er hingegen dann, wenn er gegen regelmäßig in seinen Gasträumen stattfindendes Glücksspiel nicht einschreitet, vorausgesetzt ihm kann ein diesbezüglicher Vorsatz nachgewiesen werden.

b) Die Anwendbarkeit des § 14 StGB

Wird ein Glücksspiel- oder Lotterieunternehmen von einer juristischen Person oder in der Rechtsform einer Personengesellschaft betrieben, ist umstritten, ob es für die Feststellung der Täterschaft des Rückgriffs auf § 14 StGB bedarf.

Nach einer Auffassung[51] gilt hier § 14 StGB mit der Folge, dass eine Täterschaft nur in Betracht kommt, wenn auch dessen Voraussetzungen erfüllt sind. Nach h.M.[52] ist § 14 StGB hingegen im Falle der §§ 284, 287 StGB nicht anwendbar. Täter ist vielmehr unabhängig von den gesellschaftsrechtlichen Verantwortlichkeiten derjenige, der die Veranstaltungsorganisation und -durchführung verantwortlich Lenkende bzw. der daran tatherrschaftlich Mitwirkende.

§ 14 StGB ist von seiner Funktion her als Strafausdehnungsgrund zu verstehen, durch den zur Schließung von Strafbarkeitslücken der Täterkreis der Sonderdelikte erweitert wird.[53] Die Anwendbarkeit des § 14 StGB auf die Tatbestände der §§ 284 I, 287 I StGB hängt somit maßgeblich davon ab, ob es sich bei den Glücksspieltatbeständen um Sonderdelikte oder Gemeindelikte handelt. Denn § 14 StGB findet nur auf Sonderdelikte Anwendung, bei denen besondere persönliche Merkmale i.S.v. § 14 I StGB die Strafbarkeit begründen, mit Ausnahme derjenigen Sonderdelikte, bei denen die Auslegung ergibt, dass die Täterqualifikation bereits auf der Tatbestandsebene abschließend und unter Ausschluss des § 14 StGB geregelt ist.[54] Fraglich ist insoweit, ob „Veranstalten" und „Halten" in den §§ 284 I, 287 I StGB strafbegründende besondere persönliche Merkmale gem. § 14 I StGB sind, mit der Folge,

---

[50] Vgl. *Molketin*, GewArch 1989, 255, 258.

[51] So z.B. BayObLG NJW 1979, 2258, 2259; *Tröndle/Fischer*, § 287 Rdn. 1a.

[52] Vgl. z.B. *Meurer/Bergmann*, JuS 1983, 668, 673; LK-*Schünemann*, § 14 Rdn. 19 ff.; LK-*v.Bubnoff*, § 287 Rdn. 25.

[53] LK-*Schünemann*, § 14 Rdn. 1; AK-*Marxen*, § 14 Rdn. 2.

[54] LK-*Schünemann*, § 14 Rdn. 19.

dass diese Tatbestände Sonderdelikte des Glücksspiel- bzw. Lotterieunternehmers darstellen und § 14 auf dessen Organe und Beauftragte anzuwenden ist.

Eine solche Betrachtungsweise ist jedoch abzulehnen, da letztlich jedermann ein Glücksspiel veranstalten oder halten kann und die Merkmale „Veranstalten" und „Halten" nur die Tathandlungen der §§ 284 I, 287 I StGB umschreiben, nicht aber persönliche Eigenschaften, Verhältnisse oder Umstände in der Person des Täters. Bei Anwendung der Gegenmeinung würde § 14 StGB dazu führen, dass ein Beteiligter, der nach den allgemeinen Abgrenzungskriterien der Tatherrschaftslehre nur Teilnehmer wäre, als Täter bestraft würde.[55] Andererseits wäre danach der im Ausland sitzende Chef eines internationalen Glücksspielrings, der keine Organ- oder Vertreterstellung i.S.v. § 14 StGB in dem veranstaltenden Tarnunternehmen innehat, nur als Teilnehmer zu bestrafen. Folglich ist eine Anwendbarkeit des § 14 StGB auf die Glücksspieltatbestände abzulehnen.

---

[55] *Meurer/Bergmann*, JuS 1983, 668, 673.

2.4. Der Qualifikationstatbestand des § 284 III StGB

Durch das Gesetz zur Bekämpfung des illegalen Rauschgifthandels und anderer Erscheinungsformen der Organisierten Kriminalität (OrgKG) vom 15.07.1992[1] wurde dem § 284 StGB der Qualifikationstatbestand des Abs. III angefügt, der gegenüber dem Grundtatbestand des Abs. I einen deutlich erweiterten Strafrahmen aufweist.

a) ratio legis

Ein wesentliches Ziel des OrgKG war es, der Organisierten Kriminalität die finanziellen Ressourcen zu entziehen. Unter Organisierter Kriminalität versteht der Gesetzgeber[2] eine von Gewinnstreben bestimmte planmäßige Begehung von Straftaten durch mehrere Beteiligte, die auf längere oder unbestimmte Dauer arbeitsteilig

- unter Verwendung gewerblicher oder geschäftsähnlicher Strukturen,
- unter Anwendung von Gewalt oder anderer zur Einschüchterung geeigneter Mittel und
- unter dem Bemühen, auf Politik, Medien, öffentliche Verwaltung, Justiz oder Wirtschaft Einfluss zu nehmen,

zusammenwirken. Dieser Bereich der organisierten Begehungsweise, dessen Konturen für ein Tatbestandsmerkmal eines Strafgesetzes noch nicht ausreichend gefestigt sind, überschneidet sich in weitem Umfang mit der bandenmäßigen Begehung.[3]

Für den Gesetzgeber des OrgKG haben sich seinerzeit Anzeichen ergeben, dass die durch den illegalen Betäubungsmittelhandel erwirtschafteten Gelder nicht selten in andere gewinnträchtige kriminelle Aktivitäten transferiert werden, darunter auch der Betrieb illegaler Spielcasinos.[4] Überdies hat er das illegale Glücksspiel als für die Organisierte Kriminalität milieutypische Straftat angesehen.[5] Dies hat ihn dazu veranlasst, einen neuen Qualifikationstatbestand in § 284 III StGB einzuführen, der an die besonders organisationsverdächtigen Merkmale der gewerbsmäßigen und der bandenmäßigen Begehung anknüpft.[6] Im Interesse einer effektiven Gewinnabschöpfung eröffnete der Gesetzgeber dem Gericht bei bandenmäßiger Begehung gem. § 286 I 1 StGB die Möglichkeit, den erweiterten Verfall (§ 73d StGB) anzuordnen und eine - inzwischen vom

---

[1] Gesetz vom 15.07.1992 (BGBl. I, S. 1302 ff.).

[2] BT-Drs. 12/989, S. 24; leicht abweichend die landesrechtliche Definition in Art. 1 III Bayerisches Verfassungsschutzgesetz (BayVSG) vom 10.04.1997 (GVBl. 1997, S. 71), wo z.B. von „Gewinn- oder Machtstreben" die Rede ist und die planmäßig begangenen Straftaten „einzeln oder in ihrer Gesamtheit von erheblicher Bedeutung für die Rechtsordnung" sein müssen.

[3] BT-Drs. 12/989, aaO.

[4] BT-Drs. 12/989, S. 20.

[5] BT-Drs. 12/989, S. 24.

[6] Ähnlich ausgestaltete Qualifikationstatbestände hat das OrgKG auch bei anderen Straftatbeständen des StGB eingeführt, wie z.B. der Geldfälschung (§ 146), dem Menschenhandel (§ 181c), dem Bandendiebstahl (§ 244 III), dem schweren Bandendiebstahl (§ 244a III), der Bandenhehlerei (§ 260 I Nr. 2) der gewerbsmäßigen Bandenhehlerei (§ 260a III) oder der Geldwäsche (§ 261 VII 3).

BVerfG[7] durch Urteil vom 20.3.2002 wegen Verstoßes gegen Art. 103 II GG für verfassungswidrig erklärte - Vermögensstrafe (§ 43a StGB a.F.) zu verhängen. Bei gewerbsmäßiger Veranstaltung eines illegalen Glücksspiels ist immerhin noch gem. § 286 I 2 StGB die Anordnung des erweiterten Verfalls möglich.

b) Abs. III Nr. 1 gewerbsmäßiges Handeln

Die Gewerbsmäßigkeit ist ein subjektives Tatbestandselement[8] und ein besonderes persönliches Merkmal i.S.d. § 28 II StGB.[9] Gewerbsmäßigkeit ist nicht gleichbedeutend mit dem Begriff des selbständigen Gewerbes nach der GewO.[10] Gewerbsmäßig handelt derjenige, der sich durch die Tatbegehung, d.h. hier durch die Veranstaltung des illegalen Glücksspiels, eine laufende Einnahmequelle von einiger Dauer und einigem Umfang verschaffen will.[11] Dabei genügt schon eine einzige Tat, sofern nur der Täter die Absicht hat, sich durch wiederholte Begehung eine fortlaufende Einnahmequelle von einigem Umfang zu verschaffen.[12] Die Einnahmequelle braucht nicht den hauptsächlichen oder einen regelmäßigen Erwerb zu bilden.[13]

c) Abs. III Nr. 2: Handeln als Mitglied einer Bande

Die bandenmäßige Tatbegehung wirkt sich aufgrund ihrer besonderen Gefährlichkeit straferhöhend aus. Diese besondere Gefährlichkeit ergibt sich bei § 284 III Nr. 2 StGB zum einen aus der internen Selbstbindung der Beteiligten an das Zugesagte, so dass eine spätere Willensänderung erschwert wird. Die Verabredung entwickelt aus gruppendynamischen Gründen eine Eigenmotorik, die die Rückkehr des Einzelnen in die Legalität erschwert und bei Abtrünnigen eine besondere innere und äußere Selbstbehauptungsfähigkeit voraussetzt.[14] Es entwickelt sich schließlich ein krimineller Korpsgeist, der als Motor für weitere Straftaten wirkt.[15] Vor allem aber indiziert die bandenmäßige Begehung bei der milieutypischen Straftat „Illegales Glücksspiel" den Verdacht, dass hier eine Tätergruppe operiert, die der Organisierten Kriminalität zuzurechnen ist.[16] Dies rechtfertigt einen gegenüber § 284 I StGB deutlich erhöhten Strafrahmen, der die Ab-

---

[7] BVerfG wistra 2002, 175 ff. = StV 2002, 247 ff..

[8] Vgl. zum Charakter von subjektiven Tatbestandselementen z.B. *Tröndle/Fischer*, § 16 Rdn. 13 f..

[9] SK-*Hoyer*, § 284 Rdn. 24; *Tröndle/Fischer*, § 284 Rdn. 14a.

[10] Sch/Sch-*Stree*, Vorbem §§ 52 ff. Rdn. 95.

[11] Vgl. z.B. RGSt 66, 19, 21; BGH NJW 1992, 381; LK- *v.Bubnoff*, § 284 Rdn. 24; SK-*Hoyer*, aaO..

[12] BT-Drs. 12/989, S. 52.

[13] Sch/Sch-*Stree*, Vorbem §§ 52 ff. Rdn. 95.

[14] Vgl. SK-*Hoyer*, § 244 Rdn. 31. Anders als beim Bandendiebstahl oder Bandenraub ergibt sich die besondere Gefährlichkeit der Bande bei § 284 III Nr. 2 StGB nicht aus der erhöhten Durchsetzungsmacht gegenüber potentiellen Tatopfern.

[15] *Ellbogen*, wistra 2002, 8, 10.

[16] BT-Drs. 12/989, S. 24.

schreckungswirkung erhöht und eine angemessene Bestrafung, sowie die Abschöpfung der kriminellen Gewinne nach §§ 286 I, 73d StGB ermöglicht.[17] Die Mitgliedschaft in einer Bande ist nach inzwischen ganz h.M. ein besonderes persönliches Merkmal i.S.v. § 28 II StGB.[18]

Der Begriff der Bande ist einerseits von der mittäterschaftlichen Begehung gem. §§ 284 I, 25 II StGB (unten aa.) und andererseits von der kriminellen Vereinigung i.S.v. § 129 StGB (unten bb.) abzugrenzen. Die Dogmatik des Bandenbegriffs wurde von Rechtsprechung und Literatur in der Vergangenheit vor allem anhand des Bandendiebstahls (§ 244 I Nr. 2 StGB) und des schweren Bandendiebstahls (§ 244a I StGB) weiterentwickelt.

aa) Abgrenzung der Bandentat von der mittäterschaftlichen Begehung gem. §§ 284 I, 25 II StGB

Bei einer Bande handelt es sich nach allgemeiner Meinung um einen ausdrücklichen oder stillschweigenden Zusammenschluss mehrerer Personen mit dem ernsthaften Ziel, künftig für eine gewisse Dauer mehrere selbständige, im Einzelnen noch ungewisse Straftaten eines bestimmten Deliktstyps zu begehen.[19] Ein Mindestmaß an fester Organisation ist dabei nicht erforderlich; die Bande kann auch eine lose Gruppe sein.[20] Auch ein Wechsel der Mitglieder schadet nicht.[21] Die Annahme bandenmäßiger Begehung setzt nach neuerer Rechtsprechung des BGH auch kein „Handeln mit gefestigtem Bandenwillen" bzw. kein „Tätigwerden in einem übergeordneten Bandeninteresse" voraus.[22]

---

[17] Entsprechend den allgemeinen Zielsetzungen des OrgKG (vgl. hierzu BT-Drs. 12/989, S. 1).

[18] Vgl. z.B. BGHSt 46, 120, 128 m.w.N..

[19] Vgl. z.B. BGHSt 23, 239 f.; 31, 202, 205; 38, 26, 31; 39, 216, 217; 42, 255, 257; 46, 321, 326; LK-*Ruß*, § 244 Rdn. 11 ff. m.w.N..

[20] Vgl. *Tröndle/Fischer*, § 244 Rdn. 14, Sch/Sch-*Eser*, § 244 Rdn. 23 m.w.N. sowie unten bb. zur Abgrenzung gegenüber der kriminellen Vereinigung gemäß § 129 StGB, die ein solches Mindestmaß an fester Organisation erfordert.

[21] *Tröndle/Fischer*, § 244 Rdn. 18.

[22] So nunmehr ausdrücklich BGHSt 46, 321, 325 = GS StV 2001, 399, 400 unter Aufgabe der früheren Rechtsprechung z.B. in BGH NStZ 1996, 339, 340; BGHSt 42, 255, 259 oder BGH StraFo 2000, 375, 376.
Diese insoweit nunmehr überholte frühere Rechtsprechung ging noch von folgenden Grundsätzen aus: Die Annahme bandenmäßiger Begehung setze - über eine mittäterschaftliche Begehensweise hinaus - ein „Handeln mit gefestigtem Bandenwillen" bzw. ein „Tätigwerden in einem übergeordneten Bandeninteresse" voraus. Für diesen auf eine gewisse Dauer angelegten und verbindlichen „Gesamtwillen" sei kennzeichnend, dass sich der Bandentäter im übergeordneten Interesse der bandenmäßigen Verbindung betätigt habe. Im Gegensatz zur Mittäterschaft müssten die Täter bei der Bandentat somit - über ihr individuelles Interesse am Erlangen von Vermögensvorteilen hinaus - ein übergeordnetes Bandeninteresse verfolgt haben.
Der Große Senat des BGH hat hierzu in der o.g. Entscheidung (BGHSt 46, 321, 328) lapidar unter Hinweis auf *Tröndle/Fischer*, § 244 Rdn. 19a, festgestellt, bisher sei es nicht gelungen, die materiellrechtlichen Voraussetzungen eines „auf gewisse Dauer angelegten gefestigten Bandenwillens" oder des „gefestigten Bandenwillens" konkret zu umschreiben.

Bei der bandenmäßigen Verbindung, die auf die fortgesetzte Begehung unerlaubter Glücksspiele gerichtet ist, bedeutet Tatbegehung „als Mitglied einer Bande" jedoch eine gegenüber der Mittäterschaft gesteigerte über die aktuelle Tat tendenziell hinausreichende deliktische Zusammenarbeit.[23]

Umstritten war lange Zeit die Zahl der notwendigen Mitglieder. Von der Rechtsprechung[24] wurde bis vor kurzem der Zusammenschluss von zwei Personen als ausreichend angesehen, während die h.L.[25] zur Verwirklichung des gegenüber der Mittäterschaft gesteigerten Gefährdungspotentials den Zusammenschluss von mindestens drei Personen für notwendig erachtete. Nunmehr hat sich der BGH[26] der herrschenden Literaturauffassung angeschlossen. Er hat bei seiner den Bandendiebstahl betreffenden Entscheidung maßgeblich auf die Vereinfachung der Abgrenzung zwischen der Mittäterschaft und der bandenmäßigen Begehung abgestellt. Dabei ist er zu Recht zu dem Ergebnis gekommen, dass es bei einem Zusammenschluss von nur zwei Personen an der für die Bandenqualifikation notwendigen Gruppendynamik fehle, die im Gegensatz zur normalen Komplizenschaft die kriminellen Energien in besonders gefährlicher Weise bündele. Auch widerstrebte es dem BGH ein Ehepaar, eine nichteheliche Lebensgemeinschaft oder eine Zweier-Wohngemeinschaft bereits als Bande anzusehen.[27] Sofern ein Zusammenschluss von nur zwei Personen vorliegt, kommt also nur Mittäterschaft oder Teilnahme am Grunddelikt des § 284 I StGB in Frage.

Die Personenmehrheit muss sich zur Begehung fortgesetzter Straftaten ausdrücklich oder stillschweigend verbunden haben; d.h. zur Begehung mehrerer selbständiger, im Einzelnen noch ungewisser Taten.[28] Eine fortgesetzte Tat im überkommenen strafrechtsdogmatischen Sinn[29] braucht nicht vorzuliegen. Tatzeitpunkt, Ausführungsweise und potentielle Opfer der weiteren Taten müssen bei Begehung der ersten Tat noch nicht feststehen. Die weiteren Taten können auch noch von einer Bedingung abhängen.[30] Hingegen liegt keine Bandentat vor, wenn sich die Täter von vornherein nur zu einer einzigen Tat verbunden haben oder in der Folgezeit jeweils aus neuem Entschluss

---

[23] LK-*v.Bubnoff*, § 284 Rdn. 24.

[24] BGHSt 23, 239; BGH NStZ 2000, 255.

[25] Vgl. z.B. LK-*Ruß*, § 244 Rdn. 11; *Tröndle/Fischer*, § 244 Rdn. 11; *Schmidhäuser*, Strafrecht BT, 2. Aufl., S. 96.

[26] BGHSt 46, 321, 328 ff. = GS StV 2001, 399, 400 f.; bereits vorher BGH NStZ 2000, 474.

[27] Bisher hielt der BGH in derartigen Fällen das subjektive Hilfskriterium für entscheidend, ob ein über die Weiterführung der Lebensgemeinschaft hinausgehendes gemeinsames übergeordnetes Bandeninteresse vorliegt (vgl. z.B. BGH StV 1995, 642; BGH NStZ 1998, 255).

[28] Vgl. z.B. RGSt 47, 340, 341; BGH bei *Holtz*, MDR 1978, 624; *Tröndle/Fischer*, § 244 Rdn. 20.

[29] Das auf höchstrichterlicher Rechtsprechung beruhende Rechtsinstitut der fortgesetzten Tat ist im Wesentlichen durch BGHSt 40, 138 ff. obsolet geworden. Vgl. hierzu z.B. *Tröndle/Fischer*, vor § 52 Rdn. 25 ff.. Ein Grund für die Aufgabe der Rechtsfigur der fortgesetzten Tat war u.a., dass sie zu Wertungswidersprüchen bei Bandentatbeständen geführt hat (vgl. BGHSt 40, 138, 148).

[30] BGH GA 1974, 308.

wiederum derartige Taten begehen.[31] Bereits die erste planmäßig vollzogene Straftat bildet eine Bandentat.[32]

Als Bandenmitglied ist nach Auffassung des BGH[33] dabei nicht nur derjenige anzusehen, der innerhalb der Gruppe eine bezogen auf die in Aussicht genommenen Straftaten mindestens eine (mit-)täterschaftliche Stellung haben soll, da die Mitgliedschaft in einer Bande keine intensivere Form der Mittäterschaft ist, sondern ihr gegenüber ein aliud. Ob jemand Mitglied einer Bande ist bestimmt sich vielmehr allein nach der deliktischen Vereinbarung, der sog. Bandenabrede, so dass auch derjenige Bandenmitglied sein kann, dem nach der Bandenabrede nur Aufgaben zufallen, die sich bei wertender Betrachtung als Gehilfentätigkeit darstellen.

Die Verwirklichung der bandenmäßigen Glücksspielveranstaltung erfordert - ebenso wie der Bandendiebstahl - keine Anwesenheit aller Bandenmitglieder am Tatort. Ein Bandenmitglied kann auch dann Täter i.S.d. § 284 III StGB sein, wenn es zwar nicht am Tatort an der Glücksspielveranstaltung beteiligt ist, aber auf eine andere als täterschaftlicher Tatbeitrag zu wertende Weise daran mitwirkt.[34] Der mafiose Finanzier eines illegalen Spielclubs, der dort nie persönlich erscheint, sondern durch seine Vertrauensleute die Kontrolle über das Etablissement ausübt, ist demnach ohne weiteres als Täter i.S.d. § 284 III StGB einzustufen. Ein reiner Gehilfenbeitrag des tatortabwesenden Bandenmitglieds begründet für dieses hingegen keine Täterschaft, sondern stellt eine Beihilfe zur bandenmäßigen Glücksspielveranstaltung gem. §§ 284 III, 27 StGB dar.

Im Unterschied zu den §§ 244 I Nr.2, 244a I StGB oder anderen Bandendelikten mit ausdrücklichem Mitwirkungserfordernis muss bei § 284 III StGB[35] im Einzelfall kein anderes Bandenmitglied bei der Tatausführung mitwirken,[36] da der Glücksspieltatbestand den einschränkenden Zusatz „unter Mitwirkung eines anderen Bandenmitglieds"[37] bei der Tathandlung nicht enthält. Es genügt hier, wenn sich die im planmäßigen Zusammenschluss liegende Organisationsgefahr in der Tat verwirklicht, indem ein Bandenmitglied die Tat für die Bande begeht. Für eine Strafbarkeit nach § 284 III StGB ist insoweit ausreichend, dass der Täter Bandenmitglied ist und die Tat von der Zielsetzung der Bande gedeckt ist.

Von der Mittäterschaft (§§ 284 I, 25 II StGB) unterscheidet sich die Bandentat nach § 284 III StGB also im Wesentlichen durch das Erfordernis der auf eine gewisse Dauer

---

[31] BGH StV 1996, 99 f. zu § 30a BtMG; *Tröndle/Fischer*, § 244 Rdn. 18.

[32] Vgl. bereits RGSt 66, 236, 238 f..

[33] BGH wistra 2002, 183, 184 f..

[34] Vgl. insoweit die zu den §§ 244 I Nr.2, 244a I StGB ergangene Entscheidung BGH NStZ 2000, 474, 475.

[35] Weitere Bandendelikte ohne Mitwirkungserfordernis sind z.B. die §§ 260 I Nr. 2, 260a I StGB und die §§ 30 I Nr. 1, 30a I BtMG.

[36] Sch/Sch-*Eser/Heine*, § 284 Rdn. 25.

[37] Vgl. zum Mitwirkungserfordernis z.B. BGHSt 46, 321, 332 ff. sowie die eingehende Darstellung bei *Ellbogen*, wistra 2002, 8, 10 ff. m.w.N..

angelegten Verbindung von mindestens drei Personen zu zukünftiger gemeinsamer Begehung von Straftaten.[38]

bb) Abgrenzung der Bandentat von der Mitgliedschaft in einer kriminellen Vereinigung nach § 129 StGB

Wenn hingegen eine weitergehende qualitative Intensivierung des Personenzusammenschlusses in der Weise erreicht ist, dass das kriminelle Zusammenwirken verbandsmäßigen Gestaltungsanforderungen entspricht, kann die Schwelle zur kriminellen Vereinigung im Sinne des § 129 StGB überschritten sein. Eine Vereinigung i.S.d. § 129 StGB ist ein im räumlichen Geltungsbereich des Grundgesetzes bestehender, auf eine gewisse Dauer angelegter organisatorischer Zusammenschluss von mindestens drei Personen, die bei Unterordnung des Willens des Einzelnen unter den Willen der Gesamtheit gemeinsame kriminelle Zwecke verfolgen oder gemeinsame kriminelle Tätigkeiten entfalten und unter sich derart in Beziehung stehen, dass sie sich untereinander als einheitlicher Verband fühlen.[39]

Der Begriff der Vereinigung weist somit ebenso wie der Bandenbegriff

- ein personelles Element (mindestens drei Personen),
- ein zeitliches Element (auf Dauer angelegt) sowie
- das Merkmal „Verfolgung gemeinsamer krimineller Zwecke"[40] oder „Entfaltung gemeinsamer krimineller Tätigkeit" auf.

Darüber hinaus sind für das Vorliegen einer kriminellen Vereinigung gemäß § 129 StGB jedoch noch

- ein organisatorisches Element (fest gefügte Organisation[41]),
- ein voluntatives Element (verbindlicher Gemeinschaftswille) sowie
- ein normatives Element erforderlich.

Als organisatorisches Element muss ein Mindestmaß an fester Organisation, die aus dem gemeinsamen Gruppenwillen erwachsen ist, mit gegenseitiger Verpflichtung der

---

[38] BGHSt 46, 321, 329.

[39] St. Rspr., vgl. z.B. BGH NStZ 1999, 503 f.; BGH NJW 1992, 1518; *Tröndle/Fischer,* § 129 Rdn. 3 m.w.N..

[40] Die bezweckten Straftaten müssen nach allg. Meinung (vgl. BGHSt 15, 259, 260; *Lackner/Kühl,* § 129 Rdn. 3; LK-*v.Bubnoff,* § 129 Rdn. 32; *Tröndle/Fischer* § 129 Rdn. 3) nicht das Endziel, der Hauptzweck oder die ausschließliche Tätigkeit der Personengruppe zu sein. Es genügt, dass ihre Begehung Mittel zur Erreichung anderer Zwecke ist. Jedoch müssen die Taten eine erhebliche Gefahr für die öffentliche Sicherheit darstellen (vgl. BGHSt 27, 325, 328 sowie nachfolgend das „normative Element") und müssen über den organisatorischen Zusammenschluss und seine Aufrechterhaltung hinausgehen (vgl. z.B. Sch/Sch-*Lenckner,* § 129 Rdn. 6; *Tröndle/Fischer,* aaO.). Ferner genügt es nach § 129 II Nr. 2 StGB nicht, wenn die Begehung von Straftaten nur ein Zweck oder eine Tätigkeit von untergeordneter Bedeutung ist.

[41] § 129 StGB ist im Gegensatz zu den Bandendelikten ein sog. Organisationsdelikt (vgl. z.B. BGHSt 46, 321, 327).

Mitglieder vorliegen. Dies ist für eine Bande nicht erforderlich,[42] die auch eine lose Gruppe[43] sein kann. Ein Spezifikum der Vereinigung ist ferner, dass mindestens eine Teilorganisation im Geltungsbereich des Grundgesetzes[44] im Tatzeitpunkt vorliegen muss; d.h. Mitglieder einer ausländischen kriminellen Vereinigung ohne selbständige Organisationsstruktur im Inland können sich nicht nach § 129 I StGB strafbar machen.[45] Hier wirkt ggf. die Bandentat als Auffangtatbestand.

Als voluntatives Element muss bei einer Vereinigung nach § 129 I StGB eine subjektive Einbindung in die kriminellen Ziele der Organisation und in deren Willensbildung unter Zurückstellung individueller Einzelmeinungen gegeben sein; d.h. der Einzelne ordnet seinen Willen verbindlich dem nach bestimmten Gruppenregeln verbandsmäßig gebildeten Willen der Gruppe unter.[46] Bei der Bandentat ist hingegen ein gefestigter Bandenwillen nicht erforderlich.[47] Ein Indiz für einen derartigen vom Gruppenwillen getragenen Zusammenhalt ist z.B. die über den bloßen Zweckzusammenhang hinausreichende Zielsetzung der Straftatbegehung. Eint die Täter hingegen nur der gewinnorientierte Wille zur gemeinsamen Tatbegehung kann nur eine Bandentat in Betracht kommen. Im Übrigen ist eine Verwirklichung des § 129 StGB auch ausgeschlossen, wenn eine Gruppe mit hierarchischer Organisationsstruktur vorliegt, bei der sich die Mitglieder nicht dem verbandsmäßig gebildeten Gruppenwillen unterwerfen, sondern dem individuellen Gestaltungswillen einer Führungsperson.[48]

Aber auch wenn das organisatorische und das voluntative Element vorliegen, kann wegen Fehlens des normativen Elements eine Strafbarkeit nach § 129 StGB ausscheiden. Im Fall einer Personengruppe, die illegal ein Spielcasino betrieben hat, hat das BayObLG[49] trotz zwischen den Angeklagten getroffener Vereinbarungen über die Aufgabenverteilung beim Betrieb des Clubs, über das Verhalten bei Polizeikontrollen und über eine Geheimsprache sowie einer festgestellten gleichberechtigten „demokratischen" Willensbildung eine Strafbarkeit nach § 129 StGB wegen Fehlens des normativen Elements verneint und nur eine bandenmäßige Glücksspielveranstaltung angenommen. Der Tatbestand des § 129 StGB ist nämlich nur dann erfüllt, wenn eine Organisation, die die unerlaubte Veranstaltung eines Glücksspiels betreibt, durch ihre Straftaten eine erhebliche Gefahr für die öffentliche Sicherheit oder den öffentlichen Frieden mit sich bringt, wenn also diese durch § 129 StGB geschützten Rechtsgüter im Einzelfall in

---

[42] So ausdrücklich BGHSt 46, 321, 326 m.w.N..

[43] *Tröndle/Fischer*, § 244 Rdn. 17.

[44] BGHSt 30, 328, 330; BGH NStZ 1982, 68; *Lackner/Kühl*, § 129 Rdn. 2 und *Tröndle/Fischer*, § 129 Rdn. 2 jeweils m.w.N..

[45] Diese Privilegierung ausländischer krimineller Vereinigungen wird rechtspolitisch vielfach als bedenklich angesehen. Bestrebungen auf EU-Ebene dürften dazu führen, dass das Erfordernis eines organisatorischen Inlandsbezugs insgesamt aufgegeben werden muss (vgl. *Tröndle/Fischer*, § 129 Rdn. 2 m.w.N.).

[46] Die typische Gefährlichkeit der kriminellen Vereinigung liegt gerade in der Bildung eines von der individuellen Einzelmeinung losgelösten Gruppenwillens (so z.B. *Tröndle/Fischer*, § 129 Rdn. 3).

[47] BGH GS StV 2001, 399, 400.

[48] BGH 5 StR 22/92, 10.3.1992; LK-*v.Bubnoff*, § 129 Rdn. 11.

[49] BayObLG StV 1998, 265, 266.

erhöhtem Maße gefährdet werden.[50] Dieses normative Erfordernis kann z.B. dann erfüllt sein, wenn Spieler mit unerlaubten oder gar kriminellen Mitteln zur Fortsetzung des Spiels oder zu existenzgefährdenden Einsätzen veranlasst werden. Wenn die Spieler hingegen das Casino freiwillig aufsuchen, vermögen auch die Nichtzahlung aller Steuern und die systematische Ausnutzung des Spieltriebs Spielsüchtiger eine Verurteilung nach § 129 StGB nicht zu rechtfertigen, weil insoweit keine erhöhte Gefahr für die öffentliche Sicherheit oder den öffentlichen Frieden vorliegt. Die organisierte Begehungsweise hat das BayObLG[51] hier zu Recht als durch das straferhöhende Merkmal der bandenmäßigen Begehung gem. § 284 III Nr. 2 StGB erfasst angesehen.

Von der kriminellen Vereinigung (§ 129 StGB) unterscheidet sich die Bande (§ 284 III StGB) somit im Wesentlichen dadurch, dass sie keine feste Organisationsstruktur aufweisen muss und sich ihre Mitglieder nicht einem für sie verbindlichen Gruppenwillen unterordnen müssen, sondern ihre eigenen Interessen an einer risikolosen und effektiven Tatausführung und Beute- und Gewinnerzielung verfolgen können.[52]

[50] So bereits unabhängig von der Glücksspielveranstaltung BGHSt 31, 202, 207.

[51] BayObLG StV 1998, 265, 266.

[52] BGHSt 46, 321, 329 f..

2.5. Werbung für unerlaubtes Glücksspiel (§ 284 IV StGB)

Durch das 6. StrRG vom 26.01.1998[1] wurde die Werbung für das unerlaubte Glücksspiel gem. § 284 IV StGB - ebenso für eine unerlaubte Lotterie oder Ausspielung gem. § 287 II StGB - unter Strafe gestellt. Nach dem Willen des Gesetzgebers sollen durch diesen Auffangtatbestand vor allem werbende Aktivitäten ausländischer Veranstalter, denen gegenüber das Verbot des § 284 I StGB in der Praxis nicht durchzusetzen ist, im Bundesgebiet erfasst werden.[2]

Dabei ist jedoch von einer Akzessorietät[3] des § 284 IV StGB in Bezug auf § 284 I StGB auszugehen; d.h. strafbar kann nur die Werbung für solche ungenehmigten Glücksspiele sein, die im Inland gem. §§ 3, 9 StGB veranstaltet werden, nicht hingegen für Glücksspiele, die ausschließlich im Ausland veranstaltet werden. Eine weite Auslegung des § 284 IV StGB, die dessen Anwendungsbereich auf alle im Ausland veranstalteten Glücksspiele erstrecken würde, würde den Verweisungszusammenhang zwischen Abs. IV und Abs. I missachten. Sie hätte zudem die wenig einleuchtende Konsequenz, dass dann die Werbung für eine Spielteilnahme im Ausland strafbar wäre, obwohl das eigentliche Spielen und Veranstalten nach dem Willen des Gesetzgebers nicht strafbar ist. Es würde dann ein strafbewehrtes Werbeverbot für eine straflose Haupttat ausgesprochen mit der Folge, dass Reiseveranstalter nicht mehr die übliche Werbung für einen Besuch im Casino von Monaco oder für Flugreisen in das Spielerparadies Las Vegas anbringen dürften.[4]

Fraglich ist, wie die Tathandlung des Werbens einerseits gegen das Veranstalten gemäß § 284 I StGB bzw. die Beihilfe hierzu sowie andererseits gegen den straflosen Bereich abzugrenzen ist.

Wrage[5] sieht die Handlungstrias Anbieten, Ankündigen und Anpreisen als Handlungsalternativen des Begriffs „Werbung" an. Dabei stützt er sich auf die Vorschrift über Werbebeschränkungen für jugendgefährdende Schriften in § 5 Abs. 2 GjSM.[6] Im Hinblick auf die Variante des bloßen Anbietens von Spielverträgen ist er der Auffassung, dass dadurch immer sowohl der Tatbestand des § 284 I StGB als auch der des § 284 IV StGB erfüllt ist.[7] *Wrage* will diesen Widerspruch einer Doppelregelung dadurch beseitigen, dass er auf der Rechtsfolgenseite eine Sperrwirkung des milderen Gesetzes annimmt.

---

[1] BGBl. I 1998, S. 164 ff..

[2] BT-Drs. 13/8787, S. 68 und 13/9064, S.21.

[3] So überzeugend *Wilms*, S. 43 ff. m.w.N..

[4] *Wilms*, aaO., S. 44.

[5] *Wrage*, ZRP 1998, 426, 429.

[6] § 5 GjSM trägt die - allerdings nichtamtliche - Überschrift „Werbebeschränkungen". § 5 Abs. 2 GjSM (vgl. Sartorius I, Verfassungs- und Verwaltungsgesetze der Bundesrepublik Deutschland, Nr. 405) lautet wie folgt: „Eine Schrift, deren Aufnahme in die Liste bekannt gemacht ist, darf nicht öffentlich oder durch die Verbreitung von Schriften angeboten, angekündigt oder angepriesen werden."

[7] *Wrage* bezieht sich zwar auf die § 287 I und II, jedoch lassen sich seine Überlegungen strukturell ohne weiteres auf § 284 I und IV übertragen.

Demgegenüber vertritt *Detlef Schmidt*[8] die Meinung, dass eine Doppelregelung nicht vorliege, da zumindest das Anbieten, das bereits im Veranstalten nach §§ 284 I und 287 I StGB enthalten sei, nicht vom Begriff des Werbens umfasst werde. Das Werben sei vielmehr dem Anbieten zeitlich vorgelagert. Die entscheidende Grenze für den Werbungsbegriff in §§ 284, 287 StGB wird seiner Ansicht nach vom Wortlaut gesetzt. Werben bedeute dem allgemeinen Sprachgebrauch nach, sich um jemanden oder etwas bemühen, jemanden zu gewinnen suchen.[9] Der Begriff enthalte ein finales Element insofern, als das wohlwollende Interesse des Publikums am Gegenstand der Werbung geweckt oder gefördert werden soll. Es gehe hier um eine positiv-wertende Einflussnahme des Handelnden auf den Empfänger, die beim - auch wertfrei vorstellbaren - Anbieten oder Ankündigen nicht notwendig vorzuliegen brauche. Eine Definitionsabsicht des Gesetzgebers, die von *Wrage* genannte Handlungstrias allgemein unter dem Begriff „Werbung" zusammenzufassen, kann nach Auffassung *Schmidts* weder § 5 Abs. 2 GjSM, noch den §§ 184 Abs. 1 Nr. 5 oder 219a StGB entnommen werden.

Da vor allem bei der systematischen Interpretation von Vorschriften von einer vernünftigen Regelung des Gesetzgebers auszugehen ist, verdient die Sichtweise *Schmidts* den Vorzug. Danach ist Werbung i.S.d. §§ 284 IV, 287 II StGB jede planmäßig angelegte Darstellung des Glücksspiels im Vorfeld des Veranstaltens,[10] in der Absicht, das wohlwollende Interesse des Publikums an einer Teilnahme zu wecken oder zu fördern.[11] Im Gegensatz zum Veranstalter bietet der Werbende den Spielinteressierten nicht die unmittelbare Glücksspielteilnahme an, sondern er bewirbt lediglich ein fremdes Angebot.[12] Das wohlwollende Interesse des Adressaten an einer Glücksspielteilnahme kann dabei insbesondere durch allgemeines Ankündigen, Anpreisen oder Erklärungen vergleichbaren Inhalts geweckt werden. Anpreisen ist eine lobende oder empfehlende Erwähnung des Glücksspiels, die Hervorhebung der Gewinnchance oder besonders günstiger Auszahlungsquoten. Ankündigen ist jede Kundgebung, durch die auf die Gelegenheit und die Modalitäten einer Spielbeteiligung, die Einzelheiten des Spielplans oder die Höhe des Einsatzes aufmerksam gemacht wird, die allenfalls eine invitatio ad offerendum, aber noch kein konkretes Spielvertragsangebot i.S.d. §§ 284 I, 287 I StGB darstellt.[13] Dabei reicht der wertneutrale, bloß informative Hinweis auf eine Gelegenheit zum illegalen Glücksspiel allein nicht aus, um eine Strafbarkeit nach § 284 IV StGB zu begründen, da es insoweit an dem dem Werbungsbegriff immanenten finalen Element fehlt.[14] Ein Werben i.S.d. § 284 IV StGB ist auch in konkludenter Form möglich, z.B.

---

[8] *Detlef Schmidt*, ZRP 1999, 308.

[9] *Wahrig*, Deutsches Wörterbuch, 1986/89, S. 1427, zitiert nach *Detlef Schmidt*, ZRP 1999, 308.

[10] So auch *Lackner/Kühl*, § 284 Rdn. 15, *Wilms*, S. 43 („Vorbereitungsstadium, das auf die Stufe der eigenständigen Strafbarkeit angehoben wurde") und *Tröndle/Fischer*, § 284 Rdn. 15, der zutreffend von einer Subsidiarität des Abs. IV auch gegenüber einer Beihilfe zum Veranstalten ausgeht.

[11] *Detlef Schmidt*, ZRP 1999, 308; ebenso *Laukemann/Junker*, AfP 2000, 254, 256 unter Hinweis auf die entsprechende Auslegung des Werbens in § 129 I StGB.

[12] OLG Hamburg CR 2003, 56, 58 m.w.N..

[13] LK-*von Bubnoff*, § 287 Rdn 27.

[14] Abweichend SK-*Hoyer*, § 284 Rdn. 26, wonach eine wertungsfreie, bloß informative Ankündigung einer Gelegenheit zum Glücksspiel ausreichen soll.

durch Scheinspiele mit sog. Anreißern, durch die erkennbar das Interesse potentieller Spielteilnehmer angeregt werden soll.[15]

Adressaten der Werbung können Einzelne, die Benutzer der neuen Medien (insbesondere des Internets) oder die Öffentlichkeit sein.[16] In den konventionellen Medien[17] erfolgt die Werbung typischerweise durch Zeitungsannoncen, Werbetafeln, Flugblätter sowie auch Werbespots im Radio und im Fernsehen. Bei Beiträgen mit redaktionellem Charakter ist danach zu differenzieren, ob es sich lediglich um allgemeine Informationen zum Thema Glücksspiel handelt oder ob einzelne Anbieter positiv herausgestellt werden. Eine nur namentliche Erwähnung eines Anbieters stellt dabei noch keine strafbare Werbung dar, sofern keine positiven Attribute suggeriert werden.

Im Internet genügt - wie auch sonst - der wertneutrale, bloß informative Hinweis - z.B. in Form eines einfachen Links auf die Website eines illegalen ausländischen Glücksspielveranstalters - auf eine Gelegenheit zum illegalen Glücksspiel grundsätzlich als solcher nicht. Denn Hyperlinks stellen eines der wesentlichen Organisationsinstrumente des Internet dar und ein Großteil der Internetnutzer erwartet, dass der Betreiber einer Homepage diese mit weiterführenden Links ausstattet.[18] Macht hingegen jemand für ein ausländisches Spielcasino zielgerichtete Werbung in Deutschland, mit der er versucht, deutsche Spieler zur Teilnahme zu gewinnen, ist der Tatbestand des § 284 IV StGB erfüllt. Ausreichend in diesem Sinne ist insbesondere eine deutschsprachige Werbeeinblendung, mit der das wohlwollende Interesse von in Deutschland ansässigen Adressaten an der Teilnahme an einem ausländischen Internet-Glückspiel geweckt oder gefördert werden soll. Als strafbare Werbung nach §§ 284 IV, 287 II StGB wäre z.B. ferner anzusehen:[19]

- Ein Verzeichnis mit „den besten Online-Casinos" auf einer Webpage,
- ein Verzeichnis mit Seiten, die deutschsprachige Spielversionen von illegalen Internet-Casinos, etc. empfehlen,
- das Versenden von E-Mails, auf denen illegale Glücksspielseiten empfohlen werden und
- ein Banner,[20] der im örtlichen Zusammenhang mit einem Hyperlink steht, durch den der Nutzer nicht nur auf eine konkrete illegale Glücksspielmöglichkeit im Web hingewiesen, sondern sogar direkt dorthin geführt wird.

---

[15] LK-*von Bubnoff*, § 284 Rdn. 27.

[16] LK-*von Bubnoff*, aaO.

[17] Vgl. insoweit *Leupold/Bachmann/Pelz*, MMR 2000, 648, 655.

[18] KG MMR 2002, 119, 120.

[19] In Anlehnung an *Leupold/Bachmann/Pelz*, MMR 2000, 648, 655.

[20] Durch sog. Banner wird auf einer Internetseite durch Text oder Bild auf eine andere Internetseite verwiesen.

Bei einem einfachen Hyperlink liegt hingegen nur dann ausnahmsweise ein Fall strafbarer Werbung vor, wenn aus dem Text des Links oder aus dem Gesamtzusammenhang für den Adressaten erkennbar die Zielrichtung hervorgeht, verbotenes Glücksspiel zu unterstützen.[21]

Da der Werbende im Internet ein Diensteanbieter ist, der eigene Inhalte i.S.d. § 5 I TDG (Teledienstegesetz) zur Nutzung bereit hält, besteht für ihn eine uneingeschränkte strafrechtliche Verantwortung nach den allgemeinen Gesetzen (hier: der §§ 284 IV, 287 II StGB).[22]

---

[21] KG MMR 2002, 119, 120.

[22] So auch *Laukemann/Junker*, AfP 2000, 254, 256 und *Leupold/Bachmann/Pelz*, aaO..

2.6. Das Verhältnis zu anderen Strafvorschriften (Konkurrenzen)

Die bisher zu § 284 I StGB ergangene Rechtsprechung hat ergeben, dass insbesondere zu den nachfolgenden Strafvorschriften ein Konkurrenzverhältnis bestehen kann.

a) zu § 285 StGB (Beteiligung am unerlaubten Glücksspiel)

Nach einer Meinung tritt § 285 StGB hinter § 284 I StGB zurück, wenn der Täter des § 284 StGB sich zugleich am illegalen Glücksspiel beteiligt.[1] Einer anderen Auffassung zufolge ist Idealkonkurrenz zwischen § 284 I StGB und § 285 StGB möglich, wenn sich ein Täter des § 284 I StGB, insbesondere der Veranstalter, selbst mit am Spiel beteiligt.[2]

Nach richtiger Auffassung muss § 285 StGB hinter § 284 I StGB zurücktreten. Das „Halten" stellt nach der hier vertretenen Meinung eine qualifizierte Form des Mitspielens dar. Bei dieser Tatvariante ist der Unrechtsgehalt des § 285 StGB, der im Verleiten eines anderen zum illegalen Glücksspiel liegt, bereits von § 284 StGB mit umfasst. Aber auch ein Schuldspruch aufgrund der Verwirklichung der beiden anderen Tathandlungen des § 284 I StGB bringt zum Ausdruck, dass der Täter eine Vielzahl von Personen zum illegalen Glücksspiel verleitet hat. Wenn der Veranstalter oder Bereitsteller von Spieleinrichtungen auch noch selbst mitgespielt hat, kommt der Tatbestandsverwirklichung des § 285 StGB im Hinblick auf das geschützte Rechtsgut kein darüber hinausreichender Unrechtsgehalt zu, der eine tateinheitliche Verurteilung rechtfertigen würde.

b) zu § 287 StGB (Unerlaubte Veranstaltung einer Lotterie und einer Ausspielung)

Da die Lotterie und die Ausspielung besondere Arten des Glücksspiels sind, ist § 287 StGB nach ganz herrschender Meinung[3] lex specialis gegenüber § 284 StGB und geht diesem folglich vor.

---

[1] *Tröndle/Fischer*, § 284 Rdn. 16; *Meurer/Bergmann*, JuS 1983, 668, 672.

[2] RGSt 62, 163, 172; LK-*v.Bubnoff*, § 284 Rdn. 26 und § 285 Rdn. 8; Sch/Sch-*Eser/Heine*, § 285 Rdn. 7; SK-*Hoyer* § 284 Rdn. 28.

[3] BGHSt 34, 171, 179; OLG Braunschweig NJW 1954, 1778; OLG Karlsruhe 1972, 1963; LK-*v.Bubnoff*, § 287 Rdn. 28; Sch/Sch-*Eser/Heine*, § 284 Rdn. 27; *Wettling*, GewArch 1978, 361, 363; aA lediglich SK-*Hoyer*, § 287 Rdn. 14, der davon ausgeht, dass die beiden Tatbestände einander ausschließen, dabei aber verkennt, dass Lotterien und Ausspielungen begrifflich nur besondere Formen des Glücksspiels sind.

c) zu § 263 StGB (Betrug)

Zwischen der Veranstaltung eines illegalen Glücksspiels gem. § 284 I StGB und dem Betrugstatbestand gem. § 263 I StGB[4] kommt im Falle von Manipulationen des Veranstalters regelmäßig Tateinheit[5] in Betracht.

Wie bereits ausgeführt[6] sind für die Annahme eines Glücksspiels die Spielregeln maßgebend, unter denen das Spiel dem Publikum angeboten wird. Durch Manipulationen des Veranstalters allein - ohne Regelveränderungen - kann somit ein Spiel nicht seinen Charakter als Geschicklichkeits- oder Beobachtungsspiel verlieren und zum Glücksspiel werden.[7] Der manipulierende Veranstalter eines vertragsgemäßen Geschicklichkeitsspiels macht sich deshalb allein wegen Betruges gem. § 263 I StGB strafbar. Die Täuschung liegt darin, dass dem Opfer vorgespiegelt wird, es nehme an einem Geschicklichkeitsspiel teil, während der Veranstalter aber von Anfang an die Absicht hat, ein Glücksspiel zu spielen.

Andererseits wird ein nach den Spielbedingungen beabsichtigtes Glücksspiel nicht dadurch zum straflosen Geschicklichkeitsspiel, dass ein Mitspieler für die anderen nicht erkennbar das Zufallsmoment ausschaltet.[8] Vielmehr kommt für den manipulierenden Spieler eine tateinheitliche Bestrafung wegen Glücksspieldelikts und Betruges in Betracht.

d) Das Konkurrenzverhältnis zu weiteren Strafvorschriften

Tateinheit ist im Einzelfall auch mit **§ 264a StGB (Kapitalanlagebetrug)** möglich.[9]

Tateinheit ist auch möglich mit **§ 129 StGB (Bildung krimineller Vereinigungen)**, wenn bei Personenzusammenschlüssen zum Betrieb organisierten illegalen Glücksspiels das kriminelle Zusammenwirken den verbandsmäßigen Gestaltungsanforderungen des § 129 StGB entspricht.[10] Bei den meisten illegalen Spielcasino-Organisationen sind jedoch allenfalls die Tatbestandsvoraussetzungen des § 284 III Nr. 2 StGB, nicht jedoch

---

[4] Ausführlich *Weber*, Strafrechtliche Aspekte der Sportwette, in: Pfister (Hrsg.), Rechtsprobleme der Sportwette, S. 46 ff., zu einer etwaigen Betrugsstrafbarkeit bei Pferde- und Sportwetten im Falle von Manipulationen des Veranstalters, der Wetter oder von Sportlern.

[5] So bereits RGSt 61, 16; vgl. auch *Lackner/Kühl*, § 284 Rdn. 16; LK-*v.Bubnoff*, § 284 Rdn. 26; Sch/Sch-*Eser/Heine*, § 284 Rdn. 27; SK-*Hoyer* § 284 Rdn. 28; Tröndle/Fischer, § 284 Rdn. 16.

[6] Vgl. oben B.II.2.1.a.cc.(1)(g)(aa).

[7] AA *Lampe*, JuS 1994, 737, 739, der der Auffassung ist, bei Regelveränderungen beteilige sich der Spieler mit seinem Willen, bei Manipulationen durch den Veranstalter hingegen gegen seinen Willen am Glücksspiel.

[8] RGSt 61, 12, 14; *Tröndle/Fischer*, § 284 Rdn. 3.

[9] Vgl. z.B. *Lackner/Kühl*, § 284 Rdn. 16; LK-*v.Bubnoff*, § 284 Rdn. 26.

[10] LK-*v.Bubnoff*, § 284 Rdn. 26.

diejenigen des § 129 StGB erfüllt,[11] so dass ein tateinheitliches Zusammentreffen der §§ 284 und 129 StGB kaum praxisrelevant werden dürfte.

Die Strafvorschriften der §§ 284 ff. StGB werden - soweit es sich um Glücksspiele in Form von Pferdewetten handelt - durch die Spezialvorschriften in **§§ 5 f. Rennwett- und Lotteriegesetz** ausgeschlossen.[12]

Auch Tateinheit zwischen § 284 StGB und **§ 370 AO (Steuerhinterziehung)** kommt grundsätzlich in Betracht. Jedoch gilt dies nach Auffassung des EuGH[13] nicht für die Umsatzsteuerhinterziehung, da die Erhebung von Umsatzsteuer auf unerlaubte Glücksspiele, deren erlaubte Veranstaltung umsatzsteuerfrei wäre, dem Grundsatz steuerlicher Neutralität widerspräche.[14]

In **§ 12 I Nrn. 10, 11; IV JÖSchG** wird das bereits in § 8 JÖSchG enthaltene Verbot, Kindern und Jugendlichen die Teilnahme an einem Spiel mit Gewinnmöglichkeit zu gestatten, strafrechtlich sanktioniert. Beim Zusammentreffen mit Glücksspieldelikten ist im Regelfall eine tateinheitliche Verurteilung geboten, damit der Verstoß gegen Jugendschutzbestimmungen im Schuldspruch zum Ausdruck kommt.

Idealkonkurrenz wird ebenfalls zwischen § 284 I StGB und der gewerberechtlichen Strafnorm des **§ 148 Nr. 1 i.V.m. § 144 I Nr. 1 lit.d GewO** diskutiert,[15] die sich gegen denjenigen richtet, der Verstöße gegen die gewerbe-rechtliche Erlaubnispflicht in §§ 33c, 33d oder 33i GewO beharrlich wiederholt. Nach richtiger Auffassung ist hingegen allein § 284 I StGB anzuwenden, wenn für das fragliche Spiel keine Bauartzulassung der PTB bzw. keine Unbedenklichkeitsbescheinigung des BKA erteilt wurden. Liegen diese Erlaubnisse vor und wurde lediglich - z.B. wegen Unzuverlässigkeit des Antragstellers - keine gewerberechtliche Erlaubnis erteilt, so findet allein die gewerberechtliche Strafbestimmung Anwendung.

---

[11] Vgl. oben B.II.2.4.c.bb..

[12] OLG Düsseldorf GA 1963, 346; *Erbs/Kohlhaas-Wache*, R 70, § 5 RWLG, Anm. 7 m.w.N.; vgl. dazu bereits oben B.II.2.1.a.dd.(2) bzw. B.II.2.1.c.bb.(3)..

[13] EuGH DStRE 1998, 490.

[14] So auch *Tröndle/Fischer*, § 284 Rdn. 17.

[15] Vgl. z.B. Landmann/Rohmer-*Marcks*, § 33c Rdn. 44 m.w.N..

2.7. Die Rechtsfolgen

Die besonderen Rechtsfolgen einer Verletzung der §§ 284 f. StGB ergeben sich im Wesentlichen aus den Strafmaßanordnungen dieser Vorschriften (unten a.) sowie aus der Rechtsfolgenorm des § 286 StGB (unten b.).

a) Das Strafmaß

Bei den §§ 284 I und 285 StGB, bei denen alternativ auch eine entsprechende Geldstrafe in Betracht kommt, hat sich am Höchstmaß der möglichen Freiheitsstrafe von bis zu zwei Jahren für die illegale Glücksspielveranstaltung bzw. von bis zu sechs Monaten bei der Beteiligung am unerlaubten Glücksspiel seit der Einführung dieser Vorschriften durch das Gesetz gegen das Glücksspiel vom 23. Dezember 1919[1] nichts geändert.

Der Gesetzgeber hat im Rahmen des OrgKG die illegale Veranstaltung von Glücksspielen als typischen Deliktsbereich der Organisierten Kriminalität angesehen und die vom Grundbestand des § 284 I StGB angedrohte Freiheitsstrafe als nicht ausreichend zur schuldangemessenen Ahndung der gewerbsmäßigen oder bandenmäßigen Begehungsweise erachtet.[2] Der durch das OrgKG vom 15.07.1992 eingefügte Qualifikationstatbestand des § 284 III StGB weist gegenüber dem Grundtatbestand einen deutlich erweiterten Strafrahmen auf, wobei das Mindestmaß der angedrohten Freiheitsstrafe bei drei Monaten und das Höchstmaß bei fünf Jahren Freiheitsstrafe liegt. Im Gegensatz zu den anderen Glücksspieltatbeständen ist hier nicht die Möglichkeit einer Geldstrafe vorgesehen, sondern es muss zwingend eine Verurteilung zu einer Freiheitsstrafe erfolgen.

Aufgrund des durch das 6. StrRG vom 26.01.1998 in § 284 IV StGB eingefügten Auffangtatbestands der Werbung für das unerlaubte Glücksspiel kann eine Freiheitsstrafe von bis zu einem Jahr oder eine Geldstrafe gegen den Werbenden verhängt werden.

b) § 286 StGB

Die Rechtsfolgenorm des § 286 StGB trifft für die Glücksspieltatbestände der §§ 284 f. StGB Regelungen über die Anwendbarkeit der Vermögensstrafe gem. § 43a StGB (unten cc.), des erweiterten Verfalls gem. § 73d StGB (unten aa.) sowie die Einziehung gem. §§ 74 ff. StGB (unten bb.).

---

[1] Vgl. Verhandlungen der verfassunggebenden Deutschen Nationalversammlung, Band 340, Anlagen zu den Stenographischen Berichten, Nr. 1791 vom 16.12.1919, S. 1859.

[2] BT-Drs. 12/989, S. 28 f..

aa) Der erweiterte Verfall nach §§ 286 I, 73d StGB (beim Qualifikationstatbestand des § 284 III StGB)

Nach § 286 I StGB ist bei Verwirklichung des Qualifikationstatbestandes des § 284 III StGB die Anordnung des erweiterten Verfalls gem. § 73d StGB möglich. Die ebenso wie § 284 III StGB durch das OrgKG ins Strafgesetzbuch eingefügte Rechtsfolgenorm des § 73d StGB soll im Kampf gegen die Organisierte Kriminalität Lücken der strafrechtlichen Gewinnabschöpfung in Fällen schließen, in denen die bei den Tatbeteiligten vorgefundenen Vermögensgegenstände, deren rechtmäßiger Erwerb nicht festgestellt werden kann, mit großer Wahrscheinlichkeit aus der Begehung von Straftaten herrühren, in denen indessen die Verhängung einer Vermögensstrafe vom Schuldmaß der begangenen Taten her nicht zu vertreten wäre.[3]

bb) Die Einziehung nach §§ 286 II, 74 ff. StGB

Im Falle einer Verurteilung gem. §§ 284 f. StGB kommt eine Einziehung von Gegenständen sowohl nach der Spezialvorschrift des § 286 II StGB als auch auf der Grundlage der allgemeinen Einziehungsnorm des § 74 I StGB in Betracht. § 286 II StGB erweitert dabei als besondere Vorschrift i.S.v. § 74 IV StGB die Voraussetzungen, die in § 74 I-III StGB allgemein für die Einziehung von Gegenständen festgelegt sind. Da § 286 II StGB die Voraussetzungen für eine Einziehung lediglich erweitern soll, bleiben die allgemeinen Einziehungsmöglichkeiten gem. §§ 74 ff. StGB stets ergänzend neben § 286 II StGB anwendbar.[4]

(1) obligatorische Einziehung gem. § 286 II Satz 1

§ 286 II 1 schreibt als besondere Vorschrift im Sinne des § 74 IV StGB - über den Anwendungsbereich des § 74 I StGB hinaus - auch die Einziehung von Spieleinrichtungen und auf dem Spieltisch oder in der Spielbank vorgefundenem Bargeld zwingend vor, wenn sie dem Täter oder Teilnehmer gehören.[5]

(2) fakultative Einziehung gem. § 286 II Satz 2

Im Falle des § 286 II 2 StGB erfolgt eine strafähnliche Dritteinziehung nach § 74a StGB von Spieleinrichtungen und von an den o.g. Orten vorgefundenem Bargeld, welche dem Täter oder Teilnehmer nicht gehören, nach billigem Ermessen.

---

[3] Vgl. BT-Drs. 12/989, S. 23.

[4] SK-*Hoyer*, § 286 Rdn. 4.

[5] Sch/Sch-*Eser/Heine*, § 286 Rdn. 2.

(3) fakultative Einziehung gem. § 74 I StGB für andere Gegenstände

Die allgemeine Einziehungsnorm des § 74 I StGB gilt für die von § 286 StGB nicht erfassten Sachen. Dazu gehört z.B. auch das zum Spielen bestimmte Geld, das sich noch nicht auf dem Spieltisch, aber in der Hand des Spielers befindet.[6] Jedoch ist beim Glücksspiel gewonnenes Geld, das nicht nach § 286 StGB eingezogen werden kann, nicht n ach den allgemeinen Einziehungsvorschriften als productum sceleris einziehbar.[7]

cc) Die (verfassungswidrige) Vermögensstrafe nach §§ 286 I 1, 43a StGB bei der bandenmäßigen Begehung gem. § 284 III Nr. 2 StGB

Bei der bandenmäßigen Veranstaltung eines illegalen Glücksspiels gem. § 284 III Nr. 2 StGB war bis zum Urteil des BVerfG[8] vom 20.3.2002, durch das § 43a StGB wegen Verstoßes gegen das in Art. 103 II GG verankerte Bestimmtheitsgebot für verfassungswidrig erklärt wurde, neben der Verurteilung zu einer zeitigen Freiheitsstrafe von mehr als zwei Jahren zudem die Verurteilung zu einer - gegenüber dem (erweiterten) Verfall subsidiären[9] - Vermögensstrafe gem. § 43a StGB möglich. Die Vermögensstrafe war vom Gesetzgeber vorgesehen als eine besondere, nicht nach dem Tagessatzsystem des § 40 StGB zu bemessende Geldstrafe als Mittel zur Abschöpfung außerordentlicher Profite, deren Höhe allein durch den Wert des Tätervermögens begrenzt wird.[10] Dabei blieben nach § 43a I 1 StGB Vermögenswerte, deren Verfall angeordnet war, bei der Bewertung des relevanten Vermögens außer Ansatz. Nunmehr ist die Verhängung einer Vermögensstrafe aufgrund der vom BVerfG festgestellten Verfassungswidrigkeit nicht mehr möglich,[11] da es dem Gesetzgeber hier nicht gelungen ist, das verfassungsrechtliche Minimum an Vorausbestimmung zur Auswahl und Bemessung dieser Strafe bereitzustellen, so dass Art und Maß der Sanktion für den Normadressaten nicht vorhersehbar sind.[12]

---

[6] *Tröndle/Fischer*, § 286 Rdn. 4 m.w.N..

[7] *Lackner/Kühl*, § 286 Rdn. 3.

[8] BVerfG wistra 2002, 175 ff. = StV 2002, 247 ff..

[9] Diese Subsidiarität lässt sich der Begründung zum Entwurf des OrgKG (BT-Drs. 12/989, S.22) entnehmen: „Läßt sich nachweisen, dass Vermögenswerte des Täters aus konkreten Straftaten herrühren oder rechtfertigen Umstände die Annahme einer solchen Herkunft im Sinne des Erweiterten Verfalls ..., so gehen diese Möglichkeiten der Gewinnabschöpfung der Verhängung einer Vermögensstrafe vor."

[10] BT-Drs. 12/989, S. 21.

[11] Siehe § 31 II BVerfGG.

[12] BVerfG wistra 2002, 175, 177 ff..

3. Die Beteiligung am illegalen Glücksspiel (§ 285 StGB)

Der bisherige § 284a StGB a.F., der durch das am 23.12.1919 beschlossene und am 30.12.1919 in Kraft getretene „Gesetz gegen das Glücksspiel"[1] neu in das Strafrecht eingefügt wurde, wurde durch das 6. StrRG vom 26.1.1998[2] textlich unverändert zu § 285 StGB. Die Bestimmung bestraft den Spieler, weil er andere zu staatlich nicht kontrolliertem, illegalen Glücksspiel verleitet.

3.1. Der objektive Tatbestand

Zur Vermeidung von Redundanzen wird hinsichtlich der Auslegung der Tatbestandsmerkmale „öffentliches Glücksspiel" und „ohne behördliche Erlaubnis" auf die entsprechenden Ausführungen bei § 284 StGB verwiesen. Die nachfolgenden Ausführungen zum objektiven Tatbestand des § 285 StGB reduzieren sich auf die Tathandlung der Beteiligung am Glücksspiel (unten a.) und die Teilnahmeabgrenzung (unten b.).

a) „Beteiligung" am Glücksspiel

Die Tathandlung des § 285 StGB besteht in der Beteiligung am illegalen Glücksspiel. Der Täter des § 285 StGB muss an dem Glücksspiel als Spieler teilnehmen. Die h.M. versteht darunter die Beteiligung an der vom Zufall abhängigen Gewinn- oder Verlustchance.[3] Da § 285 StGB jedoch nach hier vertretener Auffassung nicht vorrangig als Vermögensdelikt anzusehen ist, sondern in erster Linie das Interesse an der staatlichen Kontrolle und Begrenzung des Glücksspielwesens als Universalrechtsgut geschützt wird, kann hier nicht allein auf die vermögensmäßige Betroffenheit vom Spielausgang abgestellt werden. Vielmehr ist unter einer Beteiligung am Spiel das täterschaftliche Ausführen von den Spielregeln unterliegenden Handlungen zu verstehen.[4] Tauglicher Täter des § 285 StGB kann somit sein, wer bei einem unerlaubten Glücksspiel für sich selbst spielt, aber auch, wer in Vertretung oder als Beauf-tragter eines anderen auf dessen Rechnung spielt,[5] weil auch er andere zu illegalem Glücks-spiel verleitet.

Hingegen ist ein Spiel nur zum Schein, um Dritte als echte Mitspieler anzulocken, nicht tatbestandsmäßig i.S.d. § 285 StGB,[6] da bei einem solchen Scheinspiel kein Gewinn- bzw. Verlustrisiko besteht. Ein derartiges Scheinspiel kann jedoch die Voraussetzungen des § 284 IV StGB erfüllen, da eine pönalisierte Werbung für illegales Glücksspiel auch durch konkludentes Verhalten möglich ist.

---

[1] RGBl. I S. 2145; vgl. hierzu auch *Ziemer*, Diss. Greifswald, 1922, S. 100.

[2] BGBl. I S. 164.

[3] Vgl z.B. BayObLGSt 67, 30 f.; RGSt 67, 397, 398; *Lackner/Kühl*, § 285 Rdn. 1; LK-*v.Bubnoff*, § 285 Rdn. 2; Sch/Sch-*Eser/Heine*, § 285 Rdn. 2; *Tröndle/Fischer*, § 285 Rdn. 1.

[4] SK-*Hoyer*, § 285 Rdn. 3.

[5] Sch/Sch-*Eser/Heine*, § 285 Rdn. 2; Näheres hierzu siehe unten b..

[6] LK-*v.Bubnoff*, § 285 Rdn. 4a; Sch/Sch-*Eser/Heine*, § 285 Rdn. 2.

Es ist bereits eine bloße Gelegenheitsteilnahme strafbar.[7] Eine gewerbsmäßige Glücksspielteilnahme ist also nicht erforderlich. Wer in Deutschland an einem unerlaubten Internet-Glücksspiel teilnimmt, ist unproblematisch[8] nach § 285 StGB strafbar, da deutsches Recht als Tatortrecht gem. §§ 3, 9 I Alt. 1 StGB anwendbar ist.[9]

Da § 285 StGB kein eigenhändiges Delikt ist, ist auch eine Spielbeteiligung in mittelbarer Täterschaft möglich,[10] die z.B. dann in Betracht kommt, wenn der Vordermann irrig glaubt, das Glücksspiel sei behördlich erlaubt worden.

Zur Tatvollendung ist erforderlich, dass das Spiel bereits begonnen hat.[11] Der Spielbeginn ist von den Umständen des Einzelfalls abhängig. Bei Geldspielautomaten ist das Spiel in der Regel mit dem Einwurf der Münze begonnen, bei Kartenspielen ebenfalls mit der Hingabe des Einsatzes[12] oder ggf. auch bereits früher mit dem Verteilen der Karten, wenn alle Beteiligten sich über den Glücksspielcharakter des Spiels einig sind.[13]

Fraglich ist, ob auch verdeckte Ermittler, die im Rahmen ihrer Ermittlungstätigkeit am illegalen Glücksspiel teilnehmen, sich nach § 285 StGB strafbar machen. Teilweise wird hier die Auffassung vertreten,[14] dass im Hinblick auf verdeckte Ermittler unter teleologischen Gesichtspunkten eine restriktive Interpretation des vom Wortlaut her zu weit gefassten Tatbestandes geboten sei. Da es Ziel der Tätigkeit eines verdeckten Ermittlers sei, die Strafverfolgung der am Glücksspiel beteiligten Personen zu ermöglichen, könne seine Beteiligung nicht als eine Beeinträchtigung des durch die §§ 284 ff. StGB geschützten staatlichen Kontrollinteresses angesehen werden und deshalb nicht tatbestandsmäßig[15] i.S.v. § 285 StGB sein.

---

[7] *Tröndle/Fischer*, § 285 Rdn. 1; ebenso LK-*v.Bubnoff*, § 285 Rdn. 2; aA RGSt 64, 355, 359 m.w.N., das für die Beteiligung am illegalen Glücksspiel - wohl im Hinblick auf das Vermögen als geschütztes Rechtsgut - maßgeblich darauf abstellte, „wessen Vermögen durch die Wechselfälle des Spiels betroffen wird".

[8] Äußerst umstritten ist hingegen die Frage der Anwendbarkeit des deutschen Strafrechts auf die Veranstalter derartiger Internet-Glücksspiele: vgl. hierzu eingehend B.II.2.1.e..

[9] So zutreffend *Odenthal*, GewArch 2001, 276, 281.

[10] SK-*Hoyer*, § 285 Rdn. 3.

[11] Vgl. z.B. RGSt 1, 118, 119; 47, 363, 365; *Kummer*, in: Aubin/Kummer/Schroth/Wack, S. 19; Sch/Sch-*Eser/Heine*, § 285 Rdn. 2; SK-*Hoyer*, § 285 Rdn. 3.

[12] RGSt 1, 118, 119 („Der Setzende versucht nicht zu spielen, wenn er seinen Einsatz macht, sondern er spielt bereits"); *Belz*, S. 30 hält generell für den Spielbeginn zumindest die Hingabe des Einsatzes für erforderlich.

[13] LK-*v.Bubnoff*, § 285 Rdn. 4.

[14] *Ahlf*, KR 1978, 17, 18; *Hund*, NStZ 1993, 571, 572; ihnen folgend *Lackner/Kühl*, § 285 Rdn. 1.

[15] *Hund*, NStZ 1993, 571, 572 will verdeckte Ermittler vom Anwendungsbereich des § 285 StGB ausnehmen, wenn sie an illegalen Glücksspielen mit Zustimmung der Staatsanwaltschaft unter folgenden Bedingungen teilnehmen:

- Die Teilnahme am Spiel muss sich auf das unbedingt zur Gewährleistung der Sicherheit des verdeckten Ermittlers und des Einsatzerfolges notwendige Maß beschränken. Wenn der verdeckte Ermittler das Spiel ohne Gefahr verlassen kann, hat er dies zu tun.
- Der verdeckte Ermittler darf nur von der Dienststelle zu diesem Zweck ausgeliehenes Geld einsetzen. Nach dem Einsatz hat er über die Verwendung Rechenschaft abzulegen.
- Eventuelle Spielgewinne müssen in voller Höhe an die Dienststelle abgeführt werden.

Nach der Gegenansicht[16] macht sich hingegen auch ein verdeckter Ermittler nach § 285 StGB strafbar, wenn er sich im Rahmen seiner Ermittlungen am illegalen Glücksspiel beteiligt. Dieser Auffassung, die maßgeblich auf den klaren Wortlaut des § 285 StGB abstellt, gebührt der Vorzug. Es trifft zwar zu, dass der Beamte seine Tarnung gefährdet, wenn er sich nicht am illegalen Glücksspiel beteiligt, und dadurch möglicherweise auch den Erfolg seines Einsatzes und sich selbst in Gefahr bringt. Es ist jedoch Sache des Gesetzgebers, hier ggf. ein „Sonderrecht"[17] für Verdeckte Ermittler zu schaffen.

b) Täterschaft und Teilnahme bei § 285 StGB

Auch an der Beteiligung am illegalen Glücksspiel ist Teilnahme nach den allgemeinen Regeln möglich. Wer in Vertretung oder als Beauftragter eines anderen auf dessen Rechnung spielt, kann nach der h.M., die allein darauf abstellt, wer an der Gewinn- oder Verlustchance beteiligt ist,[18] dessen Gehilfe gem. § 27 StGB sein, wenn eine persönliche Beteiligung an der Gewinn- und Verlustchance nicht vorliegt. Ist die Entlohnung des Beauftragten jedoch vom Ausgang des Glücksspiels abhängig, z.B. weil er im Gewinnfall einen prozentualen Anteil als Provision erhält, liegt eine zumindest mittelbare Beteiligung an der Gewinn- und Verlustchance vor, die im Hinblick darauf, dass er das Spielgeschehen im Gegensatz zu seinem Auftraggeber in der Hand hat, ausreicht, ihn als Täter i.S.v. § 285 StGB zu bestrafen. Der Geldgeber ist je nach Tatherrschaft,[19] d.h. je nach dem Ausmaß, in dem er dem Beauftragten Weisungen für sein Spielverhalten erteilt hat, Täter oder Anstifter.

Nach der hier vertretenen Auffassung ist derjenige, der in Vertretung oder als Beauftragter eines anderen auf dessen Rechnung spielt, auf jeden Fall als Täter des § 285 StGB zu bestrafen, da er das eigentliche Spielgeschehen in der Hand hat und durch seine Spielteilnahme potentiell andere zu illegalem Glücksspiel verleitet. Für den Geldgeber kommt - je nach den Umständen des Einzelfalls - regelmäßig nur eine Bestrafung als Anstifter oder Gehilfe[20] in Betracht. Der Geldgeber ist nur dann als Täter einzustufen, wenn er dem eigentlichen Spieler detaillierte Handlungsanweisungen für sein Spielverhalten gegeben hat. Erweist sich nach der gerichtlichen Tatsachenfeststellung der Geldgeber als „die treibende Kraft" der Spielteilnahme, kann dem unabhängig vom Schuldspruch im Rahmen der Strafzumessung Rechnung getragen werden.

---

[16] *Füllkrug*, KR 1990,101, 104; LK-*v.Bubnoff*, § 285 Rdn. 3; NK-*Wohlers*, § 284a Rdn. 8.

[17] Nach *Hilger*, NStZ 1992, 523, 525 (dort Fn. 161) hat ein verdeckter Ermittler - abgesehen von den in § 110c StPO geregelten Spezialbefugnissen beim Betreten einer Wohnung - grundsätzlich die einem Polizeibeamten auch sonst zustehenden Befugnisse. „Milieugerechte" Straftaten sind grundsätzlich unzulässig. Auch § 34 StGB kann nur ausnahmsweise rechtfertigen.

[18] Vgl. oben a..

[19] Sch/Sch-*Eser/Heine*, § 285 Rdn. 5.

[20] Ebenso *Kindhäuser*, LPK-StGB, § 285 Rdn. 2; NK-*Wohlers*, § 284a Rdn. 7.

3.2. Der subjektive Tatbestand

Der Spieler muss sämtliche Tatumstände kennen, die das Spiel zu einem verbotenen Glücksspiel machen.[21] Bedingter Vorsatz genügt. Eine gewinnsüchtige Absicht ist darüber hinaus nicht erforderlich, so dass auch derjenige bestraft wird, der aus einem anderen Grund als Gewinnsucht zum Spielen bestimmt wird.[22]

Ein Tatbestandsirrtum kommt insbesondere im Hinblick auf das Vorliegen einer behördlichen Erlaubnis[23] für die konkrete Glücksspielveranstaltung und aufgrund der irrigen Annahme des Spielers, den Spielablauf durch Geschicklichkeit[24] wesentlich beeinflussen zu können, hinsichtlich der Glücksspieleigenschaft in Betracht.

Die insbesondere bei Ersttaten von Ausländern vorgebrachte irrige Annahme der generellen Erlaubtheit der Teilnahme am Glücksspiel kann allenfalls einen auf Schuldebene berücksichtigungsfähigen Verbotsirrtum begründen. Regelmäßig wird insoweit jedoch eine bloße Schutzbehauptung vorliegen, da die Teilnahme am öffentlichen Glücksspiel auch in den südosteuropäischen Ländern, aus denen die meisten ausländischen Spielteilnehmer stammen,[25] verboten und strafrechtlich sanktioniert ist.[26]

3.3. Rechtswidrigkeit: Problem der Strafbarkeit von Polizeibeamten

Im Zusammenhang mit verdeckten Ermittlern ist ferner die Auffassung vertreten worden, dass Polizeibeamte, die zum Zwecke der Überführung von illegalen Spielcasinos an einem öffentlichen Glücksspiel teilnehmen, nach § 34 StGB (rechtfertigender Notstand) gerechtfertigt seien.[27] Eine Kollisionslage mit Wertdifferenz[28] liege - auch wenn dasselbe Rechtsgut betroffen sei - bei drohender Verletzung des § 284 StGB vor. Regelmäßig sei auch die sog. Angemessenheitsklausel („nicht anders abwendbar") des § 34 S.2 StGB erfüllt, da die Gefahr der Glücksspielveranstaltung in bestimmten Situationen erfolgreich ohne Spielbeteiligung durch geschulte Polizeibeamte nicht abgewandt werden könne.[29] Eine derartige generelle Rechtfertigung von Polizeibeamten begangener Straftaten nach § 285 StGB durch § 34 StGB kommt jedoch nicht in Betracht. Staatliche Hoheitsträger können sich bei Erfüllung ihrer Aufgaben nur sehr eingeschränkt auf allgemeine Rechtfertigungsgründe berufen. Nur in außerordentlicher, unvorhersehbarer Lage bei tatsächlicher Gefahr für höchste Rechtsgüter ist ein staatlicher Rückgriff auf § 34 StGB zulässig.[30] Eine derartige außerordentliche, un-

---

[21] LK-*v.Bubnoff*, § 285 Rdn. 6.

[22] So bereits RGSt 18, 342, 343 f..

[23] OLG Düsseldorf, JMBlNRW 1991, 19, 20; LK-*v.Bubnoff*, aaO..

[24] LK-*v.Bubnoff*, § 285 Rdn. 6; Sch/Sch-*Eser/Heine*, § 284 Rdn. 23.

[25] Vgl. dazu unten B.III.3.2..

[26] *Füllkrug/Wahl*, KR 1984, 533 m.w.N..

[27] *Ahlf*, KR 1978, 17, 18.

[28] Wie der Strafrahmenvergleich zeige, werde - lt. *Ahlf*, aaO. - die Glücksspielveranstaltung nach § 284 I StGB vom Gesetzgeber für erheblich strafwürdiger gehalten als die Spielbeteiligung. nach § 285 StGB.

[29] *Ahlf*, KR 1978, 17, 19.

[30] BGHSt 27, 260, 263 (sog. Kontaktsperrefall, der allerdings keine strafbaren Handlungen, sondern die Verlet-

vorhersehbare Lage bei tatsächlicher Gefahr für höchste Rechtsgüter ist bei der hier zu beurteilenden Fallkonstellation nicht gegeben. Vielmehr ist die Glücksspielveranstaltung eine latent vorhandene und für den mitspielenden Polizeibeamten vorhersehbare Gefahr.[31] Ferner kann das Allgemeininteresse, das Glücksspielwesen unter staatliche Kontrolle und Begrenzung zu nehmen, nicht als höchstes Rechtsgut angesehen werden, dessen Bedrohtsein in Extremsituationen allein eine Ausnahme von den Anforderungen des staatlichen Gesetzesvorbehalts für die Eingriffsverwaltung zulässt.

3.4. Konkurrenzen

Insbesondere wenn sich der Teilnehmer an einem illegalen Glücksspiel gem. § 285 StGB auch nach den §§ 284, 287 StGB oder nach den §§ 5 f. RWLG strafbar gemacht hat, stellt sich die Frage nach dem Konkurrenzverhältnis der jeweiligen Strafnormen.

a) Zusammentreffen mit §§ 284, 287 StGB

Eine Strafbarkeit nach § 284 I StGB oder § 287 I StGB geht einer solchen nach § 285 StGB stets vor.[32] Zwischen den Werbetatbeständen der §§ 284 IV, 287 II StGB und § 285 StGB wird hingegen regelmäßig Tatmehrheit vorliegen. Tateinheit kommt insoweit ausnahmsweise in Betracht, wenn die Beteiligung am illegalen Glücksspiel im Rahmen eines nicht nur zum Schein betriebenen „Anlockspieles" erfolgt, durch das zugleich weitere Mitspieler angeworben werden sollen.

b) Zusammentreffen mit §§ 5 f. RWLG

Fraglich ist, ob bei Pferderennen ein Wettnehmer, der nach §§ 5 f. RWLG nicht strafbar sein kann, sich der Beteiligung am illegalen Glücksspiel nach § 285 StGB strafbar machen kann, wenn er wissentlich Wetten bei einem nicht genehmigten Totalisator oder einem „wilden" Buchmacher abschließt. Es wird hier die Meinung[33] vertreten, dass es insoweit zu einem Wiederaufleben der Strafbarkeit nach § 285 StGB kommen könne. Richtiger Auffassung nach werden die §§ 284 ff. StGB im Bereich der Pferderennen jedoch von den Spezialnormen in §§ 5 f. RWLG komplett verdrängt. Die Beteiligung an einer Rennwette als Wettnehmer beim nicht zugelassenen Totalisator oder beim illegalen Buchmacher ist somit straflos.[34] Hierfür spricht vor allem, dass die Strafbarkeit des Wettnehmers früher in § 8 RWLG a.F. explizit geregelt war, der durch Art. 164 EGStGB[35] ersatzlos[36] weggefallen ist.

---

zung von StPO-Verfahrensvorschriften betraf); BGHSt 31, 304, 307; 34, 39, 51; vgl. auch *Tröndle/Fischer* § 34 Rdn. 24 m.w.N..

[31] *Füllkrug*, KR 1990, 101, 104.

[32] Vgl. bereits oben B.II.2.6..

[33] Erbs/Kohlhaas-*Wache*, R 70, § 5 RWLG, Anm. 5.

[34] LK-*v.Bubnoff*, § 285 Rdn. 9 bzw. § 287 Rdn. 4.

[35] BGBl. I 1974, S. 584.

[36] In der Begründung zu Art. 147 EGStGB heißt es dazu wörtlich: „Für die Beibehaltung einer dem § 8 RWG entsprechenden Sanktionsvorschrift gegenüber dem illegalen Wetteilnehmer besteht kein praktisches Bedürfnis, so dass diese Vorschrift ersatzlos entfällt." (Vgl. BT-Drs. 7/550, S. 403).

4. § 287 StGB

Im Rahmen des 6. StrRG vom 26.01.1998 ist § 287 I StGB (unten 4.1.) an die Stelle des § 286 StGB a.F. getreten. Durch dieses Reformgesetz wurde auch der Werbetatbestand des § 287 II StGB (unten 4.2.) neu eingefügt.

4.1. Die unerlaubte Veranstaltung einer Lotterie (§ 287 Abs. I Alt. 1) oder einer Ausspielung (§ 287 Abs. I Alt. 2)

Wie bereits dargestellt[1] regelt § 287 I StGB abschließend einen Spezialfall des Glücksspiels. Die Bestimmung über die strafbare Veranstaltung einer Lotterie oder einer Ausspielung wurde durch das 6. Strafrechtsreformgesetz lediglich sprachlich neu gefasst. Die Norm umfasst inhaltlich den Bereich des § 286 I und II StGB a.F., der über viele Jahrzehnte hinweg bis zum Inkrafttreten des 6. StrRG am 1.4.1998 galt. Die zu § 286 StGB a.F. ergangene Rechtsprechung ist für die Auslegung des § 287 I StGB somit weiterhin relevant.

a) Der objektive Tatbestand des § 287 Abs. I StGB

Der objektive Tatbestand des § 287 I StGB setzt voraus, dass jemand ohne behördliche Erlaubnis (unten dd.) öffentliche (unten cc.) Lotterien oder Ausspielungen (unten aa.) veranstaltet (unten bb.).

aa) Der Lotteriebegriff bzw. der Begriff der Ausspielung

Die Lotterie i.S.v. § 287 I Alt.1 StGB ist nach allgemeiner Meinung[2]
(1)eine besondere Form des Glücksspiels,
(2)bei dem einer Mehrzahl von Personen vertragsgemäß die Möglichkeit eröffnet wird,
(3)nach einem bestimmten Spielplan
(4)gegen einen bestimmten Einsatz
(5)ein ausschließlich oder doch wesentlich vom Eintritt eines zufälligen Ereignisses abhängiges Recht auf einen bestimmten Geldgewinn zu erwerben.

Die Ausspielung i.S.v. § 287 I Alt.2 StGB, die im Übrigen dieselben Voraussetzungen wie die Lotterie hat, unterscheidet sich von dieser dadurch, dass hier die vom Zufall abhängige Gewinnchance nicht auf einen Geldgewinn gerichtet ist, sondern auf andere Sachen oder geldwerte Leistungen.[3]

---

[1] Vgl. oben B.II.2.1.a.dd.(1).

[2] Vgl. z.B. BGH 5 StR 519/56 vom 24.09.1957, wo diese Definition als ständige Rechtsprechung des Reichsgerichts bezeichnet wird, die der BGH fortgeführt hat.; LK-*v.Bubnoff*, § 287 Rdn. 2 ff.; Sch/Sch-*Eser/Heine*, § 287 Rdn. 2 ff.; *Tröndle/Fischer*, § 287 Rdn. 2 ff..

[3] Sch/Sch-*Eser/Heine*, § 287 Rdn. 2, 9 ff..

Die vorgenannten Begriffsmerkmale des Lotterie- bzw. Ausspielungsbegriffs sollen nachfolgend näher konkretisiert und abgegrenzt werden. Die Lotterie und die Ausspielung sind besondere Formen des Glücksspiels; d.h. sie weisen alle Elemente des Glücksspielbegriffs[4] auf, darüber hinaus jedoch weitere, die sie vom Glücksspiel im engeren Sinne gemäß §§ 284, 285 StGB abgrenzen. Soweit der Lotterie- bzw. der Ausspielungsbegriff dieselben Voraussetzungen (Einsatz, nicht ganz unbeträchtlicher Vermögenswert des Spielgegenstandes, Maßgeblichkeit des Zufalls) wie der Glücksspielbegriff des § 284 StGB hat, werden zur Vermeidung von Wiederholungen nachfolgend lediglich ergänzend lotteriestrafrechtliche Besonderheiten und Zweifelsfragen erörtert.

(1) Spielplan: Unterschied zum Glücksspiel im engeren Sinne gem. §§ 284, 285 StGB

Im Unterschied zum Glücksspiel i.S.d. § 284 StGB läuft der Spielbetrieb bei der Lotterie nach einem Spielplan ab, der vom Veranstalter einseitig vorgegeben wird und nach dem sich die Spielbeteiligten zu richten haben.[5] Fraglich kann in diesem Zusammenhang sein, welche Anforderungen an das Vorliegen eines Spielplans zu stellen sind. Denn auch die Spielregeln bei Kartenspielen (z.B. Poker, Black Jack, Baccara) in legalen Spielbanken sind vom Betreiber einseitig festgelegt, um Streitigkeiten hierüber von vornherein auszuschließen, zumal wenn verschiedene Varianten desselben Kartenspiels gebräuchlich sind.

Der Spielplan enthält verbindliche Regeln über den Spielbetrieb im Allgemeinen und die Bedingungen, unter denen einer Mehrzahl von Personen die Beteiligungsmöglichkeit eröffnet wird.[6] Der Spielplan i.S.d. § 287 StGB muss nicht alle Einzelheiten regeln: er muss z.B. mögliche Gewinne und Verluste nach Zahl und Höhe sowie deren Verteilung an die Mitspieler nicht endgültig festlegen. Es genügt insoweit, wenn sich - wie z.B. beim Zahlenlotto - Anzahl und Höhe der Gewinne sowie deren Verteilung nach bindenden Regeln bestimmen, sobald die auszuschüttende Gesamtgewinnsumme feststeht.[7] Der Spielplan muss aber mindestens die Höhe des Spieleinsatzes verbindlich bestimmen.[8] Bleibt die Höhe des Spieleinsatzes hingegen der Willkür des einzelnen Spielers überlassen, liegt ein Glücksspiel gem. § 284 StGB vor.[9]

Aus dem legalen Spielangebot zählen somit insbesondere das Zahlenlotto „6 aus 49", bei dem der Preis pro Einzeltippreihe vorgegeben ist, und sonstige Spiele, bei denen ein bestimmter Lospreis[10] vorgegeben ist (z.B. „Die Goldene Eins", die „Glücksspirale", die Klas-

---

[4] Vgl. zu den einzelnen Elementen des Glücksspielbegriffs oben B.II.2.1.a.cc..

[5] SK-*Hoyer*, § 287 Rdn. 4.

[6] *Lackner/Kühl*, § 287 Rdn. 2.

[7] Vgl. z.B. BGH 1 StR 339/56 vom 28.05.1957 (juris); BGH 5 StR 519/56 vom 24.09.1957 (juris); *Tröndle/Fischer*, § 287 Rdn. 4 m.w.N..

[8] RGSt 55, 271; BGHSt 3, 99, 104; *Lackner/Kühl*, § 287 Rdn. 2; LK-*v.Bubnoff*, § 287 Rdn. 3.

[9] Sch/Sch-*Eser/Heine*, § 287 Rdn. 4; SK-*Hoyer*, § 287 Rdn. 4.

[10] Nach LK-*v.Bubnoff* § 287 Rdn. 3; *Klenk* GA 1976, 361, 365 ist hingegen irrelevant für die Abgrenzung, dass auf unterschiedliche Risiko- oder Gewinnchancen gesetzt werden kann, was z.B. bei den Glücksspielen Roulette und Oddset-Sportwette, aber auch bei den Klassenlotterien und bei der Lotterie Fußball-Toto („6 aus 45") möglich ist.

senlotterien „SKL" und „NKL" oder das „Bayernlos") zu den Lotterien.[11] Spiele, bei denen der Einsatz pro Einzelspiel - ggf. im Rahmen eines vom Veranstalter vorgegebenen Limits nach oben und unten - nach Belieben des einzelnen Spielers variieren kann, wie z.B. Roulette, die in legalen Spielcasinos angebotenen Kartenspiele[12] oder auch die „Oddset-Sportwette", zählen hingegen zu den Glücksspielen im engeren Sinn gem. § 284 StGB.

(2) Im Plan bestimmter Einsatz

Wesentlich für Lotterie und Ausspielung ist der im Spielplan enthaltene Einsatz. Unter Einsatz ist wie bei § 284 StGB[13] ein nicht ganz unbeträchtlicher Vermögenswert zu verstehen, den der Spieler bewusst für die Beteiligung an der Gewinnaussicht opfert, und den er ohne die Gewinnchance nicht hingegeben hätte.[14] Die Übernahme der Gefahr eines Vermögensverlustes ist für den Begriff des Einsatzes nicht konstitutiv.[15]

Die im Spielplan bestimmten Einsätze der Mitspieler brauchen nicht gleich zu sein. Nicht einmal jeder Mitspieler muss einen Einsatz machen, jedoch muss das Erfordernis eines Einsatzes für die Mehrzahl der Teilnehmer bestehen.[16] Ein Einsatz, der nur im Fall des Verlustes erbracht werden muss, ist ausreichend.[17]

Ebenso wie beim Glücksspiel nach § 284 StGB kann auch bei Lotterien und Ausspielungen ein versteckter Einsatz, d.h. die Bewirkung des Einsatzes in Verbindung mit einer anderen Leistung,[18] in Betracht kommen. Dabei müssen nach den bekannt gemachten Spielbedingungen die Spielbeteiligung und die weitere rechtsgeschäftliche Aufwendung voneinander abhängig sein.[19] Ein derartiger Einsatz in versteckter Form kann insbesondere im Eintrittspreis einer Veranstaltung oder im Kaufpreis einer Ware enthalten sein.[20] Hier ist maßgeblich auf den objektiven Wert der vom Veranstalter - außerhalb der Gewinnchance - erbrachten Leistung abzustellen.[21]

Liegt nach dem bekannt gemachten Spielplan kein versteckter Einsatz vor, kann eine Gratisausspielung[22] oder eine Scheinausspielung[23] gegeben sein.

---

[11] Näheres zu den legalen Lotterien und Ausspielungen siehe unten B.II.4.1.a.dd.(2).

[12] Bei diesen Kartenspielen besteht sogar die Möglichkeit den anfänglichen Einsatz im Spielverlauf weiter zu erhöhen.

[13] Siehe zum Begriff des Einsatzes oben B.II.2.1.cc.(3).

[14] RGSt 65, 194, 195 ff.; BGHSt 3, 99, 103.

[15] LK-*v.Bubnoff*, § 287 Rdn. 9.

[16] BayObLGSt 10, 348, 354; LK-*v.Bubnoff*, § 287 Rdn. 5; Sch/Sch-*Eser/Heine*, § 287 Rdn. 4.

[17] Sch/Sch-*Eser/Heine*, § 287 Rdn. 4.

[18] LK-*v.Bubnoff*, § 287 Rdn. 6.

[19] *Lukes*, in: Stree/Wessels-FS, S. 1013, 1019; LK-*v.Bubnoff*, § 287 Rdn. 6.

[20] RGSt 60, 127; 65, 195; OLG Düsseldorf NJW 1958, 760; Sch/Sch-*Eser/Heine*, § 287 Rdn. 4.

[21] RGSt 65, 194 ff.; LK-*v.Bubnoff*, § 287 Rdn. 7.

[22] RGSt 65, 194 ff.: Gratisausspielung, wenn der Veranstalter die Kosten der Veranstaltung selbst trägt.

Wenn im Zusammenhang mit einem Gewinnspiel eine Ware zum Verkauf angeboten wird, liegt kein versteckter Einsatz vor, wenn nach dem veröffentlichten Spielplan für alle Mitspieler eine Spielteilnahme auch ohne Kauf der angebotenen Ware möglich ist. Dies gilt auch dann, wenn einige Mitspieler irrig meinen, ihre Gewinnchance hänge von dem Warenerwerb ab. Denn Einsatz ist nicht das, was ein Teil der Bewerber irrig dafür hält, sondern kann nur sachlich bestimmt werden.[24]

Kein versteckter Einsatz ist ein im Spielplan bestimmter, sog. stets verlorener Spielberechtigungsbetrag, dessen Leistung lediglich die Teilnahmeberechtigung eröffnet, aber noch keine Gewinnchance einräumt. Regelmäßig liegt deshalb bei Kettenbriefen und in den Fällen progressiver Vertriebs- bzw. Gewinnerwartungssysteme kein Einsatz i.S.v. § 287 StGB vor.[25]

(3) Beteiligungsmöglichkeit für Mehrzahl von Personen

Der Lotteriebegriff setzt zwar grundsätzlich die Beteiligungsmöglichkeit für mehrere Personen voraus. Jedoch ist bereits ein Vertragsangebot an eine Person tatbestandsmäßig, wenn der Veranstalter die restlichen Lose selbst spielt.[26]

(4) Vermögenswert des Spielgegenstandes

Ebenso wie beim Glücksspiel im engeren Sinne muss auch bei der Lotterie und der Ausspielung der zu erzielende Gewinn einen nicht unbeträchtlichen Vermögenswert haben. Bereits im Rahmen der Erörterung zum Glücksspiel im engeren Sinne[27] wurde zur Abgrenzung der strafbaren Lotterie bzw. Ausspielung vom straflosen Unterhaltungsspiel bzw. zur Beträchtlichkeit des Spielgegenstandes Folgendes festgestellt. Keine strafbare Lotterie oder Ausspielung gem. § 287 StGB, sondern ein strafloses Unterhaltungsspiel liegt vor, wenn die Gestehungskosten eines Gewinnes höchstens 41 € betragen, mindestens 50% der Gesamteinsätze als Gewinn an die Spieler zurückfließen und mindestens jedes fünfte Los gewinnt.

(5) Maßgeblichkeit des Zufalls (bei der Entscheidung über Gewinn und Verlust)

Ebenso wie beim Glücksspiel im Sinne des § 284 StGB muss auch bei der Lotterie der Zufall die Gewinne unter die Spieler verteilen.[28] Eine Lotterie oder Ausspielung liegt somit dann vor, wenn die Entscheidung über Gewinn und Verlust des Spiels nicht wesentlich von den

---

[23] BGHSt 3, 99, 103: Scheinausspielung, wenn Adressen der Mitspieler zu anderen gewerblichen Zwecken erlangt werden sollen.

[24] BGH 3, 99, 104.

[25] *Lackner/Kühl*, § 287 Rdn. 2 m.w.N..

[26] LK-*v.Bubnoff*, § 287 Rdn. 10; *Tröndle/Fischer*, § 287 Rdn. 3.

[27] Vgl. oben B.II.2.1.cc.(2).

[28] RGSt 67, 397, 398; *Tröndle/Fischer*, § 287 Rdn. 6.

Fähigkeiten, den Kenntnissen und der Aufmerksamkeit der Mitspieler abhängt, sondern allein oder hauptsächlich vom Zufall;[29] d.h. vom Wirken unberechenbarer, dem Einfluss der Beteiligten in ihrem Durchschnitt entzogener Ursachen. Die überwiegende Zufallsabhängigkeit der Gewinnchance muss für den Spielenden erkennbar sein, weil er nur deshalb einen Lotterievertrag abschließt.[30]

Es ist für den Begriff des Lotterievertrages nicht entscheidend, dass die Ermittlung der Gewinne durch eine Losziehung[31] im strengen Wortsinn vor sich geht, sondern dass die Gewinnentscheidung überwiegend auf bloßem Zufall beruht.[32]

Der zur Gewinnermittlung notwendige Tätigkeitsakt braucht nicht notwendig von dem Veranstalter oder seinen Organen ausgehen, sondern kann auch von einem Mitspieler oder einem gänzlich unbeteiligten Dritten, der von der Existenz des Lotterievertrages möglicherweise nicht einmal Kenntnis hat, vorgenommen werden.[33] Da es hinsichtlich der Zufallsabhängigkeit der Gewinnchance allein auf den Standpunkt der Mitspieler ankommt, kann ein Zufall sogar dann angenommen werden, wenn die Gewinnentscheidung im Ermessen des Lotterieveranstalters liegt.[34] Ebenso ist die Zufallsabhängigkeit der Gewinnchance zu bejahen, wenn zwar jeder Mitspieler gewinnt, die Art seines Gewinns jedoch ungewiss ist.[35]

Als zufälliges Ereignis kommt auch das Ergebnis einer anderen Lotterie in Betracht. Man spricht von einer sog. Anschlusslotterie oder Zweitlotterie, wenn die Entscheidung über Gewinn oder Verlust vom Ausgang einer anderen Lotterie abhängt. Problematisch ist in diesem Zusammenhang, die Abgrenzung zwischen einer nicht tatbestandsmäßigen gewerblichen Spielgemeinschaft und der Veranstaltung einer unter § 287 I StGB fallenden Zweitlotterie.

Eine strafbare Zweitlotterie liegt dann vor, wenn der Zweitveranstalter nach den Spielvertragsbedingungen Eigentümer der Lose bleibt und seine Abnehmer allein einen Anspruch auf Gewinnauszahlung gegen ihn erwerben sollen und nicht gegen den Veranstalter der Erstlotterie.[36] Eine strafbare Zweitlotterie ist auch dann gegeben, wenn die Spieler zwar grundsätzlich unmittelbare Gewinnansprüche gegen den Erstveranstalter erwerben, sich die Spielergemeinschaft aber nach dessen Geschäftsbedingungen gegenüber dem Zweitveranstalter verpflichtet, diese Ansprüche - zumindest partiell für bestimmte Gewinnklassen - nicht gel-

---

[29] Vgl. z.B. BGH NJW 1989, 225, 226; grundlegend BGHSt 2, 274, 276 und VGH Baden-Württemberg GewArch 1990, 149, 150f. jeweils m.w.N..

[30] RGSt 60, 385, 387; *Tröndle/Fischer*, aaO.

[31] Eine Losziehung wurde jedoch noch in RGSt 12, 388, 390 für den Lotteriebegriff vorausgesetzt.

[32] So bereits RGSt 27, 47, 48 in einem Fall, in dem die Nummer des Gewinnloses mit der Nummer des in einem Rennen obsiegenden Pferdes identisch sein sollte.

[33] RGSt 27, 47, 49.

[34] Sch/Sch-*Eser/Heine*, § 287 Rdn. 5.

[35] *Lackner/Kühl*, § 287 Rdn. 3; in diesem Fall wird es allerdings zur Beurteilung der Strafbarkeit im Hinblick auf das Vorliegen eines vermögenswerten Einsatzes (vgl. oben (2), Stichwort: Gratisausspielung) vor allem auf die Wertrelation zwischen dem nach dem Spielplan geleisteten Einsatz einerseits und dem niedrigsten Gewinn andererseits ankommen.

[36] BGH 1 StR 643/76 vom 18.1.1977; RGSt 37, 438, 440.

tend zu machen, sondern es zu dulden, dass der Zweitveranstalter diese Gewinne einzieht und in einen unter alle Mitspieler zu verteilenden Pool einbringt. In dieser „Umverteilung" liegt die Veranstaltung einer illegalen Lotterie.[37]

In den beiden vorgenannten strafbaren Fallkonstellationen wird das Rechtsverhältnis zwischen dem zwischengeschalteten Unternehmer und dem Spieler über den bloßen Geschäftsbesorgungsaspekt hinaus durch eine eigene lotterierechtliche Komponente geprägt. Die fehlende staatliche Kontrolle eines ordnungsgemäßen Ablaufs insbesondere bei der Gewinnverteilung führt zu Vermögensgefahren für den Spieler.[38] Die Auffassung,[39] die in derartigen Fallkonstellationen einen Lotteriespielvertrag verneint, weil der zwischengeschaltete Vermittler letztlich nur als besoldeter Geschäftsführer der Spielgemeinschaft anzusehen sei, und für den Spielteilnehmerschutz die Tatbestände der §§ 263 und 266 StGB für ausreichend erachtet, ist abzulehnen. Denn diese Auffassung negiert die Maßgeblichkeit des Inhalts des Lotterievertrages und führt zu staatlich nicht kontrollierten Lotterieverhältnissen, die § 287 StGB gerade verhindern will.

Hingegen unterfällt die gewerbliche Organisation von solchen Spielgemeinschaften nicht dem Tatbestand des § 287 StGB, bei denen die Spieler ihren Gewinnanspruch gegen den Erstveranstalter behalten und lediglich zur Kostensenkung und Gewinnchancenerhöhung durch den Organisator zu Spielgemeinschaften - z.B. in Form von BGB-Gesellschaften - zusammengefasst werden, da insoweit keine Zweitlotterie vorliegt.[40]

Die Zufälligkeit des gewinnmaßgeblichen Ereignisses fehlt in der Regel bei Kettenbriefen[41] und in den Fallgruppen der progressiven Vertriebs-[42] bzw. Pyramiden-Gewinnsysteme[43], so dass in diesen Fällen der Tatbestand des § 287 I StGB zumeist nicht erfüllt ist.

bb) Die Tathandlung: Veranstalten einer Lotterie oder Ausspielung

Die tatbestandsmäßige Handlung des § 287 I StGB ist das Veranstalten einer Lotterie oder Ausspielung. Veranstalter einer Lotterie derjenige, der verantwortlich und organisatorisch den äußeren Rahmen für die Abhaltung der Lotterie schafft und dadurch dem Publikum die Gelegenheit zur Beteiligung gibt. Dies ist regelmäßig der wirtschaftliche Unternehmer, auf dessen Rechnung die Lotterie geht, d.h. dem die Gewinne aus dem Spielbetrieb zugute kommen. Darüber hinaus aber auch derjenige, der verantwortlich und organisatorisch den

---

[37] OLG München NStZ-RR 1997, 327, 329.

[38] *Fruhmann*, MDR 1993, 822, 824; LK-*v.Bubnoff*, § 287 Rdn. 12.

[39] *Otto*, Jura 1997, 385, 387.

[40] LK-*v.Bubnoff*, § 287 Rdn. 13. Als gewerblicher Organisator von Spielgemeinschaften hat bundesweit durch ihre Werbeaktivitäten vor allem die Bochumer Firma Faber Bekanntheit erlangt. Die Versuche des Deutschen Toto-/Lotto-Blocks, derartige gewerbliche Organisatoren von Spielgemeinschaften vom Markt zu verdrängen, blieben bislang erfolglos.

[41] Vgl. unten B.II.5.1.b.bb. und B.II.5.2..

[42] Vgl. unten B.II.5.1.a. und B.II.5.2..

[43] Vgl. unten B.II.5.1.b.aa. und B.II.5.2..

äußeren Rahmen für die Abhaltung der Lotterie schafft, ohne dabei notwendig durch Gewinnanteile beteiligt zu sein. Insoweit gilt dasselbe wie für den Veranstalter eines Glücksspiels im engeren Sinne gem. § 284 I StGB.[44]

Erforderlich für das Veranstalten im Sinne des § 287 I StGB ist jedenfalls, dass den Spielteilnehmern der aufgestellte Spielplan zugänglich gemacht wird, so dass ihnen die Möglichkeit der Beteiligung am Spiel eröffnet ist.[45] Mit der Aufstellung und Zugänglichmachung des Spielplans ist die Veranstaltung mithin bereits vollendet.[46] Vor der Möglichkeit der Spielbeteiligung ist hingegen nur eine straflose Vorbereitungshandlung im Hinblick auf § 287 I StGB gegeben,[47] die allerdings nach § 287 II StGB strafbar sein kann, wenn sie sich als Werbemaßnahme darstellt. Durch das 6. StrRG ist zum 1.4.1998 die Tathandlung des Veranstaltens in § 287 I StGB regelbeispielhaft durch den Zusatz „namentlich den Abschluss von Spielverträgen für eine öffentliche Lotterie oder Ausspielung anbietet oder auf den Abschluss solcher Spielverträge gerichtete Angebote annimmt", der ausschließlich die Veranstalterseite betrifft,[48] näher erläutert worden. Damit wird klargestellt, dass zum einen eine invitatio ad offerendum allenfalls in den Bereich der nach § 287 II StGB strafbaren Werbung fallen kann, andererseits aber weder das Zustandekommen eines Spielvertrags[49] noch der Spielbeginn für ein strafbares Veranstalten i.S.v. § 287 I StGB erforderlich sind, das zeitlich früher einsetzt. Durch die Neufassung der Tathandlung des § 287 I StGB will der Gesetzgeber dem Umstand Rechnung tragen, dass die direkte Teilnahme an Lotterien inzwischen zunehmend über Medien wie Telefon, Telefax oder das Internet ermöglicht wird.[50]

Die Neufassung zielt vor allem auf Anbieter aus dem Ausland, die ihre Vertriebshandlungen gegenüber einem Spielinteressenten in Deutschland vornehmen und damit ihr Vertriebsgebiet nach Deutschland ausdehnen.[51] Eine Veranstaltung im Inland gem. § 287 I, 3, 9 I StGB liegt bei grenzüberschreitenden bzw. ausländischen Lotterieangeboten nämlich auch dann vor, wenn über das Internet oder andere Medien die direkte Teilnahme am deutschen Abrufort ermöglicht wird.[52] Ein im Ausland zugelassener Lotterieanbieter veranstaltet also eine nach § 287 I StGB strafbare Lotterie, wenn er in Deutschland ohne behördliche Erlaubnis Lose über das Internet zum Kauf anbietet. Dabei muss das Angebot nicht notwendig auf einer deutschsprachigen web-site erfolgen. Auch bei einer fremdsprachigen web-site kann ein Vertragsangebot in Deutschland zu bejahen sein, wenn in ausländischer Sprache erkennbar ist,

---

[44] Vgl. oben B.II.2.1.d.aa. bzw. B.II.2.3.a.aa..

[45] RGSt 59, 347, 352; LK-*v.Bubnoff*, § 287 Rdn. 17; *Tröndle/Fischer*, § 287 Rdn. 11.

[46] RGSt 34, 447, 448; 35, 44, 45; 59, 347, 352.

[47] RGSt 9, 201, 204; *Tröndle/Fischer*, § 287 Rdn. 11.

[48] Auch nach der Änderung des § 287 I StGB durch das 6.StrRG im Jahr 1998 macht sich der Spieler somit nicht nach § 287 I StGB strafbar, wenn er das Angebot einer in Deutschland nicht genehmigten Lotterie annimmt. Vgl. z.B. *Lackner/Kühl*, § 287 Rdn. 6; LK-*v.Bubnoff*, § 287 Rdn. 18; *Wilms*, S. 50. Er handelt allenfalls ordnungswidrig, wenn das jeweilige Landesrecht einen entsprechenden Tatbestand vorsieht (vgl. z.B. Art. 1 I Nr. 1 BayLottG).

[49] So bereits RGSt 8, 292; vgl. auch *Lackner/Kühl*, § 287 Rdn. 6.

[50] BT-Drs. 13/9064, S. 21.

[51] LK-*v.Bubnoff*, § 287 Rdn. 19 unter Hinweis auf BT-Drs. 13/9064, S. 21 bzw. auf BT-Drs. 13/8587, S. 67.

[52] LK-*v.Bubnoff*, § 287 Rdn. 19.

dass sich die Seite auch konkret an deutsche Spielinteressenten richtet. Wenn beim grenzüberschreitenden Vertrieb von Lotterielosen über das Internet hingegen sowohl durch Hinweise auf der web-site, als auch durch die Abwicklung der Bestellannahme eine Selbstbeschränkung auf bestimmte Staaten unter ausdrücklichem oder konkludentem Ausschluss u.a. Deutschlands erfolgt, liegt keine Veranstaltung im Inland i.S.d. §§ 287 I, 3, 9 I StGB vor. Der ausländische Lotterieveranstalter, der keine deutsche Erlaubnis gem. § 287 I StGB besitzt, muss folglich sicherstellen, dass in Deutschland ansässige Internet-User keine Bestellung von Lotterielosen über das Internet vornehmen können, wenn er eine Strafbarkeit nach § 287 I StGB vermeiden will.

cc) öffentlich

Öffentlich ist - entsprechend wie bei § 284 I StGB[53] - eine Lotterie oder Ausspielung, wenn beim Veranstalter von vornherein der innere Wille vorhanden ist, dem Publikum als solchem, d.h. einem unbestimmten, nicht fest geschlossenen Personenkreis, die Beteiligung zu ermöglichen, und dieser Wille nach außen erkennbar in Erscheinung tritt. Auf die Öffentlichkeit des Veranstaltungsortes kommt es hierbei nicht an. Entscheidend für die Bejahung der Öffentlichkeit ist, dass der Veranstalter den Spielern äußerlich erkennbar zu verstehen gibt, dass er grundsätzlich beliebigen Dritten die Spielteilnahme ermöglicht, und nicht nur bestimmten Personen oder einem bestimmten von vornherein begrenzten Personenkreis. Zu verneinen ist die Öffentlichkeit ferner, wenn nach den äußeren Umständen der Personenbestand der an der Lotterie Beteiligten von vornherein zwangsläufig begrenzt ist.

Der Gegensatz zur öffentlichen Lotterie, an der sich jedermann beteiligen kann, ist somit die auf einen bestimmen Personenkreis beschränkte nichtöffentliche Lotterie; jedoch schließt nicht jede Begrenzung des Personenkreises bereits notwendig die Öffentlichkeit aus.[54] Damit eine straflose nichtöffentliche Lotterie oder Ausspielung im Privatzirkel vorliegt, müssen die teilnehmenden Spieler durch Beruf, Freundschaft, gemeinsame Interessen oder in ähnlicher Weise[55] untereinander verbunden sein, also in einem näheren, ihnen bewussten inneren Zusammenhang stehen, wobei auch der Veranstalter diesem Kreis im Zeitpunkt[56] der Lotterieveranstaltung angehören muss.[57] Da es bei § 287 StGB keine dem § 284 II StGB entsprechende Gleichstellungsklausel gibt, sind derartige Veranstaltungen in geschlossenen Gesellschaften sowie in Vereinen straflos, wenn ihnen der Öffentlichkeitsbezug tatsächlich fehlt.[58] Der Personenkreis muss dazu zunächst in der Weise nach außen abgegrenzt sein, dass eine eindeutige Unterscheidung zwischen Mitgliedern und Nicht-Mitgliedern für die gesamte Dauer der Lotterieveranstaltung möglich ist.[59] Das gemeinsame persönliche Band, das die

---

[53] Vgl. oben B.II.2.1.b. zum Begriff der Öffentlichkeit.

[54] *Schild*, NStZ 1982, 446, 447.

[55] Z.B. die Einladung zu einem Fest mit einer von vornherein limitierten Personenzahl von geladenen Gästen (vgl. LK-*v.Bubnoff* § 287 Rdn. 20).

[56] RGSt 59, 347, 352.

[57] So bereits RGSt 31, 413, 414, das eine durch den Portier einer Fabrik veranstaltete Ausspielung unter 1800 Fabrikarbeitern als nicht mehr privat eingestuft hat; vgl. auch LK-*v.Bubnoff*, § 287 Rdn. 20.

[58] LK-*v.Bubnoff*, § 287 Rdn. 20.

[59] *Schild*, NStZ 1982, 446, 448 m.w.N..

Öffentlichkeit der Veranstaltung ausschließt, muss konkretisiert und im Einzelnen bestimmt und darf nicht die Teilnahme an der Lotterie selbst sein.[60] Es ist zwar nicht notwendig, dass sich alle Mitglieder persönlich kennen, jedoch muss - über das gemeinsame Sachinteresse hinaus - noch ein durch persönliche Beziehungen geprägter und verbundener Personenkreis vorliegen.[61] Diese Einschränkung ist sachgerecht, weil andernfalls auch die Mitgliedschaft in einem Verein mit mehreren Millionen Mitgliedern wie dem ADAC, die Betriebszugehörigkeit zu einem Großkonzern oder die zufällige Anwesenheit in einer jedermann zugänglichen Gaststätte ausreichen würde, um einen Privatzirkel anzunehmen.

dd) Fehlen einer behördlichen Erlaubnis

Da es sich bei § 287 StGB um eine verwaltungsakzessorische Strafnorm (vgl. unten 1) handelt, kommt es für die Frage der Strafbarkeit des Veranstalters entscheidend darauf an, ob ihm eine formell wirksame Erlaubnis auf der Grundlage einer verwaltungsrechtlichen Erlaubnisnorm erteilt wurde (vgl. unten 2) bzw. im Falle einer erteilten Erlaubnis darauf, ob diese ggf. in örtlicher oder sachlicher Hinsicht von ihm überschritten wurde (vgl. unten 3).

(1) Verwaltungsakzessorietät der Strafnorm

Ebenso wie beim Glücksspiel im engeren Sinn versuchen zahlreiche Private und gemeinnützige Organisationen auf dem einträglichen Lotteriemarkt Fuß zu fassen, und streben daher eine behördliche Erlaubnis an. Eine reichhaltige verwaltungsrechtliche Judikatur ist der Beleg für diese Versuche, die meistens nicht erfolgreich sind. Es kommt hier klar zum Ausdruck, dass § 287 I StGB - ebenso wie die anderen Glücksspieltatbestände - zu den verwaltungsakzessorischen Straftatbeständen[62] gehört, die dadurch gekennzeichnet sind, dass das besondere Verwaltungsrecht Vorgaben für das Strafrecht macht.[63] Wer eine bestandskräftige verwaltungsrechtliche Lotteriegenehmigung besitzt, kann sich nicht nach § 287 StGB strafbar machen, da aufgrund der formell wirksamen Genehmigung bereits der Tatbestand entfällt.[64] Aufgrund der Verwaltungsakzessorietät des strafrechtlichen Glücksspiel- und Lotterieverbots sind umgekehrt aber auch die Genehmigungsbehörden gehalten, den Schutzzweck der §§ 284, 287 StGB bei ihrer Tätigkeit entsprechend zu berücksichtigen.[65]

---

[60] *Schild*, NStZ 1982, 446, 449 m.w.N..

[61] RGSt 15, 276; BGHSt 9, 39, 42; *Schild*, aaO..

[62] Näheres zu Fragen der Verwaltungsakzessorietät von Straftatbeständen z.B. bei *Ossenbühl*, DVBl. 1990, 963 ff. oder *Rühl*, JuS 1999, 521 ff. jeweils m.w.N..

[63] *Ohlmann*, WRP 2001, 672, 682.

[64] Vgl. z.B. *Wilms*, S. 37 m.w.N. sowie oben B.II.2.1.c.aa. zur dogmatischen Einordnung der behördlichen Erlaubnis als negatives Tatbestandsmerkmal und nicht als Rechtfertigungsgrund.

[65] So ausdrücklich *Voßkuhle*, VerwArch 87 (1996), 395, 399.

(2) Beispiele einer behördlichen Erlaubnis: Die legalen Lotterien und Ausspielungen

Das öffentlich-rechtliche Lotterierecht ist kein Recht der Wirtschaft, sondern fällt als Recht zur Wahrung der öffentlichen Sicherheit und Ordnung gemäß Art. 30, 70 I und 73 GG in die Gesetzgebungskompetenz der Länder, denen die sog. Lotteriehoheit[66] zukommt. Erlaubnisnormen i.S.d. § 287 StGB finden sich somit vorrangig in lotterierechtlichen Landesgesetzen.[67] Die einzelnen Länder haben von ihrer Lotteriehoheit gesetzestechnisch regen Gebrauch gemacht. Manche Länder unterscheiden dabei zwischen den einzelnen Lotteriearten (Klassen-, Zahlen-, Zusatz-, Losbrief- und sonstige Lotterien), andere Länder differenzieren zwischen staatlich und privat veranstalteten Lotterien. Normative Basis sind in einigen Ländern spezielle Gesetze für das Zahlenlotto oder für Staatslotterien, sonst die allgemeinen Lotteriegesetze, die für alle übrigen Lotterien gelten.[68]

(a) Überblick über die lotterierechtlichen Erlaubnisnormen in Bayern

Das Lotterieverbot des § 287 I StGB wird von der h.M. als repressives Verbot mit Befreiungsvorbehalt[69] angesehen. Anhand der lotterierechtlichen Erlaubnisnormen des Freistaats Bayern wird im Folgenden beispielhaft[70] dargestellt, inwieweit die öffentliche Veranstaltung von Lotterien und Ausspielungen derzeit auf Landesebene legalisiert wird. Eine reichseinheitliche Regelung öffentlicher Lotterien und Ausspielungen fand sich in der Verordnung über die Genehmigung öffentlicher Lotterien und Ausspielungen (RLottVO) vom 06.03.1937.[71] Diese RLottVO gilt nach Inkrafttreten des Grundgesetzes gem. Art. 123 I GG weiterhin als Landesrecht fort, sofern sie nicht durch nachkonstitutionelles Recht der Länder ersetzt worden ist.[72] Verdrängt wurden die RLottVO und ihre Nachfolgevorschriften insbesondere bei den Staatslotterien bzw. Klassenlotterien, für die häufig Sondervorschriften gelten, so dass der Anwendungsbereich der RLottVO heute in der Regel auf solche Lotterien und Ausspielungen beschränkt ist, die durch Private veranstaltet werden.[73]

---

[66] Zur Lotteriehoheit als Ausprägung der Polizeihoheit der Länder und ihren sachlichen und räumlichen Aspekten vgl. Näheres bei *Ohlmann*, WRP 1998, 1043, 1044 ff. bzw. *ders.*, ZRP 2002, 354, 355 m.w.N..

[67] Vgl. z.B. *Tettinger*, DVBl. 2000, 868, 869 m.w.N. in der dortigen Fn. 4.

[68] *Tettinger*, DVBl. 2000, 868, 870 m.w.N..

[69] BayVGH BayVBl. 1983, 467, 468; *Bargmann-Huber*, BayVBl. 1996, 165; *Ohlmann*, WRP 1998, 1043, 1045; *Tettinger*, DVBl. 2000, 868, 873; *Voßkuhle*, VerwArch 87 (1996), 395, 402; aA lediglich *Ossenbühl*, VerwArch 86 (1995), 187, 202, 213, der von einem Präventivverbot mit Erlaubnisvorbehalt ausgeht, weil er die Sozialschädlichkeit der illegalen Veranstaltung öffentlicher Lotterien anzweifelt.

[70] Die Behandlung aller lotterierechtlichen Erlaubnisnormen sämtlicher 16 Länder, die im Detail zahlreiche verwaltungsrechtliche Probleme aufwerfen, würde den Rahmen dieser Arbeit sprengen. Auf die Erlaubnisnormen anderer Bundesländer wird jedoch im Folgenden immer wieder in den Fußnoten hingewiesen. Eine Aufstellung sämtlicher einschlägiger Rechtsgrundlagen in den einzelnen Ländern findet sich bei *Tettinger/Ennuschat*, S. 63 ff..

[71] RGBl. I S. 283.

[72] Vgl. *Tettinger/Ennuschat*, S. 15 m.w.N..

[73] So *Tettinger/Ennuschat*, S. 15 f..

Als Rechtsgrundlagen für erlaubte Lotterien und Ausspielungen in Bayern kommen derzeit in Betracht:

- Art. 2 I des Gesetzes über die vom Freistaat Bayern veranstalteten Lotterien und Wetten (BayStaatslotterieG) vom 29.4.1999.[74]
- Art. 1 des Staatsvertrages zwischen den Ländern Baden-Württemberg, Bayern, Hessen, Rheinland-Pfalz, Sachsen und Thüringen über eine Staatliche Klassenlotterie (SKL-Staatsvertrag) vom 30.3./26.05.1992.[75]
- § 2 der Verordnung über die Genehmigung öffentlicher Lotterien und Ausspielungen (BayLotterieVO) vom 06.03.1937.[76]

Ebenso wie bei den Glücksspielen im engeren Sinne ist auch bei den Lotterien und Ausspielungen bei Fehlen eines landesrechtlichen Genehmigungstatbestandes die Erteilung einer Erlaubnis allein auf verfassungsrechtlicher (Art. 12 I GG) oder gemeinschaftsrechtlicher Grundlage (Art. 48 ff. EG) in Anbetracht der bestehenden höchstrichterlichen Rechtsprechung des BVerfG bzw. des EuGH grundsätzlich nicht möglich.[77]

(b) Überblick über die wichtigsten legalen Lotterien bzw. Ausspielungen

Die vorgenannten Rechtsgrundlagen bzw. vergleichbare Erlaubnisnormen der anderen Bundesländer sind die Legitimationsbasis für die legalen Lotterien und Ausspielungen in Deutschland. Innerhalb des legalen Lotterie- und Ausspielungsangebots kann zwischen den nachfolgenden Bereichen differenziert werden, deren Besonderheiten im Folgenden kurz dargestellt werden:

- (aa) Veranstaltung von Lotterien und Ausspielungen durch die 16 staatlichen Lotterieunternehmen des Deutschen Lotto- und Totoblocks
- (bb) Veranstaltung der staatlichen Klassenlotterien SKL und NKL
- (cc) Veranstaltung von Lotterien und Ausspielungen durch *nicht*staatliche Anbieter
- (dd) Veranstaltung der bundesweiten Fernsehlotterien der ARD und des ZDF
- (ee) Erlaubnisfreie gewerbsmäßige Ausspielungen nach § 5a SpielV

(aa) Die Veranstaltung von Lotterien und Ausspielungen durch die staatlichen Lotterieunternehmen des Deutschen Lotto- und Totoblocks

Art. 2 BayStaatslotterieG ist die gesetzliche Erlaubnisnorm für das gesamte Tätigkeitsspektrum der Staatlichen Lotterieverwaltung mit Ausnahme der Spielbanken, für die das BaySpielbG gilt.[78] Die Staatliche Lotterieverwaltung in München veranstaltet derzeit[79] folgende Lotterien, Wetten und Ausspielungen auf der Grundlage des BayStaatslotterieG:

---

[74] GVBl 1999, 226 ff., BayRS 640 - 4 -F.

[75] Bekanntmachung in Bayern am 29.01.1993 im GVBl. 1993, 26 ff., vgl. auch BayRS 640 - 6 - F.

[76] Diese Verordnung des Reiches gilt als Landesrecht in Bayern (vgl. BayRS 2187 - 3 - I) und den Ländern Berlin, Hamburg, Nordrhein-Westfalen, Saarland und Schleswig-Holstein fort (vgl. hierzu die o.g. Aufstellung der einschlägigen Rechtsgrundlagen bei *Tettinger/Ennuschat*, S. 63 ff.).

[77] Vgl. oben B.II.2.1.c.cc..

[78] Vgl. hierzu auch Art. 1 II Nr. 2 BayStaatslotterieG bzw. oben B.II.2.1.c.bb..

- **Lotto** (seit 1955 „Lotto am Samstag" bzw. seit 1982 „Lotto am Mittwoch"):[80]
Zahlenlotto 6 aus 49 mit Superzahl; Ziehungen am Samstag und am Mittwoch. Der Einsatz für eine Tippreihe beträgt seit der DM/Euro-Umstellung am 1.1.2002 0,75 €.[81]

- **Spiel** 77 (seit 1976):
Zusatzlotterie mit einem Einsatz von 1,50 € und sieben Gewinnklassen; In der höchsten Gewinnklasse 1 (sieben richtige Endziffern) erfolgt die Aufteilung der Gewinne nachdem Totalisatorprinzip, wobei ein Mindestgewinn von 170.000 € garantiert wird; Ziehungen am Samstag und am Mittwoch.

- **Super 6** (seit 1992):
Zusatzlotterie mit einem Einsatz von 1,25 €, sechs Gewinnklassen mit festen Gewinnquoten und einem Höchstgewinn von 100.000 € in Gewinnklasse 1; Ziehungen am Samstag und am Mittwoch.

- **Fußball-Toto** (seit 1948):
In Form der 11er-Wette (Einsatz 0,50 €) oder der Auswahlwette 6 aus 45 (Einsatz 0,65 €).

- **Rennquintett** (seit 1973):
Beim Rennquintett 2 x 3 aus 15 müssen pro Spiel jeweils die ersten drei Pferde eines Galopp- und eines Trabrennens (Rennen A und Rennen B) richtig vorhergesagt werden, wobei je Rennen 15 Pferde teilnehmen. Der Einsatz pro Spiel beträgt 1 €.

- **Oddset-Sportwetten** (seit 1999):
Glücksspiele i. e. S. gem. §§ 284 f. StGB, die als Oddset-Kombiwette und als sog. TOP-Wette von Oddset angeboten werden.[82]

- **Glücksspirale** (seit 1970):
Zahlenlotterie mit der Chance auf Geldgewinne und eine hohe laufende Sofortrente[83] von derzeit mindestens 6.000 € monatlich. Der Einsatz beträgt 5 € pro Woche.

---

[79] Das aktuelle Angebot der Staatlichen Lotterieverwaltung kann im Internet unter „www.lotto-bayern.de" abgerufen bzw. aus der Kundenzeitschrift *„Spiel mit"* ersehen werden, die gratis in den bayerischen Lotto-Annahmestellen erhältlich ist.

[80] Näheres zur Spielstruktur und den wirtschaftlichen Erfolgsdaten des Lottos bei *Adams/Tolkemitt*, ZBB 2001, 170, 172 ff..

[81] Zu sämtlichen hier angegebenen Einsätzen ist noch eine pauschale Spielschein-Bearbeitungsgebühr hinzuzurechnen.

[82] Nähere Informationen zum Oddset-Sportwettenangebot: siehe oben B.II.2.1.c.bb.(2)(c).

[83] Rentenanteil bei der Schweizer Rentenanstalt aus einem Wert von 1,25 Mio. €.

- **Bayern-Los** (Losbrieflotterien unter wechselnder Bezeichnung seit Gründung im Jahr 1948[84]):
  Losbrieflotterie mit der Chance auf Sofortgeldgewinne (Höchstgewinn 250.000 €) und gekoppeltem Fernseh-Gewinnspiel (Maximalchance bei 375.000 €) bei einem Einsatz von 1 €.

- **Astrolos** (Rubbellotterien unter wechselnder Bezeichnung seit 1990):
  Rubbellotterie mit Gewinnchance auf Sofortgeldgewinne i.H.v. bis zu 200.000 € bei einem Einsatz von 1 €.

Für das Tätigkeitsspektrum der Lotterieunternehmen der anderen Länder gibt es ähnliche Erlaubnisregelungen,[85] die im Detail von Land zu Land divergieren. In der Bundesrepublik Deutschland bestehen - entsprechend der Länderanzahl - 16 Lotterieunternehmen mit jeweils unterschiedlicher Rechtsform und unterschiedlichem Beteiligungsumfang der Länder. Mehrere dieser staatlichen Lotterieveranstalter sind als GmbH[86] organisiert, andere als GmbH & Co. OHG,[87] als rechtsfähige Anstalt des öffentlichen Rechts,[88] als Sondervermögen des Landes,[89] bzw. in Bayern als dem Finanzministerium nachgeordneter Regiebetrieb.[90]

Die Lotterieunternehmen aller 16 Bundesländer haben sich im Übrigen als sog. Blockpartner im Deutschen Lotto- und Toto-Block[91] zusammengeschlossen, einer Gesellschaft bürgerli-

---

[84] Losbrieflotterien sind somit das älteste Angebot der Staatlichen Lotterieverwaltung des Freistaats Bayern.

[85] Vgl. z.B. §§ 1 ff. des baden-württembergischen Gesetzes über das Zahlenlotto und Zusatzlotterien vom 25.8.1977 (GVBl. S. 385); §§ 1 und 2 des Gesetzes über die Deutsche Klassenlotterie Berlin und die Stiftung Deutsche Klassenlotterie Berlin vom 7. Juni 1974 (GVBl. S. 1338); § 4 des Gesetzes über öffentliche Lotterien, Ausspielungen und Sportwetten im Land Brandenburg vom 14. Juli 1994 (GVBl. I S. 384); § 1 des Gesetzes über staatliche Sportwetten, Zahlenlotterien und Zusatzlotterien in Hessen vom 3. November 1998 (GVBl. S. 406); §§ 1 und 2 des Gesetzes zur Umwandlung von Lotto und Toto in eine Staatslotterie des Landes Mecklenburg-Vorpommern vom 10.4.1991 (GVOBl. S. 146); § 2 des Landesgesetzes über Lotterien und Ausspielungen des Landes Rheinland-Pfalz vom 9.11.1999 (GVBl. S. 402); § 2 S. 1 Niedersächsisches Gesetz über das Lotterie- und Wettwesen vom 21.6.1997 (GVBl. S. 289); §§ 1 und 2 des Gesetzes über die Veranstaltung von Sportwetten im Saarland vom 8. Juni 1951 (Amtsbl. S. 804); §§ 1 und 2 des Gesetzes über die staatlichen Lotterien und Wetten im Freistaat Sachsen (Staatslotteriegesetz) vom 21. Oktober 1998 (GVBl. S. 598); § 2 I des Gesetzes über das Zahlenlotto und Sportwetten im Lande Sachsen-Anhalt vom 16.8.1991 (GVBl. S. 266); § 1 S. 1 des Thüringer Staatslotterie- und Sportwettengesetzes vom 3.2.2000.

[86] In Baden-Württemberg (Staatliche Toto-Lotto GmbH, Stuttgart), Brandenburg (Land Brandenburg Lotto GmbH, Potsdam), Bremen (Bremer Toto und Lotto GmbH), Mecklenburg-Vorpommern (Verwaltungsgesellschaft Lotto und Toto in Mecklenburg-Vorpommern mbH, Rostock); Niedersachsen (Toto-Lotto Niedersachsen GmbH, Hannover); Rheinland-Pfalz (Sport-Toto GmbH, Staatliches Zahlenlotto Rheinland-Pfalz, Koblenz); Saarland (Saarland-Sporttoto GmbH, Saarbrücken); Sachsen (Sächsische Lotto-GmbH, Leipzig); Sachsen-Anhalt (Lotto-Toto GmbH Sachsen-Anhalt, Magdeburg); Thüringen (Lotterie-Treuhandgesellschaft mbH Thüringen, Suhl).

[87] In Nordrhein-Westfalen (Westdeutsche Lotterie GmbH & Co. OHG, Münster).

[88] In Berlin (Deutsche Klassenlotterie Berlin, rechtsfähige Anstalt des öffentlichen Rechts).

[89] In Hamburg (NordWest Lotto und Toto Hamburg, Treuhandvermögen der Freien und Hansestadt Hamburg); Schleswig-Holstein (NordWestLotto Staatliche Lotterie des Landes Schleswig-Holstein, Kiel).

[90] Unterteilung nach *Sura*, Diss. Saarbrücken 1994, S. 85. Aufzählung in Anlehnung an *Ohlmann*, WRP 1998, 1043, 1045, dort Fn. 22.

[91] Nähere Informationen zum Deutschen Lotto- und Toto-Block finden sich z.B. bei *Ohlmann*, WRP 1998, 1043,

chen Rechts. Dieser legt nach seinem Gesellschaftsvertrag, dem sog. Blockvertrag, für das Lotto, das Fußballtoto, die Glücksspirale und die Zusatzspiele Spiel 77 und Super 6 die einheitlichen Rahmenteilnahmebedingungen fest, die den allgemeinen Geschäftsbedingungen der einzelnen Lotterieunternehmen der Länder zugrunde liegen, führt die Ziehung der Gewinnzahlen durch und poolt alle getätigten Umsätze, so dass sich für das Bundesgebiet einheitliche Gewinnquoten bei einheitlicher Gewinnausschüttung errechnen lassen. Die im Deutschen Lotto- und Toto-Block zusammengeschlossenen Landeslotterieunternehmen bleiben dabei rechtlich, organisatorisch und wirtschaftlich selbständig. Dies äußert sich z.B. darin, dass die Einkünfte aus dem Spielbetrieb demjenigen Lotterieunternehmen verbleiben, in dessen Land[92] die Scheine abgegeben wurden, und dass sie in eigener Kompetenz neue Spiele einführen können. Nach Rechtsauffassung der staatlichen Lotterieunternehmen, die maßgeblich auf den Inhalt der Lotteriespielverträge abstellen, sind die Lotterien des Deutschen Lotto- und Toto-Blocks keine gemeinsam veranstalteten Lotterien, sondern es liegt vielmehr ein Bündel von 16 rechtlich selbständigen Veranstaltungen der 16 Landeslotterieunternehmen vor.[93]

(bb) Die Veranstaltung der staatlichen Klassenlotterien SKL und NKL

Die Länder sind letztlich auch Veranstalter der beiden Klassenlotterien. **Art. 1 SKL-Staatsvertrag**[94] ist die Rechtsgrundlage für die Veranstaltung der Süddeutschen Klassenlotterie (SKL)[95] durch die sechs vertragsschließenden süddeutschen Trägerländer.[96]

Eine ähnliche Ländervereinbarung[97] haben auch die zehn Trägerländer der Nordwestdeutschen Klassenlotterie (NKL)[98] geschlossen. Diese kooperativen Staatsverträge führten bei

---

1050 f.; *Sura*, Diss. Saarbrücken 1994, S. 85 f. jeweils m.w.N. sowie in der kartellrechtlichen Entscheidung des BGH vom 09.03.1999 - KVR 20/97 = BGH ZIP 1999, 1021 ff. sowie bei *Leonhardt*, Der deutsche Toto-Lotto-Block: Dachorganisation der deutschen Lottounternehmen, 2. Aufl. 1994, S. 3 ff. ausführlich zu Entstehungsgeschichte, Weiterentwicklung und Organisationsformen der Blockgesellschaften des Deutschen Toto-Lotto-Blocks.

92 Die Lotterieprodukte werden größtenteils über die bundesweit ca. 26.000 Lotto-Annahmestellen vertrieben (vgl. *Adams/Tolkemitt*, ZBB 2001, 170, 172).

93 Vgl. z.B. *Ohlmann*, WRP 1998, 1043, 1051 f..

94 Staatsvertrag zwischen den Ländern Baden-Württemberg, Bayern, Hessen, Rheinland-Pfalz, Sachsen und Thüringen über eine Staatliche Klassenlotterie (SKL-Staatsvertrag) vom 30.3./26.05.1992; Bekanntmachung in Bayern am 29.01.1993 im GVBl. 1993, 26 ff., vgl. auch BayRS 640-6-F.

95 Aktuelle Informationen zur Süddeutschen Klassenlotterie (SKL) enthält deren Internet-Homepage „www.skl.de".

96 An der SKL sind der Freistaat Bayern zu 35%, das Land Baden-Württemberg zu 34%, das Land Hessen zu 15%, die Länder Rheinland-Pfalz und Sachsen zu je 6% sowie der Freistaat Thüringen zu 4% beteiligt (vgl. *Bayerisches Staatsministerium der Finanzen*, Beteiligungsbericht des Freistaats Bayern 2001).

97 Ländervereinbarung zwischen den Ländern Nordrhein-Westfalen, Niedersachsen, Schleswig-Holstein, Hamburg und Bremen über eine gemeinsame staatliche Klassenlotterie vom 4.12.1947 mit Folgevereinbarungen, insbesondere über den Beitritt der Länder Saarland am 8.5./11.12.1968 und der Länder Berlin, Brandenburg, Mecklenburg-Vorpommern und Sachsen-Anhalt im Jahr 1992 (zitiert nach *Ohlmann*, WRP 1998, 1043, 1045, Fn. 24).

98 Aktuelle Informationen zur Nordwestdeutschen Klassenlotterie (NKL) können unter der Webadresse

dem jeweiligen vertragsschließenden Land zum Abwachsen von Kompetenzen verbunden mit einem gleichzeitigen Anwachsen von Kompetenzen auf einen neuen Rechtsträger. Bei der SKL ist dieser Rechtsträger die Süddeutsche Klassenlotterie, eine Anstalt des öffentlichen Rechts mit dem Recht der Selbstverwaltung und Sitz in München. Bei der NKL haben die beteiligten Länder die Kompetenzen zur Durchführung der Klassenlotterie hingegen auf das Konsortium der nordwestdeutschen öffentlich-rechtlichen Landesbanken übertragen.[99] Derzeit wird die NKL als gemeinschaftlicher Eigenbetrieb der beteiligten Länder mit Sitz in Hamburg geführt.[100]

Beide Klassenlotterien vertreiben ihre Produkte vorwiegend über staatlich bestallte Lotterieeinnehmer, die Kunden vor allem über Werbebriefe („Direct-Mailings") und Zeitschriftenbeilagen akquirieren, sowie zu einem geringen Teil direkt über sog. Verkaufsstellen. Ferner wird die Lotterieveranstaltung über Werbespots im Fernsehen und auch in Fernsehshows beworben, in denen gleichzeitig von Losbesitzern als Kandidaten Millionengewinne erzielt werden können.[101] Die NKL betreibt ferner seit 2001 eine ausschließlich über das Internet abgewickelte sog. „nkl-cyberlotterie", bei der die Mitspieler, die nach § 4 I der Teilnahmebedingungen ihren Wohnsitz in einem der Veranstalterländer haben müssen, bei einem Einsatz von 28 € einen Höchstgewinn von 50.000 € erzielen können.[102]

(cc) Die Veranstaltung von Lotterien und Ausspielungen durch *nicht*staatliche Anbieter

§ 2 BayLottVO ist die Rechtsgrundlage für Lotterien und Ausspielungen, die andere[103] Veranstalter als die Staatliche Lotterieverwaltung, insbesondere natürliche Personen, juristische Personen des Privatrechts und gemeinnützige Einrichtungen mit öffentlich-rechtlicher Rechtsform in Bayern durchführen möchten. Die landesrechtlichen Regelungen sind ganz überwiegend noch deckungsgleich mit der vormals reichseinheitlich geltenden Reichslotterieverordnung (RLottVO) vom 06.03.1937,[104] die heute als Landesrecht fortgilt,[105] sofern sie nicht durch nachkonstitutionelle Rechtsetzung der Länder ersetzt worden ist.[106] § 2 BayLottVO hat folgenden Wortlaut, der noch der Regelung des § 2 RLottVO entspricht:

„www.nkl.de" abgerufen werden.

[99] *Ohlmann*, WRP 1998, 1043, 1049.

[100] Vgl. die Informationen zum „NKL-Profil" auf der Website „www.nkl.de".

[101] *Ohlmann*, WRP 1998, 1043, 1044.

[102] Nähere Informationen unter der Webadresse „www.nkl-cyberlotterie.de".

[103] Der gesamte Bereich der staatlichen Lotterien ist hingegen nach § 8 BayLottVO ausdrücklich vom Anwendungsbereich der BayLottVO ausgenommen.

[104] Vgl. oben B.II.4.1.a.dd.(2)(a).

[105] Nach BVerwGE 4, 294, 295 gilt sie als Landesrecht fort, „da es an einer Zuständigkeit des Bundes zur Gesetzgebung auf dem Gebiet des Lotteriewesens fehlt". Nach BGH 1 StR 339/56 vom 28.05.1957 (juris) gilt die Reichsverordnung als Landesrecht weiter, weil ihr Gegenstand nach Art. 70, 73, 74 GG zur ausschließlichen Gesetzgebungskompetenz der Länder gehört. Infolgedessen stehe die Ermächtigung, öffentliche Lotterien zu genehmigen, nach Art. 129 Abs. II GG den Ländern zu.

[106] *Ossenbühl*, VerwArch 86 (1995), 187 m.w.N. in Fn. 1.

„Eine Lotterie oder Ausspielung darf nur genehmigt werden, wenn
1. für ihre Veranstaltung ein hinreichendes öffentliches Bedürfnis besteht,
2. ihr Ertrag Zwecken zugute kommt, die allgemeiner Billigung sicher sind,
3. ihr Ertrag, die Gewinne und die Unkosten in einem angemessenen Verhältnis zueinander stehen und
4. der Veranstalter genügend Gewähr für die ordnungsgemäße Durchführung der Lotterie oder Ausspielung sowie für die zweckentsprechende Verwendung ihres Ertrags bietet."

Das Lotterieverbot wird nach h.M. als repressives Verbot mit Befreiungsvorbehalt[107] angesehen. Eine gebundene Erlaubnis mit im Verwaltungsrechtsweg verfolgbarem Rechtsanspruch eines privaten Antragstellers wird deshalb überwiegend verneint.[108] Vielmehr steht die Entscheidung über die Zulassung privater Lotteriebetreiber auch bei Vorliegen sämtlicher landesgesetzlicher Genehmigungsvoraussetzungen regelmäßig im Ermessen der nach Landesrecht zuständigen Behörde.[109] Im Rahmen der anzustellenden Ermessenserwägungen hat die Genehmigungsbehörde vor allem die Belange der Gefahrenabwehr gegen die wirtschaftlichen oder gemeinnützigen Interessen potentieller Betreiber abzuwägen.[110]

Die landesrechtlichen Genehmigungsvoraussetzungen sind dabei insbesondere im Lichte der Grundrechte[111] - vor allem Art. 12 Abs. I GG - und der Strafzwecke der bundesrechtlichen Verbotsnormen der §§ 284 ff. StGB zu interpretieren. Die Erteilung der Lotterieerlaubnis hängt vor allem davon ab, ob ein „hinreichendes öffentliches Bedürfnis" i.S.v. § 2 Nr. 1 BayLottVO bzw. der entsprechenden lotterierechtlichen Normen der anderen Länder[112] für die beantragte Lotterieveranstaltung besteht.[113] Der unbestimmte Rechtsbegriff des hinrei-

---

[107] BVerwG GewArch 2000, 386, 387; BayVGH GewArch 2002, 23, 24; *Ohlmann*, WRP 2001, 672, 676; *Tettinger*, GewArch 2002, 89, 93; *Voßkuhle*, VerwArch 87 (1996), 395, 413.

[108] AA *Ossenbühl*, VerwArch 86 (1995), 187, 212, der die behördliche Erlaubnis des § 287 I StGB als präventives Verbot mit Erlaubnisvorbehalt ansieht und bei Vorliegen der Genehmigungsvoraussetzungen eine Ermessensreduzierung auf Null annimmt.

[109] Vgl. z.B. *Tettinger*, GewArch 2002, 89, 93 m.w.N..

[110] *Voßkuhle*, VerwArch 87 (1996), 395, 413 sieht insoweit eine Annäherung zwischen präventivem und repressivem Verbot. Bei Versagung einer Konzession habe die Behörde nachvollziehbar zu begründen, warum dem Ziel, die natürliche Spielleidenschaft vor strafbarer Ausbeutung zu schützen und die Bevölkerung vor den mit der Spielleidenschaft verbundenen Gefahren zu bewahren, durch den konkreten Spielbetrieb im konkreten Fall nicht hinreichend Rechnung getragen wird.

[111] Vgl. z.B. BVerwG GewArch 2000, 386.

[112] Die Bedürfnisklausel des § 2 Nr. 1 RLottVO findet sich noch in den insoweit unveränderten Lotterieverordnungen der Länder Bayern, Berlin, Hamburg, Hessen, Nordrhein-Westfalen, Saarland und Schleswig-Holstein. Entsprechende Bedürfnisklauseln sind auch in den gesetzlichen Neuregelungen der Länder Bremen (§ 23 I des Gesetzes über Wetten und Lotterien), Niedersachsen (§ 3 III Nr. 1, 11 III Nr. 1 NLottG), Rheinland-Pfalz (§ 3 I Nr. 2 LottG), Sachsen-Anhalt (§ 3 I Nr. 1 LottG) und Thüringen (§ 4 I Nr. 1 ThürLottG) enthalten. In den übrigen Ländern Baden-Württemberg, Brandenburg und Sachsen wurden hingegen neu gefasste Genehmigungsvoraussetzungen normiert, die keine Bedürfnisklausel mehr enthalten (vgl. hierzu *Tettinger*, DVBl. 2000, 868, 871, der in den Fn. 23-25 die Gesetzesfundstellen für diejenigen Länder benennt, in denen die LottVO durch neue Lotteriegesetze abgelöst wurde).

[113] Zu den weiteren tatbestandlichen Voraussetzungen der Erlaubniserteilung der RLottVO vgl. z.B. *Tettinger*, GewArch 2002, 89, 92 f. m.w.N..

chenden öffentlichen Bedürfnisses ist unter Anknüpfung an die Schutzfunktion des Lotterieverbots zu bestimmen. Ein derartiges öffentliches Bedürfnis ist zum einen dann anzunehmen, wenn nach den sonstigen Spielmöglichkeiten, die für die Bevölkerung bestehen, eine hinreichend nachgefragte Angebotslücke festzustellen ist, die von der beantragten Lotterie gefüllt wird und die sonst durch ein Ausweichen auf das illegale Spiel oder auf Lotterieangebote ausländischer Anbieter geschlossen zu werden droht.[114] Ferner kann - unabhängig von der bestehenden Angebotssituation - ein hinreichendes öffentliches Bedürfnis für die beantragte Lotterieveranstaltung auch dann anzunehmen sein, wenn die neue Lotterie einen sinnvollen Beitrag zum Erhalt des Gesamtsystems leistet.

Die Rechtsprechung musste sich in letzter Zeit verstärkt mit der Frage beschäftigen, ob sich ein derartiges hinreichendes öffentliches Bedürfnis für eine Lotterieveranstaltung auch aus der geplanten Ertragsverwendung einer neuartigen Lotterie ergeben kann, insbesondere daraus, dass der Überschuss der Lotterie als sog. Zweckertrag solchen gemeinnützigen Zwecken zugute kommen soll, die von den bereits zugelassenen Lotterien bislang nicht hinreichend gefördert werden. Das OVG Lüneburg[115] hat die Genehmigungsfähigkeit einer neuen Postleitzahlen-Lotterie[116] zu Gunsten von Umweltschutz und Entwicklungszusammenarbeit damit begründet, dass die gemeinnützige Förderung von Umweltschutz- und Entwicklungshilfeprojekten bisher unterrepräsentiert sei, da der Zweckertrag der in Niedersachsen bereits vorhandenen Lotterien ganz überwiegend der Sportförderung, der Wohlfahrtspflege und dem Kulturbereich zugute komme. Insoweit bestehe ein hinreichendes öffentliches Bedürfnis i.S.v. § 11 Abs. III Nr. 1 NLottG für eine neue Lotterie. Das BVerwG[117] hat dieses oberverwaltungsgerichtliche Urteil mit der Begründung aufrechterhalten, dass die Anwendung von § 11 III NLottG, der nichtrevisibles Landesrecht darstelle, durch das OVG jedenfalls Bundesrecht - insbesondere den Strafzwecken der §§ 284 und 287 StGB - nicht widerspreche. Es hat in diesem Zusammenhang festgestellt, dass den Ländern ein Spielraum für die Ausgestaltung der Voraussetzungen gewährt sei, unter denen von dem Verbot der §§ 284 ff. StGB durch Erteilung einer Genehmigung Befreiung gewährt werden soll.

Dabei ist zu beachten, dass in § 7 II NLottG die Destinatäre der niedersächsischen Staatslotterien bzw. Staatswettunternehmen i.S.d. § 3 II NLottG enumerativ aufgeführt sind, an die 78,7 % der zweckgebundenen Konzessionsabgaben nach § 7 I S. 2 und 3 NLottG fließen, während 21,3 % der zweckgebundenen Konzessionsabgaben nach Maßgabe des Landeshaushaltsplans gem. § 7 III NLottG für bestimmte Verwendungszwecke (z.B. Jugendarbeit und Schulsport, Kunst und Kultur) dem Land Niedersachsen zufließen. In anderen Bundesländern gibt es derartige zweckgebundene Konzessionsabgaben nicht. In Bayern fließen die Lotterieerträge z.B. ohne nähere Zweckbestimmung dem allgemeinen Staatshaushalt zu.

---

[114] OVG Lüneburg GewArch 2000, 116, 117.

[115] OVG Lüneburg, GewArch 2000, aaO..

[116] Vorbild ist eine seit 1990 in den Niederlanden veranstaltete Lotterie, die auf der Verwendung von Postleitzahlen als Bestandteil der Losnummer des Teilnehmers beruht. Näheres zum Sachverhalt: vgl. BVerwG GewArch 2000, 386 = DVBl. 2000, 1625.

[117] BVerwG GewArch 2000, 386, 387 = DVBl. 2000, 1625, 1626 f.. Dabei muss nach der Urteilsbegründung des BVerwG ausdrücklich „offen bleiben, ob das Ergebnis des oberverwaltungsgerichtlichen Urteils bundesrechtlich geboten ist."

Aufgrund einer Klage derselben gemeinnützigen bürgerlich-rechtlichen Stiftung wie in dem vom BVerwG entschiedenen Fall hat mittlerweile der BayVGH[118] unter Bezugnahme auf die o.g. Entscheidung des OVG Lüneburg ein hinreichendes öffentliches Bedürfnis i.S.v. Art. 2 Nr. 1 BayLottVO für diese Postleitzahlen-Lotterie zugunsten von Umwelt und Entwicklung auch für Bayern bejaht. Der BayVGH vertritt ebenfalls die Auffassung, dass die geplante Verwendung des Ertrags bei der Prüfung des hinreichenden öffentlichen Bedürfnisses zu berücksichtigen sei. Unter der Voraussetzung, dass die beantragte Lotterie mit dem Grundsatz der Eindämmung und Kanalisierung der Spielleidenschaft vereinbar ist, wird dem Antragssteller vom BayVGH aufgrund von Art. 12 I GG ein Genehmigungsanspruch eingeräumt, wenn er eine Lotterie mit neuer Zweckrichtung anbietet, die sich vom bisherigen Angebot der staatlichen Lotterieveranstalter unterscheidet, und die allgemeine Billigung dieses Verwendungszwecks sicher ist.[119]

Entgegen dieser Rechtsprechung des OVG Lüneburg bzw. des BayVGH sollte jedenfalls in den Ländern, in denen noch die RLottVO vom 06.03.1937 als Landesrecht fortgilt, nach richtiger Auffassung - entsprechend dem klaren Wortlaut des § 2 Nr. 1 RLottVO - das „öffentliche Bedürfnis" an die Lotterieveranstaltung und nicht an die Mittelverwendung anknüpfen. Die Mittelverwendung ist vielmehr Regelungsgegenstand einer anderen Genehmigungsvoraussetzung (§ 2 Nr. 2 RLottVO, der inhaltlich dem § 11 III Nr. 3 NLottG entspricht), nicht aber Bestandteil der Bedürfnisklausel; sie steht mit ihr lediglich in einem mittelbaren Zusammenhang.[120]

Entgegen der Tendenz in der jüngeren Verwaltungsrechtsprechung, die restriktive Ausrichtung der lotterierechtlichen Genehmigungstatbestände durch eine Entleerung der Bedürfnisklausel[121] bzw. eine Reduzierung des Versagungsermessens[122] zu relativieren, ist vielmehr in Orientierung am Gesetzeszweck der lotterierechtlichen Vorgaben, ein öffentliches Bedürfnis für eine neue Lotterie nur dann zu bejahen, wenn sich diese als nötig zur Eindämmung und Kanalisierung der Spielleidenschaft erweist.[123] Eine neue Lotterie leistet nur dann einen sinnvollen Beitrag zum Erhalt des der Gefahrenabwehraufgabe verpflichteten Glücksspielgesamtsystems, wenn eine Angebotslücke besteht, die durch illegales oder ausländisches

---

118 BayVGH GewArch 2002, 23 ff..

119 BayVGH GewArch 2002, 23, 24, der im entschiedenen Einzelfall eine Ermessensreduzierung auf Null angenommen hat.

120 So zutreffend *Tettinger/Ennuschat*, S. 30 f.; *Ennuschat*, DVBl. 2000, 1627, 1628 f.; *Tettinger*, GewArch 2002, 89, 90.

121 Die Bedürfnisklausel des § 2 Nr. 1 RLottVO wird von der jüngeren verwaltungsgerichtlichen Rechtsprechung weitgehend entleert (OVG Lüneburg GewArch 2000, 116, 117) oder sogar für verfassungswidrig erklärt (VG Düsseldorf, n.v., Urt. vom 31.8.2001 - 18 K 11762/96, S. 30 f.).

122 Eine solche Reduzierung des Versagungsermessens wird z.B. angenommen von OVG Lüneburg GewArch 2000, 116, 118; BayVGH GewArch 2002, 23, 24 f. sowie von *Jarass*, DÖV 2000, 753, 757.

123 In diesem Sinne auch *Tettinger*, GewArch 2002, 89, 91, 94 f., der zum Gesetzeszweck „Eindämmung und Kanalisierung des Spieltriebs" u.a. folgende Aussagen trifft: „Realistisches Ziel kann es ... nur sein, den natürlichen Spieltrieb in kontrollierte Bahnen zu leiten und ihn zugleich finanziell im Sinne des Allgemeinwohls nutzbar zu machen. Dadurch soll dann eine übermäßige Anregung der Nachfrage nach Glücksspielen verhindert werden. ... Kurz: Ziel des Glücksspielrechts im Allgemeinen und des Lotterierechts im Besonderen ist die Kanalisierung des Spieltriebs in der Weise, dass die Veranstaltung der Spiele möglichst wenig sozialschädlich und die Verwendung des Spielertrages möglichst sozial nützlich ist." (jeweils S. 91).

Glücksspiel geschlossen zu werden droht.[124] Jedoch kann auch bei einem neuartigen Angebot ein öffentliches Bedürfnis zu verneinen sein, wenn das Lotteriegesamtangebot im anvisierten Einzugsgebiet bereits ausreichend ist oder wenn die Gefahr besteht, dass neue Spielerschichten angesprochen werden bzw. bisherige Spielerkreise dieses Angebot zusätzlich nachfragen.[125] Allein ein neuer gemeinnütziger Verwendungszweck des Reinerlöses begründet noch kein öffentliches Bedürfnis für eine Lotterie,[126] zumal andernfalls eine Begrenzung öffentlicher Lotterien kaum noch möglich wäre, da zahllose neue gemeinnützige Zwecke für die Mittelverwendung denkbar sind.[127]

Im Fall der Bejahung eines hinreichenden öffentlichen Bedürfnisses für ein neues Lotterieangebot stellt sich auf der Ermessensseite ein Auswahlproblem, wenn es zeitgleich mehrere Anträge auf Zulassung gibt. Falls die Auswahlentscheidung nicht ohnehin gesetzlich vorgeprägt ist,[128] kommen hier als Auswahlkriterium insbesondere der Grad der Erfüllung der weiteren Tatbestandsvoraussetzungen des § 2 der RLottVO,[129] rollierende Systeme oder die zeitliche Reihenfolge des Eingangs der Anträge in Betracht.[130]

Soweit die Bedürfnisklausel des § 2 Nr. 1 RLottVO in die modernen Lotteriegesetze einzelner Länder nicht übernommen wurde, finden sich dort Genehmigungsvoraussetzungen, die ebenfalls darauf abzielen, dass neue Lotterien einen sinnvollen Beitrag zum Funktionserhalt des im Lande bestehenden Glücksspielsystems leisten müssen, das auf Eindämmung, Kanalisierung und Kontrolle des Spielangebots gerichtet ist.[131] Insbesondere darf deshalb Veranstaltern, die wirtschaftliche Zwecke verfolgen, keine Genehmigung erteilt werden.[132] Eine Ausnahme gilt nur für die Gewinnsparlotterien der Sparkassen und Genossenschaftsbanken.[133]

---

[124] *Tettinger*, DVBl. 2000, 868, 872; *ders.*, GewArch 2002, 89, 91 jeweils m.w.N..

[125] *Tettinger*, DVBl. 2000, 868, 873; *ders.*, GewArch 2002, 89, 91 f., unter Betonung des Aspekts, dass diese Restriktionen auch für staatlicherseits - d.h. auf anderer Rechtsgrundlage - betriebene Lotterien gelten sollen; ebenso *Tettinger/Ennuschat*, S. 37 f., 60..

[126] Dies hat der Gesetzgeber in Sachsen-Anhalt anlässlich der Novellierung des dortigen Lotterierechts durch Gesetz vom 17.5.2001 (GVBl. S. 172) mit der Neuregelung des § 3 I 3 des dortigen Lotteriegesetzes auch ausdrücklich klargestellt: „Für das hinreichende öffentliche Bedürfnis ... bleibt der Zweck der Veranstaltung, namentlich die vorgesehene Verwendung des Zweckertrages, außer Betracht."

[127] *Tettinger*, GewArch 2002, 89, 90.

[128] Für eine derartige gesetzliche Bestimmung spricht sich *Jarass*, DÖV 2000, 753, 756, aus.

[129] Vgl. die ausführliche Darstellung bei *Tettinger/Ennuschat*, S. 41 ff., zu diesen weiteren Voraussetzungen.

[130] Vgl. dazu *Tettinger*, GewArch 2002, 89, 97 f. m.w.N. sowie *Tettinger/Ennuschat*, S. 57 f..

[131] *Tettinger*, DVBl. 2000, 868, 873.

[132] Vgl. § 3 I lit.b des baden-württembergischen Lotteriegesetzes vom 4.5.1982 (GBl. S. 139), zuletzt geändert durch Gesetz vom 15.12.1992 (GBl. S. 798); § 4 I Nr. 1 lit.b des brandenburgischen Lotteriegesetzes vom 13.7.1994 (GVBl. I S. 384); § 3 Nr. 2 des rheinland-pfälzischen Landesgesetzes über Lotterien und Ausspielungen vom 9.11.1999 (GVBl. S. 402); § 3 Nr. 1 lit.b des Gesetzes des Freistaats Sachsen über Lotterien und Ausspielungen vom 16.10.1992 (GVBl. S. 471) und § 4 I Nr. 2 lit. b des Thüringer Gesetzes über öffentliche Lotterien und Ausspielungen vom 29.6.1995 (GVBl. S. 229).

[133] So z.B. gem. § 11 II des Niedersächsischen Gesetzes über das Lotterie- und Wettwesen vom 21.6.1997 (GVBl. S. 289) oder gem. § 4 II des Thüringer Gesetzes über öffentliche Lotterien und Ausspielungen vom 29.6.1995 (GVBl. S. 229).

(dd) Die Veranstaltung der bundesweiten Fernsehlotterien

Bundesweit erlaubt sind jeweils auf landesgesetzlicher Grundlage ferner die beiden großen Fernsehlotterien der ARD „Die Goldene 1" zugunsten der Stiftung „Deutsches Hilfswerk" und des ZDF „Der große Preis"[134] zugunsten des gemeinnützigen Vereins „Deutsche Behindertenhilfe - Aktion Mensch - e.V.".

(ee) Erlaubnisfreiheit der gewerbsmäßigen Ausspielungen nach § 5a SpielV

Die Veranstaltung von Lotterien und Ausspielungen ist grundsätzlich auf der Grundlage der Gewerbeordnung nicht genehmigungsfähig, weil § 33h Nr. 2 GewO insoweit einen prinzipiellen Ausschluss der Vorschriften der §§ 33c bis 33g GewO normiert.[135] Eine Sonderfallgruppe stellen in diesem Bereich die gewerbsmäßig betriebenen Ausspielungen dar, die auf Volksfesten, Schützenfesten oder ähnlichen Veranstaltungen, Jahrmärkten oder Spezialmärkten üblich veranstaltet werden und bei denen der Gewinn in geringwertigen[136] Gegenständen besteht. Für diese Ausspielungen, die unter die §§ 33d I 1, 33g Nr. 1, 33h Nr. 2 GewO fallen, gilt eine gewerberechtliche Erlaubnisfreiheit nach § 5a SpielV[137], die eine glücksspielrechtliche Erlaubnisfreiheit nach sich zieht, wenn sie die Anforderungen nach Nrn. 1b, 4 der Anlage zu § 5a SpielV erfüllen. Denn nach § 33h Nr. 2 GewO finden die §§ 33c ff. GewO auf derartige Ausspielungen auch dann Anwendung, wenn sie unter § 287 I Alt. 2 StGB fallen.

(3) Überschreiten einer erteilten Erlaubnis

Wird eine erteilte Erlaubnis zur Lotterieveranstaltung von dem Genehmigungsinhaber in sachlicher oder örtlicher Hinsicht überschritten, stellt sich die Frage nach den strafrechtlichen Konsequenzen.

Ein Überschreiten einer erteilten Erlaubnis ist zunächst **in sachlicher Hinsicht** möglich. Ändert der Veranstalter einer Lotterie oder Ausspielung nach erlangter Erlaubnis nachträglich eigenmächtig den Spielplan oder die Bedingungen, so handelt er nunmehr ohne die erforderliche Genehmigung.[138] Solchen Änderungen steht ein Überschreiten des Erlaubten gleich. Insbesondere ist die zeitweilige Entnahme und Zurückhaltung der Hauptgewinnlose nach § 287 I StGB strafbar.[139]

---

[134] Früher: „Goldmillion" zugunsten der „Aktion Sorgenkind".

[135] *Tettinger*, DVBl. 2000, 868, 869.

[136] Die Geringwertigkeitsgrenze liegt derzeit bei 41_.

[137] SpielV = Verordnung über Spielgeräte und andere Spiele mit Gewinnmöglichkeit (aktuelle Fassung: Beck'sche Loseblatt-Textsammlung „Gewerbeordnung", Nr. 30).

[138] BGHSt 8, 289, 292; LK-*v.Bubnoff*, § 287 Rdn. 23.

[139] LK-*v.Bubnoff*, aaO..

Auch die **örtliche Reichweite** einer erteilten Erlaubnis kann überschritten werden. Ein eigenmächtiges Überschreiten des territorial Erlaubten führt dazu, dass der Lotterieveranstalter nunmehr „im Ausland" ohne die erforderliche behördliche Genehmigung handelt.[140] Aufgrund der Lotteriehoheit der Länder benötigt ein Lotterieunternehmen, das die Erlaubnis eines deutschen Bundeslandes zum Lotterievertrieb besitzt, wenn es Lose zum Verkauf in einem anderen Bundesland anbieten will, eine gesonderte Erlaubnis dieses Bundeslandes.[141] Die begrenzte örtliche Erlaubniswirkung lotterierechtlicher Genehmigungsakte ergibt sich bereits aus dem allgemeinen Grundsatz, dass sich die Verwaltungshoheit eines Landes nach dem Territorialitätsprinzip auf den eigenen Landesbereich beschränkt.[142] Auch der Umstand, dass § 287 StGB ein Bundesgesetz ist, führt nicht dazu, dass eine in einem bestimmten Bundesland genehmigte Lotterieveranstaltung bundesweit genehmigt ist.[143]

Dies bedeutet für die Klassenlotterien, die ihre Lose über weisungsgebundene[144] Lotterieeinnehmer vertreiben, die diese im Auftrag der SKL bzw. NKL verkaufen, dass bei einem Anbieten des Abschlusses von Spielverträgen - per Post, via Telefon, Telefax oder über das Internet -[145] in Bundesländer außerhalb des eigenen Lotteriegebiets grundsätzlich eine Strafbarkeit gem. § 287 I StGB vorliegt. Die seit Jahrzehnten bestehende wechselseitige Duldung der Tätigkeiten der SKL und der NKL im jeweils anderen Lotteriegebiet vermag daran nichts zu ändern, da diese Duldungspraxis nicht den Charakter einer konkludenten Genehmigung hat.[146] Die Trägerländer der Klassenlotterien sollten deshalb künftig entweder dem jeweiligen Konkurrenten ebenfalls eine Lotteriegenehmigung erteilen oder dafür Sorge tragen, dass keine Vertriebs- und Werbemaßnahmen mehr in „fremden" Bundesländern stattfinden.

Im Bereich der staatlichen Lotto- und Toto-Unternehmen kam in der Praxis das Problem, dass für jedes Bundesland alle anderen Bundesländer lotterierechtliches Ausland darstellen, seit Gründung des Deutschen Lotto- und Toto-Blocks im Jahr 1960[147] kaum noch zum Tra-

---

[140] *Ohlmann*, WRP 2001, 672, 683 m.w.N. in der dortigen Rdn. 85.

[141] BGH 1 StR 339/56, 28.5.1957 (juris); OLG Braunschweig NJW 1954, 1777; *Lackner/Kühl*, § 287 Rdn. 6; LK-*v.Bubnoff*, § 287 Rdn. 19 b.

[142] Maunz/Dürig-*Lerche*, GG, Art. 83 Rdn. 49; *Isensee*, in: Isensee/Kirchhof, Handbuch des Staatsrechts, Bd. IV, § 98 Rdn. 35.

[143] So *Ohlmann*, aaO., der zutreffend zwischen der bundesweiten Tatbestandswirkung einer lotterierechtlichen Genehmigung und ihrer auf das jeweilige Bundesland bezogenen Feststellungswirkung unterscheidet. Die bundesweite Tatbestandswirkung besagt lediglich, dass ein Strafrichter die Tatsache hinzunehmen hat, dass eine lotterierechtliche Genehmigung erlassen wurde und er darüber hinaus auch ihren Inhalt als maßgeblich hinzunehmen hat (so auch *Rühl*, JuS 1999, 521, 523). Die landesbezogene Feststellungswirkung gibt hingegen über den Inhalt und damit auch über die territoriale Reichweite der Genehmigung Auskunft.

[144] Vgl. Art. 7 III SKL-Staatsvertrag.

[145] Siehe BT-Drs. 13/9064, S.21.

[146] So zutreffend *Ohlmann*, WRP 1998, 1043, 1056, der darauf hinweist, dass Genehmigungen für Lotterien nach den jeweiligen Landesgesetzen im Wege des schriftlichen Verwaltungsaktes zu erteilen und die jeweils zuständigen Landesbehörden nicht zu derartigen Duldungen ermächtigt sind.

[147] Die Gründung des Deutschen Lotto- und Toto-Blocks beendete 1960 einen „Lottokrieg" zwischen den Bundesländern, der 1953/54 ausgebrochen war, weil das staatliche Berliner Lotterieunternehmen versuchte, mit seinem Zahlenlotto 5 aus 90 auf das Gebiet der westdeutschen Länder vorzudringen, und der zu Straf-urteilen gegen Berliner Lottofunktionäre führte (vgl. die o.g. Entscheidung BGH 1 StR 339/56 vom 28.5.1957). Näheres hierzu

gen.[148] Es könnte insoweit jedoch daran zu denken sein, dass sich die Verantwortlichen der Landeslotterieunternehmen, die sich durch gewerbliche Organisatoren von Spielgemeinschaften Kunden aus anderen Bundesländern zuführen lassen, insoweit ohne wirksame Erlaubnis handeln.[149] Jedoch werden in diesen Fällen die vom Organisator der Gemeinschaft vermittelten Spielverträge ausschließlich im Land des Lotterieveranstalters durch Abgabe der Spielscheine bei einer dort ansässigen Lottoannahmestelle abgeschlossen. Folglich liegt hier - auch wenn es sich um Kunden mit auswärtigem Wohnsitz handelt - kein Überschreiten der örtlichen Reichweite der erteilten Erlaubnis vor. Davon unberührt bleibt die regelmäßig zu bejahende Frage, ob die Kundenanwerbung im lotterierechtlichen Ausland ggf. nach § 287 II StGB strafbar ist.[150]

b) Subjektiver Tatbestand

Für den subjektiven Tatbestand ist gemäß § 15 StGB Vorsatz hinsichtlich aller objektiven Tatbestandsmerkmale erforderlich; d.h. Fahrlässigkeit genügt nicht.

Wenn eine Beteiligung an der Lotterie nach dem Spielplan mit und ohne Gegenleistung möglich ist, kann fraglich sein, welche Anforderungen an den subjektiven Tatbestand zu stellen sind. Nach einer früher vertretenen Rechtsauffassung[151] erfordert die innere Tatseite in derartigen Fällen das Bewusstsein und den Willen des Veranstalters, dass der überwiegende Teil der Spieler einen Einsatz erbringen soll. Da sich jedoch Freispieler bei vielen Lotterien und Ausspielungen finden und die Erfordernisse zur inneren Tatseite lediglich den äußeren Tatbestandsmerkmalen entsprechen, nicht aber darüber hinausgehen müssen, ist diese Rechtsauffassung abzulehnen. Vielmehr muss der Täter des § 287 I StGB nur das Bewusstsein haben, dass das Publikum die Möglichkeit zum Einsatz erhält. Es ist unerheblich, ob das Publikum darüber hinaus die Möglichkeit hat, ohne Einsatz teilzunehmen und der Täter dieses weiß. Nur wenn er sich nur der Gratisteilnahmemöglichkeit bewusst ist und nur sie will, ist der Vorsatz nicht gegeben.[152]

c) Täterschaft und Teilnahme bei § 287 I StGB

Als Täter strafbar ist stets der Veranstalter, ohne dass es darauf ankäme, ob er die Geschäfte auf eigene oder fremde Rechnung betreibt.[153]

---

bei *Ohlmann*, WRP 1998, 1043, 1050 f. m.w.N..

[148] Vgl. z.B. *Ohlmann*, WRP 1998, 1043, 1050 f. m.w.N.; *Sura*, Diss. Saarbrücken 1994, S. 85 jeweils m.w.N..

[149] In diesem Sinne *Ohlmann*, WRP 2001, 672, 684 f..

[150] Vgl. dazu unten B.II.4.2..

[151] OLG Dresden GA 63, 473.

[152] OLG Düsseldorf NJW 1958, 760, 761 m.w.N..

[153] *Maurach/Schröder/Maiwald*, BT 1, § 44 III Rdn. 19; LK-*v.Bubnoff*, § 287 Rdn. 25.

Der Kollekteur, der lediglich als Vermittler für den Veranstalter Lose absetzt oder anbietet, ist hingegen mangels Tatherrschaft über die Lotterieveranstaltung regelmäßig nur Gehilfe, ggf. auch Begünstiger gem. § 257 StGB.[154]

Die Spielbeteiligung als solche durch Leistung eines Einsatzes wird von § 287 StGB nicht erfasst, da es an einer dem § 285 StGB entsprechenden Vorschrift bei Lotterie und Ausspielung fehlt.[155]

Wird das Lotterieunternehmen von einer juristischen Person oder in der Rechtsform einer Personengesellschaft betrieben, ist umstritten, ob es für die Feststellung der Täterschaft des Rückgriffs auf § 14 StGB bedarf. Dies ist mit der h.M. zu verneinen.[156]

4.2. Der Werbetatbestand des § 287 II StGB

Für das Werben für unerlaubte Lotterien oder Ausspielungen gem. § 287 II StGB gilt dasselbe wie für das Werben für unerlaubte Glücksspiele gem. § 284 IV StGB.[157]

Danach ist Werbung i.S.d. § 287 II StGB jede planmäßig angelegte Darstellung der Lotterie oder Ausspielung im Vorfeld des Veranstaltens, in der Absicht, das wohlwollende Interesse des Publikums an einer Teilnahme zu wecken oder zu fördern. Das wohlwollende Interesse des Adressaten an einer Teilnahme kann dabei insbesondere durch allgemeines Ankündigen, Anpreisen oder Erklärungen vergleichbaren Inhalts geweckt werden. Dabei reicht der wertneutrale, bloß informative Hinweis auf eine Gelegenheit zur Beteiligung an einer illegalen Lotterie oder Ausspielung allein nicht aus, um eine Strafbarkeit nach § 287 II StGB zu begründen, da es insoweit an dem Werbungsbegriff immanenten finalen Element fehlt.

Die Verantwortlichen eines Lotterieunternehmens, das in einem Bundesland die erforderliche behördliche Lotterieerlaubnis besitzt, sind dennoch nach § 287 II StGB strafbar, wenn sie bei Werbemaßnahmen in anderen Bundesländern die örtliche Reichweite ihrer Genehmigung überschreiten. Dies gilt jedoch nicht bei technischer Unvermeidbarkeit der Werbemaßnahme (sog. Overspill) wie z.B. bei der Grenzüberschreitung von Rundfunkwellen.[158] Vor diesem Hintergrund stellen zielgerichtete Werbemaßnahmen der Klassenlotterien außerhalb des Gebiets ihrer jeweiligen Trägerländer eine nach § 287 II StGB unzulässige Werbung dar. Hingegen sind Werbemaßnahmen der Lottounternehmen und gewerblichen Organisatoren von Spielgemeinschaften außerhalb ihrer Sitzländer nicht ohne weiteres als strafbare Werbung einzustufen, da Lotto und Toto - auch wenn die 16 rechtlich selbständigen Blockgesellschafter Vertragspartner der Spieler werden und untereinander im Wettbewerb stehen - letztlich als einheitliche erlaubte Veranstaltung des Deutschen Lotto- und Totoblocks anzusehen sind.[159]

---

[154] Vgl. hierzu RGSt 5, 39 f.; LK-*v.Bubnoff*, § 287 Rdn. 17; *Tröndle/Fischer*, § 287 Rdn. 11.

[155] LK-*v.Bubnoff*, § 287 Rdn. 25.

[156] Vgl. eingehend oben B.II.2.3.b..

[157] Vgl. oben B.II.2.5..

[158] Vgl. *Ohlmann*, WRP 2001, 672, 683.

[159] So im Ergebnis auch die grundlegende kartellrechtliche Entscheidung BGH ZIP 1999, 1021, 1023, die den

4.3. Konkurrenzen

Mit den nachfolgend aufgeführten Strafnormen steht § 287 I StGB typischerweise in einem bestimmten Konkurrenzverhältnis.

§ 287 StGB geht als Sondergesetz dem **§ 284 StGB** vor.[160]

Die Teilnahme als Spieler an einer illegalen Lotterie oder Ausspielung ist weder nach **§ 285 StGB** noch nach §§ 287 I, 27 StGB strafbar.[161]

Tateinheit mit **§ 263 StGB** ist nach denselben Grundsätzen möglich wie bei § 284 StGB.[162] Eine derartige Idealkonkurrenz mit dem Betrugstatbestand kommt bei Lotterien und Ausspielungen insbesondere in Betracht, wenn der Veranstalter arglistig vom Spielplan zum Nachteil der Spielteilnehmer abweicht, indem er z.B. die besten Gewinnlose - auch nur zeitweise - herausnimmt und die Mitspieler dadurch über die Ordnungsmäßigkeit der Veranstaltung täuscht.[163] Wer hingegen eine Lotterie nur zum Schein veranstaltet und überhaupt keine Gewinne herausgeben will, ist nur wegen Betrugs zu bestrafen.[164]

Idealkonkurrenz ist ferner mit dem Wettbewerbstatbestand des **§ 4 UWG (strafbare Werbung)** möglich.[165]

Ebenso wie bei § 284 I StGB[166] ist bei § 287 I StGB Tateinheit mit **§ 370 AO (Steuerhinterziehung)** möglich.

Beschluss der Gesellschafter des Deutschen Lotto- und Totoblock, gewerblich organisierte Spielgemeinschaften auch ohne Hinzutreten weiterer Gründe vom Spielbetrieb auszuschließen, als nach § 1 GWB unzulässige Absprache eingestuft hat.

AA hingegen *Ohlmann*, WRP 2001, 672, 684 f., der unter Bezugnahme auf Judikate aus den 50er Jahren die Verantwortlichen der Lotterieunternehmen, die ihren lotteriegenehmigungsrechtlichen Vertriebsbereich überschreiten, als Haupttäter gemäß § 287 I StGB, und die Organisatoren der Spielgemeinschaften als Gehilfen gemäß § 287 I, 27 StGB ansieht. Ähnlich *Dietlein*, BayVBl. 2002, 161, 166, für den die Anwerbung und Vermittlung von Lotteriespielern über Landesgrenzen hinweg dem Werbeverbot des § 287 II StGB zuwiderläuft.

[160] Vgl. oben B.II.2.6.b..

[161] BGHSt 34, 171, 179; *Kindhäuser*, LPK-StGB, § 287 Rdn. 4.

[162] Vgl. oben B.II.2.6.c..

[163] BGHSt 8, 289, 292; *Tröndle/Fischer*, § 287 Rdn. 15.

[164] RGSt 21, 107 f.; LK-*v.Bubnoff*, § 287 Rdn. 28.

[165] Vgl. *Tröndle/Fischer*, aaO., unter Hinweis auf BGHSt 2, 139, 145.

[166] Vgl. oben B.II.2.6.d..

Die **Strafvorschriften in den Landesgesetzen** von Berlin[167], Hessen,[168] Niedersachsen[169] und Sachsen-Anhalt[170] sind ausdrücklich zum Lotterietatbestand des § 287 I StGB subsidiär; im Übrigen ergibt sich die Subsidiarität der weiteren landesgesetzlichen Regelungen - z.B. des Saarlandes[171] - aus Art. 31 GG bzw. Art. 4 II EGStGB.[172] Da sich der Vermittler von illegalen Lotterien regelmäßig nach §§ 287 I, 27 StGB oder zumindest nach § 287 II StGB strafbar macht, besteht für die genannten landesrechtlichen Strafnormen neben den §§ 284 ff. StGB kaum ein eigenständiger Anwendungsbereich[173] und im Übrigen auch kein kriminalpolitisches Bedürfnis.

4.4. Die Rechtsfolgen

Der **Strafrahmen** des § 287 I StGB (Freiheitsstrafe von zwei Jahren im Höchstmaß) entspricht demjenigen des § 284 I StGB, der Strafrahmen des § 287 II StGB (Freiheitsstrafe von einem Jahr im Höchstmaß) entspricht demjenigen des § 284 IV StGB. Ein Qualifikationstatbestand ähnlich dem § 284 III StGB bei gewerbsmäßiger oder bandenmäßiger Begehung fehlt hingegen bei § 287 StGB.

Die Spezialrechtsfolgenorm des § 286 StGB gilt nur für die §§ 284 und 285 StGB. Bei § 287 StGB ist deshalb lediglich eine **Einziehung** nach den allgemeinen Vorschriften der §§ 74 ff. StGB möglich, wobei § 74a StGB mangels entsprechender gesetzlicher Verweisung nicht anwendbar ist.[174] Infolgedessen können Einsätze und Gewinne nicht eingezogen werden, wenn das Geld bereits Eigentum der Mitspieler geworden ist, da diese nicht Teilnehmer i.S.d. § 74 StGB sind und § 74a StGB nicht anwendbar ist.[175]

Wenn der strafbare Veranstalter einer Zweitlotterie im Rahmen seiner Teilnahme an der Erstlotterie mit dem Geld seiner Abnehmer einen Gewinn erzielt, unterliegt dieser Gewinn

---

[167] § 8 des Gesetzes über die Deutsche Klassenlotterie Berlin und die Stiftung Deutsche Klassenlotterie Berlin vom 7. Juni 1974 (GVBl. S. 1338), zuletzt geändert durch Gesetz vom 3.5.1996 (GVBl. S. 179).

[168] § 5 I des Gesetzes über staatliche Sportwetten, Zahlenlotterien und Zusatzlotterien in Hessen vom 3. November 1998 (GVBl. I S. 406).

[169] § 16 Niedersächsisches Gesetz über das Lotterie- und Wettwesen vom 21.6.1997 (GVBl. S. 289).

[170] § 14 des Gesetzes über das Zahlenlotto und Sportwetten im Lande Sachsen-Anhalt vom 16.8.1991 (GVBl. S. 266), zuletzt geändert durch Gesetz vom 17.5.2001 (GVBl. S. 172).

[171] § 8 des Gesetzes über die Veranstaltung von Sportwetten im Saarland vom 8. Juni 1951 (Amtsbl. S. 804) hat folgenden Wortlaut: *„Mit Freiheitsstrafe bis zu sechs Monaten oder mit Geldstrafe bis zu einhundertachtzig Tagessätzen wird bestraft, wer ohne behördliche Erlaubnis ein Sporttotounternehmen oder eine Wettannahmestelle betreibt oder durch einen anderen betreiben läßt oder in sonstiger Weise gewerbsmäßig Sportwetten abschließt oder vermittelt oder durch einen anderen abschließen oder vermitteln läßt. Der Versuch ist strafbar.*"

[172] So auch *Wrage*, JR 2001, 405, dort Fn. 12.

[173] Ein eigenständiger Anwendungsbereich besteht z.B. für § 8 S. 2 des Gesetzes über die Veranstaltung von Sportwetten im Saarland, der eine inhaltlich über die Regelung der §§ 284, 287 StGB hinausgehende Versuchsstrafbarkeit festlegt.

[174] LK-*v.Bubnoff*, § 287 Rdn. 29.

[175] *Tröndle/Fischer*, § 287 Rdn. 16.

nicht der Einziehung nach §§ 74 ff. StGB. Denn durch die Tat als „producta sceleris" hervorgebracht sind nur Gegenstände, deren Entstehung unmittelbar auf die mit Strafe bedrohte Handlung zurückgeht, nicht hingegen das im Rahmen einer illegalen Lotterie gewonnene Geld.[176] Der durch den Zweitveranstalter im Rahmen der Erstlotterie erzielte Geldgewinn ist in diesem Sinne aber nur als erworben, nicht als hervorgebracht anzusehen. Überdies beruht der Gewinn auf einem zivilrechtlich wirksamen Vertrag.

[176] BGH 1 StR 643/76 vom 18.1.1977; RGSt 39, 78, 79; *Tröndle/Fischer*, § 74 Rdn. 5.

5. Sonderproblem: Progressive Vertriebsformen und Gewinnerwartungssysteme

Kennzeichen der progressiven Vertriebsformen und Gewinnerwartungssysteme ist, dass nach dem jeweiligen System den geworbenen Teilnehmern für die Anwerbung weiterer Teilnehmer besondere Vorteile versprochen bzw. gewährt werden und im Erfolgsfall eine Ausweitung der Teilnehmerzahl in progressiv geometrischer Reihe erfolgt, die eine Anwerbung weiterer Teilnehmer immer schwieriger werden lässt. Da die meisten Teilnehmer im Zeitpunkt ihres Einstiegs keinen Überblick über den Entwicklungsstand des Systems haben, hat für sie die Systemteilnahme glücksspielartigen (= aleatorischen) Charakter.[1] Zumal für die Teilnehmer vielfach die Idee, ohne Arbeit schnell reich zu werden, im Vordergrund steht, kann auch hier die Ausbeutung der Spielleidenschaft eine Rolle spielen.

Progressive Vertriebsformen und Gewinnerwartungssysteme wurden bis zur Entscheidung des BGH vom 9.3.1976[2] als unerlaubte Ausspielungen gem. § 286 II StGB a.F. angesehen. Nach dem Inkrafttreten des § 6c UWG über die progressive Kundenwerbung am 1.8.1986[3] zeigte sich bald, dass auch unter diese Strafnorm nicht alle Fallgruppen progressiver Vertriebsformen und Gewinnerwartungssysteme subsumiert werden konnten. Im Folgenden wird, - auch im Hinblick auf deren Behandlung de lege ferenda[4] - untersucht, inwieweit derartige Systeme mit aleatorischem Charakter de lege lata strafrechtlich erfasst werden können.

5.1. Fallgruppen

Die bisher aufgetretenen progressiven Vertriebsformen und Gewinnerwartungssysteme können in mehrere Fallgruppen unterteilt werden. Dabei sind zunächst die progressiven Systeme zum Vertrieb von Waren, Dienstleistungen oder Rechten (vgl. unten a.) von den progressiven Gewinnerwartungssystemen *ohne* echten Vertriebscharakter (vgl. unten b.) zu unterscheiden.

a) Progressive Systeme zum Vertrieb von Waren, Dienstleistungen oder Rechten

Die progressiven Systemen mit Vertriebsfunktion werden nach ihrer Vertragsstruktur in Schneeballsysteme (unten aa.) und Pyramidensysteme (unten bb.) unterteilt.

---

[1] Vgl. z.B. BR-Drs. 226/78 vom 26.5.1978, S. 12; *Brenner*, KR 1987, 66, 72.

[2] BGH GA 1978, 332 ff. („MZE - Mut zum Erfolg GmbH").

[3] Zur Entstehungsgeschichte des § 6c UWG vom ersten Gesetzentwurf im Jahr 1978 (BT-Drs. 8/2145, S 4.), der insoweit als Reaktion des Gesetzgebers auf die o.g. BGH-Entscheidung vom 9.3.1976 zu sehen ist, bis zur Übernahme eines Tatbestandes gegen progressive Kundenwerbung in das 2. WiKG im Jahr 1986 (BGBl. I S. 721) vgl. z.B. die eingehende Darstellung bei *Raube*, S. 132 ff..

[4] Vgl. dazu unten B.III.4.1..

aa) Vertrieb von Waren nach dem Schneeballsystem im herkömmlichen Sinn

Beim Schneeballsystem im herkömmlichen Sinn erhält der Käufer gegen Entgelt eine Ware geliefert, ihm wird jedoch bei Werbung weiterer Kunden, denen wiederum die gleiche Möglichkeit eröffnet wird, der Kaufpreis ganz oder teilweise erlassen bzw. rückerstattet.[5] Bei diesem klassischen Schneeballsystem schließt der Unternehmer (U) die weiteren (Kauf-)Verträge mit den von seinem Erstkunden (K1) geworbenen weiteren Kunden (K2-Kn) immer direkt ab. Die **Vertragsstruktur** ist hier also: **U-K1; U-K2; ... ; U-Kn**. Das klassische Schneeballsystem ist **eindimensional** strukturiert; d.h. für die Angeworbenen bestehen keine verschiedenen Hierarchieebenen, in die sie durch Zahlung einer bestimmten Summe eintreten bzw. durch Anwerbung einer bestimmten Anzahl weiterer Personen aufsteigen können.

bb) Vertrieb von Waren, Dienstleistungen oder Rechten nach dem Pyramidensystem

Vom eben dargestellten Schneeballsystem unterscheiden sich die Pyramidenvertriebssysteme grundlegend. Beim pyramidalen Vertriebssystem ist die Vertriebsorganisation - im Gegensatz zum Schneeballsystem - nach Art einer Pyramide stufenförmig hierarchisch gegliedert und jede Stufe in der Hierarchiepyramide trägt in der Regel einen wohlklingenden Titel.[6] Die **Vertragsstruktur** ist hier also: **U-K1; K1-K2; K2-K3;...** . Der Veranstalter beschränkt sich hier auf das Ingangsetzen und die Verwaltung des Systems, wofür er „Gebühren" kassiert. Hier wird dem Geworbenen von den Systembetreibern für die erfolgreiche Anwerbung weiterer Personen nicht nur der (teilweise) Erlass bzw. die Rückerstattung des Warenkaufpreises versprochen, sondern darüber hinaus ganz hervorragende Verdienstmöglichkeiten,[7] mitunter sogar die Schaffung einer längerfristigen Erwerbsgrundlage.[8]

---

[5] LG Frankfurt wistra 1987, 36.

[6] Vgl. z.B. LG Frankfurt wistra 1987, 36 („bep"- Bewusstseinserweiterungsprogramme): Versandrepräsentant - Versandleiter - Versandbuchhändler - Versanddirektor - Präsident/Gouverneur; OLG Frankfurt wistra 1986, 31 („Motoröl"): Vertragshändler - Fachhändler; *Lampe,* GA 1977, 33, 43 („Golden Products"): Berater - Bezirksleiter - Generalvertreter; *Lampe,* in: Tagungsberichte, Bd. XI., Anl. 2, S.35 („Holiday Magic Kosmetik"): Holiday-Beraterin - Organisator - Master-Großhändler - General-Großhändler; *ders.,* aaO., S.41 („Classique-Schmuck"): Berater - Händler - Repräsentant; OLG Köln BB 1971, 1209 („Teamsystem"): Junior - Major - Senior.

[7] Vgl. z.B. BGH GA 1978, 332, 333: „...ganz außergewöhnliche Verdienstmöglichkeiten in Aussicht gestellt, obgleich solche Möglichkeiten für die überwiegende Mehrheit der Interessenten in Wirklichkeit nicht gegeben waren."; OLG Frankfurt wistra 1986, 31: „In Werbeveranstaltungen ... wurden nach einem einheitlichen Grundmuster anhand von so genannten Verdienstplänen die Verdienstmöglichkeiten erörtert, die nach dem Vertriebssystem zu erzielen sein sollten."; sowie aus der zivilrechtlichen Rspr. LG Frankfurt wistra 1987, 36 und BGH WM 1978, 875: „Sie (scil. die Firma Golden Products-GmbH) spiegelte den zu werbenden Mitgliedern hohe Gewinnchancen beim Weiterverkauf vor."; die ebenfalls zivilrechtliche Entscheidung OLG Köln BB 1971, 1209, 1210 zitiert aus einem Werbeschreiben der Systembetreiber: "Mit meinem Teamsystem gebe ich Ihnen ein einmaliges Instrument an die Hand, mit dem Sie ohne Arbeit ... in kurzer Zeit viel Geld verdienen können."; *Lampe* in Tagungsberichte Bd. XI., Anl.2, S.38 zitiert aus dem sog. Marketing-Plan der Firma „Holiday-Magic GmbH": „Heute zeigen wir Ihnen die Möglichkeit, wie Sie Mitarbeiter von Holiday-Magic werden können, mit einem Einkommen ohne Grenze nach oben. Sie selbst bestimmen, wieviel Geld Sie in unserem Geschäft verdienen.".

[8] Vgl. z.B. OLG Frankfurt wistra 1986, 31, 32: im sog. „Motoröl"-Fall behaupteten die Systembetreiber, die Mitarbeit eröffne den Angeworbenen die Möglichkeit einer Existenzgründung; d.h. die Möglichkeit der Schaffung einer längerfristigen Erwerbsgrundlage, nicht nur einer wenige Monate dauernden Verdienstquelle.

Das System ist in der Praxis zumeist[9] nur beschränkt progressiv, weil das lawinenartige Anwachsen der als Werber tätigen Personen dadurch begrenzt wird, dass - allerdings recht hoch gegriffene - Höchstzahlen für einzelne Gebiete festgesetzt werden.[10] Diese Begrenzung der Werberzahl ist jedoch für die Systembetreiber unschädlich. Denn im Gegensatz zu den klassischen Schneeballsystemen, bei denen Kunden in großem Umfang zu entgeltlichen Abnahmeverpflichtungen von Waren veranlasst werden sollen,[11] ist bei Pyramidensystemen von vornherein nicht damit zu rechnen, dass es zu erheblichen Warenbewegungen bis zum Endverbraucher kommt.[12] Denn ihre Profite erzielen die Systembetreiber hier nicht in erster Linie durch den unmittelbaren Verkauf von Waren oder Leistungen, sondern überwiegend oder sogar ausschließlich durch die Anwerbung von weiteren Mitgliedern für die Vertriebsorganisation.[13]

Die typische Vorgehensweise der Systembetreiber eines Pyramidensystems wird sehr anschaulich von *Skaupy*[14] geschildert: Zunächst werden in einer sehr kleinen, Kosten sparenden Anzeige Partner für ein angeblich erfolgreiches Vertriebssystem gesucht; diese Partner könnten sich, so suggeriert die Anzeige, schnell eine neue Existenz aufbauen und bald Gewinne in beträchtlicher Höhe erwirtschaften. Die Interessenten werden dann zu einer Werbeveranstaltung[15] eingeladen[16], wo ihnen mit wortgewaltigen Erklärungen[17] das angebliche

---

[9] Der beschränkt progressive Charakter ist jedoch kein notwendiges Merkmal des Pyramidensystems. In einigen Fällen wurde den Werbern nämlich kein Gebietsschutz für ihre Tätigkeit eingeräumt; vgl. z.B. *Lampe*, in: TagBer., aaO., S.29 („GfS - Gesellschaft für Selbstmotivation").

[10] *Lampe*, GA 1977, 33, 47: die Zahl der bundesweiten Werber für den Vertrieb von Silberschmuck der Firma „Classique-Schmuck Deutschland GmbH" sollte z.B. auf maximal 50.000 Personen beschränkt sein. Mit solchen Pro-forma-Quotierungen gelang es den Systembetreibern darzutun, dass ihr Vertriebssystem - im Gegensatz zu Schneeballsystemen klassischer Prägung - nicht mit mathematischer Notwendigkeit auf eine Marktverengung angelegt sei, welche für spät eintretende Werber die Unmöglichkeit begründet, weitere Waren abzusetzen. In der Regel ist der eingeräumte Organisations- bzw. Gebietsschutz aber weder dazu bestimmt, noch geeignet, die Zahl der Werber in Grenzen zu halten (vgl. dazu LG Frankfurt wistra 1987, 36, 37 mit weiteren Details).

[11] *Meyer/Möhrenschläger*, WiVerw 1982, 21, 28.

[12] *Lampe*, GA 1977, 33, 48.

[13] GroßKommUWG-*Otto*, § 6c Rdn. 5.

[14] Die Skizzierung des Pyramidensystems durch *Skaupy*, Franchising, S.171 f. bildet das „Grundgerüst" der nun folgenden Ausführungen.

[15] Diese wird natürlich in den seltensten Fällen auch so bezeichnet; um nach außen hin den Eindruck eines seriösen Geschäftsunternehmens zu vermitteln, tragen die Werbeveranstaltungen meistens einen anderen Namen: OLG Frankfurt wistra 1986,31 „Informations-Tagungen"; BGH WM 1978, 875 „Meetings"; *Lampe*, in: Tagungsberichte, Bd. XI, Anl. 2, S.39 „Wochenend-Seminare".

[16] In einem späteren Stadium werden die Interessenten vielfach von Personen aus ihrem Bekanntenkreis, die bereits für das Unternehmen als Werber tätig sind, zu den Werbeveranstaltungen mitgenommen (vgl. z.B. StA München I wistra 1986, 36).

[17] In der Regel existieren ausgefeilte Konzepte, die außer eingestreuten psychologischen Tricks, mit denen die Angesprochenen beeindruckt werden sollen, auch genaue Regieanweisungen enthalten, in welcher Form und auf welche Art sie vorzutragen sind (vgl. *Lampe*, in: TagBer., aaO., S.38); derartige Vertriebskonzepte, die zum Teil auch in gedruckter Form als Broschüren oder Handbücher an die Werber ausgegeben werden, werden von den Initiatoren des Systems mit erdachten Namen wie z.B. „Verdienstplan" (OLG Frankfurt wistra 1986, 31); „Marketing-Plan" (*Lampe*, in: TagBer., S.38); „UNH-Handbuch" (LG Frankfurt/Main wistra 1987, 36) versehen.

Erfolgsprinzip[18] angepriesen wird. Schließlich wird ihnen dort ein gut stilisierter Vertrag vorgelegt, der als „Partnerschaftsvertrag" o.ä.[19] bezeichnet wird, und dessen auffälligstes Merkmal es ist, dass der neue Partner, dem in der Regel die rechtliche Stellung eines selbständigen Vertragshändlers[20] eingeräumt wird, eine exorbitant hohe Eintrittsgebühr[21] bei Vertragsabschluß zu entrichten hat. Nach den Methoden des „high pressure selling" werden die Kandidaten dann zur schleunigsten Unterschrift des Vertrages gedrängt, da sonst das besonders günstige Vertragsgebiet an einen anderen, schon wartenden Interessenten abgegeben werden müsse. Soweit den Gegenstand der „Tätigkeit" des Systems nicht ohnehin nur „Vermittlungen"[22] bilden (vgl. dazu unten b.), sondern angeblich der Vertrieb bestimmter Produkte, muss der neue Partner überdies auch noch einen „Anfangsbestand" solcher Waren erwerben und bezahlen. Dessen Menge übersteigt seine persönlichen Bedürfnisse bei weitem, so dass er gezwungen ist, die Ware entweder direkt oder durch Anwerben weiterer „Verkäufer" zu verkaufen.[23]

Der direkte Verkauf der zu vertreibenden Produkte ist - entgegen den Versprechungen der Systembetreiber -[24] häufig schwer bzw. unmöglich. Denn zumeist handelt es sich hierbei um Massenware[25], für die bereits eingesessene Vertriebssysteme mit Einzelhändlern sowie über großbetriebliche Unternehmensformen (Warenhäuser, Cash & Carry - Märkte, ...) bestehen, so dass diese Sparte bereits weitgehend abgedeckt ist. Ihre Waren, die sie zudem in der Regel nur überteuert[26] anbieten können, werden die neuen „Partner" somit im Direktvertrieb

---

[18] Den Teilnehmern der Werbeveranstaltung wird insbesondere suggeriert, alles was sie tun müssten, um sich ein laufendes Einkommen zu sichern, sei weitere Personen als Werber zu finden. Sie könnten dadurch ohne viel Arbeit in kurzer Zeit mühelos reich werden (vgl. OLG Köln BB 1971, 1210; *Lampe*, in: TagBer., aaO., S.37).

[19] Vgl. z.B. *Skaupy*, aaO., S. 172: „Franchise-Vertrag", „Lizenz-Vertrag", „Kooperations-Vertrag"; OLG Frankfurt wistra 1986, 31: „Seminarvertrag", später „Partner-Abkommen"; LG Frankfurt wistra 1987, 36: „Versandbuchhändlervertrag"; BGH WM 1978, 875: „Beratervertrag", „Bezirksleitervertrag".

[20] Vgl. z.B. *Lampe*, GA 1977, 33 ,43: „Alle Mitglieder der Absatzorganisation (scil. der „Golden Products Vertriebsgesellschaft m.b.H.") waren Eigenhändler, welche die Waren im eigenen Namen und auf eigene Rechnung ankauften und weiterveräußerten. Ein Verkauf an Einzelhandelsgeschäfte war ihnen nicht gestattet."; OLG Frankfurt wistra 1986, 31: „Vertragshändler"; StA München I wistra 1986, 36: „Franchise-Nehmer in der Funktion als Einzelhändler"; BGH WM 1978, 875: „selbständige Gewerbetreibende".

[21] Ggf. müssen von den Partnern weitere Beträge für „Verkaufshilfen" und „Schulungen" bezahlt werden (vgl. BGH WM 1978, 875: sog. Unkostenbeiträge) bzw. bestimmte Produkte zu überhöhten Preisen abgenommen werden.

[22] Zu dieser Fallgruppe, die durch fehlenden Warenumsatz gekennzeichnet ist, zählen z.B. Kontaktvermittlungen durch Heiratsvermittlungs- und Bekanntschaftsvermittlungsbüros (vgl. *Skaupy*, S. 173) oder der Absatz eines in drei Phasen unterteilten Kurses zur angeblichen Selbsterziehung, Selbsterkenntnis und beruflichen Weiterbildung (vgl. BGH GA 1978, 332, 333 „MZE - Mut zum Erfolg-GmbH") bzw. von bei derartigen Kursen verwendetem Schulungsmaterial (vgl. *Lampe*, in: TagBer., S. 28 ff. hinsichtlich der MZE-Nachfolgegesellschaften „Gesellschaft für Selbstmotivation m.b.H." und „MOTIVA Motivations- und Verkaufsgesellschaft m.b.H.").

[23] GroßKommUWG-*Otto*, § 6c Rdn. 5.

[24] Häufig werden auf den Werbeveranstaltungen über die betreffenden Produkte und ihre Marktchancen unwahre und irreführende Angaben gemacht, so z.B. das Produkt sei „konkurrenzlos", es unterliege keinem Verdrängungswettbewerb oder es stoße in einen offenen Markt, der allein den Partnern der Organisation offen stehe.

[25] OLG Frankfurt wistra 1986, 31: „Motoröl mit Teflonzusatz"; StA München I wistra 1986, 36: „Kosmetik, Modeartikel und Accessoires"; BGH WM 1978, 875: „Wasch-, Reinigungs- und Putzmittel"; *Lampe*, in: TagBer., aaO., S. 41: „Silberschmuck"; *Skaupy*, S. 172: „Öltankreiniger".

[26] LG Frankfurt wistra 1987, 36: es könne als sicher angenommen werden, dass sich sog. Bewusstseinserweite-

auf einem durch Groß- und Einzelhandel bereits bestens versorgten Markt allenfalls an einen Verwandten oder guten Bekannten los bringen können, im Übrigen aber auf dem gesamten Bestand sitzen bleiben.

Demgegenüber ist die Anwerbung neuer Verteiler auf meist unteren Hierarchieebenen eventuell auch auf der gleichen Ebene viel lukrativer, und das ist der Zweck des ganzen Systems. Zum Anwerben neuer Mitarbeiter für das System ist jeder „Partner" vertraglich berechtigt und bei den Werbeveranstaltungen wird in der Regel auch ausdrücklich darauf hingewiesen, dass sich die versprochenen herausragenden Verdienstmöglichkeiten erst bei einer erfolgreichen Werbung neuer Mitarbeiter ergeben würden. Denn mit der Werbung neuer Mitarbeiter ist außer einer Provisionszahlung[27] zugleich auch regelmäßig ein Aufstieg in der Hierarchie des Systems vorgesehen. Und je höher ein „Partner" in der Hierarchiepyramide angesiedelt ist, umso mehr Mitarbeiter sind ihm auf der nächstunteren Stufe unterstellt, an deren Umsätzen er wiederum in Form einer Provision beteiligt ist. Jeder „Partner" versucht also durch Anwerbung weiterer Mitarbeiter möglichst schnell auf eine höhere Pyramidenebene zu gelangen, weil dieser Aufstieg mit höheren Provisionszahlungen[28] und einem imposanteren

---

rungsprogramme mit esoterischem Inhalt zum Preis von 1.000 DM nur mit Mühe verkaufen ließen, weil sie sich an einen sehr speziellen Interessentenkreis richteten.

[27] Teilweise werden die für eine erfolgreiche Werbung vom Systembetreiber gezahlten Provisionen und Prämien auch völlig anders bezeichnet, um zu verschleiern, dass es sich um ein System der progressiven Kundenwerbung handelt. Vgl. z.B. OLG Frankfurt wistra 1986, 31: „Kostenzuschüsse"; OLG München wistra 1986, 34, 35: „pauschale Betreuungszuschüsse".

[28] Den in den Werbeveranstaltungen angepriesenen außergewöhnlichen Verdienstmöglichkeiten liegen auch Berechnungsbeispiele zugrunde, bei denen - wie in den nachfolgenden Beispielsfällen - die Zahl der direkt oder mittelbar angeworbenen Personen relativ hoch liegt:
OLG Frankfurt wistra 1986, 31 („Motoröl"): Nach dem sog. Verdienstplan konnte ein Vertragshändler durch die unmittelbare Werbung von vier neuen Vertragshändlern zum sog. Fachhändler mit eigener Vertriebsorganisation (= mit eigenen Vertragshändlern) aufsteigen und einen Gewinn von 35.320 DM erzielen. Die Geworbenen hatten das Recht, ihrerseits weitere Vertragshändler zu werben, wobei sie 700 DM für den ersten eigenen und 350 DM für jeden anderen unmittelbar oder mittelbar (= durch Mitglieder ihrer Vertriebsorganisation) geworbenen Partner bekommen sollten. Allerdings mussten sie die ersten drei geworbenen Vertragshändler an den Händler abgeben, der sie selbst geworben hatte. Damit qualifizierten sie sich zum Fachhändler und konnten eine profitable eigene Vertriebsorganisation aufbauen. Voraussetzung für den Erhalt der Summe von 35.320 DM war für den nunmehrigen Fachhändler, dass der vierte von ihm geworbene und in seiner Verkaufsorganisation bleibende Vertragshändler seinerseits drei neue Vertragshändler warb. Diese drei mussten wiederum je drei, also insgesamt neun, neue Vertragshändler werben. Und diese neun hatten wiederum je drei, also insgesamt 27 Interessenten zu werben und abzugeben. Durch die vorgenannten 43 Werbungen flossen dem Fachhändler 15.400 DM (3+3+9+27= 42 x 350 DM = 14.700 DM + 1 x 700 DM = 15.400 DM) zu. Überdies erzielte er von den vierzig geworbenen Händlern seiner eigenen Vertriebsorganisation für die vertragsgemäß abzunehmende Grundausstattung an Motoröl weitere 19.920 DM an Provision (1+3+9+27 = 40 Geworbene, die je 60 Dosen zum Bruttopreis von 4.980 DM abzunehmen hatten, wovon der Erstgeworbene 10%, also 498 DM x 40 = 19.920 DM erhielt). Insgesamt waren also 43 (vier direkte und 39 mittelbare) Werbungen erforderlich, damit der in dem Verdienstplan in Aussicht gestellte Gewinn von 35.320 DM (= 15.400 DM + 19.920 DM) realisiert werden konnte.
Lampe, in: TagBer., aaO., S. 42 f. („Classique-Schmuck"): Nach dem Berechnungsbeispiel der Firma Classique-Schmuck muss es den sog. Händlern innerhalb eines Jahres gelingen, 50 sog. Beraterinnen (= nebenberuflich tätige Hausfrauen) als Schmuckverkäuferinnen anzuwerben, damit sie das in Aussicht gestellte Jahreseinkommen von 120.000 DM erzielen können. Es wird davon ausgegangen, dass es dem Händler mühelos gelingen wird, pro Woche eine willige Hausfrau als Beraterin zu finden. Für jede Beraterin wird außerdem ein monatlicher Verkaufserlös von 1.000 DM angesetzt, aus dem ein 20%iger Gewinnanteil an den Händler geht. Unter Unterstellung all dieser Prämissen wird sodann folgende Rechnung aufgemacht: 50 Beraterinnen x 1.000 DM (monatlicher Verkaufserlös) = 50.000 DM; davon 20% = 10.000 DM; 10.000 DM x 12 Monate = 120.000 DM.

Titel verbunden ist. Der Moment, in dem ein solches System zusammenbrechen muss, ist jedoch vorprogrammiert.[29] Inzwischen haben aber die Initiatoren des Systems das Hauptgeschäft gemacht und sind nicht mehr greifbar.[30] Während einige - meist ihnen nahe stehende - Personen auf oberen Hierarchieebenen, denen es gelungen ist viele Mitarbeiter anzuwerben, ebenfalls finanziell noch ganz gut davonkommen, sind es dann wiederum die letzten - und das ist die große Masse der Angeworbenen -, welche „die Hunde beißen".[31]

Bei Pyramidensystemen neuerer Prägung ist folgendes Phänomen zu beobachten: Die Initiatoren solcher Systeme verzichten zwar einerseits auf eine ungehemmte Progression von Werbern, indem sie - allerdings recht hoch gegriffene - Höchstzahlen[32] an Werbern für bestimmte Gebiete festsetzen, andererseits versuchen sie aber dadurch „schnelle Kasse" zu machen, dass sie statt dessen eine ungehemmte Produktion von Firmen aufnehmen. Durch eine Flut von Firmenneugründungen - in der Regel in der Form von GmbHs -, die weitgehend identische Zielsetzungen haben und hinter denen im Wesentlichen dieselben Personen in wechselnden Rollen als Gesellschafter, Geschäftsführer und Organisatoren stehen, wird versucht, mehrere pyramidale Absatzsysteme zeitgleich nebeneinander zu etablieren.[33]

b) Progressive Gewinnerwartungssysteme *ohne* echte Vertriebsfunktion

Das progressive System kann aber auch ohne Kopplung mit dem Vertrieb echter Waren, Dienstleistungen oder Rechte als Gewinnspiel selbst (vgl. unten aa.) in der Form von Mitgliedschaftsrechten, Teilnehmerzertifikaten o.ä. bzw. Kettenbriefen (vgl. unten bb.) Abnahme- und Verkaufsgegenstand sein.[34]

aa) Pyramiden-Gewinnspiele

Die Pyramiden-Geldgewinnsysteme funktionieren grundsätzlich nach demselben Prinzip wie die Pyramidensysteme zum Vertrieb von Waren, Dienstleistungen und Rechten; d.h. Rechtsbeziehungen bestehen ausschließlich unter den Spielteilnehmern, nicht aber mit dem Veran-

---

Diese Beispiele zeigen, dass sich die von den Systembetreibern angepriesenen außergewöhnlichen Verdienstchancen nur unter der Bedingung der erfolgreichen unmittelbaren bzw. mittelbaren Anwerbung einer hohen Zahl (43 bzw. 50) weiterer Personen realisieren ließen.

[29] Dies lässt sich unschwer aus den Ausführungen des OLG Frankfurt wistra 1986, 31, 33 ersehen: Wenn sich die Organisation entsprechend den Verdienstplänen in der Weise entwickelt hätte, dass der Erstgeworbene neben den drei Werbungen für die Organisation weitere vier (bzw. sechs) eigene Vertragshändler geworben hätte, hätte sich die Zahl der Geworbenen in jeder Stufe versiebenfacht (bzw. verneunfacht). Mehr als 2/3 der Bevölkerung der alten Bundesländer wären bei diesem Verlauf nach der neunten (bzw. der achten) Stufe geworben gewesen.

[30] *Bruns* teilt in seiner Anmerkung zu BGH GA 1978, 332, 335 mit, dass die MZE-GmbH nach den tatrichterlichen Feststellungen in den Monaten Januar bis Oktober 1973 einen Umsatz von 30 Millionen DM erzielt hat, von denen ein großer Teil ins Ausland gebracht worden ist.

[31] *Skaupy*, aaO., S. 171.

[32] Vgl. dazu oben Fn. 10.

[33] *Lampe*, in: TagBer., aaO., S. 44 f.; *ders.*, GA 1977, 33, 47 f..

[34] LK-*v.Bubnoff*, Vor § 287 Rdn. 4.

stalter des Spiels, der nach der Initiierung des Spiels lediglich als dessen Verwalter auftritt.[35] Im Unterschied zu den Pyramidensystemen mit Vertriebsfunktion besteht bei den Pyramiden-Geldgewinnsystemen jedoch keine Kopplung mit dem Vertrieb „echter" Waren, usw. mehr. Hier ist letztendlich das progressive System selbst als Gewinnspiel bzw. die in ihm enthaltene Gewinnchance Gegenstand des Verkaufs und der Abnahme.

Typischerweise wird dem Spiel dadurch zusätzliche Dynamik verliehen, dass eine Pyramidenteilung in dem Moment erfolgt, wenn die - vorher festgelegte - Spielerzahl auf der untersten Pyramidenebene vollzählig ist. Die an der Spitze der Altpyramide befindlichen Spieler sind damit aus dem Spiel, alle anderen Spieler rücken in den beiden Neupyramiden gegenüber der Altpyramide jeweils eine Stufe auf. Mit der Auffüllung der freien Plätze in der untersten Stufe der beiden Neupyramiden wiederholt sich das System.[36]

Zudem sind vielfältige Modifikationen des Grundsystems denkbar, wie z.B. Abwandlungen in der Art des Einstiegs, in der Pyramidenteilung sowie die Teilnahmemöglichkeit an weiteren Nebenspielen.[37]

Vor allem Ende der neunziger Jahre haben derartige Gewinnspiele mit phantasievollen Bezeichnungen wie z.B. „Jump", „Life" oder „Titan" wiederholt die Gerichte[38] beschäftigt. An „Life" nahmen nach den Feststellungen des LG Verden bei einem Umsatz von 320 Mio. DM rd. 40.000 Spieler teil.[39] Das Spiel „Titan", bei dem der Spieleinsatz 5.900 DM betrug, brachte es Pressemeldungen[40] zufolge sogar auf 290.000 Mitspieler in 18 Ländern, davon allein 130.000 in Deutschland.

bb) Kettenbriefsysteme

Bei den Kettenbriefsystemen lassen sich zwei große Systemgruppen[41] unterscheiden: die sog. Selbstläufersysteme (unten 1) und die sog. zentral gesteuerten Kettenbriefsysteme (unten 2). Von diesen beiden sind die unstreitig straflosen[42] Glücks- bzw. Unglücksbriefe (unten 3) abzugrenzen.

(1) sog. Selbstläufer

Bei den herkömmlichen Kettenbriefsystemen (sog. Selbstläufer) kann der Teilnehmer eine Liste oder mehrere Listen, die Teilnehmerzertifikate o.ä. genannt werden, mit mehreren Ad-

---

[35] Vgl. z.B. *Otto*, Jura 1999, 97, 101.

[36] Grafische Darstellung bei *Otto*, wistra 1997, 81 ff.; *ders.*, Jura 1999, 97, 100f..

[37] Vgl. hierzu im Detail *Otto*, wistra 1997, 81, 82 ff..

[38] Der konkrete Ablauf einer Mitgliederwerbung bei „Life" bzw. dessen Nachfolgesystemen „Jump" und „Titan" wird ausführlich in einem Urteil des LG Rostock, wistra 2002, 75, 76 f. vom 10. Juli 2000 geschildert.

[39] Zitiert nach *Otto*, wistra 1997, 81.

[40] *Welt am Sonntag* vom 4.10.1998, S. 84.

[41] *Granderath*, wistra 1988, 173, 174.

[42] *Richter*, wistra 1987, 276, 277.

ressen - und ggf. eine Broschüre mit den Spielregeln - durch Zahlung eines bestimmten Betrages an den Übergeber der Liste erwerben. Er verpflichtet sich zugleich, der auf Platz 1 der Liste stehenden Person ebenfalls einen bestimmten Geldbetrag zukommen zu lassen. Dafür darf er dann deren Namen von der Liste streichen und seinen eigenen Namen an der untersten Stelle der Liste anfügen. Die so veränderte Liste soll der Teilnehmer dann vervielfältigen und an eine bestimmte Anzahl weiterer Personen[43] schicken, die ihm dafür jeweils denselben Geldbetrag zahlen sollen, den er selbst beim Empfang der Liste an seinen Übergeber entrichten musste. Die von ihm geworbenen Mitspieler sollen in entsprechender Weise verfahren. Bei einer derartigen sich immer weiter fortpflanzenden Verbreitung des Kettenbriefes soll der Empfänger allmählich selbst auf Platz 1 der Liste vorrücken, vorausgesetzt, die Kette reißt nicht ab. Wenn er selbst dann Platz 1 erreicht habe - wird dem Teilnehmer versprochen - werde er eine horrende Geldsumme[44] erhalten. Bei den sog. Selbstläufern greift also der Veranstalter - vorausgesetzt er verhält sich systemgerecht - nach Installierung eines derartigen Systems nicht mehr in den weiteren Ablauf ein.[45]

(2) Zentral gesteuerte Kettenbriefsysteme

Bei den herkömmlichen Selbstläufern besteht für die Initiatoren die Gefahr der Verselbständigung des Kettenbriefsystems. Mitspieler können durch Manipulation, nämlich durch Verfälschung der von ihnen weiterzureichenden Teilnehmerzertifikate, die Gewinnchancen für sich erhöhen und für andere reduzieren.[46] Deshalb ist derzeit die Mehrzahl der Systeme so konstruiert, dass der Veranstalter meist gegen „Gebühren" als übergeordnete Kontrollinstanz den Systemablauf, also insbesondere den Zahlungsfluss, kontrolliert.[47] Solche Kettenbriefsysteme mit zentraler Steuerung unterscheiden sich von den herkömmlichen Selbstläufersystemen vor allem dadurch, dass der neue Teilnehmer bei seinem Einstieg in das System nicht nur eine Zahlung an den Anbieter des Teilnahmezertifikats leisten und eine bestimmte Summe per Überweisung an die auf Platz 1 der Liste eingetragene Person entrichten, sondern außerdem auch eine „Teilnahme- oder Bearbeitungsgebühr" an die Veranstalterfirma, die das Kettenbriefsystem organisiert und überwacht, überweisen muss. Dabei muss der neue Teilnehmer in der Regel das erworbene Zertifikat, in das er Namen, Adresse und Bankverbindung einzutragen hat, sowie die Überweisungsbelege an die Verwaltungsfirma einsenden. Als Gegenleistung dafür verspricht die Zentrale dem neuen Kettenbriefteilnehmer die Übersendung einer bestimmten Anzahl neuer Zertifikate, die seine Daten an der letzten Rangstelle

---

[43] BGHSt 34, 171(„Goldkreis") = BGH wistra 1987, 66: „an zwei weitere verantwortungsbewußte Personen"; OLG Stuttgart NJW 1964, 365: „an fünf sichere Freunde".

[44] Vgl. z.B. BGH wistra 1987, 66 („Goldkreis"): 819.200,- DM! (bei einer Liste mit 12 Namen, deren Weitergabe an zwei Personen sowie zu leistenden Zahlungen von 100,- DM an den Übergeber und 100,- DM an die ursprünglich auf Platz 1 der Liste aufgeführte Person);
ebenso bei den gesteuerten Kettenbriefsystemen: vgl. z.B. OLG Stuttgart wistra 1991, 234, 235 („Top-12-Kettenbriefaktion"): 409.600,- DM! (bei 2 Teilnehmerlisten, einer Liste mit 12 Namen sowie einem Teilnahmebeitrag von insgesamt 250,- DM, davon 100,- DM an den Teilnehmer auf der Listenposition 1); BayObLGSt wistra 1990, 240 („EASY-Kettenbriefsystem"): 131.220,-DM in kontinuierlichen Einzelüberweisungen ab ca. 14 Wochen möglich ! (bei 3 Zertifikaten, einer Liste mit 7 Namen sowie zu leistenden Zahlungen in Höhe von insgesamt 160,- DM, davon 60,- DM an die auf Platz 1 der Liste eingetragene Person).

[45] *Granderath*, wistra 1988, 173, 174.

[46] BayObLG wistra 1990, 240.

[47] *Granderath*, aaO.; *Raube*, S. 12 ff..

der Teilnehmerliste enthalten, und die er seinerseits an neue Teilnehmer verkaufen kann.[48] Mitunter versendet die Verwaltungszentrale auch Postanweisungsformulare, eine „Anleitung“ sowie eine bestimmte Anzahl von „Exklusivadressen ausgesuchter Personen“ auf Selbstklebeetiketten an die Systemeinsteiger.[49] Bei den sog. gesteuerten Kettenbriefsystemen, welche in der Praxis bei weitem überwiegen, beschränkt sich der Veranstalter also nicht auf das Ingangsetzen des Systems, sondern er übernimmt hier gegen Gebühr die Kontrolle über den Systemablauf.

(3) Abgrenzung zu den Glückskettenbriefen

Im Gegensatz zu den Selbstläufern und den gesteuerten Kettenbriefsystemen sind die sog. Glückskettenbriefe - auch „Unglücksbriefe“ genannt - Kettenbriefe ohne geldwerte Leistungen, die unstreitig straflos sind.[50] Die Absender von Glückskettenbriefen fordern den Empfänger nicht zu Zahlungen an bestimmte Personen auf, sondern ersuchen ihn lediglich darum, eine bestimmte Anzahl von Abschriften des Briefes an Bekannte und Verwandte zu versenden. Bei entsprechender Erledigung innerhalb eines gesetzten Zeitraumes, beispielsweise innerhalb von acht Tagen, soll - so der Inhalt des Briefes - dem Empfänger ein unerwartetes Glück begegnen, bei Nichtbefolgung jedoch ein Unglück zustoßen.[51] Es wird also künftiges Unheil bedingt angedroht.[52] Die Auffassung *Kerns*[53], wonach die Versendung derartiger Glückskettenbriefe, rein menschlich betrachtet, schlichtweg ein Unfug ist, auch wenn sie den Tatbestand des § 360 Nr. 11 StGB a.F.[54] (= grober Unfug) bzw. des § 118 OWiG (= Belästigung der Allgemeinheit) nicht erfüllt, kann wohl auch heute noch Gültigkeit beanspruchen.

5.2. Strafbarkeit nach §§ 284 ff. StGB, insbesondere gem. § 287 I StGB?

Bis zur Entscheidung des BGH vom 9.3.1976[55] wurde die Veranstaltung von Systemen der progressiven Kundenwerbung von der Rechtsprechung regelmäßig als unerlaubte Ausspielung unter § 286 II StGB a.F., die inhaltsgleiche Vorgängervorschrift des § 287 I StGB, subsumiert.

---

[48] Vgl. z.B. OLG Stuttgart wistra 1991, 234, 235 („Top-12-Kettenbriefaktion“); wistra 1990, 165 („blaues und silbernes System“); BayObLG wistra 1990, 240 („EASY-Kettenbriefsystem“); auch bereits OLG Karlsruhe NJW 1972, 1963 („Amerikanisches Roulette“).

[49] AG Böblingen wistra 1988, 242, 243 („Spiel 90 bzw. Spiel 120“); *Richter*, wistra 1987, 276, 278 („WORLD-WIDE-MONEY-MASTER“).

[50] *Richter*, wistra 1987, 276, 277.

[51] OLG Hamburg JW 1930, 3441 f..

[52] OLG Dresden JW 1930, 3441 m. zust. Anm. *Kern*.

[53] *Kern*, aaO..

[54] § 360 Nr. 11 StGB a.F. i.d.F. vom 15.5.1871 (RGBl. S. 127) wurde wie alle sog. Übertretungstatbestände (§§ 360-370 StGB a.F.) durch das EGStGB vom 2.3.1974 (BGBl. I, S. 469, 535) aufgehoben und partiell durch die §§ 117, 118 OWiG ersetzt.

[55] BGH GA 1978, 332 ff. („MZE - Mut zum Erfolg GmbH“).

Fraglich ist, ob heute noch für den Veranstalter eines progressiven Vertriebs- oder Gewinnerwartungssystems eine Strafbarkeit gem. § 287 I StGB wegen unerlaubter Veranstaltung einer Lotterie oder Ausspielung oder wegen unerlaubter Veranstaltung eines Glücksspiels gem. § 284 I StGB[56] in Betracht kommt.

Diese Frage kann nach ganz überwiegender Meinung[57] für den Normalfall verneint werden. Die progressiven Systeme sind in der Regel keine Glücksspiele, da bei ihnen im Normalfall weder eine Zufallsabhängigkeit des Gewinneintritts noch das Erfordernis eines Einsatzes vorliegt. Ferner kann bei ihnen auch die Öffentlichkeit der Veranstaltung zu verneinen sein.

Von einer Zufälligkeit des Gewinneintritts kann bei den progressiven Systemen regelmäßig nicht gesprochen werden, wenn der Gewinneintritt wesentlich von der persönlichen Aktivität und Tüchtigkeit des Teilnehmers beeinflusst werden kann. Dabei kann eine Zufallsabhängigkeit nicht einfach damit begründet werden, dass die mangelnde Kenntnis des Werbers über den Stand der Progression dazu führe, dass er keinen Einfluss auf die Entscheidung über Gewinn oder Verlust habe.[58] Die Entscheidung über Gewinn oder Verlust hängt vielmehr auch bei bereits fortgeschrittener Progression entscheidend von der Gewandtheit und der Überzeugungskraft des jeweiligen Werbers ab.[59] Jeder Teilnehmer kann sowohl bei den klassischen Schneeball- und Pyramidensystemen zum Vertrieb von Waren, Dienstleistungen oder Rechten wie auch bei den reinen Geldgewinnsystemen ohne Vertriebsfunktion einschließlich der Kettenbriefsysteme bei entsprechender Tüchtigkeit weitere Systemteilnehmer anwerben und dadurch seinen Gewinn steigern.

Auch der für die Bejahung der §§ 284 I, 287 I StGB erforderliche, beim Glücksspiel begrifflich vorausgesetzte Einsatz liegt bei den progressiven Systemen zumeist nicht vor. Es genügt für den Begriff des Einsatzes nicht, dass ein Mitspieler eine Zahlung an andere Teilnehmer innerhalb des Spielsystems leistet.[60] In seiner „Goldkreis"-Entscheidung[61] hat der BGH für ein Kettenbriefsystem den für den Einsatzbegriff erforderlichen unmittelbaren Zusammenhang zwischen der vermögenswerten Aufwendung und dem möglichen Gewinn verneint und die von den Teilnehmern geleisteten Zahlungen als für diese stets verlorene Beiträge für die Teilnahmeberechtigung und Bearbeitungsgebühren qualifiziert.

Auch die von den §§ 284 I, 287 I StGB vorausgesetzte Öffentlichkeit der Veranstaltung kann bei den progressiven Vertriebs- und Gewinnsystemen zu verneinen sein, wenn potentielle Systemteilnehmer einzeln angesprochen oder die Werbeveranstaltungen nicht frei zugänglich in einem geschlossenen Rahmen abgehalten werden.[62] Jedoch treten solche Formen eher selten auf, da bei ihnen die persönlichen Kontakte der schon beteiligten Mitspieler nicht

---

[56] Eine derartige Strafbarkeit gem. § 284 I StGB wird für alle Formen progressiver Kundenwerbung von *Raube*, S. 41 ff., 75 f., für möglich gehalten.

[57] Vgl. z.B. LK-*v.Bubnoff*, Vor § 287 Rdn. 6 f. m.w.N..

[58] So aber *Raube*, S. 47.

[59] BGH GA 1978, 332, 334; StA München wistra 1986, 36, 37; *Lampe*, GA 1977, 33, 39.

[60] So aber die zu weit gehende Interpretation des Einsatzbegriffs von *Raube*, S. 57.

[61] BGHSt 34, 171, 175 ff..

[62] LK-*v.Bubnoff*, Vor § 287 Rdn. 6.

unmittelbar genutzt werden können.[63] Die meisten progressiven Gewinnerwartungssysteme sind daher als öffentlich veranstaltet anzusehen.

Dies ändert jedoch nichts daran, dass die Veranstaltung eines progressiven Vertriebs- oder Gewinnsystems nur in solchen seltenen Ausnahmefällen nach § 284 I StGB oder nach § 287 I StGB[64] strafbar sein dürfte, in denen kumulativ eine überwiegende Zufallsabhängigkeit des Gewinneintritts, das Vorliegen eines Einsatzes und die Öffentlichkeit der Veranstaltung nachgewiesen werden können.

5.3.Strafbarkeit gem. § 6c UWG ?

Fraglich ist, ob die o.g. Fallgruppen der progressiven Vertriebs- und Gewinnerwartungssysteme, die de lege lata nicht dem Glücksspielstrafrecht unterfallen, vom Straftatbestand der progressiven Kundenwerbung gem. § 6c UWG erfasst werden oder hier weiterhin Strafbarkeitslücken bestehen.

Mit der Einfügung des § 6c zum 1.8.1986 in das UWG durch das zweite Gesetz zur Bekämpfung der Wirtschaftskriminalität (= 2. WiKG[65]) reagierte der Gesetzgeber mit zeitlicher Verspätung auf die „MZE"-Entscheidung des BGH[66] vom 9.3.1976, in der zum Ausdruck gekommen war, dass die progressive Kundenwerbung mit den vorhandenen Tatbeständen nicht ausreichend strafrechtlich verfolgt werden konnte; d.h. dass insoweit eine Strafbarkeitslücke bestand.[67] Mit der Neufassung des § 6c UWG durch das wettbewerbsrechtliche Gesetz vom 1.9.2000[68] sollte im Hinblick auf Anwendungsprobleme in der Praxis klargestellt werden, dass künftig auch solche Gewinnspiele durch § 6c UWG erfasst werden, bei denen die Teilnehmer die versprochenen „besonderen Vorteile" für die Werbung weiterer Teilnehmer nicht vom Veranstalter selbst, sondern systembedingt von Dritten (insbesondere weiteren Mitspielern) erhalten.[69]

§ 6c UWG hat dadurch folgende aktuelle Fassung erhalten:
„Wer es im geschäftlichen Verkehr selbst oder durch andere unternimmt, Nichtkaufleute zur Abnahme von Waren, gewerblichen Leistungen oder Rechten durch das Versprechen zu veranlassen, sie würden entweder von dem Veranlasser selbst oder von einem Dritten besondere Vorteile erlangen, wenn sie andere zum Abschluss gleichartiger Geschäfte veran-

---

[63] So zutreffend *Raube*, S. 69.

[64] Nach Auffassung von *Raube*, S. 73 f., scheidet eine Strafbarkeit nach § 287 I StGB jedenfalls für die Veranstalter von Kettenbriefsystemen stets aus, da ein von dieser Strafnorm vorausgesetzter Spielplan, der jedenfalls bindende Regelungen darüber enthalten müsse, wie hoch die auszuschüttende Gewinnsumme sein solle, bei den Kettenbriefmodellen fehle.

[65] Gesetz vom 15.5.1986 (BGBl. I S. 721).

[66] BGH GA 1978, 332 ff. („MZE - Mut zum Erfolg GmbH").

[67] BR-Drs. 226/78, S.1 a.E..

[68] Vgl. Art. 1 Nr. 4 des Gesetzes zur vergleichenden Werbung und zur Änderung wettbewerbsrechtlicher Vorschriften vom 1.9.2000 (BGBl. I S. 1374).

[69] Vgl. hierzu BT-Drs. 14/2959 vom 20.3.2000, S. 4, 10 und 12f.; BT-Drs. 14/3433 vom 18.5.2000, S. 2 f. und 7 sowie die Darstellung der Reform der „progressiven Kundenwerbung" bei *Wegner*, wistra 2001, 171 ff..

lassen, die ihrerseits nach der Art dieser Werbung derartige Vorteile für eine entsprechende Werbung weiterer Abnehmer erlangen sollen, wird mit Freiheitsstrafe bis zu zwei Jahren oder mit Geldstrafe bestraft."

Bevor die Strafbarkeit der verschiedenen Fallgruppen progressiver Vertriebs- und Gewinnerwartungssysteme untersucht wird (unten b.) ist zunächst nach dem durch § 6c UWG geschützten Rechtsgut (unten a.) zu fragen, da der Anwendungsbereich der Norm wesentlich von dieser Vorfrage abhängt.

a) Das geschützte Rechtsgut des § 6c UWG

Aussagen zum durch § 6c UWG geschützten Rechtsgut lassen sich den Gesetzesmaterialien (unten aa.), insbesondere zum 2. WiKG, sowie der Rechtsprechung und dem Schrifttum (unten bb.) entnehmen.

aa) Die Gesetzesmaterialien

In der Beschlussempfehlung des Rechtsausschusses des Bundestages wurde die Vorschrift des § 6c UWG als Gefährdungstatbestand bezeichnet, der einen generalisierenden Schutz gegen Täuschung, glücksspielartige Willensbeeinflussung und Vermögensgefährdung bieten soll.[70] Die Gesetzesmaterialien bringen zum Ausdruck, dass der Gesetzgeber die Bestimmung des § 6c UWG vor allem zum Schutz der Verbraucher[71] neu eingefügt hat. Insbesondere geschäftlich unerfahrene und leichtgläubige Personen sollten vor folgenden Gefahren der progressiven Kundenwerbung geschützt werden:[72]

(1) Vor der Gefahr durch unwahre Tatsachenbehauptungen der Systemveranstalter getäuscht und dazu gebracht zu werden, sich unter hohen Aufwendungen und in Überschätzung der eigenen Werbemöglichkeiten als „Multiplikator" in eine Vertrieborganisation einspannen zu lassen.

(2) Vor der Gefahr der glücksspielartigen Willensbeeinflussung. Da bei der progressiven Kundenwerbung keiner der Kunden[73] einen ausreichenden Überblick über den Entwicklungsstand des Systems im Zeitpunkt seines Eintritts hat, sind die Werbechancen aller Kunden äußerst risikobehaftet; d.h. es ist für jeden der neu Angeworbenen in höchstem Maße ungewiss, ob sich noch genügend weitere Kunden finden lassen, die mit Erfolg angeworben werden können. Dieses Risiko verleiht der progressiven Kundenwerbung einen aleatorischen (= glücksspielartigen) Charakter, der viele Kunden reizt und damit die Gefährlichkeit dieser Werbeform für den einzelnen Kunden noch erhöht.

---

[70] BT-Drs. 10/5058 vom 19.2.1986, S.38 f.; gleichlautend bereits der Regierungsentwurf in der achten Wahlperiode BR-Drs. 226/78 vom 26.5.1978, S.13.

[71] Vgl. BR-Drs. 226/78, S.1, 12.

[72] BT-Drs. 10/5850, S.38.

[73] Es sei denn, er steht dem Systembetreiber besonders nah - z.B. als Verwandter oder Freund - und hat deshalb Einblick in den Systemablauf.

(3) Vor erheblicher Vermögensgefährdung durch Beteiligung an einem Vertriebssystem der progressiven Kundenwerbung. Machen alle Kunden von der Möglichkeit der Anwerbung neuer Kunden Gebrauch, dann weitet sich das System in progressiv geometrischer Reihe aus bis der in Betracht kommende Markt verstopft ist. Die Mehrzahl der Kunden muss dann erkennen, dass es nur wenigen gelingt, ihren oft beträchtlichen Geldeinsatz wieder wettzumachen. Viele Personen erleiden hingegen hohe Schäden, weil sie für den Verdienst der anderen in diesem progressiven Werbegeschäft draufzahlen müssen.[74]

Der Schutz des Individualrechtsguts Vermögen (vgl. oben 3) des einzelnen Verbrauchers[75] steht dabei - auch wenn dies in den Gesetzesmaterialien nicht ausdrücklich ausgesprochen wird - im Vordergrund. Täuschung (1) und aleatorische Willensbeeinflussung (2) sind lediglich besondere Angriffsformen auf das Vermögen, die derartigen Werbesystemen typischerweise innewohnen.

§ 6c UWG wurde als abstrakter Gefährdungstatbestand ausgestaltet, weil es letztlich nicht auf den Nachweis ankommen sollte, ob ein Verbraucher im Einzelfall tatsächlich durch die systembedingte Marktverengung geschädigt wurde. Auch sollte irrelevant sein, ob er sich tatsächlich durch die irreführenden Angaben der Systembetreiber als Multiplikator einspannen ließ bzw. ob er durch das aleatorische Moment dazu verlockt wurde. § 6c UWG sollte vielmehr eine abschreckende Wirkung gegen den Aufbau neuer Systeme der progressiven Kundenwerbung entfalten.[76]

Den Gesetzesmaterialien zufolge wollte der Gesetzgeber somit vor allem das Individualrechtsgut Vermögen der Verbraucher vor abstrakter Gefährdung durch Systeme der progressiven Kundenwerbung schützen, insbesondere vor den beiden Angriffsformen der Täuschung und der glücksspielartigen Willensbeeinflussung.

bb) Die Auffassungen in Rechtsprechung und Schrifttum

Die **Rechtsprechung** sieht, sofern sie sich überhaupt dazu äußert, den Zweck des § 6c UWG darin, die progressive Kundenwerbung zu unterbinden. Es soll also der Vertrieb von Waren u.a. unter Beteiligung von Privatleuten durch Ausnutzen des aleatorischen Charakters des progressiven Systems verhindert werden.[77] Es wird demnach die Bekämpfung eines bestimmten Werbesystems als ratio legis angesehen, ohne dass angegeben wird, ob dies zum Schutz eines Individualrechtsguts oder im Allgemeininteresse geschieht.

In der rechtswissenschaftlichen **Literatur** werden hinsichtlich des durch § 6c UWG geschützten Rechtsguts hingegen die verschiedensten Ansichten vertreten.

---

[74] Vgl. PlPr. 10/14 S.817(C).

[75] Auch *Richter* wistra 1988, 245 und *Granderath* wistra 1988, 173, 175 sind der Auffassung, dass § 6c UWG nach dem Willen des Gesetzgebers insbesondere den Verbraucherschutz bezweckt.

[76] BT-Drs.10/5058, S.38.

[77] OLG Stuttgart wistra 1991, 234, 236; BayObLG wistra 1990 , 240, 241.

Nach der Auffassung *Schlüchters*[78] kann die Suche nach einem Allgemeinrechtsgut kaum als erfolgreich bezeichnet werden, weil sich keine gegenüber dem sonstigen Wirtschafts- und Rechtsleben klar genug ausgrenzbaren Güter finden lassen. Als potentielles Schutzgut bleibe demnach nur das Individualvermögen der einzelnen Kunden übrig, das durch den Tatbestand gegen abstrakte Gefährdungen geschützt werden soll. Insoweit deckt sich ihre Meinung mit der in den Gesetzesmaterialien umschriebenen Schutzfunktion des § 6c UWG. Jedoch zweifelt *Schlüchter* gleichzeitig an, dass das Vermögen strafrechtlich gegen abstrakte Gefährdungen geschützt werden dürfe. Für § 6c UWG sei deshalb überhaupt kein schützenswertes Rechtsgut ersichtlich.

Otto[79] schließt sich dieser Kritik am Schutzgut Vermögen an. Er selbst meint jedoch, dass ein überindividuelles Rechtsgut durch § 6c UWG geschützt wird. Das geschützte Rechtsgut der §§ 4, 6c UWG sei identisch: die geltende Wirtschaftsordnung als Institution. Diese werde geschützt, indem der Verbraucher gegen vermögensschädigende und zweckverfehlte Mitteleinsätze geschützt werde. Der Schutz der Marktbeteiligten und insbesondere der Verbraucher ist dieser Auffassung zufolge also lediglich mittelbar und reflexartig ausgestaltet.

Ebenfalls ein Universalrechtsgut sieht *Bottke*,[80] der eine rechtsgutorientierte Systematisierung der wirtschafts-strafrechtlichen Tatbestände bzw. des gesamten Wirtschaftsstrafrechts anstrebt, als Schutzgut des § 6c UWG an. Der Leistungswettbewerb als wesentliches Essential einer sozialen Marktwirtschaft sei geschütztes Rechtsgut des § 6c UWG. Die progressive Kundenwerbung wirke nämlich in allen ihren Spielarten (Schneeballsystem, Pyramidensystem) leistungswettbewerbsverzerrend, weil sie den Abnehmern den marktgerechten Preis der Ware bzw. der sonstigen wirtschaftlichen Leistungen verschleiere.

Es gibt aber auch Meinungen, die zu einer Synthese der dargestellten Auffassungen führen und sowohl Individual- als auch Universalrechtsgüterschutz bejahen. Laut *Baumbach/Hefermehl*[81] wird das System der progressiven Kundenwerbung durch § 6c UWG in allen seinen Varianten zum Schutz der Abnehmer und der Wettbewerber sowie im Allgemeininteresse verboten. *Diemer*[82] sieht den Normzweck dieses Straftatbestandes zwar vor allem im Schutz geschäftlich unerfahrener Personen vor der Beteiligung an Vertriebsmethoden, die schon ihrer Anlage nach für sie ein gefährliches schadensträchtiges Risiko zum Inhalt haben; d.h. im Individualvermögensschutz vor abstrakten Gefährdungen. § 6c UWG diene im weiteren Sinne aber auch im Allgemeininteresse dem Schutz der Verbraucher und der Wettbewerber, weil durch diese Vertriebsmethode der Wettbewerb insgesamt verfälscht werden könne. Nach *Raube*[83] verletzt der Täter der progressiven Kundenwerbung nicht nur die Vermögensinteressen Einzelner, sondern schädigt darüber hinaus durch den quantitativ massiven Einsatz von Laien unter Ausnutzung des Progressionselements die Wirtschaftsordnung in einem Teilbereich und verletzt damit auch ein überindividuelles Rechtsgut.

---

[78] *Schlüchter*, Zweites Gesetz zur Bekämpfung der Wirtschaftskriminalität, S.125 f..

[79] GroßKommUWG-*Otto* § 6c Rdn.17

[80] *Bottke*, wistra 1991, 1, 10.

[81] *Baumbach/Hefermehl*, § 6c UWG Rdn. 2.

[82] Erbs/Kohlhaas-*Diemer*, Strafrechtliche Nebengesetze, U 43, § 6c UWG, Anm.1.b).

[83] *Raube*, S. 17 ff., 137.

cc) Zusammenfassung und Stellungnahme

Zusammenfassend werden somit zum Rechtsgut des § 6c UWG folgende Auffassungen vertreten:

- Geschützt wird allein das Individualvermögen der einzelnen Kunden gegen seine abstrakte Gefährdung.

- Geschützt wird allein ein Universalrechtsgut: die geltende Wirtschaftsordnung als Institution bzw. der Leistungswettbewerb.

- Sowohl Individualvermögen als auch Allgemeininteressen werden geschützt (vermittelnde Meinung).

Gegen den Schutz des Rechtsguts Vermögen wird vor allem eingewendet, dass ein Schutz von Individualrechtsgütern gegen abstrakte Gefährdungen nur dann in Frage komme, wenn es sich um besonders herausgehobene Werte handle, wie z.B. Leib oder Leben des Menschen. Das Vermögen sei jedoch nicht zu diesen Werten zu zählen.[84] Richtig ist daran, dass das Vermögen - da es in der Werteskala der Rechtsgüter nicht so hoch anzusiedeln ist wie etwa Leben oder körperliche Unversehrtheit - grundsätzlich keinen Schutz vor abstrakten Gefährdungen genießt. Es kommt aber bei der Tatbestandsbildung nicht nur auf den absoluten Wert eines Rechtsguts an, sondern auch auf die Gefährlichkeit der Angriffsformen, die es bedrohen. Bei der progressiven Kundenwerbung wird das Vermögen des einzelnen Verbrauchers typischerweise dadurch gefährdet, dass er sich durch Täuschung und aleatorische Willensbeeinflussung anwerben und als Multiplikator in das System einspannen lässt. Die Praxis zeigt die besondere Gefährlichkeit dieser Angriffsformen auf das Rechtsgut Vermögen: eine Vielzahl geschäftlich unerfahrener Personen erleidet dadurch Vermögensschäden in beträchtlicher Höhe. Das ausnahmsweise auch für das Vermögen nur abstrakt gefährliche Verhaltensweisen pönalisiert werden können, belegen ferner die Tatbestände der §§ 284 bzw. 302a StGB.[85] Schließlich sprechen für die Bejahung des Schutzguts Vermögen bei § 6c UWG die Gesetzesmaterialien, nach denen diese Bestimmung vor allem dem Verbraucherschutz dienen soll. Diesem Willen des historischen Gesetzgebers kommt deshalb besonderes Gewicht zu, weil es sich bei § 6c UWG - im Gegensatz zu § 284 StGB - um eine verhältnismäßig „junge" Strafnorm handelt. Folglich schützt § 6c UWG das Individualvermögen des einzelnen Abnehmers vor Vermögensgefährdungen.

Fraglich ist, ob dieser Straftatbestand überdies noch ein Universalrechtsgut schützt. Dagegen könnte die Ausgestaltung der progressiven Kundenwerbung als Privatklagedelikt in § 374 I Nr.7 StPO sprechen, da Privatklagedelikte die Allgemeinheit in der Regel wenig berühren.[86] Jedoch wird die Staatanwaltschaft - wie sich aus Nr.260 S.2 Ziff.2 RiStBV ergibt - hier fast

---

[84] *Schlüchter*, S.126.

[85] Entgegen *Schlüchter*, S.126, handelt es sich bei § 302a StGB eindeutig um ein abstraktes Vermögensgefährdungsdelikt, welches die in einer Schwächesituation befindliche Einzelperson vor wirtschaftlicher Ausbeutung schützen soll. Denn die Strafbarkeit besteht hier ohne Rücksicht darauf, ob es tatsächlich zu einer individuellen Vermögensschädigung oder -gefährdung des Opfers kommt; vgl. z.B. *Tröndle/Fischer* § 302a Rdn. 3; Sch/Sch-*Stree* § 302a Rdn. 2; *Bottke*, wistra 1991, 1, 8.

[86] *Kleinknecht/Meyer-Goßner*, StPO, vor § 374 Rdn. 1.

immer das öffentliche Interesse an der Strafverfolgung gem. § 376 StPO bejahen und die öffentliche Klage erheben. Überdies ist § 6c im Gegensatz zu anderen UWG-Straftatbeständen gem. § 22 I 1 UWG kein Antragsdelikt, woraus ebenfalls ersichtlich ist, dass hier durchaus Interessen der Allgemeinheit auf dem Spiel stehen. Bejaht man nun grundsätzlich die Möglichkeit, dass auch ein Universalrechtsgut durch § 6c UWG geschützt sein kann, so stellt sich die weitere Frage, um welches es sich hierbei handelt. „Die geltende Wirtschaftsordnung als solche" ist als Schutzgut jedenfalls zu pauschal. Denn die Wirtschaft in ihrer gesamten Weite kann kein schutzfähiges Gut sein, da sie nicht genügend eingrenzbar ist. Vielmehr müssen Bezugsfelder als sicher genug eingrenzbare und damit schutzfähige Teilgebiete herausgearbeitet werden.[87] Ein solcher Teilbereich der Wirtschaftsordnung ist aber der Leistungswettbewerb als wesentliches Essential jeder sozialen Marktwirtschaft. Mit § 6c UWG sollte auch stets der Leistungswettbewerb im Allgemeininteresse vor unerträglichen Verzerrungen geschützt werden. Dies kommt auch in den Gesetzesmaterialien zum Ausdruck: Die Werbeform der progressiven Kundenwerbung als solche sollte verboten[88] und der Aufbau neuer Systeme verhindert werden.[89] Dasselbe ergibt sich aus systematischen Erwägungen. Der Gesetzgeber hat den Tatbestand der progressiven Kundenwerbung als § 6c in das UWG eingefügt. Damit hat er zu erkennen gegeben, dass er mit dieser Strafbestimmung stets auch den Leistungswettbewerb schützen wollte. Andernfalls - d.h. wenn es ihm nur auf den Schutz des Individualvermögens angekommen wäre - hätte er, was ebenfalls diskutiert wurde,[90] seinerzeit den Tatbestand als § 287 StGB a.F. in das allgemeine Strafrecht hinter den Glücksspieltatbeständen eingestellt.

Demgemäß ist der vermittelnden Meinung zu folgen: § 6c UWG schützt das Vermögen der einzelnen Abnehmer vor abstrakten Gefährdungen sowie stets auch im Allgemeininteresse den Leistungswettbewerb vor Verzerrungen.

b) Strafbarkeit der verschiedenen Fallgruppen progressiver Vertriebsformen und Gewinnerwartungssysteme nach § 6c UWG?

Auf der Grundlage des gefundenen Schutzzwecks des § 6c UWG wird nachfolgend untersucht, ob für die verschiedenen Fallgruppen progressiver Vertriebs- und Gewinnerwartungssysteme de lege lata eine Strafbarkeit nach dieser Norm gegeben ist. Dabei wird differenziert zwischen

- dem Vertrieb von Waren, Dienstleistungen oder Rechten nach dem Schneeballsystem oder dem Pyramidensystem (unten aa.),
- der Veranstaltung von Pyramidengewinnspielen ohne Vertriebsfunktion (unten bb.) und
- der Veranstaltung von Kettenbriefsystemen (unten cc.).

---

[87] Insoweit zutreffend *Schlüchter*, S.174.

[88] BR-Drs. 226/78, S.12 - Gesetzesentwurf der Bundesregierung vom 26.5.1978.

[89] BT-Drs. 10/5058, S.38 - Bericht des Rechtsausschusses (Beschlussempfehlung) vom 19.2.1986.

[90] Vgl. den Vorschlag der Sachverständigenkommission zur Bekämpfung der Wirtschaftskriminalität, TagBer., Bd. XI, S.41 ff., 50 zur Einführung eines § 287 StGB („Veranstaltung von Schneeballsystemen und ähnlichen Systemen").

aa) Vertrieb von Waren, Dienstleistungen oder Rechten nach dem Schneeballsystem oder dem Pyramidensystem

Von den Begriffen Waren, gewerbliche Leistungen oder Rechten i.S.d. § 6c UWG sollen alle vermögenswerten Gegenstände erfasst werden, die wirtschaftlich verwertbar sind.[91] Anders als die Begriffe Waren und gewerbliche Leistungen, die auch sonst im UWG häufig verwendet werden (vgl. z.B. §§ 2, 3, 4, 14 f. UWG), wurde der Begriff „Rechte" mit der Schaffung des § 6c neu in die Diktion des UWG aufgenommen.[92]

Ware im Sinne des UWG ist jedes Wirtschaftsgut, das im Verkehr wie eine Ware gehandelt wird.[93] Der Warenbegriff umfasst bewegliche und unbewegliche Sachen. Auch elektrischer Strom ist insoweit eine Ware im Sinne des UWG, obwohl dieser kein Körper ist, sich aber „gleichwohl für den wirtschaftlichen Güteraustausch" eignet.[94] Im Wettbewerbsrecht kann der Warenbegriff nur einheitlich ausgelegt werden.[95]

Ebenso wie der Warenbegriff wird der Begriff der gewerblichen Leistungen weit ausgelegt. Hierunter versteht man alle geldwerten Leistungen des gewerblichen Lebens,[96] auch wenn sie von Nichtgewerbetreibenden - vor allem von Angehörigen der freien Berufe - herrühren. Insbesondere werden hier - entgegen der Terminologie der Gewerbeordnung - persönliche Dienstleistungen höherer Art oder künstlerische und wissenschaftliche Tätigkeiten erfasst.[97] Es muss sich aber immer um wirtschaftlich verwertbare und dazu bestimmte Leistungen handeln, wie z.B. die Dienste von Rechtsanwälten.[98]

Als Rechte kommen alle wirtschaftlich verwertbaren geldwerten Rechte, wie z.B. Lizenzrechte, Nutzungsrechte, Mitgliedschaftsrechte[99] o.ä. in Betracht.[100] Zu diesen Rechten gehört insbesondere auch die Teilnahme an Franchiseverträgen,[101] die dem Franchisenehmer das Recht einräumen, bestimmte Waren und/oder Dienstleistungen unter Benutzung von Schutzrechten des Franchisegeber sowie seiner technischen und gewerblichen Erfahrungen („Know-how") zu vertreiben.[102] Teilweise[103] wird eine eigenständige Bedeutung der „Rechte" geleugnet, weil sie bereits vom Warenbegriff des UWG erfasst seien. *Granderath*[104] hin-

---

[91] Erbs/Kohlhaas-*Diemer*, § 6c UWG Anm.3.b).

[92] *Granderath*, wistra 1988, 173, 175.

[93] *Baumbach/Hefermehl*, § 2 UWG Rdn. 1.

[94] RGZ 67, 229, 232.

[95] Erbs/Kohlhaas-*Diemer* aaO..

[96] *Baumbach/Hefermehl*, § 2 Rdn. 2.

[97] *Lampe*, in: TagBer., Bd. VIII, Anl.10, S.11.

[98] BGH GRUR 1972, 709 f..

[99] Vgl. z.B. AG Böblingen wistra 1988, 242 f. („Verein der Selbstbaufreunde e.V.").

[100] GroßKommUWG-*Otto*, § 6c Rdn. 25.

[101] Vgl. z.B. Einstellungsbescheid der StA München I wistra 1986, 36 ff. („GC-Franchisenehmer").

[102] Erbs/Kohlhaas-*Diemer*, § 6c UWG Anm.3.b).

[103] GroßKommUWG-*Otto*, § 6c Rdn. 25.

[104] *Granderath*, wistra 1988, 173, 175.

gegen will - unter Hinweis auf die Entstehungsgeschichte des § 6c UWG - den Begriff auf solche Rechte eingrenzen, die - wenn auch im weitesten Sinne - als Vermögensanlagen angesehen werden können. Gegen diese einengende Auslegung *Granderaths* spricht jedoch, dass es dem Gesetzgeber entscheidend darauf ankam, den Tatbestand des § 6c UWG so weit zu fassen, dass dieser die vielfältigen Erscheinungsformen der progressiven Kundenwerbung erfasste.[105] Der Gesetzgeber bezweckte, sämtliche Gegenstände zu erfassen, die wirtschaftlich verwertbar sind. Dies wollte er mit dem zusätzlichen, gegenüber den anderen beiden spezielleren Tatbestandsmerkmal „Rechte" zum Ausdruck bringen.

Soweit es also um den Vertrieb von vermögenswerten Gegenständen, die wirtschaftlich verwertbar sind, im Rahmen eines progressiven Schneeball- oder Pyramidensystems[106] geht, liegt im Regelfall eine nach § 6c UWG strafbare progressive Kundenwerbung vor. Die früher heftig umstrittene[107] Frage, ob zur Tatbestandsverwirklichung eine Leistung der versprochenen besonderen Vorteile aus dem Vermögen des Veranstalters erforderlich sei oder ob eine Gewährung der Vorteile aus dem System, insbesondere durch Mitspieler, ausreiche, wurde vom Gesetzgeber im Rahmen der letzten Gesetzesänderung zum 1.9.2000 im Sinne der letztgenannten Variante entschieden. Eine Strafbarkeit kann beim Unternehmensdelikt des § 6c UWG nicht nur für den Veranstalter eintreten, der das progressive System selbst oder durch Strohmänner in Gang setzt. Auch die Systemteilnehmer können sich nach § 6c UWG strafbar machen, sobald ihr Verhalten die Schwelle der notwendigen Teilnahme überschreitet. Als notwendige Teilnehmer straflos bleiben solche Personen, die im Einzelfall Opfer des progressiven Vertriebssystems geworden sind.[108] Als Beteiligter strafbar ist hingegen derjenige, der so in das Werbesystem integriert wird, dass er über die notwendige Teilnahme hinaus innerhalb des Systems und dieses aktiv fördernd tätig geworden ist.[109] Das bedeutet, dass auch der zunächst als Opfer geltende Kunde des Systems Täter sein kann, wenn er später weitere Kunden wirbt und in das System integriert. Er wird dadurch zum Subunternehmer des von ihm geförderten Systems.[110] Auch Angestellte oder Beauftragte des Veranstalters können je nach ihrem Tatbeitrag und ihrer Willenslage Täter, Anstifter oder Gehilfe i.S.d. § 6c UWG sein.[111]

bb) Pyramiden-Gewinnspiele *ohne* Vertriebsfunktion

Ob die Veranstaltung vom Pyramiden-Geldgewinnsystemen ohne echte Vertriebsfunktion[112] unter § 6c UWG subsumiert werden kann, ist umstritten.

---

[105] So bereits BR-Drs. 226/78, S.13 - Gesetzentwurf der Bundesregierung (Begründung) vom 26.5.1978.

[106] Vgl. oben die Fallgruppenbeschreibung in 5.1.a..

[107] Vgl. z.B. BGHSt 43, 270, 275 f.; OLG Bamberg wistra 1997, 114, 115; LG Hamburg NStZ-RR 1997, 57, 59; *Beckemper*, wistra 1999, 169, 172 f.; *Otto*, wistra 1997, 81, 87; LK-*v.Bubnoff*, Vor § 287 Rdn. 15 jeweils m.w.N..

[108] BGH NJW 1987, 851, 853.

[109] Vgl. z.B. Erbs/Kohlhaas-*Diemer*, § 6c UWG Rdn. 7; LK-*v.Bubnoff*, Vor § 287 Rdn. 18; *Joecks*, wistra 1986, 142, 150.

[110] *Köhler/Pieper*, UWG, § 6c Rdn. 15; GroßKommUWG-*Otto*, § 6c Rdn. 53; Erbs/Kohlhaas-*Diemer*, aaO..

[111] Erbs/Kohlhaas-*Diemer*, aaO..

[112] Vgl. oben die Fallgruppenbeschreibung in 5.1.b.aa..

Es ist allgemein anerkannt, dass die erworbene Ware oder gewerbliche Leistung bzw. das erworbene Recht i.S.v. § 6c UWG nicht identisch mit dem versprochenen Vorteil sein darf. Der „besondere Vorteil" muss vielmehr ein zusätzliches Lockmittel sein, um den Kunden in das Werbe- und Vertriebssystem einzuspannen.[113]

Der BGH hat hinsichtlich des Pyramiden-Gewinnspiels „Life" in seinem Beschluss vom 22.10.1997 die Auffassung vertreten, dass sich dessen Veranstalter nach § 6c UWG strafbar gemacht haben.[114] Dabei hat er in dem von ihm zu entscheidenden Fall das Mitgliedschaftsrecht in dem System als „Recht" im Sinne des § 6c UWG angesehen,[115] weil es dem Mitglied generell das Recht auf Gewinn eröffne. Ferner komme der Anspruch des Teilnehmers auf Dienstleistungen organisatorischer Art hinzu, die zur Aufrechterhaltung des Systems notwendig seien, wie etwa die Besorgung des Kassen- und Rechnungswesens. Als „besonderen Vorteil" im Sinne des § 6c UWG hat der BGH hier den tätigkeits- und erfolgsbedingten Anspruch auf Zahlung von Provision bzw. Folgeprovision angesehen, der sich seiner Auffassung nach vom bloßen Mitgliedschaftsrecht und der darin begründeten Anwartschaft auf Provisionen unterscheidet:

- Gegenstand der Abnahme sei das Mitgliedschaftsrecht[116] in der Systembetreiberorganisation und die sich daraus ergebenden Ansprüche auf Erbringung bestimmter gewerblicher Leistungen;

- versprochener Vorteil sei hingegen eine „Werbeprämie" oder „Provision", die den entscheidenden Anreiz für den Erwerb des angebotenen Mitgliedschaftsrechts darstellt.[117]

Die Gegenansicht[118] lehnt hingegen eine Strafbarkeit aus § 6c UWG ab, wenn das progressive System ohne Kopplung mit dem Vertrieb „echter" Waren, gewerblicher Leistungen oder Rechten, gewissermaßen also pur, letztlich als Gewinnspiel selbst Gegenstand der Abnahme ist. Im Hinblick auf das mit „Life" vergleichbare Gewinnsystem „Titan" vertritt das OLG

---

[113] *Wegner*, wistra 2001, 171, 172 m.w.N. in den dortigen Fn. 9 und 10.

[114] BGHSt 43, 270, 273 ff.; ebenso LG Hamburg NStZ-RR 1997, 57 ff. zur Strafbarkeit des vergleichbaren Gewinnsystems „Titan".

[115] BGHSt 43, 270, 274.

[116] Das OLG Bamberg wistra 1997, 114, 115 hat bereits in seinem Beschluss vom 5. Dezember 1996 hinsichtlich der progressiven Gewinnspiele „Jump" und „Life" diese Auffassung vertreten; ebenso LG Ingolstadt, wistra 1997, 76 f..

[117] BGHSt 43, 270, 275 unter Hinweis auf die entsprechenden Entscheidungen des OLG Bamberg wistra 1997, 114 sowie BFH, Beschluss vom 28. Juni 1996 - X B 15/96, die jeweils zum Spiel „Life" ergangen sind; aA z.B. LG Rostock NStZ-RR 1997, 218, 219, dem zufolge die Strafbarkeit daran scheitert, dass nach der besonderen Systematik des § 6c UWG die „Ware, gewerbliche Leistung oder das Recht" nicht mit dem „Vorteil" identisch sein dürfe, wohingegen bei dem progressiven Gewinnspiel „Titan" das Mitgliedschaftsrecht in Wirklichkeit nichts anderes als die dahinter stehende Gewinnchance verkörpere, die gleichzeitig auch der besondere Vorteil sei; noch deutlicher fällt die Ablehnung des o.g. BGH-Beschlusses durch *Otto*, wistra 1998, 227 aus: „Kein vernünftiger Mensch, der nicht selbst die „Gewinnchance" nutzen will, würde auch nur einen Pfennig für diese Leistungen zahlen."

[118] Vgl. z.B. OLG Rostock, wistra 1998, 234, 235 f. m.w.N.; ihm folgend *Otto*, Jura 1999, 97, 103 f.; *ders.*, in: Meurer-FS, 2002, S 263, 281.

Rostock[119] die Auffassung, dass selbst dann, wenn man - wie der BGH - davon ausgeht, dass die Mitgliedschaft im Gewinnsystem als Recht[120] und die Dienstleistungen der Spielveranstalter als gewerbliche Leistungen anzusehen seien, nicht jedes Recht und nicht jede gewerbliche Leistung durch § 6c UWG geschützt sei.[121] § 6c UWG pönalisiere nicht die progressive Methode als solche, sondern nur und gerade in einem wettbewerblichen Kontext. Stets gehe es im UWG um den - konkurrierenden oder kumulierenden - Schutz von Personen einerseits und um den Schutz des redlichen Wettbewerbs andererseits und darüber hinausgehend um den Schutz vor den Auswüchsen des Wettbewerbs.[122] Unabhängig davon, wie stark man die Schutzwürdigkeit der Verbraucher oder der Allgemeinheit veranschlagt, müsse es sich - in Abgrenzung zum allgemeinen Rechtsgüterschutz - mithin um einen Schutz dieser Schutzsubjekte gerade im Wettbewerbszusammenhang handeln. Dieser für die Strafbarkeit nach § 6c UWG notwendige wettbewerbsrechtliche Bezugspunkt fehle in all den Fällen, in denen es sich für jeden Teilnehmer ersichtlich um ein Gewinnsystem handelt, bei dem kein wirtschaftlicher Bezugspunkt außerhalb des Gewinnsystems ersichtlich sei.[123] Speziell bei der Ausnutzung des aleatorischen Charakters des progressiven Systems sei zwischen der Ausnutzung im Wettbewerb und außerhalb des Wettbewerbs zu unterscheiden.[124] Der Verzicht auf dieses wettbewerbsbezogene Element des Tatbestandes und die Anwendung des § 6c UWG auf alle Anwendungsformen des progressiven Systems würde letztlich eine

---

[119] OLG Rostock, wistra 1998, 234, 236.

[120] Ihm folgend *Beckemper*, wistra 1999, 169, 171; *Wegner*, wistra 2001, 171, 172, der den formalen Aspekt betont, dass die Mitgliedschaft im System unabhängig davon fortbesteht, ob sich das Mitglied in der Folgezeit durch eigene Kundenwerbung Provisionen erarbeitet oder passiv bleibt. Demgegenüber sieht insbesondere *Otto*, wistra 1998, 227, zu Recht eine Unterscheidbarkeit von Mitgliedschaftsrecht einerseits und Gewinnchance bzw. besonderem Vorteil andererseits als nicht gegeben an, da letztlich das Mitgliedschaftsrecht die Gewinnchance verkörpere.

[121] Hingegen vertritt das LG Rostock wistra, 2002, 75, 77, nunmehr in einer nach dem o.g. BGH-Urteil ergangenen Entscheidung - entgegen OLG Rostock, wistra 1998, 234, 236 - ebenso wie der BGH der Auffassung, dass die Subsumtion sog. „Unternehmer-Spiele" wie „Life", „Jump" oder „Titan" dem Schutzzweck des § 6c UWG entspricht, da der Tatbestand der Vorschrift mit der „Veranlassung zur Abnahme von Waren, gewerblichen Leistungen und Rechten" (bewusst) besonders weit gefasst sei, um im Allgemeininteresse den geschützten Personenkreis der Abnehmer und Wettbewerber vor Täuschung, glücksspielartiger Willensbeeinflussung und Vermögensgefährdung zu bewahren.

[122] OLG Rostock aaO.; *Baumbach/Hefermehl*, Wettbewerbsrecht, Einl. UWG, Rdn. 41.

[123] OLG Rostock aaO. unter Hinweis auf BayObLG wistra 1990, 240, 241 und *Granderath*, wistra 1988, 173, 175.

[124] AA *Beckemper*, wistra 1999, 169, 171, die der Meinung ist, die Auffassung des OLG Rostock missachte, dass das UWG nicht nur dem Schutz des redlichen Wettbewerbs dient, sondern darüber hinaus auch dem Schutz der Allgemeinheit und insbesondere der Verbraucher. Ferner fehlt es ihrer Ansicht nach auch den warengebundenen Systemen in der Regel am wettbewerblichen Bezug, da diese Systeme nicht auf den Verkauf ihrer Waren angelegt seien, sondern den Ausbau des Vertriebssystems zum Ziel hätten. Diese Kritik *Beckempers*, die folglich wie der BGH auch das Mitgliedschaftsrecht in einem Pyramidensystem ohne Vertriebsfunktion als ein von § 6c UWG geschütztes Recht ansieht, geht jedoch ins Leere. Denn zum einen ist sich das OLG Rostock aaO. durchaus des Schutzzwecks des § 6c UWG bewusst und führt im Hinblick auf die Schutzsubjekte Allgemeinheit bzw. Verbraucher aus, es müsse sich hier „- in Abgrenzung zum allgemeinen Rechtsgüterschutz - mithin um einen Schutz dieser Schutzsubjekte gerade im Wettbewerbszusammenhang handeln." Zum anderen übersieht *Beckemper*, dass die progressiven Vertriebssysteme, bei denen eine Ware, eine Dienstleistung oder ein Recht in Konkurrenz zu seriösen Anbietern vertrieben wird, eindeutig einen wettbewerblichen Bezug aufweisen, wohingegen bei den progressiven Gewinnsystemen und bei den Kettenbriefsystemen ein derartiger Bezug fehlt.

gegen das in Art. 103 II GG verankerte Bestimmtheitsgebot verstoßende, unerlaubte Analogie darstellen.[125]

Diese Auslegung wird letztlich auch durch den Gesetzgeber bestätigt, der durch § 6c UWG eine besonders schwere Form unlauteren Wettbewerbs mit dem Strafrecht bekämpfen wollte.[126] Die Tathandlung wird in diesem Zusammenhang ausdrücklich charakterisiert durch eine besondere Verbindung zwischen Werbung und Vertrieb.[127] Letztlich ist § 6c UWG - entgegen der Auffassung des BGH - aufgrund der historischen, systematischen und vor allem teleologischen Interpretation dahingehend teleologisch zu reduzieren bzw. verfassungskonform auszulegen, dass die Veranstaltung eines progressiv gestalteten reinen Gewinnsystems ohne Vertriebsfunktion *keine* progressive Kundenwerbung im Sinne des § 6c UWG darstellt, bei der es um ein Minimum an wirtschaftlicher Vertriebstätigkeit außerhalb des Gewinnsystems gehen muss. Wo hingegen kein echter Leistungswettbewerb stattfindet, ist auch kein Platz für einen nebenstrafrechtlichen Rechtgüterschutz durch das UWG. Dies korrespondiert mit dem oben[128] gefundenen Ergebnis, wonach § 6c UWG nicht nur das Individualvermögen, sondern stets auch im Allgemeininteresse den Leistungswettbewerb vor Verzerrungen schützt, d.h. eine wettbewerbsbezogene Strafnorm ist.

Die Veranstaltung von Pyramidengewinnspielen *ohne* Vertriebsfunktion ist folglich de lege lata - entgegen der Auffassung des BGH - nicht nach § 6c UWG strafbar.

cc) Kettenbriefsysteme

Als problematisch erweist sich im Hinblick auf § 6c UWG bei den Kettenbriefsystemen[129] bereits das Tatbestandsmerkmal „im geschäftlichen Verkehr". Fraglich ist hier insbesondere, ob der Veranstalter eines Kettenbriefsystems im geschäftlichen Verkehr handelt.

Dieser Begriff deckt sich mit dem Begriff, der auch sonst im UWG verwendet wird (vgl. z.B. §§ 1, 3, 12, 16, 18 UWG).[130] Zum geschäftlichen Verkehr gehört jede Tätigkeit, die in irgendeiner Weise der Förderung eines beliebigen eigenen oder fremden Geschäftszwecks dient.[131] Jede selbständige, wirtschaftliche Zwecke verfolgende Tätigkeit, in der eine Teilnahme am Erwerbsleben zum Ausdruck kommt, wird erfasst.[132] Der Begriff des geschäftlichen Verkehrs ist weit[133] auszulegen. Den Gegensatz zum geschäftlichen Verkehr bilden die

---

[125] OLG Rostock aaO.; grundsätzlich ebenso bereits OLG Stuttgart wistra 1991, 234, 236; *Otto*, wistra 1998, 227, 228.

[126] BT-Drs. 10/5058, S. 38.

[127] BT-Drs. aaO..

[128] Vgl. oben 5.3.a.cc..

[129] Vgl. oben die Fallgruppenbeschreibung in B.II.5.1.b.bb..

[130] Erbs/Kohlhaas-*Diemer*, § 6c UWG Anm. 3a.

[131] RG JW 1937, 2459, 2460; RGSt 48, 291 293; BGH GRUR 64, 208, 209 „Fernsehinterview"; GroßKommUWG-*Otto*, § 6c Rdn. 37.

[132] *Baumbach/Hefermehl*, UWG, Einl., Rdn. 202; GroßKommUWG-*Otto*, aaO..

[133] Nach *Emmerich*, Das Recht des unlauteren Wettbewerbs, § 4, 2a) sogar „im denkbar weitesten Sinne".

rein private Tätigkeit und das rein hoheitliche Handeln.[134] Rein privat ist das, was sich im Bereich des Einzelnen *außer*halb von Berufs- und Erwerbsausübung abspielt.[135] Von der rein privaten Betätigung ist jedoch die sog. Geschäftstätigkeit im privaten Rahmen zu unterscheiden, die zum geschäftlichen Verkehr gehört.[136]

Bei der Beurteilung der Strafbarkeit von Kettenbriefsystemen nach § 6c UWG ist wiederum zwischen den Selbstläufern (1) und den zentral gesteuerten Kettenbriefaktionen (2) zu differenzieren.

(1) Selbstläufer-Kettenbriefsysteme

Es besteht weitgehend Einigkeit in Rechtsprechung[137] und Literatur[138], dass der Veranstalter sog. Selbstläufersysteme, dessen Tätigkeit sich auf das bloße Ingangsetzen des Systems beschränkt, *nicht* im geschäftlichen Verkehr handelt. Die Zuordnung des Ingangsetzens der Selbstläufer-Kettenbriefsysteme zum privaten Bereich wird damit begründet, dass die Veranstalter und Initiatoren derartiger Systeme von den Mitspielern für ihre Tätigkeit keinerlei Entgelt, Gebühr oder ähnliche vermögenswerte Leistung forderten, erwarteten oder erhielten. Vielmehr würden sie an dem von ihnen initiierten Selbstläufersystem wie jeder andere Mitspieler in der Hoffnung teilnehmen, durch diese Teilnahme den nach den Spielregeln möglichen Gewinn zu erzielen.[139] Von einer Teilnahme am Erwerbsleben könne bei einer solchen Spieltätigkeit nicht die Rede sein.[140] Derartige Kettenbriefsysteme sind als zumindest glücksspielähnliche Veranstaltungen anzusehen und deshalb dem privaten Bereich zuzuordnen.[141]

(2) Zentral gesteuertes Kettenbriefsystem

Liegt hingegen ein sog. gesteuertes Kettenbriefsystem vor, so ist unstreitig eine Beteiligung des Veranstalters am geschäftlichen Verkehr gegeben. Denn bei diesen zentral kontrollierten

---

[134] Vgl. z.B. BGHZ 19, 292, 302 „Bad Ems"; BGH GRUR 1953, 293, 294 „Fleischbezug"; BGH GRUR 1960, 384, 386 „Mampe halb und halb"; BGH GRUR 1964, 208, 209 „Fernsehinterview"; GroßKommUWG-*Otto*, § 6c Rdn. 38 sowie *Emmerich*, aaO., § 4, 2a), der davon spricht, dass das Tatbestandsmerkmal „im geschäftlichen Verkehr" die Aufgabe hat, sämtliche rein privaten und rein hoheitlichen Tätigkeiten aus dem Anwendungsbereich des UWG und seiner Nebengesetze auszuklammern.

[135] BGHSt 2, 396, 403; RGSt 66, 380, 384; Erbs/Kohlhaas-*Diemer*, § 6c UWG Anm.3a); GroßKommUWG-*Otto*, § 6c Rdn. 39.

[136] *Ulmer/Reimer*, Unlauterer Wettbewerb, Rdn. 69.

[137] BGH wistra 1987, 66, 68 „Goldkreis"; wistra 1994, 24 f. „Jackpot"; OLG Stuttgart wistra 1991, 234, 235.

[138] *Granderath*, wistra 1988, 173, 175; *Raube*, S. 140; *Richter*, wistra 1988, 245; aA *Gutachterausschuss für Wettbewerbsfragen*, WRP 1988, 337, der der „Goldkreis"-Entscheidung des BGH vom 29.9.1986 (= BGHSt 34, 171 = wistra 1987, 66 = NJW 1987, 852 = JA 1987, 108 = JR 1987, 381) insoweit die Gefolgschaft verweigert, selbst jedoch ersichtlich - im Gegensatz zum BGH - von einem gesteuerten Kettenbriefsystem mit Zentrale ausgeht.

[139] Freilich setzt der Systeminitiator sich und seine Vertrauensleute regelmäßig auf die ersten Plätze der ersten Kettenbriefserie, so dass seine Gewinnchancen von vornherein besser sind als die aller anderen Mitspieler.

[140] BGH wistra 1994, 24 f..

[141] *Granderath*, wistra 1988, 173, 175.

Kettenbriefsystemen geht es nicht mehr nur um private Rechtsbeziehungen.[142] Es handelt sich hier vielmehr um eine Tätigkeit des Veranstalters, in der eine Teilnahme am Erwerbsleben zum Ausdruck kommt. Denn der organisatorische Aufwand zur Steuerung und Überwachung derartiger Aktionen ist beträchtlich und der Veranstalter verlangt hierfür ein - von seinem Spielgewinn unabhängiges - als „Bearbeitungsgebühr" o.ä. deklariertes, erhebliches Entgelt.[143]

Der Wortlaut des § 6c UWG ergibt - auch nach der Neufassung vom 1.9.2000 - eindeutig, dass der Vorteil, der vom Täter versprochen wird, etwas anderes sein muss als die abgenommene Ware usw., und dass seine Erlangung zusätzlich zu versprechen ist.[144] Im Hinblick auf die Folgerung, dass dann, wenn die Gewinnchance mit der abgenommen Ware usw. identisch sein sollte, diese nicht zugleich der besondere Vorteil i.S.d. § 6c UWG sein könne,[145] ist danach zu fragen, ob bei den gesteuerten Kettenbriefsystemen eine Abnahme von Waren, gewerblichen Leistungen oder Rechten erfolgt bzw. worin diese zu sehen ist.

Hierzu existieren verschiedene Meinungen:

Es wird behauptet, im Druck und in der Versendung von Kettenbriefen,[146] in der Überlassung der Teilnahmebedingungen[147] bzw. im Betrieb einer EDV-Anlage[148] zur Überwachung und Kontrolle des Systems (z.B. durch Mahnungen) seien „gewerbliche Leistungen" zu sehen. Eine wirtschaftliche Verwertbarkeit dieser Leistungen ist jedoch nur deshalb anzunehmen, weil der Kettenbrief - insoweit einem Los vergleichbar - die Chance auf einen Spielgewinn eröffnet und verkörpert. Wäre dies nicht der Fall, könnte von geldwerten Leistungen bei dem Kettenbrief und der Spielanleitung einschließlich der sonstigen Verwaltungstätigkeit des Systembetreibers bei dem Kettenbriefsystem nicht die Rede sein. Sie wären wertloses Papier.[149] Insbesondere sind Teilnahmebedingungen gerade nicht mit „Know-how" im gewerblichen Verkehr vergleichbar,[150] sondern ihre Überlassung stellt nichts anderes dar, als die Aufrichtung und Ausdehnung des Systems an sich.[151] Nur die in ihm verkörperte Gewinnchance ist es, die das Papier - d.h. den Kettenbrief - zur Ware macht.[152]

---

[142] OLG Stuttgart wistra 1991, 234, 235 „Top-12-Kettenbriefaktion"; *Richter*, wistra 1988, 245: „Wer sich Leistungen bei der Errichtung und dem Betreiben eines Kettenbriefsystems bezahlen läßt, handelt nicht mehr im privaten Bereich."

[143] OLG Stuttgart aaO.; BayObLG wistra 1990, 240 „Easy-Kettenbriefsystem"; OLG Karlsruhe GRUR 1989,615; Gutachterausschuß für Wettbewerbsfragen, WRP 1988, 337.

[144] Vgl. bereits *Otto*, wistra 1997, 81, 87.

[145] *Otto*, Jura 1999, 97, 100.

[146] Rechtskräftiger Strafbefehl des AG Böblingen wistra 1988, 243, 244.

[147] *Richter*, wistra 1987, 276, 278.

[148] *Richter*, wistra 1990, 216, 217; ihm folgend Erbs/Kohlhaas-*Diemer*, § 6c UWG Anm.3.b).

[149] BayObLG wistra 1990, 240, 241.

[150] So aber *Richter*, wistra 1987, 276, 278, der die Teilnahmebedingungen als betriebliches Erfahrungswissen („Know-how") einstufen will, dessen Innehabung einen geldwerten Vorteil vor Konkurrenten zu gewähren in der Lage ist.

[151] Insoweit zutreffend *Granderath*, wistra 1988, 173, 175.

[152] BayObLG wistra 1990, 240, 241; ebenso OLG Stuttgart wistra 1991, 234, 235: Es bereitet „keine Schwierigkeiten Gewinnchancen als Ware oder gewerbliche Leistung im Sinne des § 6c UWG zu verstehen".

Fraglich ist außerdem, ob überdies in der Zusendung von Adressenmaterial - z.B. einer bestimmten Anzahl von „Exklusivadressen ausgesuchter Personen" auf Selbstklebeetiketten - durch die Zentrale beim gesteuerten Kettenbriefsystem eine gewerbliche Leistung liegen kann. Dies wird teilweise bejaht,[153] weil Adressenmaterial, insbesondere auf besondere Bedürfnisse hin selektierten Adressen, im Geschäftsleben ein hoher Wert beigemessen werde. Jedoch gilt auch hinsichtlich des mitverkauften Adressenmaterials, dass dessen Wert für den einzelnen Teilnehmer am Kettenbriefsystem ohne Kopplung mit der Gewinnchance gleich „Null" wäre.

Zusammenfassend lässt sich also festhalten: Ware, gewerbliche Leistung oder Recht ist ein Kettenbrief einschließlich etwaiger Nebenleistungen in der Regel nur, weil er die systemimmanente Gewinnchance verkörpert. Somit gilt für ihn das für die Pyramiden-Gewinnspiele Gesagte[154] entsprechend. Letztlich ist § 6c UWG dahingehend teleologisch zu reduzieren bzw. verfassungskonform auszulegen, dass die zentral gesteuerte Veranstaltung eines Kettenbriefsystems *keine* progressive Kundenwerbung im Sinne des § 6c UWG darstellt, bei der es um ein Minimum an wirtschaftlicher Vertriebstätigkeit außerhalb des Gewinnsystems gehen muss.

5.4. Strafbarkeit nach anderen Vorschriften (§§ 263 I StGB, 4 UWG)?

Im Zusammenhang mit progressiven Vertriebs- bzw. Gewinnsystemen wird ferner vor allem eine etwaige Strafbarkeit nach den § 263 StGB oder § 4 UWG diskutiert. Fraglich ist insbesondere, ob für progressive Gewinnerwartungssysteme ohne Vertriebsfunktion, für die eine Strafbarkeit nach § 6c UWG verneint wurde, insoweit ein Strafrechtsschutz besteht.

a) Betrug (§ 263 I StGB)

Die Verwirklichung des Betrugstatbestandes bei den progressiven Vertriebs- und Gewinnsystemen scheitert regelmäßig daran, dass kein Vermögensschaden i.S.d. § 263 StGB vorliegt. Die Hoffnung der Teilnehmer auf Vermögenszuwachs gehört nicht zu dem durch § 263 StGB geschützten Vermögensbestand. Die mangelnde Realisierbarkeit von über die geschuldete Vertragsleistung hinausgehenden Erwartungen, deren Erfüllung nach dem Vertragsinhalt in erster Linie von den Werbebemühungen der Teilnehmer abhängen soll, stellt ebenfalls keinen Vermögensschaden dar.[155]

---

rigkeiten Gewinnchancen als Ware oder gewerbliche Leistung im Sinne des § 6c UWG zu verstehen".

[153] Vgl. z.B. *Raube*, S. 146 f. m.w.N..

[154] Vgl. oben 5.1.b.aa..

[155] Vgl. z.B. LK-*v.Bubnoff*, Vor § 287 Rdn. 8 m.w.N.; differenzierend hingegen *Raube*, S. 76 ff., 105, der bei den klassischen Formen der progressiven Kundenwerbung mit Vertriebsfunktion einen Vermögensschaden verneint, weil in der gewährten Ware ein die Vermögenseinbuße voll ausgleichendes Äquivalent zu sehen sei, bei den Selbstläufer-Kettenbriefsystemen eine Betrugsstrafbarkeit ablehnt, weil es in diesen Fällen an der erforderlichen Stoffgleichheit zwischen dem erstrebten Vermögensvorteil und dem Schaden des Opfers fehle, jedoch bei den zentral gesteuerten Kettenbriefsystemen eine Bestrafung nach § 263 StGB für möglich hält.

b) Irreführende Werbung (§ 4 UWG)

Bei einem progressiven Vertriebssystem kommt eine Strafbarkeit wegen irreführender Werbung insbesondere dann in Betracht, wenn der Veranstalter in seinen Werbeaussagen die hohe Wahrscheinlichkeit des Gewinneintritts behauptet, obwohl er weiß, dass solche Gewinnaussichten keinesfalls gegeben sind.[156] Dabei bemisst sich die Wahrheit oder Unwahrheit einer Werbebehauptung an der Durchschnittsauffassung des Publikums, für das die Angabe bestimmt ist, wobei der Gesamteindruck der Werbung maßgebend ist.[157] Jedoch bestehen bei § 4 UWG häufig Beweisschwierigkeiten hinsichtlich des subjektiven Tatbestands, so dass die meisten progressiven Systeme hiervon nicht erfasst werden.[158] Die rechtlich gut beratenen Veranstalter solcher Systeme kennen die Rechtsprechung zu § 4 UWG und verstehen, sie zu umgehen. Eine Strafbarkeit nach § 4 UWG begegnet bei den progressiven Gewinnsystemen *ohne* Vertriebsfunktion mangels Wettbewerbszusammenhang ferner denselben grundsätzlichen Bedenken wie eine Strafbarkeit nach § 6c UWG.[159]

5.5. Folgerungen für die Strafbarkeit de lege lata

Nach der hier vertretenen Auffassung ist somit im Regelfall, bei dem mangels nachweisbarer Manipulationen bzw. mangels beweisbarer irreführender Angaben eine Strafbarkeit nach § 263 I StGB oder nach § 4 UWG nicht in Betracht kommt, de lege lata

- der Vertrieb von Waren, Dienstleistungen oder Rechten nach dem Schneeballsystem oder dem Pyramidensystem nach § 6c UWG strafbar;

- die Veranstaltung von Pyramiden-Gewinnspielen *ohne* Vertriebsfunktion - entgegen der h.M. - straflos;

- das Ingangsetzen von Kettenbriefsystemen sowohl als Selbstläufer als auch - insoweit ebenfalls entgegen der h.M. - als zentral gesteuerte Aktion straflos.

Eine Strafbarkeit nach §§ 284 I, 287 I StGB besteht für keine dieser Fallgruppen.

Folglich bestehen für progressive Gewinnerwartungssysteme *ohne* echte Vertriebsfunktion (= Pyramiden-Geldgewinnsysteme und Kettenbriefsysteme) Strafbarkeitslücken.

---

[156] AG Böblingen, wistra 1988, 243, 244.

[157] *Baumbach/Hefermehl*, Wettbewerbsrecht, § 4 Rdn. 8 m.w.N..

[158] Vgl. z.B. *Raube*, S. 106 ff., 130 f.; LK-*v.Bubnoff*, Vor § 287 Rdn. 8.

[159] Vgl. oben B.II.5.3.b.bb..

III. Die Glücksspieltatbestände der §§ 284 ff. StGB de lege ferenda

1. Die Forderung in der Literatur nach „Herabstufung zur bloßen Ordnungswidrigkeit"

In den letzten Jahrzehnten sind im Schrifttum[1] wiederholt Stimmen laut geworden, die eine Entkriminalisierung der §§ 284 ff. StGB gefordert haben. Zumeist wird die Herabstufung zu Ordnungswidrigkeitsnormen vorgeschlagen, teilweise darüber hinaus sogar eine ersatzlose Streichung des Glücksspielstrafrechts und eine ausschließliche Verlagerung der rechtlichen Regelung des Glückspiels in den Bereich des Polizeirechts.[2]

Als Begründung für die Forderung nach Herabstufung der Glücksspieltatbestände zur bloßen Ordnungswidrigkeit und Streichung aus dem StGB wird vor allem angeführt, dass all diese Bestimmungen lediglich präventiv-polizeilichen Charakter hätten. Es fehle letztlich an einer materiellen Grundlage für eine Strafdrohung, da bei den Glücksspieldelikten keine Rechtsgutsgefährdung oder Rechtsgutsverletzung vorliege, sondern es einzig und allein um Abwehr und Steuerung möglicher Folgegefahren gehe.[3] Zudem habe die Rechtsprechung diese Entkriminalisierung der Glücksspielvorschriften durch die Bagatellisierung der Strafen praktisch bereits vorweggenommen.[4]

2. Die „Reaktion" des Gesetzgebers: Verschärfung des § 284 StGB durch Einfügung der Abs. III und IV

Eine echte Reaktion des Gesetzgebers auf die von Teilen der Literatur erhobene Forderung nach Entkriminalisierung des Glücksspielstrafrechts ist nicht erfolgt. Weder im Rahmen der Änderung des § 284 StGB durch das Gesetz zur Bekämpfung des illegalen Rauschgifthandels und anderer Erscheinungsformen der Organisierten Kriminalität (OrgKG) vom 15.07.1992[5] noch im Rahmen der Novellierung der §§ 284 ff. StGB durch das 6. StrRG vom 26.01.1998[6] hat er sich mit der Entkriminalisierungsforderung inhaltlich auseinandergesetzt.

---

[1] Vgl. z.B. *Belz*, S. 125; *Göhler*, NJW 1974, 833, Fn. 127; *Lange*, in: Dreher-FS, 1977, 573, 578; *ders.* bereits in GA 1953, 8, 9 m.w.N. in Fn. 19; *Otto*, Grundkurs Strafrecht, § 55 I 1; *Weber*, in: *Arzt/Weber*, Strafrecht BT, 2000, § 24 III.1., Rdn. 38; *ders.*, Strafrechtliche Aspekte der Sportwette, in: Pfister (Hrsg.), Rechtsprobleme der Sportwette, 1989, S. 44.

[2] So *Wolf*, Zur strafrechtlichen Problematik des Glücksspiels, Diss. Hamburg 1972, S. 102 ff..

[3] *Wolf*, aaO..

[4] *Lange*, in: Dreher-FS, 1977, aaO.; ähnlich bereits *Peters*, ZStW 77 (1965), 470, 483, unter Hinweis auf die Kriminalstatistik der Jahre 1961 und 1962.

[5] BGBl. I, S. 1302 ff..

[6] BGBl. I, S. 164 ff..

Mittelbar hat der Normgeber jedoch dadurch reagiert, dass er mit § 284 III StGB bzw. mit §§ 284 IV, 287 II StGB neue Straftatbestände ins Glücksspielrecht eingefügt und dadurch dessen Zugehörigkeit zum Strafrecht bestätigt hat.[7]

Durch das OrgKG hat er dem § 284 StGB für die gewerbsmäßige und bandenmäßige Tatbegehung der Qualifikationstatbestand des Abs. III angefügt, der gegenüber dem Grundtatbestand des Abs. I einen deutlich erweiterten Strafrahmen (Freiheitsstrafe bis zu fünf Jahren) aufweist. Für den Gesetzgeber des OrgKG haben sich seinerzeit Anzeichen ergeben, dass die durch den illegalen Betäubungsmittelhandel erwirtschafteten Gelder nicht selten in andere gewinnträchtige kriminelle Aktivitäten transferiert werden, darunter auch der Betrieb illegaler Spielcasinos. Überdies hat er das illegale Glücksspiel als für die Organisierte Kriminalität milieutypische Straftat angesehen. Dies hat ihn dazu veranlasst, einen neuen Qualifikationstatbestand in § 284 III StGB einzuführen, der an die besonders organisationsverdächtigen Merkmale der gewerbsmäßigen und der bandenmäßigen Begehung anknüpft.[8] Letztlich stellt die Einführung des Qualifikationstatbestandes also eine punktuelle Maßnahme im Rahmen der Bekämpfung des organisierten Verbrechens dar.

Durch das 6. StrRG vom 26.01.1998 wurde in § 284 IV StGB auch die Werbung für das unerlaubte Glücksspiel - ebenso für eine unerlaubte Lotterie in § 287 II StGB - unter Strafe gestellt. Nach dem Willen des Gesetzgebers sollen durch diesen Auffangtatbestand vor allem werbende Aktivitäten ausländischer Veranstalter, denen gegenüber das Verbot des § 284 I StGB nicht durchzusetzen ist, im Bundesgebiet erfasst werden.[9] Anlass für das Tätigwerden des Gesetzgebers war seinerzeit der - gegenwärtig noch andauernde - Versuch kommerzieller Anbieter aus dem Ausland, in Deutschland mit dem Versprechen günstigerer Auszahlungsquoten (bis zu 75%) Spielteilnehmer für alle Arten von Glücksspielen zu gewinnen. Diese ermöglichen über Telefon, Telefax oder das Internet die direkte Teilnahme an ihren Lotterien und Glücksspielen. Dem Gesetzgeber war klar, dass es praktisch nahezu ausgeschlossen sein würde, die Strafvorschrift des § 284 I StGB gegenüber einem im Ausland befindlichen Anbieter durchzusetzen. Deshalb sollten die neuen Strafnormen jedenfalls deren werbliche Aktivitäten im Bundesgebiet unterbinden. Die Bundesregierung nahm an, dass in Deutschland erscheinende Publikationen in der Regel Werbung entgegen einer solchen klaren Strafvorschrift nicht veröffentlichen werden.[10] Auch diese Reform stellt also letztlich eine punktuelle Maßnahme des Normgebers dar, der damit verhindern will, dass ausländische Glücksspielanbieter im Zeitalter der neuen Medien auf dem deutschen Glücksspielmarkt Fuß fassen.

Zusammenfassend kann festgestellt werden, dass weder 1992 noch 1998 eine umfassende Reform der §§ 284 ff. StGB erfolgt ist, sondern der Gesetzgeber jeweils nur nebenbei aus aktuellem Anlass punktuelle Maßnahmen beim Glücksspielstrafrecht ergriffen hat, während ein anderes Hauptthema im Vordergrund stand. 1992 war dies die Bekämpfung der Organi-

---

[7] Die verwaltungsgerichtliche Rechtsprechung spricht in diesem Zusammenhang davon, dass der Bundesgesetzgeber durch die Gesetzesnovelle „das sozialethische Unwerturteil hinsichtlich der Veranstaltung von Glücksspielen bestätigt" habe (BayVGH GewArch 2003, 115 m.w.N.).

[8] Vgl bereits oben B.II.2.4. m.w.N..

[9] Vgl bereits oben B.II.2.5. m.w.N..

[10] BT-Drs. 13/8587, S. 67 f..

sierten Kriminalität, 1998 die Novellierung des besonderen Teils des Strafgesetzbuchs. Dennoch hat der Gesetzgeber letztlich in beiden Fällen konkludent bestätigt, dass er die Glücksspieltatbestände nach wie vor für strafwürdiges und strafbedürftiges Unrecht hält und damit Entkriminalisierungsforderungen eine Absage erteilt.

3. Aufrechterhaltung oder Streichung der Glücksspieldelikte aus dem StGB - Aspekte der Entscheidungsfindung

Damit beurteilt werden kann, ob und ggf. inwieweit die im Schrifttum erhobene Streichungsforderung de lege ferenda berechtigt ist, sind die Glücksspieldelikte noch näher in tatsächlicher und rechtlicher Hinsicht zu untersuchen.

Dabei werden im Folgenden zunächst die Daten der amtlichen Kriminalstatistik ausgewertet (unten 3.1.) und soziologische bzw. kriminologische Erkenntnisse herangezogen (unten 3.2.). Außerdem werden die Umsätze des legalen und illegalen Glücksspiels beleuchtet (unten 3.3.). Ferner wird ein kurzer Blick auf bestehende ausländische Strafnormen gegen das illegale Glücksspiel geworfen (unten 3.4.). Schließlich wird - unter Einbeziehung der bis dahin gewonnenen Erkenntnisse - die Strafwürdigkeit und Strafbedürftigkeit der Glücksspieltatbestände näher untersucht (unten 3.5.).

3.1. Die amtliche Kriminalstatistik

Die amtliche Strafverfolgungsstatistik für Bayern[11] weist für die Glücksspieldelikte im weiteren Sinne gem. §§ 284 ff. StGB in den Jahren 1988-1999 folgende Fallzahlen aus:

	Abgeurteilte (dav. Frauen)		**Verurteilte** (dav. Frauen)		(davon Ausländer)		**Freiheitsstrafe** (Frauen)		(darunter: Strafaussetzung zur Bewährung)	
1988	**280**	(29)	**197**	(19)	88	(1)	**8**	(1)	8	(1)
1989	**237**	(27)	**162**	(19)	74	(1)	**10**	(2)	8	(2)
1990	**311**	(37)	**256**	(33)	134	(8)	**13**	(0)	10	
1991	**375**	(72)	**318**	(60)	149	(14)	**18**	(0)	17	
1992	**204**	(29)	**151**	(19)	95	(5)	**8**	(0)	7	
1993	**250**	(21)	**192**	(13)	123	(2)	**10**	(1)	9	(1)
1994	**208**	(14)	**139**	(7)	109	(4)	**14**	(1)	12	(1)
1995	**182**	(8)	**154**	(8)	117	(2)	**12**	(0)	11	
1996	**257**	(4)	**203**	(3)	176	(0)	**7**	(0)	7	
1997	**230**	(7)	**191**	(5)	160	(1)	**7**	(1)	5	(1)
1998	**167**	(6)	**147**	(4)	118	(1)	**13**	(0)	12	
1999	**148**	(3)	**121**	(1)	106	(0)	**20**	(0)	19	

[11] Bayerisches Landesamt für Statistik und Datenverarbeitung (Hrsg.), Abgeurteilte und Verurteilte in Bayern, jährliche Erscheinungsweise, Ergebnisse der Strafverfolgungsstatistik. Die bayerische Statistik wurde deshalb zugrunde gelegt, weil sie genauere Daten liefert als die Bundesstatistik und letztere zudem wegen der Wiedervereinigung nicht über einen längeren Zeitraum hinweg aussagekräftig ist.

Mehrere Tendenzen lassen sich anhand dieser Zahlen erkennen:

- Die Glücksspieltatbestände haben einen relativ geringen Anteil an der Gesamtdelinquenz, der bei nur rund 0,1% liegt.[12]

- Im Falle einer Verurteilung endet der Strafprozess im Regelfall mit dem Ausspruch einer Geldstrafe (im Mittel ca. 90-97%) und eher selten mit einer Freiheitsstrafe (ca. 3-10%).[13] Dabei werden Freiheitsstrafen regelmäßig zur Bewährung ausgesetzt.

- Der Frauenanteil unter den Verurteilten ist gering. Das illegale Glücksspiel ist ein typisches Männerdelikt.

- Der Ausländeranteil an den wegen eines Glücksspieldelikts verurteilten Straftätern ist eher hoch.[14] Die Glücksspieldelinquenz betrifft dabei vor allem ausländische erwachsene Männer.

Aufgrund einer näheren Betrachtung der amtlichen Strafverfolgungsstatistik Bayerns bzw. der BRD, die über die o.g. Zahlen hinausgeht, lassen sich ferner folgende Aussagen treffen:

- Das illegale Glücksspiel ist ein Erwachsenendelikt. Der Anteil von Jugendlichen und Heranwachsenden an den Abgeurteilten ist eher gering.

- Die Glücksspieldelikte sind - was die Praxis betrifft - eher Bagatelldelikte. Der bestehende Strafrahmen des Grunddelikts (Höchstmaß: zwei Jahre Freiheitsstrafe) bzw. des Qualifikationstatbestandes in § 284 III StGB (Höchstmaß: fünf Jahre Freiheitsstrafe) wird in den seltensten Fällen ausgeschöpft.[15]

- Verurteilungen aufgrund des zur Bekämpfung der organisierten Kriminalität im Jahr 1992 neu eingefügten Qualifikationstatbestands des § 284 III StGB sind relativ selten und führen zumeist nur zu Bewährungsstrafen.[16]

---

[12] Der Anteil der Glücksspieltatbestände an allen Aburteilungen in Bayern (inklusive Straßenverkehrsdelikte) lag in den letzten Jahren bei ca. 0,1%. Im Jahr 1995 lag der Anteil der §§ 284 ff. StGB (182) an allen Aburteilungen (179.133) z.B. bei 0,10%, im Jahr 1999 sogar nur bei 0,08% (148 von 179.078 Aburteilungen).

[13] Außerhalb dieses Rahmens liegen lediglich die statistischen Werte der Jahre 1994 (Freiheitsstrafenquote bei 10,1%) und 1999 (16,5%).

[14] Dies wird durch die *Polizeiliche Kriminalstatistik des Bundeskriminalamts* im längerfristigen Trend bestätigt. Im Jahr 1990 lag der Anteil der nichtdeutschen Tatverdächtigen bei den Glücksspieltatbeständen bei 54% (2324 von insgesamt 4301 Tatverdächtigen), wohingegen die Ausländerquote bezogen auf alle Straftaten nur bei 26,7% lag. Im Jahr 1999 lag der Anteil der nichtdeutschen Tatverdächtigen bei den Glücksspieltatbeständen sogar bei 74,5% (1697 von insgesamt 2278 Tatverdächtigen), wohingegen die Ausländerquote bezogen auf alle Straftaten nur bei 26,6% lag.

[15] Im Jahr 1990 wurde z.B. in Bayern lediglich in einem Fall eine Freiheitsstrafe von mehr als neun Monaten ausgesprochen, die zudem zur Bewährung ausgesetzt wurde.

[16] Im Jahr 1997 erfolgte in Bayern sogar überhaupt keine Verurteilung aufgrund von § 284 III StGB. Im Jahr 1998 kam es zu acht solchen Verurteilungen, von denen zwei zu einer Geldstrafe und sechs zu einer Freiheitsstrafe führten. Dabei erfolgte in fünf Fällen eine Strafaussetzung zur Bewährung. Im Jahr 1999 kam es zu zehn solchen Verurteilungen (davon betrafen neun Fälle Ausländer), von denen zwei zu einer Geldstrafe und acht zu einer Freiheitsstrafe führten. Dabei erfolgte in sieben Fällen eine Strafaussetzung zur Bewährung.

- Mehr als die Hälfte aller Verurteilungen aufgrund des Glücksspielstrafrechts betreffen den Tatbestand des § 285 StGB, der den Spieler bestraft, der sich an einem illegalen Glücksspiel beteiligt. Vor allem viele Männer mit ausländischer Staatsangehörigkeit[17] zählen zu den illegalen Spielern, die zumeist zu einer Geldstrafe[18] verurteilt werden.

3.2. Kriminologische Betrachtungen

In der kriminologischen Literatur wird immer wieder die kriminogene Relevanz des illegalen Glücksspiels beschrieben. Es wird beispielsweise als Kriminalität in Verbindung mit dem Nachtleben im „großstädtischen Vergnügungsmilieu" beschrieben, das traditionell Geschäfte mit dem Sex, der Spielleidenschaft und der Drogensucht und damit Kriminelle aller Couleurs anziehe.[19] In dem durch käuflichen Sex und Glücksspiel gekennzeichneten Vergnügungsgewerbe bestehe wiederum in einem besonderen Maße die Gefahr der Ausbeutung unerfahrener Personen und ein entsprechendes Schutzbedürfnis.[20]

Die Sozialgefährlichkeit des illegalen Glücksspiels wird außerdem vielfach in der Tendenz zum Falschspiel und somit zum Betrug gesehen.[21]

Ferner wird als sozialschädliches Moment des Glücksspiels die Beschaffungskriminalität[22] genannt, d.h. die Tatsache, dass pathologisch Spielsüchtige Vermögensstraftaten begehen, um an das Geld für weitere Spieleinsätze zu kommen und ihre Sucht zu befriedigen.

Auf den engen Zusammenhang zwischen dem illegalen Glücksspiel und dem organisierten Verbrechen wird zudem immer wieder hingewiesen.[23] *Eisenberg*[24] beschreibt z.B., dass die Cosa Nostra in Chicago nach Aufhebung der Prohibition im Jahr 1933 ihre Aktivitäten verstärkt auf Glücksspiel, Prostitution, Rauschgifthandel, Geldverleih und Schutzgelderpressung verlegt hat. Vor allem das illegale Glücksspiel der Buchmacherei wird dabei als besonders gewinnträchtig hervorgehoben.

---

[17] Im Jahr 1998 betrafen in Bayern 86 von 100 Verurteilungen gem. § 285 StGB Männer mit ausländischer Staatsangehörigkeit, im Jahr 1999 sogar 90% (64 von 71 Verurteilten).

[18] Im Jahr 1998 erfolgte in Bayern von 100 Verurteilungen gem. § 285 StGB nur eine zu einer Freiheitsstrafe, im Jahr 1999 waren es immerhin 8,5% (6 von 71 Verurteilungen). In sämtlichen Fällen wurde die verhängte Strafe zur Bewährung ausgesetzt.

[19] Vgl. z.B. *Sielaff*, KR 1985, 577, 578, der als kriminelle Akteure in diesem Milieu Diebe, Räuber, Zuhälter, Hehler, Falschspieler, Betrüger, Wucherer, Erpresser, Rauschgiftdealer und Schläger benennt.

[20] *Füllkrug*, KR 1990, 101.

[21] Vgl. z.B. bereits *Sauer*, Kriminalsoziologie, 1933, S. 552.

[22] Vgl. z.B. zum Forschungsstand *Fabian/Wetzels*, in: Egg (Hrsg.), Brennpunkte der Rechtspsychologie: Polizei, Justiz, Drogen, 1991, S. 363, 364 ff. m.w.N. zu empirischen Untersuchungen zur Beschaffungskriminalität von Spielern im In- und Ausland.

[23] Vgl. die Darstellung des organisierten Verbrechens bei *Schwind*, Kriminologie, § 29, aus der hervorgeht, dass die Veranstaltung illegaler Glücksspiele seit jeher zum Kerngeschäft mafiöser Geheimbünde, wie z.B. der neapolitanischen Camorra, der amerikanischen Cosa Nostra, der chinesischen Triaden oder der japanischen Yakuza gehört (siehe dort insbesondere Rdn. 12, 18, 21b, 21c, und 32).

[24] *Eisenberg*, Kriminologie, § 57, Rdn. 18.

Die Delinquenz von Ausländern im Glücksspielbereich, deren hoher Anteil an den Glücksspieldelikten bereits festgestellt wurde, war ebenfalls bereits Gegenstand von empirischen Untersuchungen. Es sind insbesondere Türken, Italiener, Griechen und (Ex-)Jugoslawen, also die sog. Gastarbeiter, die in Deutschland illegale Spielklubs betreiben bzw. aufsuchen.[25] Die türkische Glücksspielszene in einer westdeutschen Großstadt wird in der soziologischen Dissertation von *Schmitz*[26] am Beispiel des Paten „Umur Eren" umfassend dargestellt, der vor seiner Verhaftung wegen Anstiftung zu einem Tötungsdelikt dort mit Hilfe einer mafiaartigen Organisation mehrere Cafés kontrolliert hat, in denen illegales Glücksspiel veranstaltet wurde. In Interviews wurden dabei u.a. gewohnheitsmäßige und gelegentliche Glücksspieler in Umur Erens Cafés, seine Helfer (Café-Betreiber, Türsteher, Schutzgelderpresser, etc.), Prostituierte, die im Umfeld seiner Cafés ihrer Berufstätigkeit nachgehen und Frauen, deren Familien durch das Glücksspiel der Ehemänner ruiniert wurden, zu ihren Eindrücken befragt.[27] Dabei wird deutlich, dass der lokale Patron Umur Eren sein Einkommen zwar nicht nur, aber im Wesentlichen aus dem illegalen Glücksspiel[28] bezogen und dabei eine Vielzahl von spielsüchtigen Landsleuten und deren Familien finanziell ruiniert hat.[29] Die Milieustudie von *Schmitz* zeigt vor allem, dass - auch im Bereich der Ausländerdelinquenz - der sozialschädliche Charakter des illegalen Glücksspiels vor allem unter den Aspekten Kriminogenität, Verbindung zur Organisierten Kriminalität und Ausbeutung von Spielsüchtigen zu sehen ist. Die rücksichtslose Ausbeutung von pathologisch spielsüchtigen Gastarbeitern, die ansonsten in das Gefüge der BRD integriert sind, begründet auch nach Auffassung von *Moser/Zoller*[30] ein staatliches Schutzbedürfnis.

Die Verbindungen zwischen Glücksspiel und Kriminalität sind somit vielfältig: Glückspielumgebungen sind oft kriminogene Schauplätze, Verflechtungen zwischen dem illegalen Glücksspiel und dem organisierten Verbrechen sind nicht zu leugnen, dem illegalen Glücksspiel ist die Tendenz zum Falschspiel immanent und es besteht ein Zusammenhang zwischen Spielsucht und Beschaffungskriminalität. Im Ergebnis geht es bei der Verfolgung des unerlaubten Glücksspiels somit aus kriminologischer Sicht vorrangig um den Schutz der Allgemeinheit vor den negativen Folgen des der staatlichen Kontrolle entzogenen Glücksspiels.[31]

---

[25] *Moser/Zoller*, KR 1974, 415 f..

[26] *Lieselotte Schmitz*, Kumar. - Patronage und Klientel in der türkischen Glücksspielszene einer west-deutschen Großstadt, Diss. Köln, 1991.

[27] *Schmitz*, aaO., S. 64.

[28] *Schmitz*, aaO., S. 65 f., wobei als Einkommen aus dem Glücksspiel nicht nur der Gewinnanteil aus den Spieleinsätzen, sondern auch Prozente von den Spielern und Schutzgelder gemeint waren, die die von ihm kontrollierten Café-Betreiber an ihn bezahlen mussten.

[29] *Schmitz*, aaO., S. 65, 68 f., 91 ff..

[30] *Moser/Zoller*, KR 1974, 415, 416.

[31] So auch *Füllkrug*, KR 1990, 101.

3.3. Umsätze des legalen und des illegalen Glücksspiels

Bereits in einer im Jahr 1991 erschienenen Studie[32] hat die Europäische Kommission bezogen auf das Jahr 1989 die **Marktsituation auf dem europäischen Glücksspielmarkt** umfassend untersucht. Dabei ist sie im Hinblick auf die Wichtigkeit des Marktes zu dem Ergebnis gelangt, dass der Glücksspielsektor mit einem Umsatz von ca. 46,554 Mrd. ECU in 1989 den absoluten Zahlen nach noch vor dem Industriezweig „Computer und Büroausstattung" einzustufen gewesen wäre, der damals Platz 13 unter den größten Industriebranchen belegte.[33] Der EG-Glücksspielmarkt wurde in folgende Marktsegmente unterteilt:[34]

	Marktanteil:
1. Lotterien inkl. Lotto/Toto[35]	36,04%
2. Pferdewetten und sonstige Ereigniswetten[36]	31,29%
3. Spielkasinos[37]	16,65%
4. Geldspielautomaten[38]	11,17%
5. Bingo[39]	4,85%

Ungeachtet etwaiger seit 1989 eingetretener Veränderungen der Marktverhältnisse - z.B. durch den Beitritt weiterer EU-Mitgliedsstaaten, durch Aktivitäten der nationalen Gesetzgeber und durch neue Marktsegmente wie das Internet-Glücksspiel - kann die damalige Aussage, dass das illegale Glücksspiel in Relation zum legalen Gesamtmarkt unbedeutend[40] sein dürfte, für den europäischen Markt nach wie vor Gültigkeit besitzen.[41]

Auf dem **nationalen deutschen Glücksspielmarkt** bezichtigen vor allem die privaten Veranstalter gewerblicher Unterhaltungsspiele i.S.d. §§ 33c, 33 d GewO den Gesetzgeber, dass die weitgehende staatliche Monopolisierung des Glücksspiels rein erwerbswirtschaftlichen Zwecken diene. Das deutsche Glücksspielwesen ist über die letzten 50 Jahre hinweg ständig

---

[32] *Commission of the European Communities*, Gambling in the single market: a study of the current legal and market situation, Vol. 1: executive summary and pan-European market review.

[33] *Commission of the European Communities*, Gambling in the single market, Vol. 1, S. 2.

[34] *Commission of the European Communities*, Gambling in the single market, Vol. 1, S. 8 ff..

[35] Der Lotteriemarkt kann wiederum unterteilt werden in die Kategorien Lotto (46,72%-Anteil am Lotteriemarkt), sonstige Lotterien (25,36%), Toto (22,28%) und Lotterien mit sofortigem Gewinnentscheid (5,64%). Der größte Marktanteil am europäischen Lotteriemarkt unter den damaligen EG-Mitgliedsstaaten entfiel auf Deutschland mit 28,41%, vor Spanien mit 25,64% und Frankreich mit 16,12%. Da in Großbritannien bis 1993 Lotterien noch weitgehend untersagt waren, landete das Vereinigte Königreich seinerzeit abgeschlagen bei 5,90%.

[36] Der Wettmarkt wurde hingegen 1989 von Großbritannien (55,21%) und Frankreich (30,59%) ganz klar vor dem weit abgeschlagenen Deutschland (3,54%) dominiert

[37] Bei den Spielkasinos lag 1989 Deutschland (31,77%) vor Großbritannien (27,64%) und Frankreich (27,55%).

[38] Die größten Geldspielautomatenmärkte innerhalb der EG befanden sich 1989 in Spanien (37,40%), Deutschland (30,50%) und Großbritannien (19,23%).

[39] Den Bingomarkt der EG teilten 1989 Spanien (57,80%) und Großbritannien (42,20%) alleine unter sich auf.

[40] Lediglich dem italienischen Totocalcio mit einem geschätzten Gesamtumsatz von 1,7 Mio. ECU wurde 1989 eine gewisse Marktrelevanz zugebilligt.

[41] *Commission of the European Communities*, Gambling in the single market, Vol. 1, S. 9..

gewachsen.[42] Das dabei bestehende Gefälle zwischen dem staatlichen und dem privaten Gewinnspielangebot zeigt sich an folgenden Zahlen:[43] Nach einer Untersuchung des *Münchner Ifo-Instituts für Wirtschaftsforschung* vom Januar 2000 betrugen die Spielumsätze der gesamten gewerblichen Unterhaltungsautomatenwirtschaft im Jahr 1999 auf allen Branchenebenen insgesamt 7,2 Mrd. DM. Hiervon entfielen etwa 4,2 Mrd. DM auf die Umsätze der Spielgeräte mit Gewinnmöglichkeit gem. § 33c GewO. Demgegenüber erzielten im Jahr 2000 - nach einer Schätzung des *Verbandes der Deutschen Automatenindustrie* vom Januar 2001 - die staatlich konzessionierten Spielbanken allein Umsätze von geschätzt 19,1 Mrd. DM und der Deutsche Lotto- und Totoblock solche in Höhe von etwa 15 Mrd. DM.

Unabhängig von dieser Schätzung belegen jedenfalls die Umsätze und Erträge der staatlichen Glücksspielunternehmen, die im Bereich des **Freistaats Bayern** tätig sind, sowie die dem Staat insoweit zufließenden Steuereinnahmen paradigmatisch, dass die Einnahmen aus dem Glücksspiel für den Staat eine gleichermaßen lukrative wie verlässliche Einnahmequelle sind:

Die **Staatliche Lotterieverwaltung**, die als rechtlich unselbständiger Staatsbetrieb auf der Grundlage des Bayerischen Staatslotteriegesetzes Lotterien[44] und Sportwetten[45] durchführt, erzielte in den Jahren 1998-2000 - ohne Berücksichtigung der Bayerischen Spielbanken - folgende Umsätze bzw. Erträge:[46]

	1998	1999	2000
Umsatz	1,157 Mrd. €	1,286 Mrd. €	1,299 Mrd. €
Ausschüttung	257,3 Mio. €	292,3 Mio. €	284,1 Mio. €

Neben dem ausgeschütteten Bilanzgewinn i.H.v. 284,1 Mio. € flossen dem Bayerischen Staatshaushalt aus der Veranstaltung von Lotterien und Sportwetten durch die Staatliche Lotterieverwaltung im Jahr 2000[47] ferner noch Lotteriesteuereinnahmen i.H.v. weiteren 213,1 Mio. € zu.

Im Jahr 2001 stieg der Umsatz der Staatlichen Lotterieverwaltung (ohne Spielbanken) um weitere 4,3% auf den neuen Rekordwert von 2,59 Mrd. DM (= 1,33 Mrd. €) an.[48] Davon

[42] Vgl. *Adams/Tolkemitt*, ZBB 2001, 170 m.w.N.. Nach den dortigen Angaben erreichte die Gesamtsumme der von den Spielern bei Kasinospielen, Lotterien, Sportwetten und Geldspielautomaten eingesetzten Gelder im Jahr 1996 rund 43 Mrd. DM, von denen knapp 13,5 Mrd. DM oder 31%endgültig an die Glücksspielunternehmen und den Staat verloren gegangen seien.

[43] Vgl. *Odenthal*, GewArch 2001, 276 mit Quellenangaben in den dortigen Fn. 2 und 3..

[44] Im Jahr 2000 wurden die folgenden Lotterien angeboten: Lotto (am Samstag und am Mittwoch), Spiel 77, Spiel Super 6, Fußballtoto, RennQuintett, Glücksspirale, Rubellose, Losbrieflotterie (Bayernlos, Los 2000).

[45] Im Februar 1999 hat Bayern als erstes Bundesland die Oddset-Sportwette angeboten.

[46] *Bayerisches Staatsministerium der Finanzen*, Beteiligungsbericht des Freistaats Bayern 2001, S.262 f..

[47] Nach Angabe der Staatlichen Lotterieverwaltung (vgl. deren Internet-Seite „www.lotto-bayern.de") kamen 2001 von dem erzielten Umsatz von 1,32 Mrd. € (ohne Spielbanken) über 510 Mio. € dem Bayerischen Staatshaushalt zugute. Eine Abführung an sonstige Destinatäre (Deutscher Sportbund, Bundesarbeitsgemeinschaft der freien Wohlfahrtspflege, Deutsche Stiftung Denkmalschutz, Bayerischer Naturschutzfonds) erfolgt nur bei der Glücksspirale.

[48] Pressemitteilung Nr. 11/2002 vom 10.1.2002 des *Bayerischen Staatsministeriums der Finanzen;* Internet-

entfielen allein 1,64 Mrd. DM (= 840,8 Mio. €) oder ca. 63,5 % auf das Lotto. Insgesamt kamen von diesem Umsatz rund 1 Mrd. DM (= über 510 Mio. €) dem Bayerischen Staatshaushalt zugute.[49] Dies entspricht ca. 1,5% des Haushaltsvolumens des Freistaats für das Jahr 2001.

Die **Bayerischen Spielbanken**, die auf der Grundlage des Bayerischen Spielbankengesetzes ebenfalls unter der Zentralen Leitung der Staatlichen Lotterieverwaltung stehen, konnten mit der Durchführung von Glücksspielen wie z.B. Roulette, Baccara, Black Jack, Poker und vor allem den Automatenspielen in den letzten Geschäftsjahren -. trotz eines hohen Investitionsvolumens aufgrund der Neueröffnung von vier neuen Spielbanken (Bad Füssing, Kötzting, Feuchtwangen, Bad Steben) folgende Bruttospielerträge und Jahresergebnisse erzielen:[50]

	1998	1999	2000[51]
Bruttospielertrag	73,4 Mio. €	78,8 Mio. €	106,6 Mio. €
Jahresergebnis	274.000 €[52]	6,8 Mio. €	63,1 Mio. €

Aus der Spielbankabgabe, die nach der gestaffelten Regelung des Art. 5 BaySpielbG bis zu 80% des Bruttospielertrags betragen kann, flossen dem Freistaat Bayern bzw. den Sitzgemeinden[53] der Spielbanken zudem im Jahr 1999 insgesamt weitere 54,0 Mio. €. zu, von denen nach Abzug der Kosten für die Spielbanküberwachung in Höhe von ca. 3,4 Mio. € der Restbetrag den jeweiligen Gebietskörperschaften für gemeinnützige Zwecke verblieb.[54]

Alle deutsche Spielbankunternehmen zusammen erwirtschafteten 1999 bei einem Umsatz von 68 Mrd. DM (= 34,8 Mrd. €) einen Bruttospielertrag von rund 1,7 Mrd. DM (= 870 Mio. €).[55]

Die **Süddeutsche Klassenlotterie (SKL)**, Anstalt des öffentlichen Rechts, an der der Freistaat Bayern mit 35%[56] beteiligt ist, erzielte für ihre Trägerländer - ohne Berücksichtigung

---

Seite „www.lotto-bayern.de" der *Staatlichen Lotterieverwaltung* unter den Links „Unternehmen" bzw. „Interessante Zahlen der Staatlichen Lotterieverwaltung".

[49] Internet-Seite „www.lotto-bayern.de" der *Staatlichen Lotterieverwaltung*, aaO.

[50] *Bayerisches Staatsministerium der Finanzen*, Beteiligungsbericht des Freistaats Bayern 2001, S.253.

[51] Aufgrund der Spielbankneugründungen wuchs die Zahl der Spielbankbesucher im Jahr 2000 um 38% auf 1.232.178 Gäste an (vgl. *Bayerisches Staatsministerium der Finanzen*, aaO.).

[52] Das niedrige Jahresergebnis 1998 ist durch erhebliche Investitionen für den Spielbankenneubau bedingt.

[53] Nach der Bayerischen Verordnung über den Gemeindeanteil an der Spielbankabgabe vom 1.4.1996 (GVBl. S. 244, BayRS 2187-1-2-F) gilt Folgendes: Die Gemeinde, in der sich eine öffentliche Spielbank befindet, erhält vom Freistaat Bayern zur Abgeltung entgehender Steuereinnahmen und als Ausgleich für Lasten und Vorleistungen, welche sie für die Spielbank tragen bzw. erbringen muss, einen Anteil an der Spielbankabgabe in Höhe von 15% des Bruttospielertrags dieser Spielbank. Der Anteil ermäßigt sich im Jahr der erstmaligen Eröffnung des Spielbetriebs und in den folgenden vier Jahren auf 10% des Bruttospielertrags.

[54] Haushaltsplan 2001/2002 des Freistaats Bayern, Einzelplan 13, S. 16 f..

[55] Vgl. Pressemitteilung Nr. 122/2000 der Pressestelle des BVerfG vom 21.12.2000.

[56] Die übrigen Anteilseigner sind das Land Baden-Württemberg mit 34%, das Land Hessen mit 15%, das Land Rheinland-Pfalz mit 6%, der Freistaat Sachsen mit ebenfalls 6% sowie der Freistaat Thüringen mit 4% der Anteile.

der Einnahmen aus der Lotteriesteuer[57] - in den Jahren 1998 bis 2000 folgende Umsätze bzw. Erträge:[58]

	1998	1999	2000
Umsatz	921,9 Mio. €	964,8 Mio. €	903,1 Mio. €
Ertrag	81,7 Mio. €	46,8 Mio. €	65,1 Mio. €

Steuerlich betrug bundesweit im Jahr 2000 allein das Aufkommen aus der Lotteriesteuer 3,35 Mrd. DM, hinzu kamen aus der Totalisatorsteuer 91 Mio. DM, aus der Sportwettsteuer 76 Mio. DM und aus der Rennwettsteuer 8 Mio. DM.[59]

Fazit: Die Betrachtung der Umsätze, Erträge und Steuereinnahmen des Glücksspiels hat somit ergeben, dass der Glücksspielmarkt sowohl national wie auch international eine bedeutende Wirtschaftsbranche darstellt, die jedoch weitgehend vom Staat beherrscht wird. *Voßkuhle*[60] spricht in diesem Zusammenhang davon, dass „das strafrechtliche Glücksspielverbot angesichts des prosperierenden legalen Glücksspielmarkts zunehmend an innerer Überzeugungskraft verliert".

3.4. Ein Blick über die nationalen Grenzen: Pönalisierung des Glücksspiels in anderen Rechtsordnungen

Anhaltspunkte dafür, ob für den Bereich des illegalen Glücksspiels weiterhin Straftatbestände vorzusehen sind, liefert auch der Blick über die nationalen Grenzen. Hierbei wird im Folgenden, ohne dass eine Rechtsvergleichung im eigentlichen Sinn angestellt wird, lediglich danach gefragt, ob sich in den Strafgesetzbüchern anderer Demokratien mit vergleichbaren Grundwerten[61] ebenfalls ähnliche Straftatbestände gegen das illegale Glücksspiel finden wie in Deutschland oder nicht.

In den Staaten der Europäischen Union und des Europäischen Wirtschaftsraums steht das Veranstalten von Glücksspielen ohne staatliche Erlaubnis - wie die nachfolgenden Beispiele zeigen - durchweg unter Strafe:

---

[57] Diese beträgt gem. § 17 RWLG 16 2/3 % der Umsätze.

[58] *Bayerisches Staatsministerium der Finanzen*, Beteiligungsbericht des Freistaats Bayern 2001, S. 97 f..

[59] Quelle: Die „Steuerspirale 2000", abgedruckt z.B. im *Münchner Merkur* vom 16./17.6.2001. Zum Vergleich: Das Gesamtaufkommen an Steuereinnahmen von Bund, Ländern und Gemeinden belief sich im Jahr 2000 auf 913,9 Mrd. DM und wurde vor allem aus der Umsatzsteuer (275,5 Mrd. DM), der Lohnsteuer (265,5 Mrd. DM) und der Mineralölsteuer (74,0 Mrd. DM) gespeist.

[60] *Voßkuhle*, VerwArch 86 (1995), 395, 407. Er schlägt als Ausweg aus diesem Dilemma de lege ferenda eine in Abstimmung zwischen Bund und Ländern erarbeitete, ordnungsrechtlich ausgelegte Kodifikation des Glücksspielrechts vor.

[61] Rechtsoasen wie der karibische Inselstaat Antigua oder Venezuela, von denen aus viele Internet-Kasinos operieren, wurden somit in die nachfolgende Darstellung nicht einbezogen.

In **Österreich**[62] ist nach **§ 168 I öStGB** das Veranstalten eines staatlich nicht konzessionierten Glücksspiels und die Förderung einer zur Abhaltung eines solchen Spiels veranstalteten Zusammenkunft[63] mit Freiheitsstrafe bis zu sechs Monaten oder mit Geldstrafe bis zu 360 Tagessätzen zu bestrafen, wenn es dem Veranstalter oder Förderer darauf ankommt, aus der Veranstaltung sich oder einem anderen einen Vermögensvorteil zuzuwenden. Ferner wird der gewerbsmäßige Spieler nach **§ 168 II öStGB** im selben Umfang bestraft. Der Glücksspieltatbestand steht dabei systematisch im Rahmen der Vorschriften über strafbares Handeln gegen fremdes Vermögen (§§ 125 - 168a öStGB).

Auch das moderne Bundesgesetz über Glücksspiele und Spielbanken der **Schweiz**[64] (SBG) vom 18. Dezember 1998, das am 1.4.2000 in Kraft getreten ist,[65] sieht im 6. Kapitel (= **Art. 55 ff. SBG**) Strafbestimmungen vor. Insbesondere wird nach Art. 55 I lit.a SBG derjenige, der vorsätzlich „eine Spielbank errichtet, betreibt, dazu Raum gibt oder Spieleinrichtungen beschafft, ohne dass die dafür notwendigen Bewilligungen vorliegen" mit Gefängnis bis zu einem Jahr oder Geldbuße bis zu 1 Mio. CHF bestraft. In unbenannten „schweren Fällen" erhöht sich der Strafrahmen nach Art. 55 II SBG auf „Zuchthaus bis zu fünf Jahren oder Gefängnis nicht unter einem Jahr". Damit kann zusätzlich eine Buße bis zu 2 Millionen Franken verbunden werden. Selbst der fahrlässig Handelnde kann nach Art. 55 III SBG mit Geldbuße bis zu 500.000 CHF bestraft werden.

Die **Art. 718 ff. des italienischen Strafgesetzbuchs** (= Codice penale Italiano = c.p.) enthalten die Glücksspieltatbestände. Art. 718 c.p. stellt die Tatformen des „Haltens" (tenere) eines illegalen Glücksspiels und des „Vorschubleistens" (agevolare) hierzu unter Strafe,[66] wobei der Strafrahmen Haft von drei Monaten bis zu einem Jahr sowie eine zusätzliche Geldbuße vorsieht. In Art. 719 c.p. sind straferhöhende Umstände geregelt, bei deren Vorliegen die vorgenannte Strafe verdoppelt wird. Die Beteiligung am illegalen Glücksspiel wird schließlich gem. Art. 720 I c.p. mit Haft bis zu sechs Monaten oder mit Geldstrafe bestraft

---

[62] Vgl. zur Rechtslage in Österreich z.B. *Kummer*, in: Aubin/Kummer/Schroth/Wack, S. 57 ff.; Wiener Kommentar-*Liebscher*, Kommentierung zu § 168; *Foregger/Fabrizy*, StGB, Kommentierung zu § 168; *Höpfel*, ÖJZ 1978, 421 ff, 458 ff..

[63] Die Förderung einer zur Abhaltung eines solchen Spiels veranstalteten Zusammenkunft kann insbesondere durch Zurverfügungstellen einer Wohnung oder eines Lokals oder durch Werbung für das Spiel geschehen (vgl. *Foregger/Fabrizy*, § 168 Rdn. 2).

[64] Der Text dieses Gesetzes kann auch über die Internet-Seiten von „www.casinoland.de" unter der Rubrik „Recht und Statistik" über die Links „Gesetze" bzw. „Spielbankengesetz Schweiz" abgerufen werden.

[65] Das Gesetz, das nach Art. 1 das Glücksspiel sowie die Konzessionierung, den Betrieb und die Besteuerung der Spielbanken regelt, nicht hingegen die Lotterien und gewerbsmäßigen Wetten, für die weiterhin die Vorschriften des Bundesgesetzes vom 8. Juni 1923 (SR 935.51) fortgelten, bezweckt nach Art. 2 SBG folgendes:
„(1) Dieses Gesetz bezweckt:
  a. einen sicheren und transparenten Spielbetrieb zu gewährleisten;
  b. die Kriminalität und die Geldwäscherei in oder durch Spielbanken zu verhindern;
  c. sozialschädlichen Auswirkungen des Spielbetriebes vorzubeugen.
(2) Im Rahmen der in Absatz 1 genannten Zweckbestimmungen soll das Gesetz den Tourismus fördern sowie dem Bund und den Kantonen Einnahmen verschaffen."

[66] *Aubin*, in: Aubin/Kummer/Schroth/Wack, S.129; siehe auch EuGH GewArch 2000, 19, dort Rdn. 5.

bzw. bei Vorliegen straferhöhender Umstände nach Art. 720 II c.p. schärfer nach Maßgabe der Art. 64, 66 c.p..[67]

Auch in den skandinavischen Staaten existieren Glücksspieltatbestände:

Nach **§ 203 I des dänischen Strafgesetzbuches** kann derjenige, der aus nicht ausdrücklich erlaubtem Glücksspiel oder aus dessen Förderung ein Gewerbe macht, mit Gefängnis bis zu einem Jahr bestraft werden. Nach § 204 I des dänischen Strafgesetzbuches kann mit Gefängnisstrafe bis zu sechs Monaten belegt werden, wer an einem öffentlich zugänglichen Ort Räume für unerlaubtes Glücksspiel zur Verfügung stellt oder solches veranstaltet. § 204 II dieses Gesetzes enthält eine ähnliche Fiktion wie § 284 II des deutschen StGB für Vereine. Die Beteiligung an einem unerlaubten Glücksspiel an einem öffentlich zugänglichen Ort wird gem. § 204 III des dänischen StGB mit Geldstrafe bestraft.[68]

Nach **Kapitel 16[69] § 14 S. 1 des schwedischen Kriminalgesetzbuches** kann der Veranstalter eines illegalen Glücksspiels mit Gefängnisstrafe bis zu zwei Jahren bestraft werden. Derselbe Strafrahmen gilt gem. Kap. 16 § 14 S. 2 für denjenigen der eine solche Betätigung in einer Wohnung oder einer anderen Räumlichkeit gestattet, die er der Allgemeinheit zugänglich gemacht hat. In schweren Fällen des § 14, insbesondere bei Gewerbsmäßigkeit oder wenn die Tätigkeit erhebliche Beträge umfasste, gilt nach Kap. 16 § 14a ein erhöhter Strafrahmen von mindestens sechs Monaten bis zu höchstens vier Jahren Gefängnisstrafe. Ferner ist nach Kap. 16 § 18 des schwedischen Kriminalgesetzbuchs der Vermieter, der Kenntnis davon erlangt, dass die Wohnung für Glücksspielzwecke genutzt wird, als Gehilfe strafbar.[70]

Der **angloamerikanische Raum** bietet hingegen ein uneinheitliches Bild. Während in manchen Staaten bereits eine weitgehende Liberalisierung des Glücksspielmarktes erfolgt ist, herrscht in anderen Staaten noch eine restriktive Genehmigungspraxis und ein grundsätzliches - strafrechtlich sanktioniertes - Glücksspielverbot.

In **Großbritannien** regelt der „Gaming Act 1968" das Glücksspiel im engeren Sinn, der „Lotteries and Amusements Act 1976" die Veranstaltung von gemeinnützigen und örtlichen Lotterien sowie der „The National Lottery Act 1993" die Veranstaltung der landesweiten „National Lottery". Dabei hängt die Erteilung einer Konzession auf der Grundlage der beiden erstgenannten Gesetze wesentlich von der Zustimmung des „Gaming Board for Great Britain" ab, einer durch den „Gaming Act 1968" geschaffenen Körperschaft des öffentlichen Rechts, die für die Überwachung der kommerziellen Spielclubs (auch „casinos" genannt), der „bingo clubs", des Automatenspiels und aller gemeinnützigen und örtlichen Lotterien zuständig ist.[71] Die von der Camelot Group plc. als Lizenznehmer betriebene „National Lottery" wird hingegen von der „National Lottery Commission" überwacht. Die Veranstaltung

---

[67] Näheres bei *Aubin*, aaO., S. 130 m.w.N..

[68] Sammlung ausländischer Strafgesetzbücher in deutscher Übersetzung, Band 107, Das dänische Strafgesetz, Straffeloven, 2. Aufl. 2001, S. 120.

[69] Kapitel 16 umfasst die „Straftaten gegen die öffentliche Ordnung".

[70] Sammlung ausländischer Strafgesetzbücher in deutscher Übersetzung, Band 114, Das schwedische Kriminalgesetzbuch, Brottsbalken, 2000,. S. 134 ff..

[71] Vgl. z.B. „Report of the Gaming Board For Great Britain 1998-99", S. 1.

von Glücksspielen und Lotterien, die nicht auf der Grundlage der genannten Bestimmungen genehmigt sind, ist in Großbritannien unter Strafe gestellt. So sind z.B. alle im ersten Teil des „Gaming Act 1968" ausgesprochenen Verbote mit Strafen belegt, die nicht nur die Veranstalter, sondern auch die Spieler treffen.[72]

In den **USA** werden die Glückspielvorschriften im Wesentlichen auf der Ebene der Einzelstaaten oder auf örtlicher Ebene erlassen. Die bedeutendste auf Bundesebene gegen das illegale Glücksspiel bestehende Strafvorschrift des 18 U.S.C.A. § 1955, setzt mit der Teilnahme von fünf oder mehr Personen eine Art Bandenelement sowie zusätzlich den Verstoß gegen das Recht eines Einzelstaats oder gegen örtliches Recht voraus.[73] Das Glücksspielrecht ist ein Bereich, der in den USA traditionell der Gesetzgebung der Einzelstaaten unterliegt und deshalb von Bundesstaat zu Bundesstaat variiert.[74] In den einzelnen Bundesstaaten[75] finden sich im Hinblick auf die Reglementierung des Glücksspiels im Wesentlichen drei Arten von Rechtszuständen:

---

[72] *Wack*, in: Aubin/Kummer/Schroth/Wack, S. 107 f. m.w.N..

[73] Vgl. z.B. *Gardner/Anderson*, Criminal Law - Principles and Cases, 5th ed., 1991, S. 253 f., 605.

[74] Gleichwohl wurde vom 104. Kongress am 03.08.1996 aufgrund des stetigen Anwachsens des legalen Glücksspiels in den vorangegangenen 20 Jahren, der Ausbreitung neuer Glücksspielformen einschließlich des Internet-Glücksspielangebots und aufgrund von Fragen nach den sozioökonomischen Auswirkungen des Glücksspiels der sog. „National Gambling Impact Study Commission Act" verabschiedet (vgl. die Webseite „www.ngisc.gov/c-law.html"). Nach sec. 4 (a) (2) dieses Gesetzes sollte die National Gambling Impact Study Commission (NGISC) einen Bericht vorlegen, der u.a. Aussagen über
- die bestehende Genehmigungspraxis,
- den Zusammenhang zwischen Glücksspiel und anderen Straftaten,
- das Problem der Spielsucht,
- den Einfluss des Glücksspiels auf den Einzelnen, Familien, soziale Institutionen und die Wirtschaft,
- die Rolle der Werbung im Hinblick auf die Förderung des Glücksspiels,
- den Einfluss des Glücksspiels auf wirtschaftsschwache Gebiete,
- den Umfang der staatlichen Einnahmen und der Einnahmen für Indianerreservate („Native American tribal governments") aus dem Glücksspiel sowie über etwaige alternative Einkommensquellen für die bisherigen Destinatäre des Glücksspiels
- sowie die bundesstaatsübergreifenden und internationalen Auswirkungen des elektronischen Glücksspiels einschließlich des Glücksspiels über das Internet

treffen sollte.
Das NGISC hat einen umfangreichen Bericht vorgelegt und am 18.06.1999 einen Katalog von Empfehlungen ausgesprochen (vgl. ebenfalls die Webseite „www.ngisc.gov"). Dabei vertritt das NGISC u.a. folgende Auffassung:
- Es sollte beim Glücksspiel eine Wachstumspause eintreten (s. Report Significance).
- Die Gesetzgebungskompetenz für das Glücksspiel sollte bei den Bundesstaaten bleiben mit Ausnahme des von den Indianerstämmen betriebenen Glücksspiels und des Internet-Glücksspiels, welche besser auf Bundesebene geregelt werden sollten (s. 3-1).
- Die US-Bundesregierung sollte jegliches Internet-Glücksspiel verbieten, das in den USA noch nicht behördlich genehmigt ist (s. 5-2).

Prof. *Rose* (Whittier Law School, Kalifornien) vertritt zur NGISC folgende Auffassung: „The National Gambling Impact Study Commission has come and gone and been forgotten; its Final Report was filled with factual errors." (Vgl. die Webseite „www.gamblingandthelaw.com/status.html").

[75] Die nachfolgenden Aussagen zur Rechtslage in den Einzelstaaten basieren im Wesentlichen auf der Auswertung des Datenmaterials von Prof. *Rose* (Whittier Law School, Kalifornien), das über dessen Internet-Seite „www.gamblingandthelaw.com" unter der Rubrik „status of gambling enabling laws" zugänglich ist.

(1)Es besteht ein großer Glücksspielmarkt mit vielen privaten Casino-Lizenznehmern, einer Vielzahl von Glücksspielautomaten und beträchtlichen Glücksspielerträgen.

(2)Der Glücksspielmarkt wird nicht weitgehend dem freien Wettbewerb überlassen, sondern es findet eine erhebliche Reglementierung des Glücksspiels statt.

(3)Das Glücksspiel ist weitgehend verboten.

Die nachfolgenden Beispiele zeigen, dass es in den USA keinen einheitlichen Glücksspielmarkt gibt, sondern viele, unterschiedlich strukturierte Glücksspielmärkte der Einzelstaaten nebeneinander existieren:

Zu den Staaten mit einem weitgehend liberalisierten Glücksspielmarkt zählen vor allem

- das „Spielerparadies" Nevada,[76]
- Kalifornien,[77]
- Connecticut,[78]
- New Jersey,[79]
- Michigan[80] und

Mississippi.[81]

---

[76] Im Jahr 2000 lag der Ertrag der ca. 243 Casinos Nevadas bei ca. 9,6 Mrd. US-$, wobei mehr als 5 Mrd. $ aus dem Betrieb der ca. 200.000 Geldspielautomaten stammten. Bei diesen Erträgen kann es sich Nevada leisten mit einem Steuersatz von nur 6,25 % die geringste „gross gaming tax" auf die Bruttospielerträge zu erheben. Bemerkenswert ist, dass die Landesverfassung von Nevada die Veranstaltung von Lotterien verbietet.

[77] Aufgrund der Landesverfassung Kaliforniens besteht zugunsten der dort ansässigen Indianerstämme („tribes") ein Monopol für den Betrieb vollwertiger Casinos. Jeder Stamm darf zwei Casinos betreiben und bis zu 2.000 Geldspielautomaten besitzen. Die ca. 45 Casinos nehmen jährlich bereits mehr als 2 Mrd. $ ein. Im Jahr 2001 hat die Landesregierung ein Gesetz erlassen, das den Einwohnern die Teilnahme an Pferdewetten via Telefon und Internet ermöglicht.

[78] In Connecticut steht mit Foxwoods das größte und profitabelste Casino der Welt, das von einem Indianerstamm („Mashantucket Pequot Tribe") betrieben wird. Die beiden in indianischer Hand befindlichen Casinos des Landes erzielten im Jahr 2001 einen Ertrag von mehr als 1,5 Mrd. $.

[79] In New Jersey erzielen die zwölf Casinos von Atlantic City einen jährlichen Ertrag von mehr als 4,2 Mrd. US-$. Atlantic City besitzt somit den größten Glücksspielmarkt der USA, der vom Aufkommen her sogar noch knapp vor Las Vegas liegt.

[80] Allein die Einnahmen der drei Casinos von Detroit liegen bei mehr als 1 Mrd. US-$ pro Jahr. Außerdem gibt es in Michigan 17 lizenzierte indianische Casinos, von denen das „Soaring Eagle Casino" mit 4.300 Geldspielautomaten und 100 Tischspielen am größten ist.

[81] In Mississippi sind sog. „dockside and riverboat casinos" auf Flussschiffen in unbegrenzter Zahl erlaubt. Ihr Bruttospielertrag betrug im Jahr 2000 2,7 Mrd. US-$, von denen mehr als 80% aus Geldspielautomaten stammten.

Zu den Staaten mit einem stärker reglementierten Glücksspielmarkt gehören beispielsweise

- Georgia[82] oder
- North Carolina.[83]

Ein absolutes Glücksspielverbot herrscht hingegen z.B. in

- Alaska,[84]
- Arkansas[85] und
- Hawaii.[86]

In **Kanada**[87] finden sich in sec. 201 (Keeping gaming or betting house), in sec. 202 (Placing bets on behalf of others) sowie in sec. 205 (Offence in relation to lotteries and games of chance) umfangreiche Strafbestimmungen gegen das illegale Glücksspiel. Die Einnahmen der legalen Spielcasinos fließen hier in die Kassen der Provinzen.[88]

Zusammenfassend kann festgestellt werden, dass - auch wenn sich in einzelnen, vor allem angloamerikanischen Staaten Liberalisierungstendenzen zeigen - das Veranstalten illegaler Glücksspiele in den meisten Demokratien mit vergleichbaren Grundwerten wie der BRD ebenfalls strafbar ist.

---

[82] In Georgia besteht eine Staatslotterie. Casinos und Geldspielautomaten sind hingegen verboten. Die Fahrten von drei Casinoschiffen, die von Georgia aus „day-trips-to-nowhere" in internationale Gewässer außerhalb der Drei-Meilen-Hoheitszone unternehmen, wurden im Jahr 2001 noch geduldet.

[83] In North Carolina sind Spielautomaten mit Gewinnmöglichkeit („video poker machines") erlaubt, jedoch nur drei Geräte pro Aufstellungsort, bei denen der Höchstgewinn in Waren bestehen muss und den Gegenwert von 10 US-$ nicht überschreiten darf. Casinoschiffe, die „cruises-to-nowhere" unternehmen, dürfen die Küste von North Carolina nicht anlaufen.

[84] In Alaska verbietet das Landesrecht den Betrieb von Casinos.

[85] Am 7.11.2000 wurde von den Wählern des Staates Arkansas eine Initiative mit einer deutlichen Mehrheit von 65% der Stimmen abgelehnt, die die Errichtung einer Staatslotterie und von Casinos zum Gegenstand hatte.

[86] Auf Hawaii sind bislang alle Arten von Glücksspiel verboten. Dieses Verbot kann auch nicht an Bord von Kreuzfahrtschiffen umgangen werden, die im Rahmen von „day-trips-to-nowhere" von Hawaii aus internationale Gewässer ansteuern, da der Johnson Act auch Casinospiele verbietet, die „on a voyage or a segment of a voyage that begins and ends in the State of Hawaii" stattfinden.

[87] Vgl. z.B. *Watt/Fuerst*, The Annotated 1993 Tremeear's Criminal Code, Kommentierung zu s. 202 ff..

[88] Vgl. z.B. für die Provinz Québec den Internet-Auftritt „www.casinos-quebec.com", aus dem auch das umfangreiche Spielangebot der drei bestehenden Casinos in Montréal, Charlevoix (nördlich von Québec City) und Lac-Leamy (an der Grenze zu Ontario gelegen) zu ersehen ist.

3.5. Kriminalpolitische Rechtfertigung einer Strafnorm? - Strafwürdigkeit und Strafbedürftigkeit der Glücksspieltatbestände

Die bisher angestellten Überlegungen haben Folgendes ergeben:

- Die amtliche Kriminalstatistik spricht eher für eine Herabstufung der Glücksspieltatbestände zu Ordnungswidrigkeitsnormen, vor allem weil in der Praxis bislang kaum Verurteilungen zu einer Freiheitsstrafe erfolgten.

- Aus kriminologischer bzw. soziologischer Sicht spricht hingegen eine Reihe von Gesichtspunkten für die Beibehaltung der Strafbarkeit.

- Die Betrachtung der Umsätze des legalen und illegalen Glücksspiels hat ergeben, dass der Glücksspielmarkt sowohl national wie auch international eine bedeutende Wirtschaftsbranche darstellt, der jedoch - vor allem durch die Existenz der Strafnormen - weitgehend staatlich beherrscht wird. Eine Liberalisierung des Glücksspielmarktes wäre nur durch die Reform des Glücksspielstrafrechts möglich.

- Der Blick über die Grenze in ausländische Strafgesetzbücher hat gezeigt, dass das Veranstalten illegaler Glücksspiele in den meisten Demokratien mit vergleichbaren Grundwerten ebenfalls strafbar ist.

Die bislang erörterten Aspekte haben somit bereits wichtige, allerdings divergierende Anhaltspunkte für die Entscheidung „pro oder contra" Beibehaltung des Glücksspielstrafrechts geliefert.

Bevor aber eine endgültige Entscheidung getroffen werden kann, ob das in den Glücksspieltatbeständen pönalisierte Verhalten den Grad kriminellen Unrechts erreicht oder de lege ferenda eine Herabstufung dieser Rechtsmaterie in den Bereich des Ordnungswidrigkeiten- oder sogar des Polizeirechts zu fordern ist, müssen zunächst einmal Maßstäbe gefunden und konkretisiert werden, nach denen das „Ob" der de-lege-ferenda-Strafbarkeit des in den §§ 284 ff. StGB vertypten Verhaltens zuverlässig beurteilt werden kann.

Zunächst muss dazu herausgearbeitet werden, worin sich Straftaten und Ordnungswidrigkeiten überhaupt grundlegend unterscheiden (unten a.), ohne freilich dabei auf Einzelheiten der langjährigen Diskussion eingehen zu können.[89] Anschließend ist dann - unter Einbeziehung der bislang gewonnenen Erkenntnisse - zu untersuchen, ob die in §§ 284 ff. StGB geregelten Einzeltatbestände bei kriminalpolitischer Betrachtung strafwürdiges (unten b. und c.) und strafbedürftiges (unten d.) Unrecht darstellen.

a) Unterschiede zwischen Straftaten und Ordnungswidrigkeiten

Ursprünglich wurde die Auffassung vertreten, zwischen einer Straftat und einer Ordnungswidrigkeit bestehe ein qualitativer Unterschied. Man war der Meinung, allein das Kriminalstrafrecht diene dem Rechtsgüterschutz, während das Ordnungswidrigkeitenrecht bezwecke,

---

[89] Das würde den Rahmen dieser Arbeit offensichtlich sprengen.

einem ungehorsamen Staatsbürger, der gegen die dem „öffentlichen Wohl" dienende Verwaltungsordnung verstoße, eine „Pflichtenmahnung" zu erteilen. Das Strafrecht sollte die Verletzung von Rechtsgütern, d.h. sozialethisch verwerfliches, kriminelles Unrecht, mit Kriminalstrafe sanktionieren. Das Ordnungswidrigkeitenrecht als „aliud" hingegen sollte bei sozialethisch neutralen „Lässigkeiten", d.h. bei unterlassener Mitwirkung des Einzelnen (als „Hilfsorgan der Verwaltung") am öffentlichen Wohl, dem ungehorsamen Bürger einen scharfen staatlichen Aufruf in Form einer Geldbuße (= „Mahngeld") erteilen, mehr aber auch nicht. Diese „Aliud"-These, dass ein qualitativer Unterschied zwischen Straftat und Ordnungswidrigkeit bestehe, konnte aber nur solange die Ordnungswidrigkeitentatbestände ausschließlich die Verletzung sozialethisch irrelevanter Verhaltenspflichten zum Gegenstand hatten, aufrechterhalten werden.

Das heutige Ordnungswidrigkeitenrecht besteht aber nicht nur aus Normen, die sich gegen sozialethisch relativ[90] neutrale Verhaltensweisen wie Falschparken oder Geschwindigkeitsüberschreitungen im Straßenverkehr[91] oder gegen den ruhestörenden Lärm[92] richten. Es stellt sich vielmehr als Sammelbecken für heterogene Verhaltensweisen dar. Denn auch schwerste Kartelldelikte, deren Umwandlung in Straftaten aufgrund ihrer Sozialschädlichkeit wiederholt gefordert wurde,[93] sind gem. § 38 IV GWB lediglich mit Geldbuße - wenn auch in beträchtlicher Höhe - bewehrt.

Eine rechtsfolgenorientierte Differenzierungsmethode sieht demgegenüber die Vereinheitlichung ursprünglich differenter Verhaltensweisen im heterogenen Ordnungswidrigkeitenrecht als vom Gesetzgeber gewollt an und stellt folglich die wertende Entscheidung des Gesetzgebers (Geldbuße oder Kriminalstrafe) in den Vordergrund. Bei „bloßer Geldbuße" als gewählter Rechtsfolge soll nach dieser Ansicht ein tatbestandliches Verhalten selbst dann sozialethisch neutral sein, wenn es de facto sozial-ethisch unwerthaft ist, weil der Gesetzgeber durch seine Entscheidung zum Ausdruck gebracht habe, dass diese Verhaltensweise keinen sozialethischen Tadel verdiene. Diese Auffassung ist aber als zu formalistisch abzulehnen.

Richtig ist hieran lediglich, dass die Abgrenzung von Straftaten und Ordnungswidrigkeiten in einem breiten Grenzbereich - wie stets bei der Anwendung des Subsidiaritätsprinzips - dem legislatorischen Ermessen unterliegt, während nur im Kernbereich der Delinquenz, d.h. bei schwereren Straftaten - insbesondere Verbrechen -, die Bestrafung durch inhaltliche Kriterien eindeutig vorgezeichnet ist.[94] Aus der Inhaltsleere einer rechtsfolgenorientierten Abgrenzungsmethode und der Überholtheit eines rein qualitativen Unterscheidungskriteriums folgt jedoch nicht automatisch die Richtigkeit einer rein quantitativen Abgrenzungsmethode. Die Vertreter einer rein quantitativen Differenzierung betonen, dass auch das Ordnungs-

---

[90] „Relativ" sozialethisch neutral deshalb, weil man auch in den genannten Beispielsfällen Rechtsgüter als verletzt ansehen könnte. Bei Überschreiten der zulässigen Höchstgeschwindigkeit ist an eine abstrakte Gefährdung des Rechtsguts der „Sicherheit des Straßenverkehrs" zu denken. In § 117 I OWiG („... oder die Gesundheit eines anderen zu schädigen") tritt das Rechtsgut der „körperlichen Unversehrtheit" sogar noch deutlicher hervor.

[91] Vgl. §§ 12, 13, 49 Nrn.12, 13 StVO bzw. §§ 3, 49 I Nr.3 StVO sowie § 24 StVG i.V.m. BußgeldkatalogVO; die Ordnungswidrigkeiten des Straßenverkehrsrechts sind im Übrigen in §§ 49 StVO und 69a StVZO aufgelistet.

[92] Vgl. § 117 OWiG.

[93] Vgl. z.B. *Tiedemann*, 49. DJT, Band I, Gutachten C, S. 38 m.w.N. in Fn. 19.

[94] *Roxin*, AT, § 2 Rdn. 31, 42.

gidrigkeitenrecht allein dem Rechtsgüterschutz diene. Jedoch sei der Grad der Rechtsgutsbeeinträchtigung bei der Ordnungswidrigkeit ein geringerer. Diese sei somit ein „minus" gegenüber der sozialgefährlicheren Straftat. Jedoch lassen sich nicht für alle Ordnungswidrigkeiten überzeugende Rechtsgüter finden, die geschützt sein sollen. Gerade in den Beispielsfällen des Falschparkens bzw. des Überschreitens der Parkzeit gem. §§ 12, 13, 49 Nrn. 12, 13 StVO wirkt die Annahme eines Rechtsguts „Sicherheit des Straßenverkehrs" sehr konstruiert. Der Unrechtsgehalt des Verhaltens des Autofahrers erschöpft sich in diesen Fällen zumeist wirklich nur in einem Ungehorsam gegen die Verwaltungsbehörde, die die Aufstellung der betreffenden Verbotsschilder im Interesse des „öffentlichen Wohls"[95] angeordnet hat. Auch eine rein quantitative Betrachtungsweise vermag demnach den Unterschied zwischen Straftaten und Ordnungswidrigkeiten - zumindest in Anbetracht der gegenwärtig noch bestehenden Heterogenität der bußgeldbewehrten Tatbestände - nicht restlos überzeugend zu erklären.

Richtigerweise muss sich die Unterscheidung daher an einer gemischt qualitativ-quantitativen Betrachtungsweise orientieren. Ordnungswidrigkeitentatbestände schützen danach Rechtsgüter *oder* pönalisieren bloßen Verwaltungsungehorsam. Im Gegensatz zur bloßen Polizeiwidrigkeit weist der Angriff auf das geschützte Rechtsgut oder Verwaltungsinteresse einen so hohen Grad an Gefährlichkeit auf, dass nur eine repressive Sanktion des Staates zum Schutz der öffentlichen Ordnung ausreicht. Im Gegensatz zur Straftat ist der Gefährlichkeitsgrad des Angriffs aber in der Regel erheblich geringer.

Anhand der kriminalpolitischen Kriterien der Strafwürdigkeit und Strafbedürftigkeit entscheidet der Gesetzgeber im Idealfall, in welchen Teil des Sanktionenrechts ein bestimmtes Verhalten einzuordnen ist oder ob es ganz ohne Sanktion bleiben kann.[96] An diesen Kriterien hat sich folglich auch eine fundierte Gesetzgebungskritik zu orientieren.

Nicht jede Beeinträchtigung eines Rechtsguts wird von der Rechtsgemeinschaft bereits als strafwürdig angesehen. Aufgrund ihrer einschneidenden Folgen für den Betroffenen[97] darf die Kriminalstrafe auch nicht schrankenlos als Mittel sozialer Kontrolle und Lenkung eingesetzt werden, sondern sie ist nur dort als Reaktion zuzulassen, wo sie unerlässlich zur Gewährleistung des Rechtsfriedens ist. Dies erfordert die grundgesetzlich verbürgte Achtung der Freiheit und Würde des Betroffenen, aber auch schon der Grundsatz der Verhältnismäßigkeit. Strafwürdig ist demzufolge nur ein Verhalten, das deshalb sozial-ethisch zu missbilligen ist, weil es geeignet ist, die Beziehungen innerhalb der Rechtsgemeinschaft erheblich zu gefährden oder zu schädigen. Die Strafwürdigkeit hängt insbesondere von drei Variablen ab: (1) dem Rang/Wert des geschützten Rechtsguts, (2) dem Grad der Sozialschädlichkeit bzw. Sozialgefährlichkeit des Verhaltens und (3) der Verwerflichkeit der Tätergesinnung.[98] Da

---

[95] Z.B. Reduzierung des Individualverkehrs in den Innenstädten aus ökologischen Gründen (Verhinderung von Smog und erhöhter Ozonbelastung durch überflüssige Fahrten) oder um die Attraktivität der City als Wohn- (Freihalten von Parkflächen für Anwohner) und Geschäftszentrum zu erhalten.

[96] *Jescheck/Weigend*, AT, § 7 V 3 b .

[97] Vgl. *Otto*, AT, § 1 II 5; *ders.*, in: Schröder-GS, S.54: Zum einen kommt in der Kriminalstrafe eine bewusste und gewollte sozialethische Missbilligung der Tat und des Täters zum Ausdruck. Sie enthält damit ein sozialethisches Unwerturteil. Zum anderen stellt ihre Vollstreckung darüber hinaus einen schweren Eingriff in Freiheit, Persönlichkeitsentwicklung und Würde des Bestraften dar.

[98] *Jescheck/Weigend*, AT, § 7 I 2; mit diesen drei Variablen verbinden sich im übrigen die Begriffe Erfolgsun-

jedoch die wenigsten Straftatbestände - und auch die Glücksspieldelikte nicht - spezielle Schuldmerkmale enthalten, sind für die Strafwürdigkeit als Kriterium für das „Ob“ der staatlichen Strafe zumeist nur die beiden erstgenannten Merkmale entscheidend.[99] So ist es auch hier. Das gesteigerte Schutzbedürfnis der Rechtsgemeinschaft, das den Einsatz des Strafrechts erfordert, kann sich also zum einen aus der Bedeutung (Wert, Rang) des geschützten Rechtsguts ergeben, zum anderen aber auch aus der besonderen Sozialgefährlichkeit des Angriffs folgen. Anhand dieser Kriterien ist demnach im Folgenden zu untersuchen, ob das in den §§ 284 ff. StGB vertypte Verhalten sich als strafwürdig darstellt.

Allerdings ist nicht jedes strafwürdige Verhalten auch strafbar, weil eine Strafnorm die „ultima ratio“ im Instrumentarium des Gesetzgebers darstellt. Zur Strafwürdigkeit muss die Strafbedürftigkeit des Verhaltens hinzutreten, welche maßgeblich durch das Zweckmoment[100] staatlicher Strafe bestimmt wird. Strafbedürftigkeit bedeutet, dass die Strafe das unerlässliche Mittel[101] sein muss, um die Rechtsgemeinschaft gegen Angriffe der betreffenden Art zu verteidigen. Daran fehlt es insbesondere, wenn andere, weniger gravierende Eingriffe als die Pönalisierung der Verhaltensweise zur Verfügung stehen, die zumindest den gleichen Erfolg versprechen,[102] wobei vor allem an zivil- und öffentlichrechtliche Sanktionen zu denken ist. An die Beurteilung der Strafwürdigkeit (Rang des geschützten Rechtsguts = unten b. / Sozialschädlichkeit des vertypten Verhaltens = unten c.) schließt sich deshalb im Folgenden eine Untersuchung der Strafbedürftigkeit (= unten d.) an.

b) Rang des geschützten Rechtsguts

Nach der hier vertretenen Auffassung[103] wird durch die §§ 284 ff. StGB de lege lata zum einen das Vermögen des Mitspielers als Individualrechtsgut und zum anderen das öffentliche Interesse, die wirtschaftliche Ausbeutung der natürlichen Spielleidenschaft des Publikums unter staatliche Begrenzung und Kontrolle zu nehmen, als Universalrechtsgut geschützt. Dabei handelt es sich - entgegen vereinzelten kritischen Stimmen in der Literatur, die die Existenz eines durch die §§ 284 ff. StGB geschützten Rechtsguts generell in Abrede stellen - wie bereits oben herausgearbeitet wurde um schützenswerte Rechtsgüter. Es sollen dadurch insbesondere Personen, die für die Spielleidenschaft besonders anfällig sind, vor dem Absturz in die Vermögenslosigkeit bewahrt werden. Damit soll auch deren Familie vor wirtschaftlicher Existenzvernichtung geschützt werden bzw. verhindert werden, dass die Allgemeinheit (Sozialfürsorge) durch Gewährung von Sozialhilfe für Schäden aufkommen muss,

---

wert (1) und Handlungsunwert (2) - durch sie wird das Unrecht gekennzeichnet - sowie Gesinnungsunwert (3) - durch ihn wird die Schuld gekennzeichnet -; vgl. dazu z.B. *Haft*, AT, 3.Teil, §4, 2.

[99] *Otto*, aaO. geht deshalb auch ohne weiteres davon aus, dass allein diese beiden Merkmale die Strafwürdigkeit eines Verhaltens konstituieren.

[100] Im Gegensatz dazu wird die Strafbedürftigkeit einer Verhaltensweise wesentlich durch das Wertungsmoment (Rang des Rechtsguts / Wertung der Sozialschädlichkeit eines Verhaltens) staatlicher Strafe bestimmt; im Zusammenhang mit dem Zweckmoment staatlicher Strafe wird häufig auch das bekannte Schlagwort *Bindings* vom „fragmentarischen Charakter des Strafrechts" zitiert.

[101] = Eben die „ultima ratio“.

[102] *Otto*, aaO..

[103] Vgl. oben B.II.1.5..

die von den sich bereichernden privaten Veranstaltern illegaler Glücksspiele angerichtet werden. Vor allem soll die staatliche Kontrolle die natürliche Spielleidenschaft des Publikums kanalisieren und das Abrutschen des Glücksspielwesens in ein kriminelles Milieu und die damit einhergehende Beschaffungs- und Folgekriminalität verhindern. Um diese Ziele zu erreichen, wird in den §§ 284 ff. StGB das Verleiten zu staatlich nicht kontrolliertem, vermögensgefährdendem Glückspiel ziemlich umfassend unter Strafe gestellt. Bei der Entscheidung der Frage nach dem Rang eines Rechtsguts kommt der Verfassungsordnung des Grundgesetzes entscheidende Bedeutung zu; insbesondere in seinem Grundrechtskatalog verkörpert es eine „objektive Wertordnung", in der die wesentlichen sozialethischen Grundentscheidungen enthalten sind. Für die Strafwürdigkeit gilt: Je höher der Rang eines Rechtsguts in der verfassungsrechtlichen Wertordnung ist, umso eher ist jede erhebliche Verletzung oder Gefährdung dieses Rechtsguts strafwürdig. Je geringer dieser Rang aber ist, umso mehr ist es angemessen, nur solche einzelnen Angriffe gegen dieses Rechtsgut als strafwürdig einzuordnen, denen ein besonderes Maß an sozialem Unwert (= Sozialgefährlichkeit) zukommt.[104]

Der strafrechtliche Vermögensschutz findet in Art. 14 GG seine verfassungsrechtliche Grundlage. Zwar ist das Vermögen als solches nicht durch das Eigentumsgrundrecht geschützt, jedoch ist der Schutzbereich des Art. 14 GG bei Beeinträchtigungen des Bürgers im vermögensrechtlichen Bereich in der Regel betroffen.[105] Trotz dieses grundrechtlichen Schutzes ist das Vermögen aber kein vom Strafrecht absolut geschütztes Rechtsgut. Vermögensschädigende Handlungen sind nicht schlechthin unter Strafe gestellt.[106] Nur gegen besonders gefährliche Angriffsarten, wie z.B. Gewalt (§§ 249 ff. StGB), Drohung mit einem empfindlichen Übel (§ 253 StGB), Täuschung (§ 263 StGB) oder Vertrauensmissbrauch (§ 266 StGB), wird es geschützt. Nicht strafrechtlich relevant ist hingegen in der Regel z.B. eine Vermögensschädigung durch bloße Ausnutzung eines schon vorhandenen Irrtums des Vermögensinhabers.[107] Denn das Geschäftsleben beruht nicht zuletzt auf einer Ausnutzung fremder Irrtümer.[108] Folglich kommt es auch bei den Glücksspieltatbeständen maßgeblich auf die Sozialgefährlichkeit des dort vertypten Angriffs auf das Rechtsgut Vermögen an.

Hinsichtlich des durch die §§ 284 ff. StGB geschützten Universalrechtsguts ergeben sich aus der Verfassung folgende Wertungen: Eine Bestimmung, die gerade das öffentliche Interesse betont, die wirtschaftliche Ausbeutung der Spielleidenschaft einzudämmen und in kontrollierte Bahnen zu lenken, findet sich nicht im Grundgesetz. Das liegt in erster Linie daran, dass die Regelungsmaterie des Glücksspielrechts zu unbedeutend ist, um in der Verfassung überhaupt Erwähnung zu finden.[109] Dennoch finden sich in der Verfassung Anhaltspunkte für die Legitimation dieses öffentlichen Interesses als Universalrechtsgut.

---

[104] *Otto*, in: Schröder-GS, S.56.

[105] So v.Münch/Kunig-*Bryde*, GG-Kommentar, Art.14 Rdn.12.

[106] *Haft*, BT, § 27. Betrug (§ 263), I.3..

[107] Es sei denn, dass die Aufklärung des Irrtums pflichtwidrig unterlassen wird; vgl. z.B. *Tröndle/Fischer* § 263 Rdn.18b; Sch/Sch-*Cramer*, § 263 Rdn. 46, jeweils m.w.N..

[108] *Haft*, BT, § 27. Betrug (§ 263), II.2.a..

[109] Eine Ausnahme bildet die fiskalrechtliche Bestimmung des Art. 106 II Nr.6 GG, wonach der Ertrag der Spielbankenabgabe den Ländern zusteht. Daraus lässt sich allenfalls schließen, dass das Grundgesetz das Bestehen von Spielbanken voraussetzt. Eine darüber hinausgehende Wertung lässt sich dieser Finanzverfassungsnorm aber

Der Schutz der Familie des Spielers vor Existenzvernichtung ist durch Art. 6 I GG geboten. Art. 6 I GG enthält nämlich eine wertentscheidende Grundsatznorm für das gesamte Recht,[110] aus der sich auch eine Verpflichtung des Staates zur Abwehr von Störungen von Ehe und Familie, mithin eine staatliche Schutzpflicht, ergibt.[111] Da aber Art. 6 I GG nicht unbedingt zu denjenigen Verfassungsbestimmungen - wie z.B. Art. 2 II 1 GG - gehört, denen allerhöchster Rang beizumessen ist und ein Spieler zudem nicht unbedingt einen Ehepartner oder eine Familie haben muss, kann sich allein daraus noch nicht die Strafwürdigkeit der §§ 284 ff. StGB ergeben.

Dem in Art. 20 I, 28 I 1 GG normierten Sozialstaatsprinzip, lässt sich eine Aufforderung an den Gesetzgeber entnehmen, den wirtschaftlich und sozial Schwächeren zu schützen. Der Schutz des Spielers vor einem Absturz in die Vermögenslosigkeit durch Spielsucht knüpft an diese verfassungsrechtliche Wertung an. Aus Art. 1 I GG (ggf. i.V.m. dem Sozialstaatsprinzip), § 4 I 1 BSHG ergibt sich die Verpflichtung des Staates, dem Einzelnen und seiner Familie das materielle Existenzminimum in Form von Sozialhilfe zu garantieren. Die Kehrseite dieses Individualanspruches ist das öffentliche Interesse, eine unnötige Inanspruchnahme des Sozialhilfeträgers weitgehend zu vermeiden.

Da aber das Universalrechtsgut - bei Betrachtung aller seiner Facetten - allein aufgrund seines Rangs in der verfassungsrechtlichen Werteskala, noch keinen sicheren Rückschluss auf die Strafwürdigkeit der einzelnen in den §§ 284 ff. StGB vertypten Verhaltensweisen zulässt, ist auch insoweit eine zusätzliche Beurteilung der Sozialschädlichkeit der wirtschaftlichen Ausbeutung der natürlichen Spielleidenschaft gerade beim illegalen Glücksspiel erforderlich.

c) Sozialschädlichkeit des in §§ 284 ff. StGB vertypten Verhaltens

Die zweite Stufe der Strafwürdigkeitsprüfung ist die Ermittlung des Grades der Sozialschädlichkeit bzw. Sozialgefährlichkeit des tatbestandsmäßigen Verhaltens. Teilweise[112] wird die Sozialschädlichkeit des Verhaltens sogar für das letztlich entscheidende Kriterium für die Strafwürdigkeit erachtet.

---

nicht entnehmen.

[110] St. Rspr.; vgl. z.B. BVerfGE 6, 55, 72; 24, 119, 135; 31, 58, 67.

[111] Vgl. z.B. v.Münch/Kunig-*Coester-Waltjen*, GG-Kommentar, Art. 6 Rdn. 35; *Richter/Schuppert/Bumke*, Casebook Verfassungsrecht, Art. 6, A.

[112] *Jakobs*, AT, 2.Abschn., Rdn.24 f. hält einen Perspektivewechsel vom Rechtsgut zur Sozialschädlichkeit für notwendig. Letztlich sei die Strafbarkeit immer nur an der Sozialschädlichkeit auszurichten. Andererseits verspreche es aber keinen Gewinn, das Delikt stets durch die Sozialschädlichkeit des Verhaltens ohne Vermittlung über ein Rechtsgut zu bestimmen. Ohne einen Filter der Sozialschädlichkeit sei nicht auszukommen. Die Verfestigung in Gütern (= der Filter Rechtsgut) habe die Funktion, die Frage nach der konkreten Sozialschädlichkeit jeder einzelnen Gutsverletzung durch Verweis auf die generelle Wichtigkeit des Guts abzuschneiden (im Extremfall: Bei einer Tötung soll die Frage nach dem sozialen Wert des Getöteten nicht aufgeworfen werden). Straftatbestände könnten - je nachdem welchen Filter der Sozialschädlichkeit sie passieren - in (1) Normen, die Rechtsgüter schützen, (2) Normen zur Herstellung von Rechtsgütern (=Sonderdelikte und eigenhändige Delikte) sowie (3) Normen, die ohne Vermittlung über den Güterschutz direkt den sozialen Frieden schützen sollen, eingeteilt werden.

Es fragt sich also, worin die spezifische Sozialgefährlichkeit der Tathandlungen der §§ 284 ff. StGB liegt bzw. ob es überhaupt eine solche gibt. Dabei ergeben sich insbesondere bei den einzelnen Tatvarianten des § 284 StGB (= beim Veranstalten eines öffentlichen Glücksspiels nach § 284 I, beim Veranstalten eines nichtöffentlichen[113] Glücksspiels i.S.v. § 284 II, bei der gewerbs- bzw. bandenmäßigen Tatbegehung gem. § 284 III und bei der unerlaubten Werbung nach § 284 IV), bei der Beteiligung am illegalen Glücksspiel gem. § 285 StGB und bei der unerlaubten Veranstaltung einer Lotterie oder Ausspielung gem. § 287 StGB unterschiedliche Aspekte, so dass diese Punkte im Folgenden getrennt abgehandelt werden.

aa) Die Tatvarianten des § 284 StGB

(1) zu § 284 I StGB:

Es gibt vielfältige Erklärungen dafür, warum die **Veranstaltung** eines öffentlichen Glücksspiels ohne staatliche Genehmigung als sozialgefährlich pönalisiert wird. Insbesondere die Gefahren, die vom illegalen Glücksspiel ausgehen, werden vielfach beschworen.

Bereits *Kriegsmann*[114] hat - vor allem im Hinblick auf den Vermögensschutz - als die wichtigsten gesetzgeberischen Prinzipien bei der Tatbestandsbildung der Glücksspieldelikte den Verleitungs-, den Ausbeutungs- und den Betrugsgedanken benannt:

Wer ein Glücksspiel veranstaltet, verleitet andere zum vermögensgefährdenden Spiel. Das bloße Verleiten eines anderen zu riskanten Vermögensdispositionen (ohne zu täuschen), erscheint für sich allein jedoch noch nicht als strafwürdig. Dieser Vorgang spielt sich - ohne strafbar zu sein - im Geschäftsleben[115] praktisch täglich ab.

Selbst Entkriminalisierungsbefürworter[116] des Glücksspielstrafrechts gestehen zu, dass die akute Gefahr der Ausbeutung eines bestimmten Spielertyps (= des Unerfahrenen, des Leichtsinnigen oder von Jugendlichen) durch einen ihm diesbezüglich Überlegenen den Kern eines echten kriminellen Delikts bilden könnte. Als ein solcher Ausbeuter kommt vor allem der gewerbsmäßige Spieler in Betracht, dessen Verhalten bis 1975 einer gesonderten Strafnorm (§ 285 StGB a.F.) unterlag. Ein so formulierter Ausbeutungsgedanke trägt spätestens seit Streichung dieser Vorschrift die §§ 284 ff. StGB nicht mehr, da das Gesetz insofern nicht differenziert.[117] Wäre der Strafgrund der §§ 284 ff. StGB in der Ausbeutung einer Schwä-

---

[113] In Vereinen und geschlossenen Gesellschaften veranstaltete Glücksspiele gelten lediglich kraft gesetzlicher Fiktion als „öffentlich", begrifflich-tatsächlich (und allein darauf kommt es hier an) hingegen sind sie nichtöffentlich veranstaltete Glücksspiele.

[114] *Kriegsmann*, S.380 f..

[115] Man halte sich folgendes Beispiel vor Augen: Ein allein verdienender Arbeitnehmer möchte mit seiner Ehefrau zusammen für seine 4-köpfige Familie ein Wohnhaus errichten. Er erkundigt sich bei seiner Hausbank nach der finanziellen Realisierbarkeit seines Wunsches. Obwohl der beratende Bankangestellte erkennt, dass die Eigenkapitaldecke der Familie sehr dünn ist und die Chancen für eine erfolgreiche Realisierung des Vorhabens ungefähr 50:50 stehen, verleitet er die Eheleute zum Vertragsabschluss, um dieses Kreditgeschäft für seine Bank zu sichern.

[116] Vgl. *Lange*, GA 1953, 3, 9; *ders.*, in: Dreher-FS, S. 573, 576 f..

[117] *Belz*, S. 41.

chesituation zu sehen, müssten solche Merkmale zu Tatbestandsmerkmalen erhoben werden.[118]

Der Ausbeutungsgedanke knüpft bei § 284 I StGB vielmehr an die „Ausbeutung der natürlichen Spielleidenschaft" an, die als ein durch das Risiko bedingter Rauschzustand durchaus in der Lage ist, die Urteilsfähigkeit des Spielers herabzusetzen oder auszuschalten. Jedoch darf nicht übersehen werden, dass jeweils im Regelfall eine wirksame Einwilligung aller Beteiligten vor Spielbeginn vorliegt. Diese Einwilligung ist auch nicht wegen der besonderen Reiz- oder Lustsituation als unbeachtlich zu behandeln, da diese gesteigerte Reizwirkung, die erst durch das Spielen selbst vermittelt wird, im Zeitpunkt der Einwilligung noch gar nicht besteht.[119] Allenfalls bei pathologisch Spielsüchtigen könnte die Wirksamkeit der erteilten Einwilligung vor Spielbeginn im Einzelfall fraglich sein. Jedenfalls vermag der Ausbeutungsgedanke die Strafbarkeit der Veranstaltung von illegalen Glücksspielen in der geltenden Fassung nicht umfassend zu rechtfertigen.

Nach dem Betrugsgedanken liegt die Sozialgefährlichkeit des illegalen Glücksspiels vor allem in der Möglichkeit der Manipulation[120] des Spielergebnisses. Es wird behauptet, dass jedem derartigen Spiel wenigstens die Tendenz zum Falschspiel und damit zu einem Delikt der Betrugsgruppe innewohne,[121] oder dass nach der Lebenserfahrung früher oder später Falschspiel und Betrügereien in besonderem Maß zu besorgen seien.[122] Die Strafbestimmungen gegen das unerlaubte Glücksspiel hätten also den Sinn, dem Beteiligten wenigstens das „Glück" mit seiner - bestenfalls bestehenden - 50:50-Chance zu sichern und ihn vor einem „corriger la fortune" durch den Veranstalter bzw. die anderen Mitspieler zu bewahren,[123] indem sie einen ordnungsgemäßen Spielablauf sicherten.[124] Soweit durch die §§ 284 ff. StGB das Spielervermögen geschützt werden soll, steht somit neben dem bei pathologisch Spielsüchtigen relevanten Ausbeutungsgedanken vor allem der Betrugsgedanke im Vordergrund. Aber auch wenn man in Rechnung stellt, dass die Gefahr betrogen zu werden beim unerlaubten Glücksspiel in erhöhtem Maße besteht, so trifft der Betrugsgedanke trotzdem nicht den Kern der Sozialgefährlichkeit der §§ 284 ff. StGB. Denn von diesen Tatbeständen wird das Falschspiel nicht erfasst und als Schutzvorschriften im Vorfeld des Falschspiels sind auch keineswegs Straftatbestände nötig,[125] da die von der nachträglichen Pönalisierung des Falschspiels gemäß § 263 StGB ausgehende generalpräventive Wirkung stark genug ist, um vor derartigen Manipulationen abzuschrecken.

---

[118] *Lange*, GA 1953, 3, 9.

[119] *Belz*, S. 41 f. m.w.N..

[120] *Amend*, in: Ulsamer, Lexikon des Rechts, S.367, der jedoch die Einstufung des staatlich nicht kontrollierten Glücksspiels als kriminelles Unrecht auch noch mit dem Ausbeutungsgedanken rechtfertigt.

[121] *Sauer*, Kriminalsoziologie, § 45 I 1, S.552.

[122] VGH Baden-Württemberg GewArch 1990, 149, 151.

[123] *Maurach/Schroeder/Maiwald*, § 44 Rdn.3.

[124] Sch/Sch-*Eser/Heine*, § 284 Rdn.1; *Lange*, in: Dreher-FS, S.582 sehen darin sogar den einzigen Sinn der §§ 284 f. StGB.

[125] So zutreffend *Otto*, BT, § 55 I 1.

Das unerlaubte Glücksspiel darf jedoch nicht nur isoliert unter dem Aspekt des Individualvermögensschutzes betrachtet werden. Vielmehr sind auch seine negativen gesellschaftlichen Auswirkungen zu berücksichtigen.

Es ist eine typische Begleitkriminalität, die in einem engen Zusammenhang mit dem Nachtgewerbe und der damit verbundenen kriminellen Szene steht. Häufig werden aus Straftaten stammende Einnahmen von diesem Personenkreis mit Gewinnen aus Glücksspielen erklärt. Auch die Teilnahme an unerlaubten Glücksspielen wird oft genutzt, um Geld zu „waschen".[126] Deshalb besteht ein öffentliches Interesse, das Abrutschen des Glücksspielwesens in ein kriminelles Milieu und die organisierte Kriminalität mit ihren schweren Nachteilen für Staat und Gesellschaft zu vermeiden.[127]

Als weitere Gefahr des Glücksspiels wird beschrieben, dass es kriminogen sei. Es sei der Herd einer ganzen Reihe anderer Delikte.[128] *Sauer*[129] bezeichnet die Spielerkreise als Brutstätten schwerster Laster und schwerer chronischer Kriminalität. Das Spiel begünstige selbst ein scheinbar so fern liegendes Verbrechen wie Mord. Auch der VGH Baden-Württemberg spricht in einer Entscheidung[130] davon, dass mit der Veranstaltung unerlaubter Glücksspiele eine typischerweise zu erwartende Beschaffungs- und Folgekriminalität[131] einherzugehen pflege. Mit dem Begriff Beschaffungskriminalität sind vor allem jene Fälle einer „Spielsucht" mit pathologischen Zügen gemeint, in denen der Spieler in den finanziellen Ruin treibt und in der Folge Vermögensstraftaten begeht, um an das Geld für weitere Spieleinsätze zu kommen.[132]

Auch die Gefahr des Verlusts der wirtschaftlichen Existenzgrundlage für den Spieler und seine Familie durch die rücksichtslose Ausbeutung von pathologisch Spielsüchtigen ist hier zu nennen.

Das in § 284 I StGB pönalisierte „Veranstalten" eines illegalen Glücksspiels ist deshalb in hohem Maße sozialgefährlich. Der Veranstalter ist strafwürdig, weil er andere zu staatlich nicht kontrolliertem Glücksspiel verleitet - hier liegt der eigentliche Anwendungsbereich des Verleitungsgedankens. Wenn der Glücksspielmarkt dem unkontrollierten Wettbewerb priva-

---

[126] *Füllkrug*, KR 1990, 101.

[127] So ausdrücklich die Stellungnahme der Bundesregierung im Schindler-Verfahren vor dem EuGH: vgl. z.B. *Ossenbühl*, VerwArch. 86 (1995), 187, 193 f..

[128] *Sauer*, Kriminalsoziologie, § 45 I 4 a, S.551.

[129] *Sauer*, aaO., S.559.

[130] VGH Baden-Württemberg GewArch 1990, 149, 151.

[131] Ähnlich *Moser/Zoller*, KR 1974, 415: die daraus resultierenden Nachfolgedelikte zeigten, wie sehr auch hier Wurzeln der Kriminalität zu suchen sind; auch *Sielaff*, KR 1985, 577, 578 spricht davon, dass besonders mit der Rauschgiftkriminalität und dem illegalen Glücks- und Falschspiel eine Beschaffungs- und Folgekriminalität verbunden sei. Das Vergnügungsmilieu Hamburgs - das er beschreibt - ziehe durch Geschäfte mit dem Sex, der Spielleidenschaft und der Drogensucht Kriminelle aller Couleurs an.

[132] *Füllkrug*, KR 1990, 101; Im Teil C. dieser Arbeit wird ausführlich auf die Frage eingegangen, inwieweit „Spielsucht" ein strafausschließender bzw. strafmildernder Umstand i.S.d. §§ 20, 21 StGB bei der Begehung von Beschaffungsdelikten sein kann.

ter Veranstalter überlassen würde, würde dies ein hohes Gefahrenpotenzial für eine Vielzahl von bedeutenden Rechtsgütern bedeuten.

Diese Überlegungen gelten für die Tatvarianten des „**Haltens**" eines illegalen Glücksspiels und des „Bereitstellens von Einrichtungen" in gleicher Weise. Die Tatvariante des Haltens weist jedoch im Normalfall einen großen Überschneidungsbereich mit der Tatvariante des Veranstaltens auf. Außerhalb dieses Überschneidungsbereichs besteht keine kriminalpolitische Notwendigkeit den Bankhalter, der das Spiel als qualifizierter Mitspieler selbst leitet und am Spielgewinn beteiligt ist, zusätzlich neben dem Veranstalter als Täter zu bestrafen. Auch wenn er de lege ferenda lediglich als Gehilfe des Veranstalters bestraft wird, kann seine hervorgehobene Position gegenüber anderen Helfern des Veranstalters - wie z.B. Türstehern oder Bouleuren - auf Strafzumessungsebene entsprechend gewürdigt werden. Folglich sollte die entbehrliche Tathandlung des „Haltens" eines Glücksspiels ersatzlos gestrichen werden.

Demgegenüber kann auf die Tatmodalität des **„Bereitstellens von Einrichtungen"** zum illegalen Glücksspiel nicht verzichtet werden. Vielfach wird derjenige, der als Veranstalter verantwortlich und organisatorisch den äußeren Rahmen für die Abhaltung des Glücksspiels schafft, nicht zu ermitteln sein. In diesen Fällen könnte - selbst wenn eindeutige Anzeichen für ein Delikt der organisierten Kriminalität vorliegen sollten - eine Bestrafung der weiteren Beteiligten nach §§ 284, 27 StGB mangels Haupttat nicht erfolgen. Insbesondere im Rahmen einer Polizeirazzia gelingt es den Beteiligten häufig noch, das Spiel rechtzeitig abzubrechen, bevor die Ermittlungsbeamten die Situation „einfrieren" können. Dabei schaffen sie es jedoch in der Kürze der Zeit regelmäßig nicht, sämtliche Spieleinrichtungen beiseite zu schaffen. Die zum selbständigen Tatbestand erhobene Vorbereitungshandlung des „Bereitstellens von Einrichtungen" überwindet hier die bestehenden Beweisschwierigkeiten, wobei insbesondere der Besitzer der Räumlichkeiten, in denen das illegale Glücksspiel stattfindet, als tauglicher Täter in Betracht kommt. Dies ist auch sachgerecht, da ohne seinen Tatbeitrag das sozialgefährliche illegale Glücksspiel nicht stattfinden kann.

(2) zu § 284 Abs. II StGB

In der Literatur wird vor allem die das gewohnheitsmäßig betriebene nichtöffentliche Glücksspiel unter Strafe stellende Bestimmung des § 284 II StGB als für die Streichung reif angesehen,[133] weil insoweit ein Urteil der Sozialschädlichkeit jedenfalls nicht eindeutig belegbar sei.[134] Diese Norm wird von *Lange*[135] sogar als eine zeitgebundene, heute völlig anachronistische Ausnahme[136] von der zu Recht bestehenden traditionellen Straffreiheit des Spiels in geschlossenen Gesellschaften bezeichnet.

---

[133] *Lange*, in: Dreher-FS, 1977, S. 582.

[134] *Berg*, GewArch 1976, 249, 251.

[135] *Lange*, aaO., S.584.

[136] Nach der deutschen Rechtstradition sei diese Art des Spiels ursprünglich straffrei gewesen. Aufgrund einmaliger Ausnahmebedingungen nach dem 1.Weltkrieg - vgl. dazu oben B.I. - sei mit dieser Überlieferung gebrochen worden (so *Lange*, aaO., S.582).

Die Streichungsforderung wird folgendermaßen begründet:[137] dem Glücksspiel in geschlossener Gesellschaft hafte ebenso wenig wie dem Spiel als solchem ein sozialethischer Unwert[138] an, zumal beide aus der gleichen anthropologischen Wurzel, dem unausrottbaren Spieltrieb des Menschen entstanden seien. Vielmehr gehöre es dem grundgesetzlich durch Art. 2 I GG verbürgten Bereich der freien Entfaltung der Persönlichkeit an. Betrug und Falschspiel seien gerade in Vereinen und geschlossenen Gesellschaften nicht zu erwarten, weil hier die Mitglieder untereinander bekannt und verbunden seien. Die beim öffentlichen und vor allem beim gewerbsmäßigen Glücksspiel bestehende Gefahr, dass die Unerfahrenheit des Anfängers und Außenseiters ausgebeutet werde, treffe überdies im Fall des § 284 II StGB nicht zu. *Belz*[139] sieht das private Glücksspiel im Familien- oder Freundeskreis - unabhängig davon, ob nur gelegentlich oder gewohnheitsmäßig gespielt wird - durch Art. 2 I GG als vor staatlichem Zugriff geschützt an und ist deshalb der Auffassung, dass die in § 284 II StGB fingierte Öffentlichkeit im Lichte verfassungsrechtlicher Betrachtung keinen Bestand haben könne.

Die verfassungsrechtliche Kritik übersieht jedoch, dass die Betreiber illegaler Spielklubs in der Praxis ihre Etablissements dadurch gegen polizeiliche Observierungsversuche zu schützen versuchen, dass sie sie als Vereine oder geschlossene Gesellschaften tarnen, bei denen der Zutritt durch einen Türsteher überwacht wird. Im Falle einer Streichung der Fiktion des § 284 II StGB würden für die Ermittlungsbehörden erhebliche Beweisschwierigkeiten hinsichtlich des Tatbestandsmerkmals „öffentlich" entstehen, da im Einzelfall nachgewiesen werden müsste, dass die Spielteilnahme nicht nur einem bestimmten, fest abgeschlossenen Personenkreis offen stand. Diese Beweisschwierigkeiten würden dazu führen, dass der Grundtatbestand des § 284 I StGB weitgehend leer laufen würde, da die Schutzbehauptung der privaten Glücksspielveranstalter, es habe sich um eine nichtöffentliche Veranstaltung gehandelt, in der Praxis kaum je zu widerlegen sein dürfte. Art. 2 I GG wird u.a. durch die verfassungsmäßige Ordnung eingeschränkt, d.h. durch die Gesamtheit der Rechtsnormen, die ihrerseits formell und materiell der Verfassung gemäß sind.[140] Durch die Rechtsnorm des § 284 II StGB werden die allgemeine Handlungsfreiheit bzw. das durch Art. 1 I i.V.m. Art. 2 I GG geschützte allgemeine Persönlichkeitsrecht (Privatsphäre) nicht unverhältnismäßig eingeschränkt. Die Regelung ist vielmehr geeignet und erforderlich, um das gewohnheitsmäßige Glücksspiel unter staatliche Kontrolle zu bekommen. Bei verfassungskonformer Auslegung greift sie auch nicht in den „unantastbaren Bereich privater Lebensgestaltung" ein, auf den der Staat nicht einwirken darf.[141] Im engsten Familienkreis i.S.v. Art. 6 I GG werden kaum jemals gewohnheitsmäßige Glücksspielabende mit echten wechselseitigen Vermögensverschiebungen stattfinden. Da hier die Gefahren des öffentlichen Glücksspiels - insbesondere Existenzvernichtung durch hohe Spielverluste, Spielsucht und Beschaffungskriminalität - nicht zu besorgen sind, ergibt sich im Wege einer teleologischen Reduktion, dass insoweit auch bei Verwirklichung des Wortlauts des § 284 II StGB keine Strafbarkeit eintreten kann.

---

[137] Vgl. zum Folgenden *Lange*, aaO., S.582; *Berg*, GewArch 1976, 249, 250.

[138] Nach *Berg*, MDR 1977, 277 ist vielmehr die allgemeine gesellschaftliche Bewertung des Glücksspiels - im Einklang mit der ausufernden Propagierung staatlich verordneter oder zugelassener öffentlicher Lotterien - recht vorurteilsfrei.

[139] *Belz*, S. 83 ff..

[140] St. Rspr. des BVerfG: vgl. z.B. BVerfGE 6, 37 f.; 50, 262; 75, 148.

[141] Vgl. hierzu BVerfGE 34, 238, 245; 80, 367 ff. jeweils m.w.N..

Hingegen ist das Glücksspiel im Freundeskreis nicht mehr dem staatlich unantastbaren Kernbereich privater Lebensgestaltung zuzurechnen, da hier die Sphäre anderer bereits deutlich berührt ist. Beim gewohnheitsmäßigen Glücksspiel im engeren Freundeskreis wird jedoch regelmäßig eine Einstellung wegen Geringfügigkeit gem. § 153 StPO in Betracht kommen, falls die eingetretenen Spielverluste nicht zu hoch sind.[142] Entgegen anders lautender Stimmen in der Literatur ist somit eine Streichung des § 284 II StGB verfassungsrechtlich nicht geboten. Vielmehr sollte § 284 II StGB zur Vermeidung von Beweisschwierigkeiten in der bisherigen Form bestehen bleiben.

(3) zu § 284 III StGB:

Sowohl die gewerbsmäßige als auch die bandenmäßige Begehung indiziert bei der milieutypischen Straftat des Veranstaltens eines illegalen Glücksspiels den Verdacht, dass es sich hier um Täter handelt, die der organisierten Kriminalität zuzurechnen sind. Aufgrund dieses OK-Bezuges bestehen keine Zweifel an der Strafwürdigkeit dieses Qualifikationstatbestandes.

(4) zu § 284 IV StGB:

Wer für ein staatlich nicht kontrolliertes Glücksspiel wirbt, verleitet andere dazu, am sozialgefährlichen illegalen Glücksspiel teilzunehmen. Strukturell wird hier eine klassische Beihilfehandlung im Vorfeld des Veranstaltens zum eigenen Tatbestand hochgestuft. Das strafbewehrte Werbungsverbot richtet sich in erster Linie „aus praktischen Gründen" gegen in Deutschland handelnde Gehilfen ausländischer Glücksspielunternehmer, die z.B. via Internet eine Spielteilnahme ermöglichen. Dabei kann bereits fraglich sein, ob hier die für die materielle Legitimation einer Strafnorm notwendige besondere sozial-ethische Verwerflichkeit des pönalisierten Verhaltens gegeben ist.[143] Im Hinblick auf das Verleiten zu sozialgefährlichem unkontrollierten Glücksspiel, das im Inland vor allem durch die Aktivitäten des Werbenden erfolgt, kann das Werbeverhalten jedoch als strafwürdig angesehen werden.

bb) Die Tathandlung des § 285 StGB:

Im Hinblick auf die Strafnorm des § 285 StGB wird vielfach[144] die Auffassung vertreten, dass die Beteiligung am illegalen Glücksspiel nicht ins Strafgesetzbuch gehöre, sondern zur Ordnungswidrigkeit degradiert werden oder sogar völlig sanktionslos bleiben müsste. Insbesondere diejenigen, die die Glücksspieltatbestände allein als Vorschriften zum Schutz gegen

---

[142] AA *Belz*, S. 84, der auch für das private Glücksspiel im Freundeskreis eine teleologische Reduktion des § 284 II StGB befürwortet, dabei jedoch übersieht, dass auch beim gewohnheitsmäßigen Glücksspiel im Freundeskreis erhebliche Verlustgefahren entstehen können und das Bestehen eines Freundeskreises dann zur regelmäßigen Schutzbehauptung einer ertappten gewohnheitsmäßigen Spielerrunde avancieren dürfte.

[143] Insoweit verneinend *Wrage*, ZRP 1998, 426, 428.

[144] *Rudolf Schmitt*, in: Maurach-FS, 1972, S. 113, 114; *Peters*, ZStW 77 (1965), 482; *Lange*, in: Dreher-FS, 1977, S. 573, 579.

Vermögensgefährdung ansehen, erblicken in § 285 StGB die Pönalisierung einer Selbstgefährdung, die sonst nach den Bestimmungen des StGB stets straflos bleibt.[145]

Es gibt jedoch auch Stimmen in der Literatur,[146] die eine Ausweitung der Strafnorm des § 285 StGB auch auf Teilnehmer an einer illegalen Lotterie vorschlagen.

Das Verhalten des einfachen Mitspielers, der sich lediglich am illegalen Glücksspiel beteiligt, ist im Regelfall nicht strafwürdig. Zwar verleitet auch der Spieler selbst andere dazu, sich ebenfalls an staatlich nicht kontrolliertem Glücksspiel zu beteiligen. Sein Verleitungsbeitrag ist jedoch - im Gegensatz zu dem des Veranstalters - graduell nicht erheblich. Die Bestrafung des Spielers läuft letztlich auf eine Kriminalisierung des Opfers des illegalen Glücksspielveranstalters hinaus.

Lediglich der gewerbsmäßige Spieler wird - sogar von den Befürwortern[147] einer Entkriminalisierung des Glücksspielstrafrechts - als gefährlich angesehen. Bei ihm und nur bei ihm könne man davon ausgehen, dass er andere ausbeuten will. Darüber hinaus sei bei ihm immer damit zu rechnen, dass er zum Falschspiel übergeht.

cc) Die Tatvarianten des § 287 StGB:

(1) zu § 287 I StGB:

Die unerlaubte Veranstaltung von Lotterien bzw. Ausspielungen i.S.v. § 287 StGB wird vielfach als gegenüber dem § 284 StGB geringer strafwürdige Deliktsart angesehen. Diese Auffassung wird vor allem damit begründet, dass bei Lotterie und Ausspielung die mit dem Glücksspiel gewöhnlich verbundenen wirtschaftlichen Schäden in geringerem Grade hervortreten würden,[148] und zwar weil hier der Gefährdungsfaktor der Spielleidenschaft eine geringere Rolle spiele.[149] Weshalb die Spielleidenschaft in diesen Fällen in geringerem Grad erregt wird, wird auf verschiedene Ursachen zurückgeführt: Zunächst auf die Tatsache, dass zwischen den Einsätzen und den einzelnen Losziehungsakten ein längerer Zeitraum liege.[150] Dies ist zwar die Regel, muss aber nicht notwendig der Fall sein, wie das Beispiel der Rubbellotterie „Astrolos" der Bayerischen Staatlichen Lotterieverwaltung zeigt, bei der für einen Lospreis von 1 € Sofortgewinne von bis zu 250.000,- € möglich sind.[151] Auch durch die Aufstellung des zu diesem Tatbestand gehörenden „festen Spielplans" werde die Spielleiden-

---

[145] Vgl. z.B. *Rudolf Schmitt*, aaO..

[146] So z.B. *Adams/Tolkemitt*, ZBB 2001, 170, 183 f., die im Übrigen für eine weitgehende Privatisierung des Glücksspielwesens mit staatlicher Regulierungsaufsicht eintreten.

[147] *Lange*, in: Dreher-FS, 1977, S. 573, 576 f..

[148] RGSt 12, 388, 390.

[149] *Goldmann*, S.202.

[150] RGSt aaO..

[151] Vgl. zur Einführung des Astroloses: „SPIEL MIT", sog. Glücksmagazin (hrsg. von der Staatlichen Lotterieverwaltung München), Nr.43/1994, S.16.

schaft wenn nicht ausgeschaltet, so doch zumindest stark beschränkt.[152] Nach Auffassung von *Ossenbühl*[153] sind deshalb eine ganze Reihe von Erwägungen, die für Glücksspiele zutreffen, auf öffentliche Lotterien unanwendbar. Dazu rechnet er insbesondere

- den Schutz vor Manipulationen im Spiel,
- das Abrutschen in ein kriminelles Milieu und in die organisierte Kriminalität,
- das Anheizen der Spielleidenschaft und
- die Gefährdung der wirtschaftlichen Existenzgrundlage des Einzelnen.

Der Ansatz *Ossenbühls* verkennt jedoch die Weite des Gefahrenspektrums der Lotterien.[154] Im Ergebnis ist die Veranstaltung einer illegalen Lotterie oder Ausspielung nicht weniger strafwürdig als die Veranstaltung eines illegalen Glücksspiels im engeren Sinne. Der Veranstalter einer illegalen Lotterie schafft durch die Veranstaltung eines staatlich nicht kontrollierten, vermögensgefährdenden Glücksspiels im weiteren Sinne ebenfalls erhebliche Gefahren sowohl für den einzelnen Mitspieler als auch für die Allgemeinheit. Eine geringere Anstachelung der Spielleidenschaft ist mit den Lotterien und Ausspielungen nicht zwangsläufig verbunden. Die Möglichkeit, Einsätze online oder per Internet zu platzieren, bietet den Mitspielern vielfach noch bis kurz vor der Ziehung die Teilnahmegelegenheit. Durch eine gesteigerte Ziehungsfrequenz, Lotterien mit sofortigem Gewinnentscheid, die Veranstaltung von Zusatzlotterien oder -ausspielungen und vor allem die Bildung von verlockenden Jackpots können auch Lotterieveranstalter die Spielleidenschaft des Publikums anheizen. Im Übrigen sind die Manipulationsmöglichkeiten bei Lotterien nicht geringer als bei den übrigen Glücksspielen. Deshalb bestehen an der Strafwürdigkeit der Veranstaltung einer illegalen Lotterie oder Ausspielung keine Zweifel.

(2) zu § 287 II StGB:

Die Ausführungen zu § 284 IV StGB[155] gelten für § 287 II StGB sinngemäß. Die Strafwürdigkeit ist also auch für diesen Tatbestand zu bejahen.

---

[152] Vgl. *Sauer*, Kriminalsoziologie, § 45 I 4 b, S.559, Fußnote 207.

[153] *Ossenbühl*, VerwArch 86 (1995), 187, 194.

[154] Ebenso ausdrücklich *Voßkuhle*, VerwArch 87 (1996), 395, 412 m.w.N. in Fn. 79: „Richtig ist sicherlich, daß das Ausfüllen eines Lottoscheines insoweit von der klassischen Spielsituation am Roulettetisch abweicht, als dort in kurzer Zeitfolge Gewinne bei jeweils hohen Einzeleinsätzen ausgespielt werden und dem Spieler dementsprechend wenig Zeit zum Überlegen bleibt, ob und mit welchem finanziellen Risiko er sich am Spiel beteiligen will. Ferner mögen die spezifische Atmosphäre und das Umfeld einer Spielbank dazu beitragen, die Spielleidenschaft zu beflügeln und trotz besonderer Kontrollmaßnahmen Anreize für Manipulationen und Anschlusskriminalität schaffen. Gleichzeitig darf aber nicht übersehen werden, daß die erheblich beschränkte räumliche Zugriffsnähe bei Spielbanken häufiges Spielen wesentlich erschwert. Im Gegensatz dazu kann die Chance, entgegen rationaler Wahrscheinlichkeit Lotto-Millionär zu werden, bei jeder Annahmestelle sofort - und mit praktisch unbegrenztem Einsatz - ergriffen werden. Gerade in dieser alltäglichen Versuchung, das Glück mit immer neuen Zahlensystemen und Tippstrategien „zu erzwingen", liegen die besonderen Gefahren des Lotteriespiels, die es rechtfertigen, auch in diesem Bereich repressive Verbote zu statuieren."

[155] Vgl. oben B.III.3.5.c.aa.(4).

d) Strafbedürftigkeit

Nachfolgend wird die Grundsatzfrage erörtert, ob weiterhin ein Strafbedürfnis für das Verleiten zum illegalen Glücksspiel gem. §§ 284 ff. StGB besteht oder ob diese Strafnormen von präventiven Erlaubnisregelungen mit Ordnungswidrigkeitensanktion abgelöst werden sollten, die zu einem freien Wettbewerb zwischen staatlichen und privaten Glücksspielanbietern führen würden (unten aa.). Unabhängig von dieser Grundsatzfrage wird anschließend für die einzelnen Tatvarianten der §§ 284, 285 bzw. 287 StGB - sofern sie oben als strafwürdig eingestuft wurden - untersucht, ob insoweit auch ein Strafbedürfnis fortbesteht (unten bb.). Es wird also geprüft, ob andere, weniger gravierende Eingriffe als die Pönalisierung der Verhaltensweisen zur Verfügung stehen, insbesondere außerstrafrechtliche Sanktionen, die zumindest den gleichen Erfolg versprechen.

aa) Grundsätzliche Strafbedürftigkeit des Verleitens zum illegalen Glücksspiel gem. §§ 284 ff. StGB

Nach h.M. handelt es sich bei den §§ 284 ff. StGB um repressive Verbotsnormen mit Befreiungsvorbehalt. Fraglich ist, ob im Hinblick auf den primär verfolgten Gesetzeszweck einer staatlichen Kontrolle und Begrenzung des Glücksspielwesens stattdessen nicht auch ein präventives Verbot mit Erlaubnisvorbehalt hinreichend sein könnte. Ein derartiges präventives Verbot könnte - in Anlehnung an die Überlegungen, die *Ossenbühl*[156] im Hinblick auf Lotterien angestellt hat - folgendermaßen ausgestaltet sein: Es bestünde kraft landesrechtlicher Norm eine gebundene und zeitlich befristete Erlaubnis zur Veranstaltung von Glücksspielen mit im Verwaltungsrechtsweg verfolgbarem Rechtsanspruch[157] des privaten Antragstellers, wenn deren Tatbestandsvoraussetzungen (z.B. hinreichendes Bedürfnis für weiteres Glücksspielangebot, persönliche Zuverlässigkeit des Anbieters) erfüllt sind. Durch einen landesrechtlichen Ordnungswidrigkeitentatbestand würde derjenige mit Geldbuße belegt, der ohne solche Erlaubnis Glücksspiele i.w.S. veranstaltet. Die Straftatbestände der §§ 284 ff. StGB wären dann entbehrlich. Durch eine derartige Neuregelung wäre faktisch ein freier Wettbewerb zwischen staatlichen und privaten Glücksspielanbietern um die zeitlich befristeten Glücksspielkonzessionen eröffnet.

Fraglich ist, ob eine solche präventive Erlaubnisregelung mit Ordnungswidrigkeitensanktion ebenso geeignet wäre wie die bestehenden Strafnormen der §§ 284 ff. StGB, um die mit dem illegalen Glücksspiel einhergehenden Gefahren, insbesondere der Beschaffungs- und Folgekriminalität sowie der Spielsucht, zu unterbinden. Hier könnte davon auszugehen sein, dass bei entsprechendem staatlichem Kontrollaufwand und einer restriktiven Konzessions-

---

[156] *Ossenbühl*, VerwArch 86 (1995), 187, 198 ff., 211 f..

[157] Einen Rechtsanspruch auf die Genehmigung und somit einen freien Marktzutritt für private Glücksspielanbieter befürworten auch *Adams/Tolkemitt*, ZBB 2001, 170, 182, wenn der Antragsteller die subjektiven Voraussetzungen der persönlichen Geeignetheit und der notwendigen Fachkunde aufweise. Das Genehmigungsverfahren soll durch ein neu auf Bundes- oder Länderebene zu schaffendes Glücksspielaufsichtsamt durchgeführt werden. Obwohl sie rechtspolitisch für mehr Wettbewerb im Glücksspielwesen und eine weitgehende Privatisierung mit Regulierungsaufsicht eintreten, plädieren *Adams/Tolkemitt*, aaO., S. 183 f. jedoch nicht für die Abschaffung des Glücksspielstrafrechts, sondern schlagen sogar dessen Ausweitung (Erstreckung der Regelung des § 285 StGB auch auf Lotterieprodukte) vor.

vergabe auch ein rein privater Glücksspielmarkt, bei dem der Staat lediglich über eine hohe Abgabenquote an den Erträgen partizipiert, keine Gefahr für die öffentliche Sicherheit darstellen würde. Ob dies tatsächlich der Fall wäre, lässt sich mangels entsprechenden empirischen Datenmaterials nicht belegen, erscheint aber aufgrund des Beispiels des US-Bundesstaats Nevada nicht unwahrscheinlich. Vor allem im Hinblick auf die Glücksspielvorschriften anderer europäischer Staaten[158] und die Rechtsprechung des BVerfG[159] ist hier jedoch dem deutschen Gesetzgeber eine weite Einschätzungsprärogative einzuräumen, wie er seine Schutzpflicht erfüllen will. Seine Entscheidung, durch ein staatliches Glücksspielangebot und ein repressives strafrechtliches Glücksspielveranstaltungsverbot zu verhindern, dass Glücksspiele zu einer Quelle persönlicher Bereicherung werden, ist deshalb jedenfalls solange zu akzeptieren, als es ihm tatsächlich darum geht, das Glücksspiel aufgrund seiner Folgegefahren einzudämmen und unter seine Kontrolle zu nehmen. Dem entspricht auch die Rechtsprechung des EuGH, wonach die Finanzierung sozialer Aktivitäten aus den Erträgen der Glücksspielveranstaltung nur eine erfreuliche Nebenfolge, nicht aber der eigentliche Grund der betriebenen restriktiven Politik sein dürfe.[160] Letztlich sei es Sache der nationalen Gerichte, die Glücksspielbeschränkungsvorschriften daraufhin zu überprüfen, ob sie wirklich den Zielen dienen, mit denen sie gerechtfertigt werden können, und ob die in ihnen enthaltenen Beschränkungen nicht außer Verhältnis zu diesen Zielen stehen.[161]

Sobald der Staat seine Glücksspielunternehmen nur noch unter dem Fiskalaspekt der maximalen Einnahmeerzielung betreibt, könnten somit die Strafnormen gegen das illegale Glücksspiel ihre Rechtfertigung verlieren.[162] Denn die Funktion einer Strafrechtsnorm darf sich nicht nur darauf beschränken, die staatliche Gewinnerzielung vor privater Konkurrenz zu schützen.[163] Die derzeitige Situation, die von einem immer größer werdenden und zudem heftig beworbenen staatlichen Glücksspielangebot geprägt ist, lässt es bereits als zweifelhaft erscheinen, ob der Staat seine o.g. Aufgaben noch wahrnimmt.

Die Befürworter einer Liberalisierung des Glücksspielmarktes und einer Entkriminalisierung der Glücksspieltatbestände werfen dem Staat - d.h. den Bundesländern, in deren Kassen letztlich sowohl die Gewinne der von ihnen beherrschten Glücksspiel- und Lotterieunternehmen als auch im Wesentlichen die Lotteriesteuern und Spielbankabgaben fließen - vor, er verfolge auf dem Glücksspielmarkt rein fiskalische Zwecke[164] und das offiziell vorgebrachte Motiv der Eindämmung und Kontrolle des Glücksspiels wegen dessen Gefahren für die öf-

---

[158] Vgl. oben B.III.3.4..

[159] BVerfG GewArch 2001, 61, 63; vgl. bereits oben B.II.2.1.c.cc.(1).

[160] EuGH GewArch 2000, 19, 21, Rdn. 36.

[161] EuGH GewArch 2000, 19, 21, Rdn. 37.

[162] Ähnlich - allerdings unter europarechtlichen Aspekten - *Voßkuhle*, VerwArch 87 (1996), 395, 425: „... dürften die bestehenden Regelungen im Glücksspielrecht jedenfalls solange gerechtfertigt sein, wie der Gesetzgeber plausibel darlegen kann, daß er mit seiner Regelung nicht primär fiskalische Zwecke verfolgt." Verfassungsrechtlich wäre überdies die Gewinnerzielung durch den Staat ein illegitimer Gesetzeszweck des Glücksspielverbots, der in keiner Weise einen Eingriff in die durch Art. 12 I GG verbürgte Berufsfreiheit rechtfertigen könnte (so *Papier*, in: Stein-FS, 1997, 544, 555; ihm folgend *Thiel*, GewArch 2001, 102, 109).

[163] So zutreffend *Odenthal*, GewArch 2001, 276, 281.

[164] Etwas vorsichtiger drückt sich *Otto*, BT, § 55 I 1, aus: Die Vorschrift des § 284 StGB begründe „...den Verdacht, daß hier staatliche Einnahmequellen strafrechtlich garantiert werden."

fentliche Sicherheit sei nur vorgeschoben. Entsprechende Bekundungen des Staates würden wie Lippenbekenntnisse anmuten, um sich lästige private Konkurrenz vom Leib zu halten.[165] Für diese Sichtweise der Liberalisierungsbefürworter lässt sich eine Reihe von Argumenten anführen:

Der Staat habe im Laufe der vergangenen Jahrzehnte immer mehr Ausnahmen vom grundsätzlichen Glücksspielverbot zugelassen, wofür die Entwicklung auf dem Spielbankenbereich symptomatisch sei. Vor dem zweiten Weltkrieg habe es in Deutschland fünf Spielbanken in Kurorten gegeben, heute hingegen über fünfzig, die sich zunehmend in Großstädten befänden.[166]

Indiz für den Primat des Fiskalinteresses ist der in den letzten Jahren erheblich gestiegene Werbeaufwand der staatlichen Glücksspielunternehmen (z.B. Internetauftritte, eigene Fernsehshows), die ja eigentlich Instrumente sein sollen, um für die Betätigung der Spielleidenschaft ein kontrolliertes Ventil zu öffnen, und diese nicht zusätzlich anheizen sollen. Vereinzelte Bestrebungen ausländischer Anbieter, in den deutschen Glücksspielmarkt einzudringen, sei für diese erhöhten Marketinganstrengungen keine hinreichende Erklärung, zumal der Markteintritt derartiger Anbieter regelmäßig an den bestehenden rechtlichen Hürden scheiterte.

Im Hinblick auf Sportwetten spricht *Rausch* davon, dass angesichts der immensen Einnahmen ein anderer Zweck als die Einnahmeerzielung kaum vorstellbar erscheine, jedenfalls nicht überwiege.[167] Zudem sieht er eine Monopolisierung des Glücksspielbetriebs durch den Staat als ungeeignetes Mittel i.S.d. Art. 12 I GG an, um die Spielsucht einzudämmen.[168]

Demgegenüber sprechen folgende Aspekte dafür, dass der Staat seine Aufgabe, das Glücksspiel zu kontrollieren und einzudämmen, nach wie vor wahrnimmt, und deshalb der Fortbestand der Normen des Glückspielstrafrechts jedenfalls derzeit noch gerechtfertigt ist:

Wenngleich fiskalische Interessen nicht geleugnet werden, stellten Bundes- und Landesgesetzgeber[169] bislang stets die Ziele der Gefahrenabwehr durch staatliche Kontrolle in den Vordergrund.[170] Auch bei der Einführung neuer Glücksspielangebote hat die Politik stets die staatliche Kontrollaufgabe betont. So z.B. bei der Einführung der Oddset-Sportwette, die 1999 zuerst in Bayern eingeführt wurde und als Reaktion auf das grenzüberschreitende Sportwettangebot eines privaten österreichischen Wettunternehmens zu sehen ist.[171] Ange-

---

[165] *Wrage*, ZRP 1998, 426, 428.

[166] Vgl. z.B. *Odenthal*, GewArch 2001, 276, 280.

[167] *Rausch*, GewArch 2001, 102, 106.

[168] *Rausch*, GewArch 2001, 102, 109.

[169] Vgl. z.B. BT-Drs. 13/8587; bayer. LT-Drs. 14/219; hess. LT-Drs. 14/4014; nds. LT-Drs. 13/2730; sächs. LT-Drs. 2/8748.

[170] *Tettinger* DVBl. 2000, 868, 870.

[171] Im Rahmen der Plenardebatte über das Bayerische Staatslotteriegesetz, durch das u.a. eine sichere Rechtsgrundlage für die Veranstaltung der Oddset-Sportwette geschaffen wurde, führte Bayerns Finanzminister *Faltlhauser* u.a. Folgendes aus: „Wir wollen Lotterien und Wetten auf keinen Fall in private Hände geben, weil wir den Bereich in Ordnung halten wollen. Wir wollen, daß hier Sauberkeit herrscht. Wenn bei Lotterien und Wetten

sichts des durchaus vorhandenen Gefahrenpotenzials kann nicht unterstellt werden, der Staat verberge lediglich seine wahren Motive.[172]

Zumindest der Freistaat Bayern verzichtet darauf, Spielbanken in Großstädten zu errichten.[173] Aufgrund von Art. 1 I BaySpielbG dürfen Spielbanken nur in anerkannten Heilbädern, Kur- oder Erholungsorten zugelassen werden. Zudem darf gem. Art. 1 II BaySpielbG in einem Regierungsbezirk für jeweils eine Million Einwohner nur eine Spielbank zugelassen werden. Hier findet unter Verzicht auf mögliche zusätzliche Einnahmen eine bewusste Begrenzung des Glücksspielangebots statt.

Ein staatliches Glücksspielangebot, das seiner ordnungspolitischen Aufgabe, keinen Markt für illegale Spielangebote aufkommen zu lassen, gerecht werden will, muss interessant bleiben, innovativ sein und das Maximum an vorhandenem Spielbedürfnis abschöpfen.[174]

Die Tatsache, dass sich bisher in Deutschland keine großen Spielsuchtprobleme und Kriminalzahlen ergeben haben, spricht für die Funktionsfähigkeit der bestehenden staatlichen Kontrolle über den Glücksspielsektor und nicht für eine Abschaffung der Strafbarkeit und eine Liberalisierung und Kommerzialisierung des Glücksspiels.[175]

Schließlich könnte der Staat seine fiskalischen Interessen auch bei völliger Freigabe und größtmöglicher Anheizung des Glücksspiel- bzw. Lotteriemarktes wahren, wenn er einen großen Teil der dann verstärkt zu erzielenden Erträge steuerlich abschöpfte.[176]

Da der Staat seine Aufgabe, das Glücksspiel zu kontrollieren, zu kanalisieren und einzudämmen, nach wie vor tatsächlich wahrnimmt und im Glücksspielbereich keine fiskalische Strategie der maximalen Profiterzielung verfolgt, ist die Strafbedürftigkeit für das Verleiten zum illegalen Glücksspiel i.S.d. §§ 284 ff. StGB somit derzeit - trotz einer bestehenden Tendenz zur Ausweitung und aktiveren Vermarktung des staatlichen Glücksspielangebots - auch im Rahmen der gegenwärtigen monopolistischen Marktstruktur noch zu bejahen. Die Strafnormen der §§ 284 ff. StGB sind nicht etwa ein bei Rechtsbereinigungen vergessenes Relikt,

---

keine Sauberkeit mehr herrscht, sind diese Glücksspiele nicht mehr verantwortbar. Deshalb ist es gut, daß der Bereich in staatlicher Hand bleibt und wir klare gesetzliche Regelungen schaffen." (vgl. Plenarprotokoll 14/15 des Bayerischen Landtags, 14. Wahlperiode, vom 20.04.1999, S. 858 f.).

[172] Vgl. *Tettinger*, DVBl. 2000, 868, 870. Beispielsweise in der Gesetzesbegründung zu Art. 2 des Bayerischen Staatslotteriegesetzes (vgl. bayer. LT-Drs. 14/219 vom 19.01.1999, S.5) wurden das vorhandene Gefahrenpotenzial und der staatliche Kontrollzweck auch deutlich herausgestellt: „Sinn des Gesetzes ist es, dem Wunsch der Bevölkerung nach Spielmöglichkeiten nachzugeben, gleichzeitig aber die damit verbundenen Gefahren (Spielsucht und ihre negativen Auswirkungen wie Zerstörung der Lebensgrundlage und Beschaffungskriminalität, Manipulation, Betrug, Geldwäsche und nichtordnungsgemäße Gewinnauszahlung durch unlautere private Glücksspielveranstalter etc.) möglichst gering zu halten. Als staatlicher Betrieb gewährleistet die Staatliche Lotterieverwaltung eine manipulationsfreie und zuverlässige Durchführung der Glücksspiele ohne eigenes Gewinnstreben. Gleichzeitig kann so sichergestellt werden, daß der gesamte Reingewinn aus den Glücksspielen der Allgemeinheit zugute kommt."

[173] Den Stadtstaaten ist eine derartige örtliche Begrenzung des Glücksspielangebots natürlich nicht möglich.

[174] *Ohlmann*, WRP 1998, 1043, 1047.

[175] *Bargmann-Huber*, BayVBl. 1996, 165, 166.

[176] So *Tettinger*, aaO.

sondern wesentlicher Bestandteil des ordnungspolitischen Systems, Spielmöglichkeiten zu schaffen und gleichzeitig die Gefahren des Glücksspiels weitgehend auszuschließen.[177] Sollte der Staat jedoch künftig sein Glücksspielangebot „zum Stopfen von Haushaltslöchern" wie ein rein ertragsorientierter Unternehmer unter Verzicht auf seine Begrenzungsaufgabe weiter ausweiten,[178] so könnte sehr bald der kritische Punkt erreicht sein, ab dem die Erträge aus der Glücksspielveranstaltung nicht mehr nur „eine erfreuliche Nebenfolge" der restriktiven staatlichen Glücksspielpolitik in Deutschland im Sinne der Rechtsprechung des EuGH[179] darstellen, sondern der reine Fiskalaspekt im Vordergrund steht, wodurch dem geltenden Glücksspielrecht im Rahmen der gegenwärtigen monopolistischen Marktstruktur die materielle Legitimation entzogen würde.[180]

Jedoch müssten ein liberalisierter Glücksspielmarkt und ein etwaiges Ende des staatlichen Glücksspielmonopols keineswegs das Ende des Glücksspielstrafrechts bedeuten.[181] In einem von Privatunternehmern dominierten Glücksspielmarkt wäre das Interesse der Allgemeinheit an einem unter staatlicher Kontrolle und Begrenzung stehenden Glücksspielwesen eher noch stärker ausgeprägt als in der gegenwärtigen Marktstruktur. Eine strafbewehrte staatliche Kontrolle des Glücksspielwesens wäre in einem liberalisierten Glücksspielmarkt das notwendige Korrektiv zum freien Marktzutritt der privaten Anbieter. Dementsprechend wird - unabhängig davon, ob sich der legale Glücksspielmarkt in öffentlichen oder privaten Händen befindet - weiterhin ein Bedürfnis für die Existenz von Glücksspielstrafnormen bestehen, die das Verleiten zum illegalen Glücksspiel pönalisieren.

bb) Die Tatvarianten des § 284 StGB

Unabhängig von der Grundsatzfrage der generellen Strafbedürftigkeit der §§ 284 ff. StGB ist zur Strafbedürftigkeit der einzelnen Tatvarianten des § 284 StGB Folgendes festzustellen:

(1) § 284 Abs. I StGB

Fraglich ist im Hinblick auf § 284 I StGB, ob es erforderlich ist, neben der „Veranstaltung" auch weiterhin das „Halten" eines illegalen Glücksspiels und das „Bereitstellen von Einrichtungen" hierzu zu pönalisieren. Es wurde bereits festgestellt, dass es zwischen den Tathandlungen des „Veranstaltens" und des „Haltens" im Normalfall erhebliche Überschneidungen

---

[177] *Bargmann-Huber*, aaO..

[178] Insbesondere indem für potentielle Mitspieler die Möglichkeit geschaffen wird, via Internet online ohne Limit am Glücksspiel teilzunehmen.

[179] EuGH GewArch 2000, 19, 21, Rdn. 36.

[180] Ähnlich *Voßkuhle*, VerwArch 87 (1996), 395, 426 f., nach dessen Auffassung der Fortbestand des staatlichen Glücksspielmonopols in Deutschland davon abhängt, inwieweit es dem Staat gelingt, den ordnungsrechtlichen Charakter des Glücksspielrechts in der Praxis aufrechtzuerhalten. Andernfalls sei es nur eine Frage der Zeit bis das BVerfG bzw. der EuGH dem staatlichen Glücksspielmonopol ein Ende setzen würden.

[181] *Adams/Tolkemitt*, ZBB 2001, 170, 183 f. sprechen sich z.B. als Befürworter einer weitgehenden Privatisierung des Glücksspielmarktes dennoch für eine Beibehaltung bzw. partielle Ausweitung (Ausdehnung des § 285 StGB auf Teilnehmer an einer illegalen Lotterie) der bestehenden Glücksspielstrafnormen aus.

gibt. Eine gleichrangige Strafbarkeit des qualifizierten Mitspielers neben dem Veranstalter ist - wie die Parallelvorschrift des § 287 I StGB zeigt - nicht erforderlich und nur historisch erklärbar. In § 284 I StGB ist die Erwähnung des „Haltens" als eigenständige Tathandlung entbehrlich und sollte somit gestrichen werden. Hingegen besteht weiterhin ein Strafbedürfnis für das „Bereitstellen von Einrichtungen" als zur Täterschaft heraufgestufte Beihilfehandlung. Eine Streichung dieser Tatvariante würde in der Praxis zu erheblichen Beweisschwierigkeiten führen, wenn die Beteiligten von der Polizei in einer eindeutigen Spielsituation überrascht worden sind, aber keiner als „Veranstalter" überführt werden kann.

(2) zu § 284 Abs. II StGB

Die Fiktion des § 284 II StGB erweitert den Anwendungsbereich des strafbedürftigen § 284 I StGB. Eine mildere Sanktion für die Veranstaltung illegaler Glücksspiele in Vereinen oder geschlossenen Gesellschaften erscheint nicht sachgerecht, zumal häufig erhebliche Abgrenzungsprobleme bzw. Beweisschwierigkeiten zwischen dem Glücksspiel in Vereinen und Privatzirkeln zum öffentlichen Glücksspiel bestehen.

(3) zu § 284 Abs. III StGB

§ 284 III StGB betrifft Fälle, in denen der Verdacht eines Bezuges zur organisierten Kriminalität besteht. Aufgrund der Verbindung zur Schwerstkriminalität ist die Strafbedürftigkeit für diesen Tatbestand ohne weiteres gegeben. Der Qualifikationstatbestand des § 284 III StGB ist auch in Zukunft unter dem Gesichtspunkt der effektiven Bekämpfung der organisierten Kriminalität gerechtfertigt.

(4) zu § 284 Abs. IV StGB

Wenn man von der Sozialgefährlichkeit des Werbeverhaltens ausgeht, durch das die Mitspieler zur Teilnahme an staatlich nicht kontrollierten Glücksspielen - vor allem ausländischen Glücksspielen, die via Internet veranstaltet werden - verleitet werden, stellt sich die weitere Frage nach der Strafbedürftigkeit dieses Verhaltens. Insoweit ist zweifelhaft, ob es eines Straftatbestands bedarf, um die Rechtsgemeinschaft gegen derartige Angriffe zu verteidigen. Im Hinblick auf den gegenüber dem Veranstaltungstatbestand erheblich geringeren Gefährlichkeitsgrad des Angriffs auf das geschützte Rechtsgut, erscheint hier ein Ordnungswidrigkeitentatbestand ausreichend.[182] Dafür spricht auch der geringe Strafrahmen, der nur in seltenen Ausnahmefällen bei Wiederholungstätern zur Verurteilung zu einer Freiheitsstrafe führt und zudem den Bagatellcharakter des § 284 IV StGB betont. Der Werbetatbestand des § 284 IV StGB rechtfertigt somit keinen Straftatbestand. Er sollte zur Ordnungswidrigkeit herabgestuft werden.

---

[182] So auch *Wrage*, ZRP 1998, 426, 429 unter Hinweis auf den ultima-ratio-Gedanken des Strafrechts.

cc) Die Tathandlung des § 285 StGB

Die Strafnorm des § 285 StGB sollte ersatzlos gestrichen werden, da der einfache Mitspieler im Regelfall nicht strafwürdig ist. Sie ist in Anbetracht der fortbestehenden Strafbarkeit gem. § 284 I StGB nicht erforderlich, um das Glücksspiel unter staatliche Kontrolle zu bekommen. Überdies wird durch die Streichung die Ungleichbehandlung derjenigen Spieler, die sich an einem Glücksspiel im engeren Sinne gem. § 284 StGB beteiligen, mit denjenigen Spielern beseitigt, die an einer Lotterie oder Ausspielung gem. § 287 StGB bzw. einer illegalen Rennwette i.S.v. §§ 5 f. RWLG teilnehmen.

Im Hinblick auf den gewerbsmäßigen Spieler, der allein als strafwürdig angesehen werden kann, besteht ebenfalls kein Strafbedürfnis. Insoweit reicht aus, dass er wegen Betruges bestraft werden kann, wenn er zum Falschspiel übergeht.

dd) Die Tatvarianten des § 287 StGB

Die besonderen Gefahren des Glücksspiels - insbesondere sind hier Falschspiel, Umfeldkriminalität und Spielsucht zu nennen[183] - rechtfertigen auch für das Veranstalten von Lotterien und Ausspielungen gem. § 287 I StGB weiterhin ein repressives Verbot.

Der Werbetatbestand des § 287 II StGB sollte hingegen aus denselben Gründen wie § 284 IV StGB[184] zur Ordnungswidrigkeit herabgestuft werden.

4. Weiterer Reformbedarf durch Aufnahme bisher nicht erfasster Fallgruppen

Bisher wurde im Hinblick auf eine Reform des Glücksspielstrafrechts nur untersucht, inwieweit die bestehenden Glücksspieltatbestände der §§ 284 ff. StGB de lege ferenda aufzuheben oder zu modifizieren sind. Bislang nicht erörtert wurde hingegen, ob weiterer Reformbedarf dahingehend besteht, dass bisher von den Glücksspieldelikten nicht erfasste Fallgruppen künftig in das StGB aufgenommen werden sollen. Hier kommen die sog. progressiven Gewinnsysteme ohne Vertriebsfunktion (vgl. unten 4.1.), die nicht unter § 6c UWG subsumiert werden können,[185] sowie die illegalen Rennwetten (vgl. unten 4.2.), die bisher aufgrund der Sondertatbestände in §§ 5 f. RWLG strafbar sind,[186] in Betracht.

---

[183] Vgl. oben B.III.3.5.d.aa..

[184] Vgl. oben B.III.3.5.d.bb.(4).

[185] Vgl. oben B.II.5.5..

[186] Vgl. oben B.II.2.1.a.dd.(2) und B.II.2.1.c.bb.(3).

4.1. Kettenbriefsysteme und sonstige progressive Gewinnsysteme ohne Vertriebsfunktion

Es wurde bereits festgestellt,[187] dass de lege lata die Veranstaltung von progressiven Gewinnsystemen ohne Vertriebsfunktion und das Ingangsetzen von Kettenbriefsystemen - zumindest auf der Grundlage der hier vertretenen Auffassung - im Regelfall straflos ist, weil insbesondere der wettbewerbsstraf-rechtliche Tatbestand des § 6c UWG nicht erfüllt ist.

Das Ingangsetzen, Veranstalten oder gewerbsmäßige Fördern eines progressiven Gewinnspiels ohne Vertriebsfunktion oder eines Kettenbriefsystems ist jedoch nicht weniger strafwürdig als die täterschaftliche Beteiligung an einem System der progressiven Kundenwerbung mit Vertriebsfunktion gem. § 6c UWG. Im Gegenteil, durch die fehlende Waren- bzw. Produktverkopplung bei diesen reinen Gewinnsystemen ist - wie zahlreiche Beispiele[188] gezeigt haben - die Gefahr einer erheblichen Vermögensgefährdung für die angeworbenen Teilnehmer, die den Stand der Systemprogression im Zeitpunkt ihres Beitritts in der Regel nicht beurteilen können, sogar noch größer.

Deshalb empfiehlt sich zur Schließung der vorhandenen Strafbarkeitslücke die Einfügung einer neuen Vorschrift in das StGB, die alle auf dem Schneeball- bzw. Pyramidensystem im umfassenden Sinne beruhenden Ketten- oder Pyramidenspielsysteme mit dem Erfordernis einer tatbestandlichen Beteiligung weiterer Teilnehmer tatbestandlich erfasst.[189] Dabei kann auf das Beispiel des österreichischen § 168a öStGB[190] zurückgegriffen werden, der bei solchen sozialschädlichen Systemen die Veranstalter, deren Mitarbeiter, Systemberater und auch die Systemverbreitung gewerbsmäßig fördernde, qualifizierte Teilnehmer strafrechtlich belangt, nicht hingegen bloße Teilnahmeopfer,[191] die als notwendige Teilnehmer straflos bleiben.

§ 168a öStGB hat folgenden Wortlaut:
(1) Wer ein Gewinnerwartungssystem, dessen Teilnehmern gegen Einsatz ein Vermögensvorteil unter der Bedingung in Aussicht gestellt wird, dass diesem oder einem damit in Zusammenhang stehendem System unter den gleichen Bedingungen weitere Teilnehmer zugeführt werden, und bei dem die Erlangung des Vermögensvorteils ganz oder teilweise vom bedingungsgemäßen Verhalten jeweils weiterer Teilnehmer abhängt (Ketten- oder Pyramidenspiel),
1. in Gang setzt oder veranstaltet oder
2. durch Zusammenkünfte, Prospekte oder auf eine Anwerbung vieler Teilnehmer geeignete Weise verbreitet oder
3. sonst die Verbreitung eines solchen Systems gewerbsmäßig fördert,

---

[187] Vgl. oben B.II.5.5..

[188] Hier sind vor allem die Gewinnerwartungssysteme Jump, Life und Titan zu nennen, die bei einer Vielzahl von leichtgläubigen Kapitalanlegern zu erheblichen Vermögensschäden geführt haben.

[189] Vgl. hierzu LK-*v.Bubnoff*, Vor § 287, Rdn. 22.

[190] Eingefügt mit Wirkung vom 1.3.1997 durch Art. I Ziff. 21a öStÄG vom 30.12.1996 (öBGBl. Nr. 762/1996); vgl. hierzu auch Nr. 409 der Beilagen zu den stenografischen Protokollen des Österreichischen Nationalrats, dort S. 3 f..

[191] Vgl. LK-*v.Bubnoff*, aaO..

ist mit Freiheitsstrafe bis zu sechs Monaten oder mit Geldstrafe bis zu 360 Tagessätzen zu bestrafen, es sei denn, dass das System bloß zu gemeinnützigen Zwecken veranstaltet wird oder bloß Einsätze geringen Wertes verlangt werden.
(2) Wer durch die Tat eine größere Zahl von Menschen schwer geschädigt hat, ist mit Freiheitsstrafe bis zu drei Jahren zu bestrafen.

Abgesehen von der mit deutschem Strafrecht nicht ganz kompatiblen Rechtsfolgenseite könnte diese Strafnorm, die sämtliche Ketten- oder Pyramidenspiele umfassend pönalisiert, - aufgrund der thematischen Nähe zu den Glücksspieldelikten - z.B. als neuer § 287a StGB weitgehend inhaltsgleich in das deutsche Strafgesetzbuch aufgenommen werden. Der durch die Streichung der bisherigen Spielerstrafbarkeit frei gewordene § 285 StGB eignet sich hingegen nicht zur Aufnahme dieser neuen Bestimmung, da die neue Vorschrift - ohne Rücksicht auf das Vorliegen eines aleatorischen Moments im konkreten Einzelfall - alle progressiven Gewinnerwartungssysteme erfassen will und zudem nicht dasselbe Rechtsgut wie bei den Glücksspieltatbeständen der §§ 284, 287 StGB geschützt werden soll.

Bei einer Übernahme der Bestimmung ins deutsche Strafrecht **empfehlen sich jedoch folgende Abweichungen vom Wortlaut des § 168a öStGB:**

- Als Rechtsfolge für den Grundtatbestand sollte - entsprechend dem Strafrahmen des heutigen § 6c UWG - eine Freiheitsstrafe im Höchstmaß von zwei Jahren oder die Verhängung einer Geldstrafe vorgesehen werden.

- Die im österreichischen Recht enthaltene Bagatellklausel für eine Systemveranstaltung zu gemeinnützigen Zwecken bzw. mit geringfügigen Einsätzen sollte nicht übernommen werden. Diese Bagatellausnahmen ergeben sich ohnehin schon bei teleologischer Interpretation bzw. jedenfalls bei teleologischer Reduktion der Strafnorm. Es empfiehlt sich stattdessen eine Subsdiaritätsklausel, die im Hinblick auf die Fallgruppen des § 6c UWG abgrenzend klarstellt, dass der neue § 287a StGB nur dann eingreift, wenn keine strafbare progressive Kundenwerbung nach § 6c UWG vorliegt.

- Ferner sollte im Zusammenhang mit den aleatorischen Gewinnerwartungssystemen das Wort „Einsatz" vermieden werden. Ein Einsatz als notwendiges Teilelement des Glücksspielbegriffs liegt gerade bei den progressiven Gewinnerwartungssystemen in der Regel nicht vor.[192]

4.2. Rennwetten

Für die illegalen Rennwetten, die materiell nichts anderes als Glücksspiele im weiteren Sinne sind, gelten bisher die Spezialtatbestände der §§ 5 f. RWLG, die die allgemeine Strafnormen der §§ 284 ff. StGB verdrängen.[193] Fraglich ist, ob im Rahmen einer Reform des Glücksspielstrafrechts eine Streichung dieser Spezialnormen empfehlenswert ist, weil die Glücksspieltatbestände des StGB ohnehin eine entsprechende Strafbarkeit vorsehen würden. Im

---

[192] Vgl. oben B.II.5.2..

[193] Vgl. dazu oben B.II.2.1.a.dd.(2) und B.II.2.1.c.bb.(3).

Falle einer Streichung des § 5 RWLG wäre das illegale Abschließen einer Pferdewette weiterhin als Veranstalten eines unerlaubten Glücksspiels strafbar. Die bisher täterschaftlich bestrafte unerlaubte Wettvermittlung wäre hingegen nur noch als Beihilfehandlung zu erfassen. Eine wesentliche Strafbarkeitslücke würde durch die Streichung des § 5 RWLG nicht entstehen. Ist der unerlaubte Wettabschluss oder die unerlaubte Wettvermittlung nicht nachweisbar, wären die sog. Schlepper der illegalen Buchmacher oder Totalisatorunternehmer nach einer Streichung des § 6 RWLG hingegen künftig straflos. Die gesonderte strafrechtliche Regelung des Rennwettwesens im RWLG ist nur historisch durch die besondere Entwicklung der Pferdewetten erklärbar. Auch diese Vorschriften bezwecken im öffentlichen Interesse einen Teilbereich des Glücksspielwesens, nämlich die Rennwetten, unter staatliche Kontrolle und Begrenzung zu nehmen. Der Gedanke der Gleichbehandlung aller Glücksspielarten lässt es angezeigt erscheinen, künftig auf eine strafrechtliche Spezialregelung im RWLG zu verzichten.[194] Die sog. Schleppervorschrift des § 6 RWLG sollte jedoch - zum bußgeldbewehrten Ordnungswidrigkeitentatbestand herabgestuft - inhaltlich unverändert bestehen bleiben, um weiterhin eine staatliche Kontrolle der Pferdewetten im bisherigen Umfang sicherzustellen.

5. Zusammenfassende Betrachtung:

Jedenfalls solange der Staat wirklich das Ziel verfolgt, das Glücksspielangebot einzudämmen und unter seine Kontrolle zu nehmen, sind im Grundsatz Strafnormen gegen das illegale Glückspiel gerechtfertigt. Es wird behauptet, dass der Staat seine Glücksspielunternehmen nur noch unter dem Fiskalaspekt der maximalen Einnahmeerzielung betreibt und infolge dessen die Strafnormen gegen das illegale Glücksspiel ihre Legitimation verloren hätten. Die derzeitige Situation, die von einem immer größer werdenden und zudem heftig beworbenen staatlichen Glücksspielangebot geprägt ist, lässt es bereits als zweifelhaft erscheinen, ob der Staat seine o.g. Aufgaben noch wahrnimmt. Nach hier vertretener Auffassung ist die Strafbedürftigkeit für das Verleiten zum illegalen Glücksspiel i.S.d. §§ 284 ff. StGB jedoch derzeit - trotz einer Tendenz zur Ausweitung und aktiveren Vermarktung des staatlichen Glücksspielangebots - auch im Rahmen der bestehenden monopolistischen Marktstruktur des Glücksspielmarktes noch zu bejahen.

Unabhängig von dieser Grundsatzfrage, die letztlich der Jurisdiktion des Bundesverfassungsgerichtes obliegt, wurde zum Reformbedarf bei den Einzeltatbeständen der §§ 284 ff. StGB Folgendes festgestellt:

- In **§ 284 I StGB** ist die Erwähnung des „Haltens" als eigenständige Tathandlung entbehrlich und sollte gestrichen werden.

- Entgegen anders lautender Stimmen in der Literatur muss **§ 284 II StGB** in der bisherigen Form bestehen bleiben. Die andernfalls entstehenden Beweisschwierigkeiten würden dazu führen, dass § 284 I StGB weitgehend leer laufen würde, da die Schutzbehauptung der privaten Glücksspielveranstalter, es habe sich um eine nichtöffentliche Veranstaltung gehandelt, in der Praxis kaum je zu widerlegen sein dürfte.

---

194 Auch *Weber*, Strafrechtliche Aspekte der Sportwette, in: Pfister, (Hrsg.), Rechtsprobleme der Sportwette, 1989, S. 45, bezeichnet § 5 RWLG als überflüssigen Spezialtatbestand.

➢ Der Qualifikationstatbestand des **§ 284 III StGB** ist unter dem Gesichtspunkt der Bekämpfung der organisierten Kriminalität weiterhin gerechtfertigt.

➢ Die Werbetatbestände in **§§ 284 IV, 287 II StGB** rechtfertigen keinen Straftatbestand. Sie sollten zur Ordnungswidrigkeit herabgestuft werden.

➢ Die Strafnorm des **§ 285 StGB** sollte ersatzlos gestrichen werden. Die Bestrafung des Spielers läuft letztlich auf eine Kriminalisierung des Opfers des illegalen Glücksspielveranstalters hinaus. Sie ist auch nicht erforderlich, um das Glücksspiel unter staatliche Kontrolle zu bekommen.

➢ Die Rechtsfolgenorm des **§ 286 StGB** ist nach dem Wegfall des § 285 StGB redaktionell anzupassen.

➢ **§ 287 I StGB** kann in der bisherigen Form bestehen bleiben. Er wird nach der Aufhebung des bisherigen Abs. II einziger Absatz.

➢ Es ist - z.B. als **§ 287a StGB** - ein **neuer Straftatbestand** aufzunehmen, in dem zur Schließung **einer** sonst bestehenden Strafbarkeitslücke die **Veranstaltung von** Kettenbriefsystemen und anderen **progressiven Gewinnsystemen ohne Vertriebsfunktion** pönalisiert wird. Diese strafwürdigen Fallgruppen können nicht unter § 6c UWG subsumiert werden, da der Tatbestand gegen die progressive Kundenwerbung nur auf wettbewerbserhebliche Gewinnsysteme mit Vertriebsfunktion für Waren, Dienstleistungen und Rechte anwendbar ist.

➢ Der Straftatbestände in **§§ 5 f. RWLG** können abgeschafft werden. Es ist ausreichend, illegale Totalisatorunternehmer bzw. Buchmacher und ihre Gehilfen, die keine Genehmigung **nach** dem RWLG haben, nach den allgemeinen Vorschriften der §§ 284 ff. StGB zu bestrafen. § 6 RWLG ist zur Ordnungswidrigkeit herabzustufen.

Die §§ 284 ff. StGB sollten de lege ferenda folgende Fassung erhalten:

„§ 284
Unerlaubte Veranstaltung eines Glücksspiels

(1) Wer ohne behördliche Erlaubnis öffentlich ein Glücksspiel veranstaltet oder die Einrichtungen hierzu bereitstellt, wird mit Freiheitsstrafe von bis zu zwei Jahren oder mit Geldstrafe bestraft.
(2) Als öffentlich veranstaltet gelten auch Glücksspiele in Vereinen oder geschlossenen Gesellschaften, in denen Glücksspiele gewohnheitsmäßig veranstaltet werden.
(3) Wer in den Fällen des Absatzes 1
1. gewerbsmäßig oder
2. als Mitglied einer Bande handelt, die sich zur fortgesetzten Begehung solcher Taten verbunden hat,
wird mit Freiheitsstrafe von drei Monaten bis zu fünf Jahren bestraft.

§ 285
(aufgehoben)

§ 286
Erweiterter Verfall und Einziehung

(1) In den Fällen des § 284 Abs. 3 ist § 73d anzuwenden.
(2) In den Fällen des § 284 werden die Spieleinrichtungen und das auf dem Spieltisch oder in der Bank vorgefundene Geld eingezogen, wenn sie dem Täter oder Teilnehmer zur Zeit der Entscheidung gehören. Andernfalls können die Gegenstände eingezogen werden; § 74a ist anzuwenden.

§ 287
Unerlaubte Veranstaltung einer Lotterie oder einer Ausspielung

Wer ohne behördliche Erlaubnis öffentliche Lotterien oder Ausspielungen beweglicher oder unbeweglicher Sachen veranstaltet, namentlich den Abschluss von Spielverträgen für eine öffentliche Lotterie oder Ausspielung anbietet oder auf den Abschluss von Spielverträgen gerichtete Angebote annimmt, wird mit Freiheitsstrafe bis zu zwei Jahren oder mit Geldstrafe bestraft.

§ 287a
Unerlaubte Veranstaltung eines Ketten- oder Pyramidenspiels

(1) Wer ein Gewinnerwartungssystem, dessen Teilnehmern ein Vermögensvorteil unter der Bedingung in Aussicht gestellt wird, dass diesem oder einem damit in Zusammenhang stehendem System unter den gleichen Bedingungen weitere Teilnehmer zugeführt werden, und bei dem die Erlangung des Vermögensvorteils ganz oder teilweise vom bedingungsgemäßen Verhalten jeweils weiterer Teilnehmer abhängt (Ketten- oder Pyramidenspiel),
1. in Gang setzt oder veranstaltet oder
2. durch Zusammenkünfte, Prospekte oder auf eine Anwerbung vieler Teilnehmer geeignete Weise verbreitet oder
3. sonst die Verbreitung eines solchen Systems gewerbsmäßig fördert,
wird mit Freiheitsstrafe bis zu zwei Jahren oder mit Geldstrafe bestraft, wenn nicht die Tat bereits nach § 6c des Gesetzes gegen den unlauteren Wettbewerb mit Strafe bedroht ist.
(2) Wer durch die Tat eine größere Zahl von Menschen schwer geschädigt hat, wird mit Freiheitsstrafe bis zu drei Jahren oder mit Geldstrafe bestraft."

Nach dem Wegfall des bisherigen § 285 StGB könnte auch - zur Vermeidung eines a-Paragrafen - eine Bereinigung in der Paragrafenfolge in der Weise vorgenommen werden, dass die Rechtsfolgebestimmung über „Vermögensstrafe, Erweiterter Verfall und Einziehung" zu § 285 StGB n.F., der Straftatbestand der unerlaubten Veranstaltung einer Lotterie oder einer Ausspielung zu § 286 StGB n.F. und die neu einzufügende Strafnorm „Unerlaubte Veranstaltung eines Ketten- oder Pyramidenspiels" zu § 287 StGB n.F. wird.

C. Spielsucht als potentieller Strafausschließungsgrund bzw. Strafmilderungsgrund gem. §§ 20, 21 StGB

Bisher wurde erörtert, in welcher Weise die Betätigung und die Ausbeutung der Spielleidenschaft strafbegründend wirken kann. Im Folgenden soll der Frage nachgegangen werden, ob und ggf. inwieweit die Spielleidenschaft bei Beschaffungskriminalität auch strafausschließend gem. § 20 StGB oder wenigstens strafmildernd gem. § 21 StGB wirken kann, wenn sie in der gesteigerten Form einer Spielsucht vorliegt.

I. Fragestellung

Wenn exzessive Spieler Straftaten begehen, stellen sich vor allem folgende Fragen:

- Gibt es eine eigene einheitliche psychische Störung „Spielsucht", die als „schwere andere seelische Abartigkeit" i.S.d. §§ 20 f. StGB einzustufen wäre? Falls ja, welche Voraussetzungen müssen erfüllt sein, damit eine derartige Spielsucht vorliegt? Mit anderen Worten: Wo verläuft die Grenzlinie zwischen Häufigspielern einerseits und den eigentlichen Spielsüchtigen, den sog. pathologischen Spielern, anderseits?

- In welchen Fällen wirkt sich exzessives Spielverhalten erheblich auf die Steuerungsfähigkeit des Täters i.S.d. §§ 20 f. StGB aus, so dass seine Schuldfähigkeit ausgeschlossen oder wenigstens gemindert ist?

Zur Beantwortung dieser Fragen wird zunächst der psychologische Diskussionsstand (unten II.) über den Begriff „Spielsucht" bzw. über den Typus des „pathologischen Spielers" (engl. „pathological gambler") sowie über mögliche Kriterien für die Einschränkung bzw. den Ausschluss der Steuerungsfähigkeit bei exzessivem Spielverhalten wiedergegeben.

Anschließend wird die Haltung des BGH und der Instanzgerichte (unten III.) in solchen Fällen näher untersucht, in denen der Angeklagte geltend gemacht hat, spielsüchtig zu sein.

II. Lösungsansätze in der Rechtspsychologie

Bevor mögliche Kriterien für das Vorliegen von Spielsucht (unten 2.) sowie für die Einschränkung bzw. den Ausschluss der Steuerungsfähigkeit bei exzessiven Spielverhalten (unten 3.) aus Sicht der Rechtspsychologie erörtert werden, wird zunächst kurz auf die Bedeutung des Suchtbegriffs im Rahmen der §§ 20 f. StGB (unten 1.) eingegangen.

1. Bedeutung des Suchtbegriffs im Rahmen der §§ 20 f. StGB

Nach dem psychiatrischen System von *Kurt Schneider,*[1] das den heutigen Darstellungen in den meisten psychiatrischen Lehrbüchern zugrunde liegt und in § 20 StGB Eingang gefun-

[1] *Kurt Schneider*, Klinische Psychopathologie, 12. Aufl. 1980; vgl. auch LK-*Jähnke*, § 20 Rdn. 21 ff..

den hat,[2] werden die psychischen Störungen in Krankheiten[3] (exogene[4] und endogene[5] Psychosen und Defektzustände) einerseits und in abnorme Spielarten menschlichen Wesens andererseits eingeteilt, wobei letztere wiederum in die Oligophrenien (Schwachsinn unbekannter Ursache), Psychopathien (Persönlichkeitsstörungen), Neurosen (abnorme Erlebnisreaktionen) sowie die Triebstörungen und Süchte untergliedert werden können.

Süchte sowohl in Form von stoffgebundenen Abhängigkeiten (z.B. Alkoholabhängigkeit, Drogensucht)[6] wie auch in Form von nicht stoffgebundenen Abhängigkeiten zählen juristisch u.a. neben den Psychopathien, den Neurosen und den Triebstörungen zu den „schweren anderen seelischen Abartigkeiten"[7] i.S.d. §§ 20, 21 StGB,[8] die dann strafrechtlich relevant werden, wenn sie im Tatzeitpunkt die Einsichtsfähigkeit oder Steuerungsfähigkeit des Täters ausgeschlossen (dann keine Strafbarkeit wegen Schuldunfähigkeit nach § 20 StGB) oder zumindest erheblich vermindert (dann besonderer Schuldminderungsgrund nach § 21 StGB mit fakultativer Strafmilderung) haben.

2. Mögliche Kriterien für das Vorliegen von Spielsucht

Spätestens seit *Dostojewski*s autobiographischem Roman „Der Spieler" ist im öffentlichen Bewusstsein die Erkenntnis verankert, dass es Problemspieler gibt, denen die Teilnahme am Glücksspiel zum zentralen Lebensinhalt geworden ist, und die ihr Handeln deshalb zunehmend auf das Ziel der Beschaffung von Geldmitteln zur weiteren Teilnahme am Glücksspiel

---

[2] LK-*Jähnke*, § 20 Rdn. 23 m.w.N. in Fn. 51.

[3] Der auf *Schneider* zurückgehende o.g. „medizinische Krankheitsbegriff" erfasst mit den „krankhaften seelischen Störungen" nur einen Teilaspekt der §§ 20, 21 StGB, die als weitere sog. biologische Merkmale eine tief greifende Bewusstseinsstörung, Schwachsinn oder eine schwere andere seelische Abartigkeit nennen. Der medizinische Krankheitsbegriff ist somit in erster Linie als bloßer Klassifizierungsbegriff zu verstehen, denn „Krankheit" als behandlungsbedürftiges Leiden und als schuldausschließendes oder schuldminderndes Geschehen im juristischen Sinn gibt es auch im Bereich der sog. abnormen Spielarten menschlichen Wesens. Ferner hat dieser Begriff nach der Rechtsprechung insofern einen Wert, als das in der Krankheit sichtbare Ausmaß psychischer Störung einen Vergleichsmaßstab bei der Beurteilung nicht-krankhafter Abweichungen abgeben kann. Entschuldigung bzw. Strafmilderung soll danach in Betracht kommen, wenn die Auswirkungen einer nicht-krankhaften Auffälligkeit im medizinischen Sinne auf das Persönlichkeitsgefüge einer Krankheit gleichkommen, also Krankheitswert haben (vgl. BGHSt 34, 22, 24 f.; 37, 397; LK-*Jähnke*, § 20 Rdn. 22 m.w.N).

[4] = Körperlich begründbare Psychosen und Defektzustände, z.B. nach Kopfverletzungen, Vergiftungen, Infektionen oder infolge von Altersabbau.

[5] = Körperlich nicht begründbare Psychosen, z.B. Schizophrenie.

[6] Hingegen zählen der akute Alkohol- bzw. Drogenrausch als Vergiftungen zu den exogenen Defektzuständen und somit zu den „krankhaften seelischen Störungen" gem. § 20 Alt. 1 StGB (vgl. z.B. LK-*Jähnke*, § 20 Rdn. 24), wobei bei einem alkoholbedingten Rauschzustand die vorverlagerte Strafbarkeit nach den Grundsätzen der „actio libera in causa" (vgl. hierzu z.B. *Tröndle/Fischer*, § 20 Rdn. 18 ff. m.w.N.) bzw. nach § 323a StGB zu beachten ist, wo bereits das Sichbetrinken die Tathandlung ist (vgl. z.B. BGH StV 1992, 231 m.w.N.; Sch/Sch-*Lenckner/Perron*, § 21 Rdn. 9).

[7] Vgl. zum Begriff „andere schwere seelische Abartigkeit" grundlegend z.B. *Plate*, Psyche, Unrecht und Schuld, 2002, S. 246 ff.; *Rasch*, NStZ 1982, 177 ff.; *Rudolf Schmitt*, ZStW 92 (1980), 346 ff..

[8] Vgl. z.B. LK-*Jähnke*, § 20 Rdn. 32; Sch/Sch-*Lenckner/Perron*, § 21 Rdn. 9 f..

ausrichten. Bei ihnen ist die initial zum Spiel gehörende Freiwilligkeit zu einem Spielzwang, zu einem süchtigen Verhalten degeneriert.[9]

Es besteht jedoch in der wissenschaftlichen Diskussion sowohl Uneinigkeit, ob die Spielsucht - insbesondere neben den stoffgebundenen Süchten Alkoholabhängigkeit und Drogensucht - als nicht stoffgebundene Abhängigkeitsform anzuerkennen ist, als auch Unklarheit, anhand welcher Kriterien eine Spielsucht zu diagnostizieren ist.

Teilweise wird der Begriff der Spielsucht völlig abgelehnt, insbesondere weil die Existenz von nicht stoffgebundenen Süchten bestritten wird. *Haase*[10] kritisiert, dass aufgrund gewisser Gemeinsamkeiten zwischen dem Verhalten von Drogenkranken und von Häufigspielern vielfach die fallweise Gemeinsamkeit als Symptom einer gemeinsamen Wurzel, der Sucht, fehlgedeutet werde. *Witter*[11] lehnt es ab, von Sucht zu sprechen, wenn keine psychische oder körperliche Abhängigkeit von psychotrop wirkenden chemischen Substanzen festzustellen ist.[12]

Hingegen ist es auf internationaler Ebene zur Selbstverständlichkeit geworden, das „pathologische" Spielen zu den (nicht stoffgebundenen[13]) Süchten zu zählen.[14] Der Spieler, der nicht des Geldes wegen spielt, sondern dem die Teilnahme am Glücksspiel Selbstzweck geworden ist, wird aufgrund seiner psychologischen Abhängigkeit genauso wie der Alkoholiker oder der Morphinist als süchtiger Mensch angesehen.[15] Denn das Wesentliche an der Sucht ist - auch bei stoffgebundenen Formen (Alkohol, Drogen und Medikamente) - die psychische Abhängigkeit.[16] Eine Sucht ist gekennzeichnet durch das innere zwingende Bedürfnis, sich immer wieder auf dieselbe Art und Weise Befriedigung zu verschaffen. Dabei kann festgestellt werden, dass jede Richtung des menschlichen Interesses süchtig entarten kann.[17] Indiz hierfür ist auch, dass es seit 1957 in den USA[18] und seit 1982 auch in deut-

---

[9] *Mergen*, Spiel mit dem Glück, 1976, S. 35.

[10] *Haase*, Der Spieler zwischen Wissenschaft und Propaganda, 1992, S. 21 ff..

[11] *Witter*, Die Beurteilung Erwachsener im Strafrecht, in: Handbuch der forensischen Psychiatrie II, 1972, S. 966, 1072 ff..

[12] *Knecht*, KR 1992, 661, 662, erwähnt hingegen, dass bei biochemischen Untersuchungen Normabweichungen gefunden wurden, die abnorme Abläufe im Zentralnervensystem der pathologischen Spieler vermuten lassen. So wurden bei Pferdewettspielern verminderte Endorphinspiegel festgestellt, also ein Mangel an körpereigenen Substanzen, dem nach heutigem Erkenntnisstand eine entscheidende Rolle bei den meisten Suchtkrankheiten zukommt. Noch eindeutiger seien bei passionierten Spielern die Hinweise auf eine Steigerung des Noradrenalinumsatzes im Gehirn. Auch *Schütte*, in: Wahl (Hrsg.), Spielsucht, 1988, S. 49, 56, äußert die Vermutung, dass die durch die permanente Anspannung produzierten körpereigenen Morphine (Endorphine) sowie die permanente Ausschüttung von Adrenalin und anderen Neurotransmittern zur Abhängigkeit der Spieler beitragen.

[13] Als weitere Fälle einer nicht-stoffgebundenen Abhängigkeit werden bestimmte Formen des Stehlens („Kleptomanie") und der Brandstiftung („Pyromanie"), ferner der Konsum von Horror-Videos und die Hörigkeit diskutiert (vgl. *Plate*, Psyche, Unrecht und Schuld, 2002, S. 381 ff.).

[14] So ausdrücklich *Mergen*, Spielsucht, in: FS für Sarstedt, 1981, S. 189, 192.

[15] *Mergen*, aaO., S. 195.

[16] *Kellermann*, in: Wahl (Hrsg.), Spielsucht, 1988, S. 91, 93; *Meyer*, KR 1986, 212, 214.

[17] *Schütte*, in: Wahl (Hrsg.), Spielsucht, 1988, S. 49, 52 f..

[18] Vgl. z.B. die Website „www.gamblersanonymous.org/history.html".

schen Städten Selbsthilfegruppen der Anonymen Spieler (AS) bestehen, die in Anlehnung an die Prinzipien der „Anonymen Alkoholiker" ein schonungsloses Selbstbekenntnis verlangen.[19]

Ausgehend von der medizinischen Akzeptanz der Suchtform Spielsucht gibt es jedoch mehrere wissenschaftliche Ansätze, die zum Teil unterschiedliche Kriterien zur Diagnose der krankhaften Spielsucht heranziehen. Der „Spielsüchtige" ist dabei insbesondere abzugrenzen vom professionellen Spieler, dem antisozialen Spieler, dem an einer Manie erkrankten Spieler, dem Gelegenheitsspieler und dem sich zur Entspannung seine Freizeit vertreibenden Glücksspieler:[20]

Die American Psychiatric Association (APA) geht als Synonym für Spielsucht vom Begriff des pathologischen Glücksspiels (engl. „pathological gambling") aus. Diese Diagnose kann nach den Kriterien des Handbuches psychischer Störungen (Nr. 312.31 DSM[21]-III-R) der APA, das für alle amerikanischen Psychiater verbindlich ist,[22] dann gestellt werden, wenn mindestens vier der folgenden Merkmale erkennbar sind:[23]

(1) Häufige gedankliche Beschäftigung mit dem Glücksspiel oder damit, das Geld dafür zu besorgen (zentraler Lebensinhalt);

(2) häufiges Glücksspiel mit höheren Beträgen oder über einen längeren Zeitraum als beabsichtigt, (Kontrollverlust);

(3) ein Bedürfnis, die Höhe der Einsätze oder die Häufigkeit des Glücksspiels zu steigern, um die angestrebte lustvolle Erregung zu erreichen, (Toleranzerwerb);

(4) innere Unruhe oder Reizbarkeit, wenn nicht gespielt werden kann, (entzugsähnliche Erscheinungen);

(5) wiederholte Verluste beim Glücksspiel und Rückkehr an einem anderen Tag, um die Verluste zurückzugewinnen, (sog. „chasing" = Verlusten hinterher jagen);

(6) wiederholte Versuche, das Glücksspiel einzuschränken oder aufzugeben, (Abstinenzunfähigkeit);

(7) häufiges Glücksspiel, wenn man eigentlich sozialen oder beruflichen Verpflichtungen nachkommen müsste, (Rückzug aus dem sozialen Umfeld);

---

[19] So *Knecht*, KR 1992, 661, 663.

[20] *Plate*, Psyche, Unrecht und Schuld, 2002, S. 381 m.w.N..

[21] DSM = Diagnostic and Statistical Manual for Mental Disorders; die deutsche Bezeichnung, des seit einigen Jahren in 4. Aufl. (DSM IV) erschienenen Handbuchs lautet: Diagnostisches und Statistisches Manual Psychischer Störungen.

[22] *Schütte*, in: Wahl (Hrsg.), Spielsucht, 1988, S. 49, 53.

[23] Zitiert nach *Meyer/ Fabian/ Wetzels*, StV 1990, 464 f. bzw. *Schütte*, in: Wahl (Hrsg.), Spielsucht, 1988, S. 49, 53 f..

(8) Aufgabe einiger wichtiger sozialer oder beruflicher Tätigkeiten oder Freizeitaktivitäten, um zu spielen, (Interessenabsorption);

(9) Fortsetzung des Glücksspiels, trotz der Unfähigkeit, die wachsenden Schulden zu bezahlen, oder anderer bedeutsamer sozialer oder beruflicher Probleme oder Gesetzeskonflikte, von denen die Person weiß, dass sie sich durch das Glücksspiel verstärken, (bewusste Selbstschädigung).

Immer wieder wird auch berichtet,[24] dass der süchtige Spieler beim Glücksspiel Allmachtsphantasien durchlebe. Beim süchtigen Spieler erfolge unter dem Eindruck der steigenden Erregung, die bis zum rauschartigen Hochgefühl gehen kann, eine tiefgreifende Wandlung sowohl der Wahrscheinlichkeitseinschätzung als auch der Kontrollüberzeugung. Es komme bei ihm zur irrationalen Überzeugung, Kontrolle im Sinne von magischem Einfluss auf das Spielgeschehen zu haben. Der pathologische Spieler sei nicht über kindliche Omnipotenzphantasien hinausgekommen und habe nicht gelernt, das Realitätsprinzip zu akzeptieren. Jedoch handelt es sich um subjektive Vorgänge, die schwer nachweisbar sind und sich deshalb nicht als Abgrenzungskriterien eignen.

Nach Auffassung von *Bergler*[25] zeigt der pathologische Spieler folgende sechs Leitsymptome:

- Der pathologische Spieler nimmt jede sich bietende Gelegenheit wahr, um spielen zu können. Zur Unterscheidung von Gelegenheitsspielern ist der quantitative Faktor von größter Bedeutung.
- Das Interesse am Spielen ist stärker als alle anderen Interessen.
- Der pathologische Spieler ist voller Optimismus und lernt nie aus Misserfolgen.
- Aufgrund seines pathologischen Optimismus hört der pathologische Spieler nie auf, wenn er gewonnen hat. Dadurch verliert er auf Dauer immer.
- Der pathologische Spieler bagatellisiert Verluste, was schließlich zu einer Missachtung der Geldquelle führt, z.B. wenn Schmuck und Haushaltsgeld der Ehefrau verspielt werden. Schließlich setzt er alles auf eine Karte.
- Zwischen dem Setzen und dem Spielergebnis empfindet der pathologische Spieler eine angenehm-unangenehme Spannung („pleasurable-painful tension" oder „thrill"). Das Element der Unsicherheit ist hierbei von größter Wichtigkeit.

---

[24] Vgl. z.B. *Willenberg*, Das große Spiel, 1977, S. 89 f. m.w.N., der die völlig unlogische Überzeugung des Spielers, dass er gewinnen wird, darauf zurückführt, dass „der Spieler nicht über die kindlichen Omnipotenzphantasien hinausgekommen ist und nicht gelernt hat das Realitätsprinzip zu akzeptieren."; *Knecht*, KR 1992, 661, 663.

[25] *Edmund Bergler*, Die Psychologie des Hasardspielers, 1936; *ders.*, The gambler: A misunderstood Neurotic, 1943; *ders.*, The Psychology of Gambling, 1970; jeweils zitiert nach *Willenberg*, Das große Spiel, 1977, S. 91.

Fabian/Wetzels[26] haben in dem Bewusstsein, dass eine objektive Einschätzung des Schweregrades im Sinne einer Quantifizierung kaum möglich erscheint, folgende Kriterien als Indikatoren für die forensische Praxis benannt, die für die Annahme einer nachhaltigen Persönlichkeitsveränderung im Sinne eines Umbaus der Lebensführung bei Spielern relevant sein und die DSM-III-R Kriterien für die gerichtspsychologische Praxis ergänzen können:

- Beschneidung / Verlust von Entwicklungsmöglichkeiten (als Bereich zentraler individueller Motive und Lebensziele) durch Entwicklungsstillstand, Verlust langfristiger Lebensperspektiven, Zerstörung von Lebensentwürfen, Aufgabe von Zielen oder berufliche Dequalifizierung;

- Zerstörung der sozialen Person (als Bereich zentraler Umweltbeziehungen und sozialer Verankerung) durch Beeinträchtigung von Primärbeziehungen, Verringerung sozialer Verantwortlichkeit, Stereotypisierung sozialer Beziehungen, Unverbindlichkeit in sozialer Interaktion oder Verringerung sozialer Bezüge;

- Veränderung der emotionalen Befindlichkeit (als Bereich des gefühlsmäßigen Niederschlages des Prozesses der „Entdifferenzierung" der Persönlichkeit im Zuge einer Spielerkarriere) durch Verlust von Selbstachtung, Antriebsverlust oder Verflachung von Gefühlsempfindungen.

Die Ansätze zur Bestimmung von Kriterien für das Vorliegen von Spielsucht weisen vielfach Überschneidungen auf. Jedenfalls wenn mehrere der folgenden Kriterien gegeben sind, ist vom Vorliegen einer pathologischen Spielsucht auszugehen:

- ♦ Häufiges Glücksspiel mit höheren Beträgen oder über einen längeren Zeitraum als beabsichtigt, (Kontrollverlust);

- ♦ Häufiges Glücksspiel, wenn man eigentlich sozialen oder beruflichen Verpflichtungen nachkommen müsste, (Rückzug aus dem sozialen Umfeld);

- ♦ Wahrnehmung jeder sich bietenden Gelegenheit, um spielen zu können (quantitativer Faktor);

- ♦ wiederholte Versuche, das Glücksspiel einzuschränken oder aufzugeben; (Abstinenzunfähigkeit);

- ♦ Fortsetzung des Glücksspiels, trotz der Unfähigkeit, die wachsenden Schulden zu bezahlen, oder anderer bedeutsamer sozialer oder beruflicher Probleme oder Gesetzeskonflikte, von denen die Person weiß, dass sie sich durch das Glücksspiel verstärken, (bewusste Selbstschädigung).

- ♦ Missachtung der Geldquelle durch den Spieler.

---

[26] *Fabian/Wetzels*, in: Egg (Hrsg.), Brennpunkte der Rechtspsychologie, 1991, 363, 376 f..

3. Mögliche Kriterien für die Einschränkung bzw. den Ausschluss der Steuerungsfähigkeit gem. §§ 20, 21 StGB bei Spielsucht

Die allgemeine Diagnose „Spielsucht" sagt jedoch noch nichts darüber aus, ob ein allgemein gegebenes pathologisches Spielverhalten sich auch in der konkreten Tat auf die Steuerungsfähigkeit des Täters ausgewirkt hat. In der forensischen Praxis steht die Frage im Vordergrund, in welchen Fällen sich exzessives Spielverhalten erheblich auf die Steuerungsfähigkeit des Täters i.S.d. §§ 20 f. StGB auswirkt, so dass seine Schuldfähigkeit ausgeschlossen oder wenigstens gemindert ist. Es geht hier vor allem darum, diejenigen Fälle, in denen nachweislich eine Spielsucht vorliegt, die sich erheblich auf die Steuerungsfähigkeit des Täters auswirkt und deshalb gem. §§ 20 f. StGB zugunsten des Täters berücksichtigt werden kann, von denjenigen Fällen abzugrenzen, in denen eine angebliche Spielsucht von Straftätern nur als Schutzbehauptung herangezogen wird.

Bei der nicht stoffgebundenen Spielsucht kann bei der Beurteilung der Steuerungsfähigkeit nur von den deskriptiven Verhaltens- und Persönlichkeitsmerkmalen des Einzelnen ausgegangen werden.[27] Nachfolgend werden mehrere in der wissenschaftlichen Diskussion vertretene Ansätze dargestellt.

3.1. Der Ansatz *Schumachers*

Schumacher[28] hat hierzu Kriterien entwickelt, durch die der Grad der Einschränkung der Handlungsalternativen durch Spielsucht und damit der Schuldfähigkeit abgeschätzt werden kann.

(1) Zu prüfen ist, inwieweit die inkriminierte Handlung vom Ich des Täters abgespalten oder hierin eingebunden ist (Symptom- versus Strukturcharakter des Verhaltens): Wenn das Spielen oder die illegale Geldbeschaffung Ausdruck einer allgemeinen Verwahrlosung sind und bezogen auf die Gesamtpersönlichkeit struktureingebunden und damit persönlichkeitstypisch, kann nicht von Symptomcharakter und damit auch nicht ohne weiteres von Steuerungsunfähigkeit oder -einschränkung gesprochen werden. Der Symptomcharakter einer Verhaltensstörung wird daran deutlich, dass Menschen mit echt süchtigen Verhaltensweisen in ihrer übrigen Persönlichkeit gerade nicht verwahrlost oder willensschwach sind.[29]

(2) Ferner ist die Unmittelbarkeit und Zwanghaftigkeit zu prüfen, mit der das Handeln abläuft: Die Zwang- und Dranghaftigkeit eines echt Süchtigen lässt diesem keinen Raum für zwischengeschaltete Überlegungen. Sein Handeln läuft impulshaft und sofort ab.

---

[27] *Schreiber*, Drogenabhängigkeit und Spielsucht im Vergleich, 1992, S. 197.

[28] *Schumacher*, in: Sarstedt-FS, 1981, 361, 370 ff..

[29] Der Heranziehung einer „allgemeinen Willensschwäche und Verwahrlosung" als Negativkriterium widersprechen *Meyer/Fabian/Wetzels*, StV 1990, 464, 467 zu Recht unter Hinweis darauf, dass dann jedenfalls auf eine Persönlichkeitsstörung als Fall einer möglichen anderen schweren seelischen Abartigkeit abzustellen wäre.

Hingegen sind das innere Wägen und die Risikoprüfung Zeichen einer ich-gesteuerten Handlungsweise.

(3) Außerdem ist bei Beschaffungsdelikten die Ausschließlichkeit der Geldverwendung zu prüfen: Bei Abhängigen wird das Geld sofort und ausschließlich für die Betätigung der dranghaft angestrebten Handlung verwendet. Es fehlen alle sonstigen Bereicherungsmotive.

Je deutlicher diese Merkmale hervortreten, desto eher ist nach Auffassung *Schuhmachers*[30] eine Einschränkung der Handlungsfreiheit und damit der Schuldfähigkeit anzunehmen.

3.2. Die Skala der Suchtgenese nach *Schreiber*

Schreiber[31] vertritt die Ausgangshypothese, dass problematische Spieler ebenso wie Arbeitswütige, sexuell Überaktive, krankhaft Sporttreibende oder sonstige pathologische Aktive Psychopathen im Sinne der Rechtsprechung, Neurotiker oder auch Triebhafte sein können. Es könne sich bei ihnen aber auch um Abartige sui generis handeln. Bei der Klärung der Frage, inwieweit solche Personen ihr Tun noch i.S.d. §§ 20 f. StGB steuern können, geht er davon aus, dass mit Stress verbundene Verhaltensweisen als lustvoll und befreiend empfunden werden können und mit der Wiederholung die Gefahr der süchtigen Entartung in sich bergen.[32] *Schreiber*[33] zufolge, der den vorgenannten Vorschlag *Schumachers* modifiziert, gibt es folgende vier deskriptive Stufen auf der Skala der Suchtgenese:

(1) Die erste Stufe bildet der Wiederholungsdrang der Aktivität. Das Verhalten ist auf dieser Stufe noch persönlichkeitskonform und deckt sich mit dem natürlichen Willen des Individuums.

(2) Die zweite Stufe ist die progredierende Entwicklung des Verhaltens zum überwiegenden Interessengebiet.

(3) In der dritten Stufe tritt eine Persönlichkeitsverflachung mit Exzessivität des Verhaltens, mit steigender Handlungsfrequenz, sinkendem Befriedigungserlebnis und Kontrollverlust auf.

(4) In der letzten Stufe machen sich bei Aktivitätsabstinenz psychische und möglicherweise auch körperliche Entzugssymptome bemerkbar.

Nach Meinung *Schreibers*[34] kann das Vorliegen dieser vier Merkmalsstufen in Verbindung mit der Typisierung des jeweiligen Straftäters als labilen, charakterschwachen Charakter bei

---

[30] *Schuhmacher*, aaO., S. 372; ihm folgend *Meyer*, KR 1986, 212, 214..

[31] *Schreiber*, Drogenabhängigkeit und Spielsucht im Vergleich, 1992, S. 196 f..

[32] *Schreiber*, aaO., S. 197.

[33] *Schreiber*, aaO., S. 197 f..

[34] *Schreiber*, aaO., S. 198.

suchtbegleitender Delinquenz - wie Beschaffungskriminalität - unter Umständen zu einer Schuldminderung oder in Ausnahmefällen sogar zu einem Schuldausschluss führen.

3.3 Die Deliktseinteilung von *Jost*

Jost[35] unterscheidet zwischen direkten Beschaffungsdelikten, indirekten Beschaffungsdelikten und sog. gewöhnlichen Straftaten. Kennzeichen der eher seltenen direkten Beschaffungsdelikte sei die direkte illegale, in unmittelbarem Zusammenhang mit der sofort anschließenden Suchtbefriedigung stehende Geldmittelbeschaffung.[36] Die vergleichsweise häufigen indirekten Beschaffungstaten kennzeichneten ein kriminelles Handeln, das auf indirektem Weg die Beschaffung von Geldmitteln erlaube.[37] Das sog. gewöhnliche Delikt sei hingegen suchtunabhängig motiviert und lasse keinerlei Zusammenhang mit der Suchtbefriedigung erkennen. Nach Auffassung von *Jost*[38] ist bei den direkten Beschaffungstaten fast immer die Steuerungsfähigkeit berührt, so dass die Voraussetzungen des § 21 StGB, in seltenen Fällen die des § 20 StGB bejaht werden müssen. Bei den indirekten Beschaffungstaten sei ebenfalls eine erheblich verminderte Schuldfähigkeit aufgrund eingeschränkter Steuerungsfähigkeit des Täters in Betracht zu ziehen.[39] Mitunter ließen jedoch Art und Umfang eines Delikts, etwa bei Erlangung unverhältnismäßig hoher Geldsummen, Zweifel aufkommen, ob allein die Spielsucht und nicht vielmehr auch ein gewisses Gewinnstreben für die Tat motivisch bestimmend war. *Jost* betont, dass vor allem im Bereich verminderter Schuldfähigkeit keine generellen, sondern nur individuelle Einzelfallentscheidungen möglich seien.[40] Dabei hänge der Grad der Einschränkung der Steuerungsfähigkeit davon ab, wie stark die Sucht in der Handlungsweise führend werde.[41]

3.4. Die Beurteilung der Steuerungsfähigkeit bei Spielsucht nach *Fabian* und *Wetzels*

Ebenfalls in Anlehnung an *Schuhmacher* wollen *Fabian* und *Wetzels*[42] bei der forensisch-psychologischen Beurteilung der Steuerungsfähigkeit folgende Kriterien zugrunde legen:

Im Falle aufgehobener Steuerungsfähigkeit läuft das Verhalten impulsgesteuert und ohne Risikoabwägung ab. Im Falle einer eingeschränkten Steuerungsfähigkeit ist diese Abwägung deutlich reduziert.

---

[35] *Jost*, in: Wahl (Hrsg.), Spielsucht, 1988, 133,142 ff..

[36] Beispiel: Der Spieler spielt bis zur völligen Verausgabung, verlässt das Casino, begeht jetzt einen Raubüberfall, kehrt ins Casino zurück und verspielt die Beute (vgl. *Jost*, aaO., S. 142).

[37] Beispiel: Der Spieler begeht einen Einbruch und macht anschließend das Diebesgut zu Geld, um damit seine Spielsucht zu befriedigen (vgl. *Jost*, aaO., S. 142).

[38] *Jost*, aaO., S. 144.

[39] *Jost*, aaO., S. 144.

[40] *Jost*, aaO., S. 145.

[41] *Jost*, aaO., S. 146.

[42] *Fabian/Wetzels*, in Egg (Hrsg.): Brennpunkte der Rechtspsychologie: Polizei, Justiz, Drogen, 1991, S. 363, 378.

Bei Beschaffungsdelikten ist die Ausschließlichkeit der Geldverwertung ein wichtiges Merkmal. Wird das Geld sofort und ausschließlich für die Betätigung der dranghaft angestrebten Handlung verwendet, dann fehlen in der Regel sonstige Bereicherungsmotive.

Es ist ferner zu prüfen, ob die Ressourcen legaler und „halblegaler" Geldbeschaffung zuvor ausgeschöpft wurden, da nur so bei einem pathologischen Spieler ein unmittelbarer Handlungsdruck erklärbar wird, der zur Begehung des Beschaffungsdelikts führen kann.

Dabei sollen die o.g. Kriterien jedoch nicht schematisch abgearbeitet, sondern vielmehr in jedem Einzelfall zur Beurteilung der Steuerungsfähigkeit die Dynamik des Tatgeschehens rekonstruiert werden.

3.5. Die Auffassung *Mergens*

Nach *Mergen*[43] hängt bei der Beschaffungskriminalität die Beurteilung der Schuldfähigkeit von der Intensität des Handlungszwangs bei der Tatbegehung ab; dabei sei auch die Entstehungsgeschichte der Tat zu berücksichtigen. Ein wesentliches Merkmal der Beschaffungskriminalität bestehe darin, dass der Kriminelle sich auf illegale Weise Geld beschafft, um ausschließlich seine Spielsucht zu befriedigen.[44]

III. Die Haltung des BGH und der Instanzgerichte

Auch die deutsche Rechtsprechung sieht es als umstritten an, ob es eine eigene einheitliche psychische Störung „Spielsucht" gibt und ab welchem Ausmaß sie bei Straftaten der Beschaffungskriminalität zu einem Ausschluss oder zu einer Verminderung des Steuerungsvermögens gem. § 20 f. StGB führt.[45]

Der BGH hat sich bislang gegenüber dem in der psychologischen Diskussion verwendeten Begriff des „pathologischen Spielens" skeptisch gezeigt. Es reicht insbesondere nicht aus, dass der Betroffene eine Reihe von Auffälligkeiten zeige, wie sie etwa in Nr. 312.31 des Diagnostischen Manuals der US-Psychiater (DSM-III-R) beschrieben werden.[46] Der in der psychologischen Diskussion verwendete Begriff des „pathologischen Spielens" bedeutet laut BGH jedenfalls nicht ohne weiteres, dass derjenige, der damit behaftet ist, schon allein deshalb eine „krankhafte seelische Störung" oder eine „schwere andere seelische Abartigkeit" im Sinne der §§ 20, 21 StGB aufweist.[47]

Maßgebend für die Schuldfähigkeitsbeurteilung sei vielmehr, inwieweit im Einzelfall das gesamte Erscheinungsbild des Täters psychische Persönlichkeitsveränderungen aufweise,

---

[43] *Mergen*, Beschaffungskriminalität, 1990, S. 42.

[44] *Mergen*, aaO., S. 46.

[45] Vgl. z.B. BGHR StGB § 21 seelische Abartigkeit 7; LG Berlin StV 1993, 251, 252.

[46] So ausdrücklich LG Berlin StV 1993, 251, 252.

[47] BGH v. 25.10.1988 - 1 StR 552/88; BGH JR 1989, 379, 380.

die, wenn sie nicht pathologisch bedingt seien, als „andere seelische Abartigkeit" in ihrem Schweregrad den krankhaften seelischen Störungen gleichwertig sein müssen.[48] Ausgangspunkt ist für den BGH dabei, dass Spielsucht nur ganz ausnahmsweise zu einer Bejahung der Voraussetzungen des § 21 StGB führen könne.[49] Unter dem Gesichtspunkt der Verminderung der Schuldfähigkeit kann eine Spielsucht allenfalls dann beachtlich sein, wenn die begangenen Straftaten der Fortsetzung des Spielens dienen, was zu verneinen ist, wenn es dem Täter nur um die Abtragung von Spielschulden aus dem Erlös der Straftat geht.[50] Um eine erfolgreiche Aufklärungsrüge gem. § 244 II StPO bei behaupteter Spielsucht zu vermeiden, muss sich der Tatrichter dann ausnahmsweise sachverständiger Hilfe zur Beantwortung der Frage nach dem Vorliegen einer sich möglicherweise strafmildernd auswirkenden Spielsucht bedienen, wenn die begangenen Straftaten nach den Umständen des Einzelfalls der Fortsetzung des Spielens gedient haben.[51]

Anhaltspunkte zur Beurteilung der Rechtsfrage,[52] ob die vom Gesetz in § 21 StGB geforderte Erheblichkeit der Verminderung des Steuerungsvermögens gegeben ist, bietet dabei die Rechtsprechung des BGH zur Frage einer erheblichen Verminderung des Steuerungsvermögens bei Drogenabhängigen. Ein erheblicher Steuerungsverlust ist danach nur dann gegeben, wenn die jeweilige Sucht zu schwersten Persönlichkeitsveränderungen geführt hat oder der Täter bei Beschaffungstaten unter schwersten Entzugserscheinungen gelitten hat.[53]

Eine solche schwere Persönlichkeitsstörung und -veränderung liegt im Einzelfall nicht vor, wenn festgestellt werden kann, dass der vermehrte Geldbedarf für das Spielen nicht dazu geführt hat, dass der Täter seine soziale Kontrolle verlor.

Indizien[54] hierfür können z.B. sein, dass der Täter im Tatzeitraum

- weiterhin regelmäßig seiner Arbeit nachging;
- seinen Miet- und Unterhaltsverpflichtungen nachkam;
- Geldbeträge zurückzahlte, die er sich lieh, um damit spielen zu können;
- seine sonstigen Kreditverpflichtungen bediente;

---

[48] BGH JR 1989, 379, 380 unter Hinweis auf BGHSt 34, 24, 25 und BGH StV 1988, 384.

[49] BGH, Urteil v. 3.12.1991 - 1 StR 528/91, zitiert bei *Detter*, NStZ 1992, 477, 478.

[50] BGH NStZ 1994, 501.

[51] OLG Hamm NStZ 1998, 241; ansonsten ist der Tatrichter nach BGH NStZ 1994, 501 keinesfalls zur Hinzuziehung eines psychiatrischen Sachverständigen gehalten.

[52] Da es hier um eine reine Rechtsfrage geht, kann das Gericht die Entscheidung dieser Rechtsfrage weder einem Sachverständigen überlassen (vgl. LG München I, NStZ 1997, 282), noch die ausgeschlossene bzw. verminderte Steuerungsfähigkeit zugunsten des Angeklagten als wahr unterstellen (vgl. BGH StV 1993, 241).

[53] BGH JR 1989, 379, 380 unter Hinweis auf BGH JR 1987, 206 und NJW 1981, 1221; BGH StV 1993, 241 m.w.N..

[54] Vgl. LG Berlin StV 1993, 251, 252 ; LG München I NStZ 1997, 282.

- in der Lage war, gewonnenes Geld nicht gleich wieder zu verspielen, sondern es anzulegen;

- auch mit Kosten verbundene soziale Kontakte weiter pflegte;

- trotz bestehender Spielsucht immer wieder erhebliche Reduzierungen aus eigenem Antrieb schaffte;

- in der Lage war, mit dem Glücksspiel ziemlich abrupt aufzuhören.

Wenn derartige Indizien festgestellt werden können, wird es sich regelmäßig bei der von dem Angeklagten geltend gemachten Spielsucht um eine bloße Schutzbehauptung handeln.

IV. In Frage kommende Delikte für eine Strafmilderung nach § 21 StGB

Wenn Spieler sich als Angeklagte vor Strafgerichten verantworten müssen kommen, so handelt es sich in der Regel nicht um Gewaltdelikte, sondern um massive Eigentums- bzw. Vermögensdelikte aus dem Bereich Betrug, Untreue und Unterschlagung. Diese Delikte sind als Beschaffungsdelikte anzusehen, denn das Geld als solches hat für den süchtigen Spieler seinen Zweck verloren und wird zum Mittel der Suchtausfüllung degradiert.[55] In diesen Fällen ist eine Strafmilderung nach § 21 StGB möglich.

Hat ein Spielsüchtiger bei der Geldbeschaffung darüber hinaus Gewalt- oder sogar Tötungsdelikte begangen, ist fraglich, ob auch in diesen Fällen eine Strafmilderung wegen bestehender Spielsucht möglich ist. Eine etwaige Spielsucht wurde von der Rechtsprechung bereits in Fällen einer räuberischen Erpressung bzw. eines erpresserischen Menschenraubs in Betracht gezogen.[56] Nichts anderes kann für sonstige Gewaltdelikte bis hin zu Tötungsdelikten gelten, die zur unmittelbaren Geldbeschaffung zur Fortsetzung des Spielens dienen. Dabei wird jedoch - aufgrund der natürlichen Tötungshemmung - allenfalls in extremen Ausnahmefällen eine Strafmilderung aufgrund bestehender Spielsucht in Frage kommen.

V. Stellungnahme und Zusammenfassung

Eine diagnostizierte Spielsucht des Täters ist als „schwere andere seelische Abartigkeit" i.S.d. §§ 20, 21 StGB anzuerkennen. Es gibt ein Syndrom der „Spielsucht" bzw. des „pathologischen Spielens" mit eigenständiger nosologischer Qualität.[57] Das Vorliegen des Gesamtbildes „Spielsucht" ist - in Zweifelsfällen vom Sachverständigen - typologisch anhand bestimmter Merkmale festzustellen. Die Ansätze zur Bestimmung von Kriterien für das Vorlie-

---

[55] *Mergen*, Sarstedt-FS, 1981, S. 189; *ders.*, Beschaffungskriminalität, 1990, S. 41..

[56] BGH NStE Nrn. 21 und 22 zu § 20 StGB; StV 1991, 155; LG Potsdam, Nr. 21 zu § 21 StGB.

[57] Vgl. auch *Plate*, Psyche, Unrecht und Schuld, 2002, S. 382 m.w.N..

gen von Spielsucht weisen vielfach Überschneidungen auf. Jedenfalls wenn mehrere der folgenden Kriterien gegeben sind, ist vom Vorliegen einer pathologischen Spielsucht auszugehen:

- Häufiges Glücksspiel mit höheren Beträgen oder über einen längeren Zeitraum als beabsichtigt, (Kontrollverlust);
- Häufiges Glücksspiel, wenn man eigentlich sozialen oder beruflichen Verpflichtungen nachkommen müsste (Rückzug aus dem sozialen Umfeld);
- Wahrnehmung jeder sich bietenden Gelegenheit, um spielen zu können (quantitativer Faktor);
- wiederholte Versuche, das Glücksspiel einzuschränken oder aufzugeben (Abstinenzunfähigkeit);
- Fortsetzung des Glücksspiels, trotz der Unfähigkeit, die wachsenden Schulden zu bezahlen, oder anderer bedeutsamer sozialer oder beruflicher Probleme oder Gesetzeskonflikte, von denen die Person weiß, dass sie sich durch das Glücksspiel verstärken (bewusste Selbstschädigung);
- Missachtung der Geldquelle durch den Spieler.

Die von der Rechtspsychologie vorgeschlagenen Lösungsansätze zur Beurteilung der Steuerungsfähigkeit des spielsüchtigen Täters liefern kein Patentrezept in Form einer juristisch eindeutigen Abgrenzung. Im Ergebnis ist der zutreffenden Einschätzung von *Jost* zu folgen, dass vor allem im Bereich verminderter Schuldfähigkeit keine generellen, sondern nur individuelle Einzelfallentscheidungen möglich sind.[58] Es hängt stets von den Umständen des Einzelfalls ab, ob eine zur krankhaften Spielsucht gesteigerte Spielleidenschaft bei Geldbeschaffungsdelikten zum Fortsetzen des Spielens strafmildernd nach § 21 StGB bzw. in seltenen Ausnahmefällen schuldausschließend nach § 20 StGB berücksichtigt werden kann, weil sie die Steuerungsfähigkeit des Täters ausgeschlossen bzw. erheblich vermindert hat.

Ein erheblicher Steuerungsverlust i.S.v. § 21 StGB ist - in Übereinstimmung mit der o.g. Rechtsprechung des BGH, die zu praktikablen Ergebnissen führt - nur dann anzuerkennen, wenn die begangenen Straftaten der Fortsetzung des Spielens dienen und die Spielsucht zu schwersten Persönlichkeitsveränderungen geführt hat oder der Täter bei der Beschaffungstat unter schwersten Entzugserscheinungen gelitten hat. Eine solche schwere Persönlichkeitsstörung und -veränderung liegt im Einzelfall nicht vor, wenn festgestellt werden kann, dass der vermehrte Geldbedarf für das Spielen nicht dazu geführt hat, dass der Täter seine soziale Kontrolle verlor. Der Aspekt des sozialen Kontrollverlustes des Spielers im Tatzeitpunkt kann im Einzelfall anhand von Indizien festgestellt oder widerlegt werden.

---

[58] *Jost*, aaO., S. 145.

Ein völliger Ausschluss der Steuerungsfähigkeit i.S.v. § 20 StGB kommt allenfalls in seltenen Ausnahmefällen bei direkten Beschaffungsdelikten in Betracht, bei denen die illegale Geldmittelbeschaffung, in unmittelbarem Zusammenhang mit der zeitlich sofort anschließenden Suchtbefriedigung steht.

D. Gesamtergebnis und Schlussbetrachtung

I. Ergebnis der Untersuchung

Die Untersuchung der strafrechtlichen Aspekte des Glücksspielwesens in Deutschland hat im Wesentlichen Folgendes ergeben:

Durch die Glücksspieltatbestände wird de lege lata zum einen das Individualvermögen und zum anderen das Interesse der Allgemeinheit an einem unter staatlicher Begrenzung und Kontrolle stehenden Glücksspielwesen vor abstrakten Gefährdungen geschützt. Ein sozialgefährlicher Angriff auf diese Rechtsgüter liegt vor, wenn jemand einen anderen zu einem unerlaubten Glücksspiel verleitet. Als durch das Glücksspielstrafrecht de lege lata primär geschütztes Rechtsgut ist dabei das Interesse der Allgemeinheit an der staatlichen Begrenzung, Kanalisierung und Kontrolle der kommerziellen Ausbeutung der Spielleidenschaft anzusehen. Dieses Universalrechtsgut umfasst letztlich auch unter dem Aspekt der staatlichen Kontrolle den Schutz des Publikums vor Falschspiel und Manipulationen, so dass der von der früher h.M. betonte Schutz des Individualvermögens durch die §§ 284 ff. StGB heute nicht mehr im Vordergrund steht.

Der verschiedentlich in der Literatur - vor allem von Befürwortern einer Liberalisierung des staatlich dominierten Glücksspielmarktes - erhobenen Pauschalforderung nach einer Entkriminalisierung der Glücksspieltatbestände de lege ferenda sollte der Gesetzgeber nicht Folge leisten. Jedenfalls solange der Staat wirklich das Ziel verfolgt, das Glücksspielangebot einzudämmen und unter seine Kontrolle zu nehmen, sind - auch im Rahmen eines staatlichen Glücksspielmonopols - im Grundsatz Strafnormen gegen das illegale Glückspiel gerechtfertigt. Sobald der Staat seine Glücksspielunternehmen nur noch unter dem Fiskalaspekt der maximalen Einnahmeerzielung betreibt, könnten hingegen die Strafnormen gegen das illegale Glücksspiel ihre Legitimation verlieren. Derzeit ist die Strafbedürftigkeit für das sozialgefährliche Verleiten zum illegalen Glücksspiel i.S.d. §§ 284 ff. StGB - trotz einer bestehenden Tendenz zur Ausweitung und aktiveren Vermarktung des staatlichen Glücksspielangebots - noch zu bejahen, da die staatliche Kontrollaufgabe als Primärziel immer noch im Vordergrund steht und nicht der Fiskalzweck.

Unabhängig davon besteht jedenfalls de lege ferenda im Wesentlichen folgender Reformbedarf bei den Einzeltatbeständen der §§ 284 ff. StGB:

- In § 284 I StGB ist die Erwähnung des „Haltens" als eigenständige Tathandlung entbehrlich und sollte gestrichen werden.
- Die Werbetatbestände in §§ 284 IV, 287 II StGB rechtfertigen keinen Straftatbestand. Sie sollten zur Ordnungswidrigkeit herabgestuft werden.
- Die Strafnorm des § 285 StGB sollte ersatzlos gestrichen werden.

- Es sollte - z.B. als § 287a StGB - ein neuer Straftatbestand in das Strafgesetzbuch eingefügt werden, in dem zur Schließung einer sonst bestehenden Strafbarkeitslücke die Veranstaltung von Kettenbriefsystemen und anderen progressiven Gewinnsystemen ohne Vertriebsfunktion pönalisiert wird. Diese strafwürdigen Fallgruppen können nicht unter § 6c UWG subsumiert werden, da der Tatbestand gegen die progressive Kundenwerbung nur auf wettbewerbserhebliche Gewinnsysteme mit Vertriebsfunktion für Waren, Dienstleistungen und Rechte anwendbar ist.

- Ferner können die Straftatbestände in §§ 5 f. RWLG abgeschafft werden.

Eine festgestellte Spielsucht des Täters ist als „schwere andere seelische Abartigkeit" i.S.d. §§ 20, 21 StGB anzuerkennen. Es hängt jedoch stets von den Umständen des Einzelfalls ab, ob eine zur krankhaften Spielsucht gesteigerte Spielleidenschaft bei Geldbeschaffungsdelikten zum Fortsetzen des Spielens strafmildernd nach § 21 StGB bzw. in seltenen Ausnahmefällen schuldausschließend nach § 20 StGB berücksichtigt werden kann, weil sie die Steuerungsfähigkeit des Täters ausgeschlossen bzw. erheblich vermindert hat. Dabei ist insbesondere auf den Aspekt des sozialen Kontrollverlustes des Spielers abzustellen, der anhand von Indizien festgestellt oder widerlegt werden kann.

II. Schlussbetrachtung

Die Weiterentwicklung des Glücksspielrechts wird im Wesentlichen von der künftigen Struktur des Glücksspielmarktes in Deutschland abhängen.

Die Rechtfertigung der weitgehenden Erteilung von Glücksspielkonzessionen an staatliche Betreiber und der damit einhergehende Ausschluss privater Glücksspielveranstalter aus ordnungsrechtlichen Gründen kann generell nur solange aufrechterhalten werden, wie der Staat den Gefahren des Glücksspiels in ausreichender Weise Rechnung trägt, z.B. durch ein nach Art und Umfang begrenztes Spielangebot, verhaltene Werbung,[1] eine Begrenzung der Spitzengewinne[2] und effektive Kontrollmaßnahmen.[3] Vor diesem Hintergrund erscheint die For-

---

[1] Das BVerwG hat unlängst darauf hingewiesen, dass eine „mit aggressiver Werbung einhergehende extreme Ausweitung des Spielangebots" die Eignung von Monopoleingriffen im Glücksspielbereich in Frage stellen würde (BVerwG NJW 2001, 2648 ff.). *Dietlein*, BayVBl. 2002, 161, 164 hat diese Formulierung als ernst zu nehmende Mahnung an die Adresse der staatlich getragenen oder staatlich gebundenen Glücksspielbetriebe gedeutet, sich der eigenen Wurzeln bewusst zu bleiben, anstatt sie selbst zu kappen.

Im Hinblick auf den Werbeetat der neun bayerischen Spielbanken hat der BayVGH GewArch 2003, 115, 116 allerdings erst jüngst explizit festgestellt, dass die Werbeausgaben in Höhe von ca. 1% des Bruttospielertrags nicht zu beanstanden seien, zumal derzeit auch keine Anzeichen für eine auf ein Massenpublikum abzielende aggressive Werbung erkennbar seien. Der staatliche Betreiber müsse notwendigerweise auf die vorhandenen legalen Spielmöglichkeiten aufmerksam machen, wenn das illegale Glücksspiel wirksam bekämpft werden soll.

[2] *Adams/Tolkemitt*, ZBB 2001, 170, 183, die bei einer Analyse der Nachfragemotive herausgefunden haben, dass die Spieler vor allem von hohen Höchstgewinnen zum Glücksspiel verlockt werden, empfehlen, die Höchstgewinne einschließlich eines möglichen Jackpots im Lotteriesektor auf einen Wert von 1 Mio. DM zu begrenzen.

[3] So ausdrücklich *Voßkuhle*, VerwArch 87 (1996), 395, 426 zum Fortbestand des staatlichen Glücksspielmonopols.

derung, keine weiteren Konzessionen für Spielcasinos, Lotterien und Wetten zu erteilen,[4] um der rasanten Verbreitung der Spielsucht auf gesellschaftlicher Ebene Einhalt zu gebieten, durchaus nachvollziehbar. Mit einem entsprechenden Moratorium könnten die Länder ein unmissverständliches Zeichen setzen, dass sie wirklich das Ziel verfolgen, das Glücksspielangebot einzudämmen. Dies schließt natürlich nicht aus, dass die Länder im Einzelfall Angebotslücken bei ihren Glücksspielunternehmen schließen, wenn hier der Markteintritt illegaler Anbieter droht.

Sollte der Staat sich als Glücksspielveranstalter nicht im o.g. Sinne mäßigen und künftig die Veranstaltung von Glücksspielen unter rein fiskalischen Gesichtspunkten betreiben, ist mittelfristig mit einer verfassungsgerichtlichen Entscheidung zu rechnen, die den bisher staatlich dominierten Glücksspielmarkt für private Wettbewerber öffnen und dazu führen wird, dass sich der Staat hier auf eine reine Kontrollfunktion zurückziehen muss. Jedoch müssen ein liberalisierter Glücksspielmarkt und ein etwaiges Ende des staatlichen Glücksspielmonopols keineswegs das Ende des Glücksspielstrafrechts bedeuten.[5] In einem von Privatunternehmern dominierten Glücksspielmarkt wäre das Interesse der Allgemeinheit an einem unter staatlicher Kontrolle und Begrenzung stehenden Glücksspielwesen eher noch stärker ausgeprägt als in der gegenwärtigen Marktstruktur.

Dementsprechend wird - unabhängig davon, ob sich der legale Glücksspielmarkt in öffentlichen oder privaten Händen befindet - künftig weiterhin ein Bedürfnis für die Existenz von Glücksspielstrafnormen bestehen.

---

[4] *Schütte*, in: Wahl (Hrsg.), Spielsucht, 1988, S. 49, 85.

[5] Es gibt sogar Befürworter einer weitgehenden Privatisierung des Glücksspielmarktes, die sich für eine Beibehaltung bzw. partielle Ausweitung der bestehenden Glücksspielstrafnormen aussprechen (vgl. *Adams/Tolkemitt*, aaO., S. 183 f.).

Literaturverzeichnis

***Adams**, Michael / **Tolkemitt**, Till:* Das staatliche Glücksspielunwesen, ZBB 2001, 170 ff.

***Ahlf**, Ernst-Heinrich:* Zur Frage der Strafbarkeit des kontrollierenden Kriminalbeamten nach § 284a StGB, KR 1978, 17 ff.

Alternativ-Kommentar zum StGB, 1990 (zitiert: AK-Bearbeiter)

***Amend**, Gerhard;* in: Ulsamer, Gerhard (Hrsg.), Lexikon des Rechts, Strafrecht, Strafverfahrensrecht, 1989

***Arzt**, Gunter / **Weber**, Ulrich:* Strafrecht, Besonderer Teil, Lehrbuch, 2000 (zitiert: Arzt / Weber, BT)

***Astl**, Josef / **Rathleff**, Ernst-Otto:* Das Glücksspiel. Sammlung der geltenden Bestimmungen für Glücksspiele, Lotterien, Ausspielungen und andere Spiele, 1965

***Aubin**, Bernhard* (Hrsg.): Die rechtliche Regelung der Glücksspiele und Spielautomaten in europäischen Ländern - Bundesrepublik Deutschland, Österreich, Schweiz, Großbritannien, Italien, Frankreich, Belgien, Niederlande, Luxemburg, 1981 (zitiert: Aubin / Kummer / Schroth / Wack)

***Badura**, Peter*: Das Verwaltungsmonopol, 1963

***Bahr**, Martin*: 0190-Telefonnummern und Gewinnspiele – ein Verstoß gegen § 1 UWG ?, WRP 2002, 501 ff.

***Baumbach**, Adolf / **Hefermehl**, Wolfgang:* Wettbewerbsrecht, Kommentar, 22. Aufl. 2001

***Bargmann-Huber**, Herta*: Europa und Telekommunikation fordern Konsequenzen im Glücksspielrecht, BayVBl. 1996, 165 ff.

Bayerisches Landesamt für Statistik und Datenverarbeitung (Hrsg.): Abgeurteilte und Verurteilte in Bayern, Ergebnisse der Strafverfolgungsstatistik, jährliche Erscheinungsweise.

Bayerisches Staatsministerium der Finanzen: Beteiligungsbericht des Freistaats Bayern, jährliche Erscheinungsweise, 1999 – 2001

***Beckemper**, Katharina:* Die Strafbarkeit des Veranstaltens eines Pyramidenspiels nach § 6c UWG – Anmerkung zu BGHSt 43, 270; in: wistra 1999, 169 ff.

Beisel, Daniel / ***Heinrich***, Bernd: Die Strafbarkeit der Ausstrahlung pornographischer Sendungen in codierter Form durch das Fernsehen, JR 1996, 95 ff.

***Belz**, Axel*: Das Glücksspiel im Strafrecht, Diss. Marburg, 1993

***Berg**, Wilfried*: Verbot und Erlaubnismöglichkeit für Glücksspiele in geschlossenen Gesellschaften, GewArch 1976, 249 ff.

ders.: Zur Konkurrenz zwischen öffentlichen Spielbanken und privaten Glücksspielvereinen, MDR 1977, 277 ff.

***Binding**, Karl*: Lehrbuch des gemeinen deutschen Strafrechts, Besonderer Teil, Band 1, 2. Aufl., 1902, Neudruck 1969

***Blei**, Hermann*: Strafrecht II, Besonderer Teil, 12. Aufl. 1983

***Bottke**, Wilfried*: Strafrechtswissenschaftliche Methodik und Systematik bei der Lehre vom strafbefreienden und strafmildernden Täterverhalten, Diss. München, 1979 (zitiert: Bottke, Strafrechtswissenschaftliche Methodik)

ders.: Das Wirtschaftsstrafrecht in der Bundesrepublik Deutschland - Lösungen und Defizite, wistra 1991, 1 ff. bzw. wistra 1991, 52 ff.

ders.: Täterschaft und Gestaltungsherrschaft, 1992

***Brenner**, Karl*: Wenn marode Unternehmen als Goldgruben verkauft werden, Mit dem 2. Gesetz zur Bekämpfung der Wirtschaftskriminalität will Bonn die Kapitalanleger besser schützen, KR 1987, 66 ff.

***Breuer**, Barbara*: Anwendbarkeit des deutschen Strafrechts auf exterritorial handelnde Internet-Benutzer, MMR 1998, 141 ff.

Bundeskriminalamt (Hrsg.): Polizeiliche Kriminalstatistik der Bundesrepublik Deutschland, jährliche Erscheinungsweise.

***Caillois**, Roger*: Die Spiele und die Menschen, frz. Originaltitel: „Les jeux et les hommes", 1960

***Collardin**, Marcus*: Straftaten im Internet, CR 1995, 618 ff.

Commission of the European Communities: Gambling in the single market, a study of the current legal and market situation, 1992, Vol. 1: executive summary and pan-European market review (zitiert: Commission of the European Communities, Gambling in the single market).

***Cornils**, Karin*: Der Begehungsort von Äußerungsdelikten im Internet, JZ 1999, 394 ff.

***Dannecker**, Gerhard*: Gutachterliche Stellungnahme zum Vorliegen eines verbotenen Glücksspiels bei Oddset-Wetten vom 17.7.2000 (unveröffentlicht)

***Deselaers**, Josef*: Einführung in das Recht der Sportwette; in: *Pfister, Bernhard* (Hrsg.), Rechtsprobleme der Sportwette, 1989, S. 15 ff.

Deutsches Rechts-Lexikon: in drei Bänden, hrsg. von *Horst Tilch* und *Frank Arloth*, 3. Aufl. 2001.

***Detter**, Klaus:* Zum Strafzumessungs- und Maßregelrecht, NStZ 1992, 477 ff.

***Dickersbach**, Alfred*: Der Geschicklichkeitsautomat als Problem des gewerblichen Spielrechts, GewArch 1998, 265 ff.

***Dietlein**, Johannes*: Das staatliche Glücksspiel auf dem Prüfstand, BayVBl. 2002, 161 ff.

***Dölling**, Dieter*: Umweltstrafrecht und Verwaltungsrecht, JZ 1985, 461 ff.

***Eichmann**, Daniel / **Sörup**, Thorsten*: Das Telefongewinnspiel, Zwischen Strafbarkeit und Wettbewerbsverstoß, MMR 2002, 142 ff.

***Eisenberg**, Ulrich*: Kriminologie, Jugendstrafrecht, Strafvollzug, 6. Aufl. 2000

***Ellbogen**, Klaus*, Zu den Voraussetzungen des täterschaftlichen Bandendiebstahls - zugleich Besprechung von BGH, GSSt 1/00 vom 22.3.2001 -, wistra 2002, 8 ff.

***Emmerich**, Volker:* Unlauterer Wettbewerb, 6. Aufl. 2002

***Ennuschat**, Jörg*, Anmerkung zu BVerwG DVBl. 2000, 1625 ff.; in: DVBl. 2000, 1627 ff.

***Engel**, Christoph*: Inhaltskontrolle im Internet, AfP 1996, 220 ff.

***Erbs**, Georg / **Kohlhaas**, Max*: Strafrechtliche Nebengesetze, 144. Ergänzungslieferung, Januar 2002 (zitiert: Erbs / Kohlhaas-Bearbeiter)

***Epple**, Fritz*: Das strafbare Glücksspiel, Diss. Tübingen, 1932

***Fabian**, Thomas / **Wetzels**, Peter*, in: Egg, Rudolf (Hrsg.), Brennpunkte der Rechtspsychologie: Polizei, Justiz, Drogen, 1991, 363 ff.

***Fischer**, Olaf*: Zur rechtlichen Beurteilung von Sportwettbüros - Rechtsprechung und ordnungsbehördliches Vorgehen in Berlin, GewArch 2001, 157 ff.

***Foregger**, Egmont / **Fabrizy**, Ernst Eugen:* Strafgesetzbuch, Kommentar, 7. Aufl. 1999

***Frank**, Reinhard*: Das Strafgesetzbuch für das Deutsche Reich, 18. Aufl. 1931

***Friauf**, Karl Heinrich* (Hrsg.): Kommentar zur Gewerbeordnung, GewO, Stand: Juli 2001 (zitiert: Friauf-Bearbeiter)

***Fruhmann**, Gabriele*: Das Spiel im Spiel - Strafbarkeit gewerblicher Spielgemeinschaften, MDR 1993, 822 ff.

***Füllkrug**, Michael:* Verbotenes Glück, KR 1990, 101 ff.

***Füllkrug**, Michael / **Wahl**, Adolf*: Kein Bargeld mehr auf dem Spieltisch, Verbotenes Glücksspiel und Unterhaltungsspiel unter besonderer Berücksichtigung der Ausländerdelinquenz, KR 1984, 533 ff.

***Gardner**, Thomas Jefferson / **Anderson**, Terry M.:* Criminal Law - Principles and Cases, 5th ed., 1991

***Geiger**, Wilhelm*: Das Glücksspiel im geltenden Strafrecht und nach den neuesten Strafgesetzentwürfen, Diss. Tübingen, 1932

***Göhler**, Erich:* Das Einführungsgesetz zum Strafgesetzbuch, NJW 1974, 825 ff.

***Goldmann**, Heinz Gerd*: Die behördliche Genehmigung als Rechtfertigungsgrund, Diss. Freiburg, 1967

***Granderath**, Peter*: Strafbarkeit von Kettenbriefaktionen, wistra 1988, 173 ff.

Großkommentar zum UWG: hrsg. von Rainer Jacobs und Otto Teplitzky, ab 1991 (zitiert: GroßKommUWG-Bearbeiter)

***Groß**, Hans / **Geerds**, Friedrich*: Handbuch der Kriminalistik, 10. Aufl., Bd. 1, 1977

Gutachterausschuß für Wettbewerbsfragen: Gutachten 2/1987: Werbung für ein Kettenbriefsystem, WRP 1988, 337

***Haase**, Henning:* Der Spieler zwischen Wissenschaft und Propaganda, 1992

***Haft**, Frithjof*: Strafrecht, Allgemeiner Teil, 8. Aufl. 1998

***ders**.*: Strafrecht, Besonderer Teil, 7. Aufl. 1998

***Hahn**, Dittmar*: Das Wirtschaftsverwaltungsrecht in der Rechtsprechung des Bundesverwaltungsgerichts, GewArch 2002, 41 ff.

***Heinrich**, Bernd*: Der Erfolgsort beim abstrakten Gefährdungsdelikt, GA 1999, 72 ff.

Hilgendorf, *Eric*: Überlegungen zur strafrechtlichen Interpretation des Ubiquitätsprinzips im Zeitalter des Internet, NJW 1997, 1873 ff.

Hilger, *Hans*: Neues Strafverfahrensrecht durch das OrgKG, NStZ 1992, 523 ff.

Hilgers, *Peter*: Das strafbare Glücksspiel nach dem Gesetz vom 23. Dezember 1919, Diss. Köln, 1921

von Hippel, *Robert:* Lehrbuch des Strafrechts, 1932

Hoeren, *Thomas* / ***Sieber***, *Ulrich*: Handbuch Multimedia-Recht: Rechtsfragen des elektronischen Geschäftsverkehrs, Loseblatt, 1999.

Höpfel, *Frank*: Probleme des Glücksspielstrafrechts, ÖJZ 1978, 421 ff., 458 ff.

Hund, *Horst*: Beteiligung Verdeckter Ermittler am unerlaubten Glücksspiel, NStZ 1993, 571 f.

Isensee, *Josef*: Idee und Gestalt des Föderalismus im Grundgesetz; in: Isensee, Josef / Kirchhof, Paul (Hrsg.), Handbuch des Staatsrechts, Bd. IV, 1990.

Jagusch, *Heinrich* / ***Hentschel***, *Peter:* Kommentar zum Straßenverkehrsrecht, 36. Aufl. 2001

Jakobs, *Günther*: Strafrecht, Allgemeiner Teil, 2. Aufl. 1993

Jarass, *Hans D.* / ***Pieroth***, *Bodo:* Grundgesetz für die Bundesrepublik Deutschland, 6. Aufl. 2002 (zit.: Jarass/Pieroth, GG)

ders.:, Grundrechtliche Vorgaben für die Zulassung von Lotterien gemeinnütziger Einrichtungen, DÖV 2000, 753 ff.

Jescheck, *Hans-Heinrich* / ***Weigend***, *Thomas*: Lehrbuch des Strafrechts, Allgemeiner Teil, 5. Aufl. 1996

Joecks, *Wolfgang*: Anleger- und Verbraucherschutz durch das 2. WiKG, wistra 1986, 142 ff.

ders.:, Studienkommentar zum StGB, 4. Aufl. 2003

Jost, *Klaus:* Spielen - eine Sucht? Mögliche forensische Konsequenzen; in: Wahl, Christian (Hrsg.), Spielsucht, 1988, 133 ff.

***Kern**, Eduard,* Anmerkung zu OLG Dresden JW 1928, 370 ff. (oben); in: JW 1928, 370 ff. (unten)

***Kellermann**, Bert*: Sucht aus der Sicht des Praktikers; in: Wahl, Christian (Hrsg.), Spielsucht, 1988, 91 ff.

***Kindhäuser**, Urs*: Strafgesetzbuch, Lehr- und Praxiskommentar, 1. Aufl. 2002 (zitiert: Kindhäuser, LPK-StGB)

***Kleinknecht**, Theodor / **Meyer-Goßner**, Lutz*: Strafprozessordnung, 45. Aufl. 2001

***Klengel**, Jürgen Detlef W. / **Heckler**, Andreas*: Geltung des deutschen Strafrechts für vom Ausland aus im Internet angebotenes Glücksspiel, CR 2001, 243 ff.

***Klenk**, Friedrich*: Der Lotteriebegriff in straf- und steuerrechtlicher Sicht, GA 1976, 361 ff.

***Knecht**, Thomas*: Ludomanie - pathologisches Spielen, Eine nicht-stoffgebundene Suchtkrankheit aus psychiatrischer Sicht, KR 1992, 661 ff.

***Koch**, Arnd:* Nationales Strafrecht und globale Internet-Kriminalität, Zur Reform des Strafanwendungsrechts bei Kommunikationsdelikten im Internet, GA 2002, 703 ff.

***Köhler**, Helmut / **Pieper**, Henning:* Gesetz gegen den unlauteren Wettbewerb, 2. Aufl. 2001

***Kreß**, Claus:* Das Sechste Gesetz zur Reform des Strafrechts, NJW 1998, 633 ff.

***Kriegsmann**, Nikolaus Hermann*: Das Glücksspiel, in: Vergleichende Darstellung des deutschen und ausländischen Strafrechts, Besonderer Teil, VI. Band, 1907, S. 375 ff.

***Kummer**, Heinz:* Zur Entwicklung des gewerblichen Spielrechts, GewArch 1988, 264 ff.

***Lackner**, Karl / **Kühl**, Kristian:* Strafgesetzbuch mit Erläuterungen, Kommentar, 24. Aufl. 2001 (zitiert: Lackner/Kühl)

***Lampe**, Ernst-Joachim:* Falsches Glück, JuS 1994, 737 ff.

***ders**.*: Strafrechtliche Probleme der „progressiven Kundenwerbung", GA 1977, 33 ff.

***ders**.*: Soll ein Straf- oder Bußgeldtatbestand gegen die progressive Kundenwerbung für Waren oder Leistungen geschaffen werden?, in: Bundesministerium der Justiz (Hrsg.), Tagungsberichte der Sachverständigenkommission zur Bekämpfung der Wirtschaftskriminalität – Reform des Wirtschaftsstrafrechts -, Band XI., Anlage 2, S. 1 ff., 1976

***Landmann**, Robert von / **Rohmer**, Gustav*: Gewerbeordnung und ergänzende Vorschriften, hrsg. von Peter Marcks u.a., Loseblatt, Stand: 1. Januar 2001

Landscheidt*, Christoph*: Zur Problematik der Garantenpflichten aus verantwortlicher Stellung in bestimmten Räumlichkeiten: zugleich ein Beitrag zur Gefahrenquellenverantwortlichkeit im Rahmen der unechten Unterlassungsdelikte, 1985; zugl.: Diss. Bochum, 1984

Lange*, Richard*: Ordnungswidrigkeiten als Vergehen, GA 1953, 18 ff.

ders.: Das Glücksspielrecht - ein Stück steckengebliebener Strafrechtsreform, in: Festschrift für Eduard Dreher zum 70. Geburtstag, 1977, S.573 ff.

Larenz*, Karl*: Methodenlehre der Rechtswissenschaft, 6. Aufl. 1991

Lauer*, Alfons*: Staat und Spielbanken: Rechtsfragen des Staatshandelns in einem Spannungsfeld zwischen Erwerbswirtschaft und Gefahrenabwehr, 1993; zugl.: Diss. Saarbrücken, 1992

Laukemann*, Marc* / ***Junker****, Markus*: Neues Spiel. neues Glück? - Zur strafrechtlichen Zulässigkeit von Lotterien und Ausspielungen im Internet, AfP 2000, 254 ff.

Leipziger Kommentar: Strafgesetzbuch, 11. Auflage, hrsg. von *Burkhard Jähnke* u.a., Lieferungswerk, (zitiert: LK-Bearbeiter)

Leonhardt*, Rolf-Peter*: Der deutsche Toto-Lotto-Block: Dachorganisation der deutschen Lottounternehmen, 2. Aufl. 1994

Lesch*, Heiko* / ***Wallau****, Rochus*: Glücksspiel trotz fehlender Gewinnmöglichkeit?, GewArch 2002, 447 ff.

Leupold*, Andreas* / ***Bachmann****, Peter* / ***Pelz****, Christian*: Russisches Roulette im Internet?, Zulässigkeit von Glücksspielen im Internet unter gewerbe- und strafrechtlichen Gesichtspunkten, MMR 2000, 648 ff.

Lukes*, Rudolf*: Rechtliche Schranken für Glücksspiele, Lotterien und Ausspielungen, in: Küper/Welp (Hrsg.), Beiträge zur Rechtswissenschaft, Festschrift für Stree und Wessels, 1993, S. 1013 ff.

Martin*, Jörg:* Grenzüberschreitende Umweltbeeinträchtigungen im deutschen Strafrecht, ZRP 1992, 19 ff.

Maunz*, Theodor*/ ***Dürig****, Günter:* Grundgesetz, Kommentar, Stand: 39. Ergänzungslieferung, Juli 2001 (zitiert: Maunz / Dürig-Bearbeiter, GG)

Maurach*, Reinhart*/ ***Schroeder****, Friedrich Christian*/ ***Maiwald****, Manfred:* Strafrecht Besonderer Teil, 8. Aufl. 1988

Mergen*, Armand*: Spiel mit dem Glück, 1976

ders.: Spielsucht, in: Festschrift für Sarstedt, 1981, 189 ff.

ders.: Beschaffungskriminalität, 1990

Meurer, *Dieter* / ***Bergmann***, *Alfred*: Tatbestandsalternativen beim Glücksspiel, JuS 1983, 668 ff.

Meyer, *Gerhard:* Eins zum anderen, Abhängigkeit vom Glücksspiel und delinquentes Verhalten, KR 1986, 212 ff.

Meyer, *Gerhard* / ***Fabian***, *Thomas* / ***Wetzels***, *Peter:* Kriminalpsychologische Aspekte und die forensisch-psychologische Wertung des pathologischen Glückspiels, StV 1990, 464 ff.

Meyer, *Jürgen*: Verbotsirrtum im Ordnungswidrigkeitenrecht, JuS 1983, 513 ff.

Mohr, *Tilmann*: Unterhaltungsspielautomaten mit Rückerstattung des Geldeinsatzes – unerlaubtes Glücksspiel?, GewArch 2000, 190 ff.

Möhrenschlager, *Manfred*: Das OrgKG - eine Übersicht nach amtlichen Materialien, wistra 1992, 281 ff.

Molketin, *Rüdiger:* Die strafrechtlich relevanten Schutzpflichten des Gastwirts, GewArch 1989, 55 ff.

Mommsen, *Theodor*: Römisches Strafrecht, 1899

Moser, *Karl* / ***Zoller***, *Josef*: Die derzeitigen Verhältnisse auf dem Glücksspielsektor, KR 1974, 415 ff.

Mosgau, *Reinhold*: Das Problem des Glücksspiels im Reichsstrafgesetzbuch unter besonderer Berücksichtigung der neuesten gesetzlichen Regelung, Diss. Würzburg, 1920

von Münch, *Ingo* / ***Kunig***, *Philip (Hrsg.):* Grundgesetz-Kommentar, Band 1 (Präambel bis Art. 19), 5. Aufl. 2000 (zitiert: v.Münch/Kunig-Bearbeiter)

Münchener Kommentar zum Bürgerlichen Gesetzbuch: hrsg. von Kurt Rebmann u.a., Band 5, Schuldrecht, Besonderer Teil III (§§ 705-853), 3. Aufl. 1997 (zitiert: MüKo-Bearbeiter)

Nomos Kommentar zum StGB, 1995 (zitiert: NK-Bearbeiter)

Odenthal, *Hans-Jörg:* Zur Reform des gewerblichen Spielrechts, GewArch 2001, S. 276 ff.

ders.: Die Strafbarkeit der regelwidrigen Veranstaltung gewerberechtlich erlaubter Spiele, GewArch 1989, 222 ff.

***Ohlmann**, Wolfgang*: Lotterien in der Bundesrepublik Deutschland, Der kooperative Lottoföderalismus und seine praktischen Rechtswirkungen, WRP 1998, 1043 ff.

ders.: Die deutschen Lotto- und Totounternehmen - Wettbewerbsakteure oder Kompetenzträger im kooperativen Lotterieföderalismus?, WRP 2001, 672 ff.

ders.: Lotterien im Prokrustesbett der Ökonomen?, ZRP 2002, 354 ff.

***von Olshausen**, Justus*: Strafgesetzbuch, 11. Aufl., 1927 (zitiert: v.Olshausen-Bearbeiter)

***Ossenbühl**, Fritz*: Rechtsfragen der Genehmigung öffentlicher Lotterien, VerwArch 86 (1995), S. 187 ff.

ders.: Verwaltungsrecht als Vorgabe für Zivil- und Strafrecht, DVBl. 1990, 963 ff.

***Ostendorf**, Heribert*: Die strafrechtliche Rechtmäßigkeit rechtswidrigen hoheitlichen Handelns, JZ 1981, 165 ff.

***Otto**, Harro*: Grundkurs Strafrecht, Allgemeine Strafrechtslehre, 4. Aufl. 1992 (zit.: Otto, AT)

ders.: Grundkurs Strafrecht, Die einzelnen Delikte, 3. Aufl. 1991 (zit.: Otto, BT)

ders.: Strafwürdigkeit und Strafbedürftigkeit als eigenständige Deliktskategorien?, Grundsätzliche Strukturüberlegungen zum Deliktsaufbau; in: Gedächtnisschrift für Horst Schröder, hrsg. von Walter Stree, 1978, S. 53 ff.

ders.: Täterschaft, Mittäterschaft, mittelbare Täterschaft, Jura 1987, 246 ff.

ders.: „Geldgewinnspiele" und verbotene Schneeballsysteme nach § 6c UWG, wistra 1997, 81 ff.

ders.: Gewerbliche Lottospielgemeinschaften als Lotterie - Gesetzeswortlaut und teleologische Auslegung -, Jura 1997, 385 ff.

ders.: Anm. zu BGH, Beschluß vom 22. Oktober 1997 - 5 StR 223/97 (LG Verden), wistra 1998, 227 f.

ders.: Wirtschaftliche Gestaltung am Strafrecht vorbei - dargestellt am Beispiel des § 6c UWG, Jura 1999, 97 ff.

ders.: Spielgewinn ohne Spiel – Strafrecht als Mittel der Bekämpfung sozial lästiger Verhaltensweisen, in: Festschrift für Dieter Meurer, 2002, S. 263 ff.

***Palandt**, Otto:* Bürgerliches Gesetzbuch, Kommentar, 61. Aufl. 2002 (zitiert: Palandt-Bearbeiter)

***Papier**, Hans-Jürgen*: Staatliche Monopole und Berufsfreiheit - dargestellt am Beispiel der Spielbanken, in: Verfassungsstaatlichkeit, Festschrift für Klaus Stern zum 65. Geburtstag, hrsg. on Joachim Burmeister u.a., 1997, S. 543 ff.

***Park**, Tido:* Die Strafbarkeit von Internet-Providern wegen rechtswidriger Internet-Inhalte, GA 2001, 23 ff.

***Pepperhoff**, Ernst*: Glücksspiel und Lotterie in Rechtsprechung und Literatur, Diss. Göttingen, 1920

***Peters**, Karl:* Beschränkung der Tatbestände im Besonderen Teil, ZStW 1977 (1965), 470 ff.

***Pfeifer**, Manfred / **Fischer**, Elke*: Aktuelle Fragen des Gewerberechts – Vollzug in Bayern – GewArch 2002, 232 ff. bzw. GewArch 2003, 154 ff.

***dies**.*: Glücksspiel trotz fehlender Gewinnmöglichkeit? – Anmerkung zu *Lesch/Wallau*, GewArch 2002, 447 –, GewArch 2003, 21

***Pfister**, Bernhard (Hrsg.):* Rechtsprobleme der Sportwette, 1989

***Plate**, Jürgen:* Psyche, Unrecht und Schuld. Die Bedeutung der psychischen Verfassung des Täters für die allgemeinen Voraussetzungen der Strafbarkeit, 2002

***Preisendanz**, Holger*: Strafgesetzbuch, Lehrkommentar, 30. Aufl., 1978

***Rasch**, Wilfried:* Angst vor der Abartigkeit, Über einen schwierigen Begriff der §§ 20, 21 StGB, NStZ 1982, 177 ff.

***Raube**, Ralf:* Strafrechtliche Probleme der progressiven Kundenwerbung unter besonderer Berücksichtigung von Kettenbriefen, Diss. Köln, 1995

***Rebmann**, Gustav*: Das Glücksspiel im geltenden Strafrecht, Diss. Köln, 1929

***Rengier**, Rudolf:* Die öffentlich-rechtliche Genehmigung im Strafrecht, ZStW 101 (1989), 874 ff.

***Richter**, Hans:* Strafloses Betreiben eines Kettenbriefsystems, wistra 1987, 276 ff.

***ders**.*: Anmerkung zu Entscheidungen des AG Böblingen (wistra 1988, 242 bzw. wistra 1988, 243), wistra 1988, 245

***Richter**, Ingo / **Schuppert**, Gunnar Folke / **Bumke**, Christian*: Casebook Verfassungsrecht, 4. Aufl. 2001

***Robinski**, Severin*: Gewerberecht, hrsg. von Bernhard Sprenger-Richter, 2. Aufl. 2002 (zit.: Robinski-Bearbeiter)

***Roth**, Eugen:* Das große Los, 1965

***Roxin**, Claus*: Strafrecht, Allgemeiner Teil, Band I, Grundlagen, der Aufbau der Verbrechenslehre, 2. Aufl. 1994 (zitiert: Roxin, AT)

ders.: Täterschaft und Tatherrschaft, 7. Aufl. 2000

***Rühl**, Ulli F.H.*: Grundfragen der Verwaltungsakzessorietät, JuS 1999, 521 ff.

***Sabath**, Rudolf*: Das Glücksspiel, Seine strafrechtliche Bedeutung, Diss. Berlin, 1906

***Sack**, Hans-Jürgen*: Das „Hütchenspiel" - ein eindeutiger Betrug, NJW 1992, 2540 f.

***Sauer**, Wilhelm*: Kriminalsoziologie, 1933

***Schaeffer**, Klaus*: Erlaubnisfähige andere Spiele im Sinne des § 33d Abs. 1 GewO und Glücksspiele im Sinne des § 284 StGB, GewArch 1980, 112 ff.

***Schild**, Wolfgang:* Die Öffentlichkeit der Lotterie des § 286 StGB, NStZ 1982, 446 ff.

***Schilling**, Friedhelm*: Zur Abgrenzung von Zufall und Geschicklichkeit bei anderen Spielen mit Gewinnmöglichkeit (§ 33d GewO), GewArch 1995, 318 ff.

***Schlüchter**, Ellen*: Zweites Gesetz zur Bekämpfung der Wirtschaftskriminalität, Kommentar mit einer kriminologischen Einführung, 1987

***Schmalz**, Dieter*: Methodenlehre für das juristische Studium, 2. Aufl. 1990

***Schmidhäuser**, Eberhard*: Strafrecht, Besonderer Teil, 2. Aufl. 1983

***Schmidt**, Detlev:* Zum Begriff des Werbens in § 284 IV und § 287 II StGB n.F., ZRP 1999, 308

***Schmidt**, Eberhard:* Das Gesetz gegen das Glücksspiel vom 23. Dezember 1919, ZStW 41 (1920), 609 ff.

***Schmitt**, Rudolf*: Strafrechtlicher Schutz des Opfers vor sich selbst?, in: Festschrift für Reinhard Maurach zum 70. Geburtstag, 1972, S. 113 ff.

ders.: Die „schwere andere seelische Abartigkeit" in §§ 20 und 21 StGB, ZStW 92 (1980), 346 ff.

***Schmitz**, Lieselotte*, Kumar. - Patronage und Klientel in der türkischen Glücksspielszene einer westdeutschen Großstadt, Diss. Köln, 1991

***Schneider**, Kurt*: Klinische Psychopathologie, 12. Aufl. 1980

***Schönke**, Horst / **Schröder**, Adolf*: Strafgesetzbuch, Kommentar, 26. Auflage, 2001 (zitiert: Sch/Sch-Bearbeiter)

***Schreiber**, Lothar Hans*: Drogenabhängigkeit und Spielsucht im Vergleich, kleines Handbuch für Juristen, Kriminalisten, Mediziner und Drogenberater zum Gesamtproblem Sucht, 1992

***Schütte**, Franz:* Theorien zur Erklärung der Spielsucht; in: Wahl, Christian (Hrsg.), Spielsucht, 1988, S. 49 ff.

***Schumacher**, Wolfgang*: Die Beurteilung der Schuldfähigkeit bei nichtstoffgebundenen Abhängigkeiten (Spielleidenschaft, Fetischismen, Hörigkeit); in: Festschrift für Werner Sarstedt, 1981, 361 ff.

***Schwind**, Hans-Dieter:* Kriminologie, 12. Aufl. 2002

***Seelig**, Ernst:* Das Glücksspielstrafrecht, 1923

***Seifert**, Karl-Heinz / **Hömig**, Dieter (Hrsg.)*: Grundgesetz für die Bundesrepublik Deutschland, Taschenkommentar, 6. Aufl. 1999 (zitiert: Seifert/Hömig)

***Seinsche**, Jakob*: Das strafbare Glücksspiel im engeren Sinne, Diss. Erlangen, 1929

***Sieber**, Ulrich*: Internationales Strafrecht im Internet, Das Territorialitätsprinzip der §§ 3, 9 StGB im globalen Cyberspace, NJW 1999, 2065 ff.

***Sielaff**, Wolfgang*: Verdeckte Ermittlungen in der Sex- und Glücksspielindustrie, KR 1985, 577 ff.

***Skaupy**, Walther*: Franchising, 2. Aufl. 1995

***Stögmüller**, Thomas*: Fakturierung und Inkasso von Mehrwertdiensten, Eine Untersuchung der gegenwärtigen und zukünftigen Rechtslage, CR 2003, 251 ff.

***Stratenwerth**, Günther*: Strafrecht, Allgemeiner Teil I, Die Straftat, 4. Aufl. 2000

***Sura**, Martin*: Die grenzüberschreitende Veranstaltung von Glücksspielen im Europäischen Binnenmarkt, Diss. Saarbrücken 1994

***Systematischer Kommentar** zum Strafgesetzbuch:* hrsg. von Hans-Joachim Rudolphi u.a., Band 2, Besonderer Teil, Loseblatt, Stand: 55. Ergänzungslieferung, September 2002 (zitiert: SK-Bearbeiter)

Tettinger, *Peter J.* / ***Ennuschat***, *Jörg:* Grundstrukturen des deutschen Lotterierechts, 1999

Tettinger, *Peter J.*: Lotterien im Schnittfeld von Wirtschaftsrecht und Ordnungsrecht, DVBl. 2000, 868 ff.

ders.: Voraussetzungen einer lotterierechtlichen Konzessionserteilung unter besonderer Berücksichtigung der Bedürfnisprüfung und des Ermessens, GewArch 2002, 89 ff.

Thiel, *Markus*: Spielbankenmonopol und Berufsfreiheitsgarantie, GewArch 2001, 96 ff.

Tiedemann, *Klaus:* Welche strafrechtlichen Mittel empfehlen sich für die wirksamere Bekämpfung der Wirtschaftskriminalität?", in: Verhandlungen des 49. Deutschen Juristentages, Band I, Gutachten C, 1972

Tröndle, *Herbert* / ***Fischer***, *Thomas*: Strafgesetzbuch und Nebengesetze, Kommentar, 50. Aufl. 2001 (zitiert: Tröndle/Fischer)

Ulmer, *Eugen:* Das Recht des unlauteren Wettbewerbs in den Mitgliedsstaaten der Europäischen Wirtschaftsgemeinschaft, Band III, Deutschland (Bearbeiter: ***Reimer***, *Eduard*), 1968 (zit.: Ulmer/Reimer, Unlauterer Wettbewerb)

Vassilaki, *Irini E.*: Anmerkung zum Urteil des BGH vom 12.12.2000 - 1 StR 184/00 (CR 2001, 260 ff.); in: CR 2001, 262 ff.

Vogel, *Heinrich*: Die Neuregelung des Glücksspiels, Diss. Heidelberg, 1923

Voßkuhle, *Andreas*: Glücksspiel zwischen Staat und Markt, VerwArch 87 (1996), S. 395 ff.

ders.: Glücksspiel ohne Grenzen, Zur rechtlichen Zulässigkeit der grenzüberschreitenden Vermittlung von Pferderennwetten, GewArch 2001, 177 ff.

Votteler, *Hans*: Das strafbare Glücksspiel im geltenden Recht (unter Berücksichtigung der neueren Strafgesetzentwürfe), Diss. Tübingen, 1932

Wahl, *Christian (Hrsg.)*: Spielsucht, Praktiker und Betroffene berichten über pathologisches Glücksspiel, 1988

Watt, *David* / ***Fuerst***, *Michelle:* The Annotated 1993 Tremeear`s Criminal Code, Statutes of Canada Annotated

Weber, *Ulrich*, Strafrechtliche Aspekte der Sportwette; in: Pfister, Bernhard (Hrsg.), Rechtsprobleme der Sportwette, 1989, S. 39 ff.

***Wegner**, Carsten*: Reform der „Progressiven Kundenwerbung" (§ 6c UWG), wistra 2001, 171 ff.

***Welzel**, Hans:* Das Deutsche Strafrecht, 11. Aufl. 1969

***Wessels**, Johannes / **Beulke**, Werner*: Strafrecht, Allgemeiner Teil, 30. Aufl. 2000 (zitiert: Wessels/Beulke, AT)

***Wettling**, Hans*: Spielclubs und Spielbanken - Eine kritische Stellungnahme zur Rechtsprechung des VGH Mannheim, GewArch 1978, 361 ff.

***Wiener Kommentar** zum Strafgesetzbuch*: hrsg. von Egmont Foregger u.a., Lieferungswerk, 10. Lieferung: §§ 146-168 StGB, 1981(zitiert: WK-Bearbeiter)

***Wilhelm**, Friedrich*: Das Zusammentreffen von Glücksspiel und Betrug, Diss. Göttingen, 1928

***Willenberg**, Hans*: Das große Spiel, Kriminologische und psychologische Aspekte der Spielbanken in der Bundesrepublik Deutschland, 1977

***Wilms**, Heinrich:* Grenzüberschreitende Lotterietätigkeit in der Europäischen Gemeinschaft: die Behinderung des Korrespondenzdienstleistungsverkehrs durch das deutsche Steuer- und Strafrecht, 2001

***Witter**, Hermann*: Die Beurteilung Erwachsener im Strafrecht, in: Handbuch der forensischen Psychiatrie II, 1972, 966 ff.

***Wolf**, Bernhard*: Zur strafrechtlichen Problematik des Glückspiels, Diss. Hamburg, 1972

***Wrage**, Nikolaus*: Anmerkungen zu den neu geschaffenen Werbungsverboten gem. § 284 IV und § 287 II StGB, ZRP 1998, 426 ff.

ders.: Allgemeine Oddset-Sportwetten: Zur Strafbarkeit des Buchmachers, JR 2001, 405 ff.

***Ziemer**, Hermann*: Der juristische Unterschied zwischen Spiel und Glücksspiel in Geschichte, Theorie und Praxis, Diss. Greifswald, 1922